在危机中重新认识欧盟

REASSESSING THE EUROPEAN UNION IN THE CRISIS

伞　锋◎著

中国社会科学出版社

图书在版编目(CIP)数据

在危机中重新认识欧盟 / 伞锋著 . —北京：中国社会科学出版社，2015.5
ISBN 978-7-5161-6257-6

Ⅰ.①在… Ⅱ.①伞… Ⅲ.①欧洲国家联盟－研究 Ⅳ.①D814.1

中国版本图书馆 CIP 数据核字 (2015) 第 123633 号

出 版 人	赵剑英
责任编辑	任　明
特约编辑	芮　信
责任校对	王佳玉
责任印制	何　艳

出　　版	中国社会科学出版社
社　　址	北京鼓楼西大街甲 158 号
邮　　编	100720
网　　址	http：//www.csspw.cn
发 行 部	010-84083685
门 市 部	010-84029450
经　　销	新华书店及其他书店

印刷装订	北京市兴怀印刷厂
版　　次	2015 年 5 月第 1 版
印　　次	2015 年 5 月第 1 次印刷

开　　本	710×1000 1/16
印　　张	25
插　　页	2
字　　数	410 千字
定　　价	85.00 元

凡购买中国社会科学出版社图书，如有质量问题请与本社营销中心联系调换
电话：010-84083683
版权所有　侵权必究

前　言

2008年9月，正当欧洲经济一体化在稳步推进之时，始于美国的次贷危机却席卷全球，最终演变为全球性金融和经济危机。这场金融危机是自20世纪30年代"大萧条"以来最严重的全球性经济危机。危机对欧洲经济、政治和社会等各个领域均造成严重冲击，是欧盟成立以来遭遇到的经济衰退程度最深、持续时间最长、影响范围最广、破坏程度最大的一场经济和金融危机。从2008年第二季度到2009年第二季度，欧盟和欧元区经济连续5个季度负增长，经济收缩幅度均在4%以上，许多经济指标回复到10年前的水平。

为应对金融危机，欧盟及各成员国付出了沉重代价。欧盟及各成员国政府被迫实施了规模空前的金融救助和经济刺激计划，其总支出规模相当于欧盟GDP的5%左右。经过一系列超宽松的货币政策和扩张性财政政策，欧洲经济在2009年下半年开始艰难复苏。然而，由于政府巨额财政透支和微观经济增长乏力，债务问题又接踵而至，欧盟随之陷入了主权债务危机与经济低迷的旋涡中。从2009年10月希腊爆发债务危机开始，到2010年11月和2011年3月，爱尔兰和葡萄牙相继陷入债务危机。2011年年底，意大利和西班牙等国也卷入危机之中，法国发生危机的风险也在上升。进入2012年，西班牙债务融资成本迅速上升，成为危机扩散的另一个风险源。3年多来，债务危机呈现出由点到面、由局部到整体、由边缘小国到核心大国不断深化和蔓延的态势。

虽然从表面上看，金融危机和债务危机无论从现象、形态，乃至经济影响上，都呈现许多差异，[①] 但两场危机本质上是同一场危机。债务危

---

① 例如，从现象上看，有金融危机与财政危机之别；从形态上看，有所有成员国同时陷入危机与部分成员国相继陷入危机之别；从经济影响上看，有急剧衰退与温和而持久的衰退之别等。

是金融危机的继续，反映出欧盟内部深层次的矛盾；金融危机是债务危机的序幕，展现了欧洲经济和欧洲一体化制度在外部冲击下的脆弱性。从风险与危机的关系看，金融危机使经济系统中长期存在的风险转移到金融部门，经过政府对金融机构大力施救后，风险并未消失，而是从私人部门转移到政府部门。随着风险在不同部门间转移，危机也呈现不同的特性。

与美国、日本等发达经济体相比，债务危机之所以在欧洲发生，除了欧洲经济长期存在的竞争力低下和内部严重失衡外，更有其特殊原因。这就是欧盟的制度性缺陷（一体化制度对危机应对政策的束缚）。金融危机发生后，各国财政赤字率和债务与 GDP 比率均较危机发生前明显上升，高债务成为主要发达国家普遍存在的问题。虽然从欧元区整体看，其债务水平和债务期限结构都要强于美国、日本，[①] 但危机最终却发生在欧洲。这说明危机与经济一体化的制度安排有着密切联系。

欧洲一体化的制度性缺陷主要表现在两个"滞后"上。即财政一体化滞后于货币一体化，政治一体化滞后于经济一体化。正如德国前副总理约施卡·费希尔所指出的，[②]《马斯特里赫特条约》虽然诞生了货币联盟，但其必不可少的先决条件——政治联盟至今仍处于空谈阶段。欧元之父蒙代尔也曾说过，欧盟应该是一个财政欧盟、金融欧盟和政治欧盟的组合。现在只有一个联盟，其他两个联盟的要素都是缺失的。

欧盟曾是全球区域经济一体化最为成功的实践者，引领着区域经济一体化的发展方向。早在 1958 年，旨在创造共同市场的欧洲经济共同体就正式成立，并在 1992 年年底前实现了创建统一大市场的目标，加速了商品、资本、劳务和人员在欧洲经济共同体（以下简称"欧共体"）内自由流动。1993 年 11 月 1 日，欧洲联盟正式成立，标志着欧洲由区域一体化组织开始向邦联化方向发展。1999 年，作为经济一体化象征的欧元问世，2002 年 1 月 1 日，欧元正式启用。随着欧盟 6 次大规模扩张，27 个成员国已经成为拥有 5 亿多人口，总面积达 433 万平方公里的全球第一大经济体。经济一体化对欧盟保持宏观经济稳定、推动跨境贸易和投资、促进金融市场发展，以及提升欧盟在世界经济格局中的地位，都发挥了重要

---

① 截至 2010 年年底，美国公共债务与 GDP 比率升至 94.4%，日本接近 200%，而欧元区只有 85.3%，且长期债务占总债务的比重均为 60%—70%。

② 欧洲基石堪忧，约施卡·费希尔，德国前外交部部长，1998—2005 年为德国副总理，曾领导德国绿党将近 20 年，2011 年 8 月 30 日，www.project-syndicate.org。

作用。

债务危机严重破坏了欧洲经济复苏的基础，并对欧元的稳定性以及欧洲一体化进程都带来巨大的冲击，是欧元启动以来最严峻的考验。为应对危机，各成员国层面和欧盟层面均采取了多种措施。从成员国层面看，为巩固财政基础，各国加大了财政紧缩力度，有效防止了债务规模过快累积。为了从法律和制度层面加强财政约束，共同制定了"财政契约"，开始向财政一体化方向迈进。从欧盟层面看，欧盟联合IMF先后出台了应急性的欧洲金融稳定机制（EFSM）和永久性的欧洲稳定机制（ESM）。在完善危机救助机制的同时，欧央行也通过证券市场回购计划（SMP）和长期再融资操作（LTRO）等直接或间接手段缓解了市场压力。但是，财政过度紧缩加剧了经济衰退，导致主权债务危机与经济衰退间的恶性循环在不断固化；欧央行变相的"量化宽松"政策加深了商业银行对其依赖，使各国推进结构改革的动力下降。与此同时，"欧洲2020战略"有效实施仍面临不少困难，债务危机短期内尚难看到尽头。经历了两场危机之后，欧盟愈发认识到，一体化制度的缺陷，只能通过加速推进一体化才能最终得到解决，任何成员国都承受不起欧盟或欧元解体的代价。

从未来看，欧盟要做好三方面工作：一是进一步完善各种救助措施，有效解决其资金量不足问题，力保不发生流动性危机；二是通过大力度的结构改革提高竞争力，促进经济增长，以便向市场发出积极的信号，增强投资者信心；三是变危机为推进一体化的重要机遇和动力，在财政一体化方面取得标志性进展，在政治一体化方面达成广泛共识。

本书拟围绕着这两场危机与欧洲经济一体化相互关系展开论述，试图把国际金融危机和欧洲主权债务危机作为检验欧洲经济一体化的试金石，对其进行深入研究：在看到欧盟在过去半个多世纪以来，特别是过去10年来，一体化在广度和深度上取得重要进展的同时，从多角度分析一体化在严重外部冲击下所暴露出来的制度性缺陷。在此基础上，立足于欧盟危机应对政策和思路，观察和思考危机后的欧盟，展望一体化的未来。

目 录

第一章 金融危机前的欧盟与欧洲经济一体化 …………… (1)
  第一节 欧盟在世界经济格局中的地位 …………………… (1)
    一 欧盟基本情况 ……………………………………… (1)
    二 欧盟经济结构和消费结构 ………………………… (3)
    三 欧盟经济在世界经济中的地位 …………………… (5)
    四 欧盟经济发展水平与美日比较 …………………… (5)
  第二节 欧洲经济一体化的主要进程 ……………………… (7)
    一 欧洲经济一体化的发展历程 ……………………… (7)
    二 欧洲经济一体化的主要内涵 ……………………… (10)
  第三节 经济一体化对欧洲经济的积极作用 ……………… (15)
    一 促进了欧洲经济较快增长 ………………………… (16)
    二 实现了欧元币值与物价的"双稳定" ……………… (17)
    三 提高了区内整体就业水平 ………………………… (18)
    四 稳定了区内贸易关系 ……………………………… (18)
    五 欧元作为世界货币中的一极而存在 ……………… (19)
    六 相对落后国家入盟后受益更加明显 ……………… (19)

第二章 欧盟遭遇成立以来最严重的两场危机 …………… (21)
  第一节 国际金融危机扩散至欧洲 ………………………… (21)
    一 美国次贷危机演变为国际金融危机 ……………… (21)
    二 国际金融危机迅速蔓延至欧洲 …………………… (22)
    三 金融危机对欧洲的主要影响 ……………………… (24)
    四 欧洲遭受金融危机严重冲击的主要原因 ………… (25)
  第二节 反危机措施与经济初步复苏 ……………………… (26)
    一 应对国际金融危机的政策措施 …………………… (26)
    二 反危机政策促进欧洲经济初步复苏 ……………… (31)

第三节　主权债务危机严重困扰着欧盟 …………………… (33)
　　一　金融危机后欧洲财政赤字率迅速升高 ……………… (34)
　　二　第一波（2009年10月—2010年5月）：希腊主权债务
　　　　危机 …………………………………………………… (37)
　　三　第二波（2010年9月—2011年4月）：爱尔兰、葡萄牙
　　　　主权债务危机 ………………………………………… (37)
　　四　第三波（2011年9—12月）：意大利、西班牙等国
　　　　风险快速上升 ………………………………………… (39)
　　五　第四波（2012年5月以后）：希腊政治僵局与西班牙
　　　　等国银行业风险再度上升 …………………………… (41)
第四节　"三驾马车"对债务危机的联合救助 ……………… (45)
　　一　欧元区的危机临时救助机制：EFSF ………………… (45)
　　二　欧央行维护金融市场稳定的主要措施 ……………… (49)
　　三　IMF的两大救助措施 ………………………………… (50)
第五节　金融危机与债务危机间的内在联系 ……………… (51)
　　一　两场危机间的内在联系 ……………………………… (51)
　　二　两场危机所反映的深层次问题 ……………………… (53)
　　三　欧洲资本主义正处于大调整的前夜 ………………… (55)

第三章　两场危机重创下的欧洲经济 ……………………… (58)
第一节　金融危机导致欧洲经济深陷衰退 ………………… (58)
　　一　金融危机加剧欧洲经济衰退 ………………………… (58)
　　二　金融市场濒临崩溃 …………………………………… (60)
　　三　实体经济出现"自由落体式"下降 …………………… (62)
　　四　失业率明显上升、物价大幅回落 …………………… (64)
　　五　各成员国受危机影响的程度不一 …………………… (65)
　　六　金融危机对欧洲的影响更严重 ……………………… (66)
第二节　金融危机后欧洲经济弱势复苏 …………………… (69)
第三节　债务危机致使欧洲经济"二次探底" ……………… (71)
　　一　债务危机致使经济复苏的基础更加脆弱 …………… (71)
　　二　债务危机导致欧洲经济"二次探底" ………………… (75)
　　三　债务危机加剧了经济前景下行风险和不确定性 …… (79)
第四节　欧洲经济面临"停滞十年"的风险 ………………… (81)

一　长期生产力增长缓慢 ………………………………… (81)
　　二　人力资源对经济增长的推动作用下降 ………………… (83)
　　三　高债务抑制潜在增长率的提高 ………………………… (84)

第四章　一体化与危机应对利弊分析 ……………………… (88)

第一节　一体化在金融危机应对中的优势与脆弱性 ……… (88)
　　一　共同货币避免了各成员国的货币危机 ………………… (89)
　　二　统一大市场在危机中为各成员国提供了开放的市场 … (90)
　　三　共同货币体制在危机中也显现出一定的脆弱性 ……… (90)

第二节　经济周期不同步与货币政策调节间的矛盾 ……… (91)
　　一　欧元问世以来各成员国的经济周期 …………………… (92)
　　二　欧元区与非欧元区国家经济周期间的差异性 ………… (93)
　　三　各国经济周期差异性与共同货币政策间的矛盾及影响 … (95)
　　四　共同货币政策下各国经济周期差异性的原因分析 …… (96)
　　五　解决各国周期差异性与共同货币政策间矛盾的手段 … (98)

第三节　金融市场一体化与分散监管间的矛盾 …………… (99)
　　一　欧洲金融市场已经高度一体化 ………………………… (99)
　　二　金融市场一体化与分散金融监管的矛盾 …………… (101)
　　三　欧洲金融市场迫切需要实行统一的监管体制 ……… (102)

第四节　欧盟危机应对能力与现实需要间的矛盾 ………… (103)
　　一　欧委会宏观调控能力十分有限 ……………………… (103)
　　二　欧委会协调作用难以满足危机应对的需要 ………… (104)

第五章　一体化与内部经济失衡问题 ……………………… (107)

第一节　欧盟内部经济失衡的两种表现 …………………… (107)
　　一　内部贸易失衡的基本状况 …………………………… (107)
　　二　经济发展水平失衡的主要表现 ……………………… (110)

第二节　欧元区内部经济失衡的主要原因 ………………… (113)
　　一　储蓄与消费的不平衡 ………………………………… (113)
　　二　各国经济结构间差异明显 …………………………… (118)
　　三　一些国家劳动力成本上涨失控 ……………………… (119)
　　四　各成员国竞争力两极分化 …………………………… (120)

第三节　欧盟内部经济失衡的社会和政治基础 …………… (122)
　　一　高福利社会面临的困境 ……………………………… (122)

二　对劳动力过度保护的问题与影响 …………………………（124）
　　三　民主制度对改革劳动和福利制度的阻碍 ………………（126）
第四节　欧盟内部大国关系的脆弱性 ……………………………（129）
　　一　英国在欧盟中常处于孤立地位 …………………………（129）
　　二　英国与欧洲大陆分歧的结构性原因 ……………………（131）
　　三　英国与欧洲大陆分歧的体制上原因 ……………………（134）

第六章　一体化与债务危机的扩散效应 ……………………（136）
第一节　债务危机扩散与传导途径 ………………………………（136）
　　一　债务危机的扩散与传导途径 ……………………………（136）
　　二　金融途径在危机传导过程中的作用 ……………………（137）
　　三　影响债务危机扩散的重要因素 …………………………（139）
第二节　脆弱的银行体系与金融风险 ……………………………（141）
　　一　银行体系脆弱性的主要表现 ……………………………（142）
　　二　银行业风险上升的影响 …………………………………（146）
　　三　化解银行业风险的主要途径 ……………………………（149）
第三节　信用评级机构与危机扩散效应 …………………………（152）
　　一　信用评级机构对市场的导向作用 ………………………（152）
　　二　信用评级机构的作用仍难以被取代 ……………………（154）
　　三　欧盟正在加强对信用评级机构的监管 …………………（155）
　　四　全球金融风险评估体系的缺陷 …………………………（155）
第四节　危机扩散效应与欧元前景 ………………………………（157）
　　一　欧元成为欧洲一体化的最重要成果 ……………………（157）
　　二　两场危机暴露出欧元脆弱的本质 ………………………（158）
　　三　欧元正处在生死存亡的"十字路口"上 ………………（159）
　　四　欧元黯淡的前景 …………………………………………（161）

第七章　危机应对政策两难抉择与一体化困境 ……………（165）
第一节　财政紧缩政策成效与负面影响 …………………………（165）
　　一　欧盟实施严厉财政紧缩政策的主要原因 ………………（166）
　　二　欧元区各国财政紧缩计划完成情况 ……………………（167）
　　三　财政紧缩计划的负面影响不断加大 ……………………（171）
　　四　寻求财政紧缩与经济增长间的微弱平衡 ………………（172）
第二节　欧盟多轮救助与希腊债务违约 …………………………（179）

一　希腊第二轮救助与债务违约问题 …………………… (179)
　　二　葡萄牙债务违约或接受新一轮救助的可能性 ……… (185)
　　三　发行欧元债券提议屡遭抵制 ………………………… (186)
　第三节　欧央行单一目标与危机应对政策 ………………… (190)
　　一　欧央行货币政策目标的转变 ………………………… (190)
　　二　欧央行在债务危机中发挥关键性作用 ……………… (192)
　　三　欧央行量化宽松政策的风险和局限性 ……………… (196)
　　四　欧央行未来的政策思路 ……………………………… (197)
　第四节　债务危机、经济危机与政治危机 ………………… (198)
　　一　外围国家政府全面更迭 ……………………………… (199)
　　二　希腊政治危机加剧了债务危机 ……………………… (200)
　　三　德法轴心面临新考验 ………………………………… (201)
　第五节　对欧盟危机应对政策的反思 ……………………… (204)
　　一　危机防范和应对机制不完善 ………………………… (204)
　　二　危机应对能力不足 …………………………………… (205)
　　三　危机应对思路存在失误 ……………………………… (207)
第八章　解决危机的长效机制与一体化的重要机遇 ………… (209)
　第一节　加强经济治理改革 ………………………………… (209)
　　一　对危机采取综合性的治理措施 ……………………… (209)
　　二　新的"过度赤字程序"与对预算赤字的监管 ……… (212)
　　三　"欧洲学期"制度与加强宏观经济政策协调 ……… (213)
　　四　"升级版欧元公约"与促进各成员国经济趋同 …… (215)
　　五　建立真正的经货联盟与强化经济治理 ……………… (217)
　第二节　建立统一的金融监管框架 ………………………… (219)
　　一　建立泛欧金融监管体系 ……………………………… (220)
　　二　新金融监管体系的主要特征 ………………………… (221)
　　三　筹划建立银行联盟 …………………………………… (222)
　　四　建立金融交易税的构想 ……………………………… (224)
　第三节　建立永久性危机救助机制 ………………………… (226)
　　一　永久性危机救助机制及其出台的背景 ……………… (226)
　　二　欧盟推出ESM的动机 ……………………………… (227)
　　三　ESM与EFSF的作用比较 ………………………… (228)

四　对 ESM 的不同看法 …………………………………… (230)
　第四节　向财政联盟过渡迈出重要一步 …………………… (230)
　　　一　向财政联盟过渡的必要性 ………………………… (231)
　　　二　建立财政联盟已成为欧洲的普遍共识 …………… (232)
　　　三　财政联盟与"财政契约" ………………………… (233)
　　　四　财政联盟未来需要解决的问题 …………………… (236)
　第五节　欧盟政治一体化的前景 …………………………… (243)
　　　一　政治一体化滞后带来的挑战 ……………………… (244)
　　　二　建立政治联盟的不利和有利条件 ………………… (245)
　　　三　政治一体化的前景仍然可以期待 ………………… (248)

第九章　欧洲 2020 战略与一体化发展前景 ………………… (250)
　第一节　欧洲 2020 战略及其前景 …………………………… (250)
　　　一　"欧洲 2020 战略"及其背景 …………………… (250)
　　　二　"欧洲 2020 战略"的核心目标与"七项行动计划" … (252)
　　　三　"欧洲 2020 战略"的作用 ……………………… (254)
　　　四　"欧洲 2020 战略"的前景 ……………………… (256)
　第二节　统一大市场与基础设施建设 ……………………… (266)
　　　一　单一市场的进展与不足 …………………………… (266)
　　　二　强化单一市场的途径 ……………………………… (268)
　　　三　基础设施建设中的投资创新 ……………………… (273)
　第三节　提高欧盟国家长期竞争力的途径 ………………… (274)
　　　一　大力推行结构改革 ………………………………… (275)
　　　二　改善商业和投资环境 ……………………………… (276)
　　　三　积极促进科技创新 ………………………………… (277)

第十章　欧洲一体化与中欧经贸合作 ………………………… (279)
　第一节　中欧各领域的合作不断深化 ……………………… (279)
　　　一　中欧政治关系的"三级跳" ……………………… (279)
　　　二　发展中欧关系的重要意义 ………………………… (280)
　　　三　中欧之间多领域、全方位的务实合作 …………… (282)
　第二节　中国支持欧盟战胜金融和债务危机 ……………… (289)
　　　一　在金融和债务危机最艰难的时期，中国给予欧方重要
　　　　　支持 ………………………………………………… (290)

二　中国市场需求增长，带动欧洲出口增长 …………………（291）
　　三　中国购买债券和向 IMF 注资，支持欧盟应对债务
　　　　危机 ………………………………………………………（292）
　　四　中国积极参与欧方企业并购，支持欧洲企业战胜
　　　　危机 ………………………………………………………（293）
　第三节　中欧经贸合作面临新的发展机遇 ……………………（295）
　　一　中欧贸易、投资发展状况 …………………………………（296）
　　二　欧盟对中国经贸政策的关切度上升 ………………………（300）
　　三　欧盟对华贸易政策中的三个重要问题 ……………………（301）
　　四　欧方对中国大规模投资心态复杂 …………………………（303）
　　五　加强中欧经贸关系健康发展的对策 ………………………（304）
总结　欧盟应对债务危机的基本思路与主要做法 ………………（313）
　　一　基本思路 ……………………………………………………（313）
　　二　主要做法 ……………………………………………………（316）
参考文献 ………………………………………………………………（324）
附录　欧洲应对两场危机大事记（2008—2013 年）……………（328）
后记 ……………………………………………………………………（384）

第一章

金融危机前的欧盟与欧洲经济一体化

在欧洲近代历史上，谋求"统一"是大多数欧洲人共同的信念和愿望。200多年前，拿破仑曾试图用武力统一欧洲，统一各国货币和度量衡，制定欧洲法典、建立欧洲法院。[①] 两次世界大战之间，欧洲统一思想更是盛极一时。但在武力统一的梦想破灭后，欧洲的思想家和政治家们开始尝试通过经济一体化促进欧洲统一的伟大实验。"二战"后，出于抗衡苏联威胁、消除战争隐患以及联合自强等现实考虑，欧洲精英们开始了一体化的重要实践，并取得了重大进展。到2008年国际金融危机爆发前，欧盟已经建成涵盖5亿多人口的全球第一大经济体，成为当今世界区域一体化的典范和引领者。

第一节 欧盟在世界经济格局中的地位

欧洲是现代工业文明的发源地，是世界上发达国家集聚最多的地区。然而，"一战"后，随着美国和苏联的崛起，欧洲各国日渐式微。"二战"后，欧洲一体化的快速发展，特别是冷战后欧盟的不断扩张，促使欧盟综合实力迅速上升，在世界经济格局中占据重要一极。

一 欧盟基本情况[②]

欧盟（EU）是欧洲联盟的简称，是根据1992年签署的《欧洲联盟条

---

① ［德］埃米尔·路德维希：《拿破仑传》，郑志勇译，陕西师范大学出版社2009年版，第186页。

② 本部分根据"维基百科"等改写，详见，http：//zh.wikipedia.org/wiki/。

约》（也称《马斯特里赫特条约》，简称《马约》）所建立的国际组织，到2013年7月有28个成员国（参见图1-1）。欧盟各成员国在政治上均为民主制国家，在经济上构成世界第一大经济体（其中法国、意大利、英国、德国为八国集团成员），在军事上绝大多数为北大西洋公约组织（NATO）成员国。

欧盟的历史可追溯至1952年建立的欧洲煤钢共同体，1958年建立的欧洲经济共同体和欧洲原子能共同体。1965年4月8日，上述三大组织的6个成员国荷兰、比利时、卢森堡、德国（联邦德国）、法国和意大利签订了《布鲁塞尔条约》，决定将欧洲煤钢共同体、欧洲原子能共同体和欧洲经济共同体统一起来，统称欧洲共同体，总部设在比利时布鲁塞尔。该条约于1967年7月1日生效。此后，丹麦、爱尔兰和英国在1973年，希腊在1981年，西班牙和葡萄牙在1986年先后加入欧共体。至1993年11月1日《马约》正式生效时，欧盟已经有12个创始国。50多年来，欧盟已逐渐由贸易实体转变为经济和政治联盟，其成员国数量也由最初时的6个增至28个。

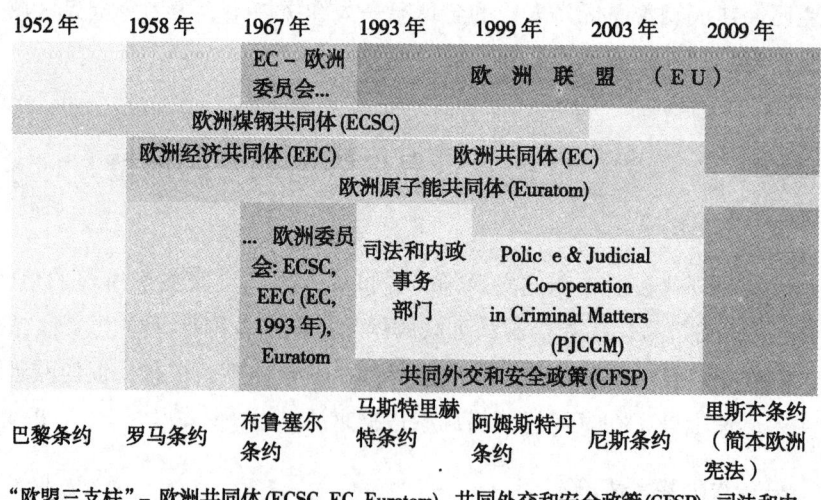

1952年	1958年	1967年	1993年	1999年	2003年	2009年
		EC-欧洲委员会...	欧洲联盟（EU）			
欧洲煤钢共同体（ECSC）						
	欧洲经济共同体（EEC）		欧洲共同体（EC）			
		欧洲原子能共同体（Euratom）				
			...欧洲委员会: ECSC, EEC (EC, 1993年), Euratom	司法和内政事务部门	Police & Judicial Co-operation in Criminal Matters (PJCCM)	
				共同外交和安全政策（CFSP）		
巴黎条约	罗马条约	布鲁塞尔条约	马斯特里赫特条约	阿姆斯特丹条约	尼斯条约	里斯本条约（简本欧洲宪法）

"欧盟三支柱" - 欧洲共同体(ECSC, EC, Euratom), 共同外交和安全政策(CFSP), 司法和内政事务部门

资料来源：笔者根据中国驻欧盟使团网站相关资料修改，http://www.chinamission.be。

图1-1 欧盟：条约、结构和历史

欧盟是一个集政治实体和经济实体于一身、在世界上具有重要影响的区域一体化组织。与其他国际组织和国家实体不同，欧盟多被作为邦联式的政治体制。在贸易、农业、金融等方面，欧盟趋近于一个统一的联邦国家，而在内政、国防、外交等其他方面则类似一个独立国家所组成的同盟。根据《马约》，欧盟由三大支柱组成。

一是欧洲共同体，涉及经济、社会、环境等政策，包括关税同盟、单一市场、共同农业政策、共同渔业政策、单一货币、《申根条约》等诸多部分；

二是共同外交与安全政策，涉及外交、军事等政策；

三是刑事方面的警务与司法合作，涉及共同打击刑事犯罪等内容（该支柱前身是"司法与内政事务部门"）。

欧盟的主要机构有欧洲理事会（欧盟成员国首脑会议）、欧盟理事会（即欧洲联盟理事会，原部长理事会）、欧盟委员会、欧洲议会、欧洲法院、欧洲中央银行等。此外，欧洲原子能共同体也在欧洲共同体的管辖范围之内，但在法律上是独立于欧盟的国际组织。

欧元是欧盟的官方货币。截至2014年1月，28个成员国中已有18国使用欧元作为流通货币。《申根条约》取消了部分成员国之间的边境管制。截至2012年1月，已有22个欧盟成员国和4个非成员国加入《申根条约》。

二　欧盟经济结构和消费结构

欧盟产业结构呈现出明显的后工业化时期产业结构特征（参见表1-1）。2010年，欧盟三次产业结构在GDP中所占比重为1.7∶25.2∶73.1。其中，在第三产业内部，贸易运输餐饮业、信息通信业、金融保险业和房地产业分别占GDP的19.1%、4.7%、5.7%和10.6%。这四个行业创造的增加值约占GDP的四成左右。这表明，发达的第三产业是吸纳就业、促进经济平衡增长和减少资源环境压力的重要因素。

在GDP构成中，消费占据主导地位。2010年，欧盟最终消费、固定资本形成、商品和服务贸易净出口占GDP的比重为80.3∶18.8∶0.9（参见表1-2）。这其中，在最终消费内部，居民消费和政府消费分别占GDP的58.1%和22.2%。较高的居民消费既促进了第三产业发展，又有利于使经济增长建立在内需基础上。

表1-1　　欧盟和欧元区经济结构（2010年，现价；单位:%）

主要行业	欧盟27国	欧元区16国
农、林、渔业	1.7	1.7
工业（不包括建筑业）	18.8	18.9
制造业	14.9	15.5
建筑业	6.4	6.2
批发零售、住宿餐饮、交通运输业	19.1	19.0
信息通信业	4.7	4.4
金融保险业	5.7	5.3
房地产业	10.6	11.2
专业化活动、科技活动、行政性辅助性服务	9.9	10.0
公共管理、国防、教育、公共医疗、社会活动	19.5	19.6
艺术、娱乐和其他服务业等	3.5	3.7
合计	100.0	100.0

资料来源：欧洲统计局数据库，http://epp.eurostat.ec.europa.eu/。

表1-2　　欧盟和欧元区GDP主要构成

主要领域	欧盟27国	欧元区16国
最终消费支出	80.3	79.5
住户及NPISH最终消费支出*	58.1	57.5
一般政府最终消费支出	22.2	22.0
全部资本形成	18.8	19.3
商品服务净出口	0.9	1.2
合计	100.0	100.0

注：*NPISH指服务于住户的非营利机构。

数据来源：欧洲统计局数据库，http://epp.eurostat.ec.europa.eu/

城市化水平较高。欧洲的城市化率是从19世纪后期开始的。当时，主要是农业的发展，交通系统的改善，如铁路等大规模交通系统。"一战"后，汽车的大规模出现，加速了城镇化的发展。据联合国发布的《世界城市化展望》统计[1]，早在1950年，欧洲的城市化率就已超过

---

[1] United Nations Population Division, *World Urbanization Prospects: The 2011 Revision*, http://esa.un.org/.

50%，1990年接近70%，2010年欧洲的城市化率为72.7%。然而，欧洲城市化的发展是不平衡的。西欧和北欧的城市化率较高，分别为79%和79.5%。相比之下，东欧和南欧的城市化率分别为68.9%和67.7%。

三　欧盟经济在世界经济中的地位

欧盟27个成员国的国土面积为4325675平方公里，占全球陆地面积的近3%。如果把欧盟作为国家的话，其国土面积位于俄罗斯、加拿大、中国、美国、巴西和澳大利亚之后，居全球第七位，大于面积300多万平方公里的印度。

欧盟总人口为5.0168亿人（2010年统计），其中欧元区16国为3.313亿人（占欧盟的71.4%）。欧盟人口约占全球总人口的7.6%，低于中国，约为印度的一半，但高于美国的3亿人。欧盟人口密度为每平方公里115.8人，比世界上平均每平方公里43.8人高出1倍半左右。《马约》规定，所有欧盟成员国的公民都是欧盟的公民。

欧盟作为一个整体，许多经济指标都处于世界领先地位：欧盟是世界上第一大经济实体，按市场价计算，2010年其GDP为12.28万亿欧元（16.37万亿美元），超过美国的11万亿欧元（14.66万亿美元）。欧盟是全球最大的贸易方。2009年，欧盟货物和服务贸易出口总额达2.18万亿美元，占当年全球出口贸易额的18.3%；欧盟货物和服务贸易进口总额达2.22万亿美元，占当年全球进口贸易额的18.5%。同时，欧盟也是全球最重要的FDI输出方和接受方。

四　欧盟经济发展水平与美日比较

如表1-3所示，从欧盟与美日一些主要指标的比较可以看出。

人均收入水平与日本相近。近年来，受新成员国陆续加入等因素的影响，欧盟人均GDP水平有所下降。2010年，欧盟人均GDP约为2.57万欧元，欧元区约为2.77万欧元。其中，欧元区人均GDP约为美国的75%，与日本大致相当。

对外贸易大体平衡。2010年，欧元区和欧盟经常账户差额占GDP比重分别为-0.4%和-0.8%。相比之下，美国经常账户存在较大幅度逆差（2010年约占GDP的-3.2%），日本经常账户存在较大幅度顺差（2010年约占GDP的3.6%）。

表 1-3　　　　2010 年欧盟主要经济指标与美日比较

	欧元区	欧盟	美国	日本
人口、GDP 与劳动力				
总人口（百万）	331.4	501.5	310.1	127.6
劳动力参与率（%）	71.4	71.0	74.6*	74.0*
GDP（PPP）（万亿欧元）	9.2	12.9	11.8	3.5
人均 GDP（PPP）（千欧元）	27.7	25.7	37.9	27.5
劳动生产率（PPP）（欧元区 = 100）	100.0	91.9	133.4	88.4
劳动力收入占比（%）	67.0	68.1	68.5*	77.9*
产业结构				
第一产业（%）	1.7	1.7	1.0*	1.4*
第二产业（%）	24.5	24.7	20.0*	27.1*
第三产业（%）	73.8	73.6	79.0*	71.5*
储蓄和投资				
总储蓄占 GDP 比重（%）	18.7	18.1	12.5	21.2*
投资率（%）	19.1	18.5	15.4	20.5
居民部门				
人均可支配收入（PPP）（千欧元）	18.4	16.8	29.7	17.3*
储蓄率（%）	13.8	12.0	8.5	11.3*
非金融类企业部门				
总固定资本形成率（%）	10.4	10.2	8.2	13.3*
总资产占 GDP 比重（%）	181.3	n. a.	120.4	170.0
未偿还债务占 GDP 比重（%）	104.9	n. a.	74.2	96.6
政府部门				
支出占 GDP 比重（%）	50.5	50.3	38.0	40.4*
收支差额占 GDP 比重（%）	-6.0	-6.4	-10.6	-8.7*
未偿还债务占 GDP 比重（%）	85.3	80.0	77.4	180.4*
对外贸易				
商品服务出口占 GDP 比重（%）	22.6	15.5	12.6	15.9
商品服务进口占 GDP 比重（%）	22.0	15.9	16.1	14.6
经常账户差额占 GDP 比重（%）	-0.4	-0.8	-3.2	3.6

注：* 为 2009 年数据。

数据来源：ECB, *Statistics Pocket Book*, August 2011。

第二节　欧洲经济一体化的主要进程

一般来说，区域一体化可分为建立自由贸易区、关税同盟、统一大市场、经济货币联盟和政治联盟5个层次。欧洲一体化从一开始就跨越了自由贸易区阶段，于1968年7月1日实现了关税同盟，于1993年基本建成欧洲统一大市场，于1999年1月1日顺利启动了欧元。2008年国际金融危机发生前，欧洲一体化正处在经济货币联盟的完善阶段，并在为实现政治联盟积极创造条件。

一　欧洲经济一体化的发展历程

1. 关税联盟。1968年7月1日，欧盟完成了《罗马条约》所赋予的取消成员国之间的贸易限制和关税、统一各国对外关税税率的任务，比原计划提前一年半建成了关税同盟。

2. 共同市场。1951年，法国、意大利、荷兰、比利时、卢森堡、联邦德国成立欧洲煤钢共同体，合作推动煤与钢铁的生产销售。1957年，六国在罗马签署《罗马条约》。1958年，正式成立欧洲经济共同体和欧洲原子能共同体，旨在创造共同市场，取消成员国间的关税，促进成员国间劳力、商品、资金、服务的自由流通。1972年后，丹麦、希腊、葡萄牙、西班牙、爱尔兰及英国先后加入欧洲共同体。1986年2月，欧共体理事会签署《单一欧洲法案》。该法案的主要内容是，在1992年年底前实现商品、资本、劳务、人员自由流动的统一大市场。为了统一市场的顺利建成，改革决策机制，实行"特定多数表决制"，不再坚持过去的一致通过原则。1990年6月，签订《申根条约》，并于1993年1月1日生效。该条约旨在消除过境关卡限制，使成员国间取消国界限制。

3. 从经济一体化向政经一体化转型。1992年2月7日，《马约》的签署标志着欧盟逐步由区域经济一体化组织向区域性政经一体化组织过渡。1993年11月1日，《马约》生效，欧洲三大共同体并入欧洲联盟。1999年，11个欧盟成员国推出共同货币"欧元"，作为经济一体化的象征。2002年1月1日，欧元正式启用。

4. 欧盟的六次扩张。欧盟从最初法国、意大利、荷兰、比利时、卢森堡和联邦德国（现已合并为德国）等 6 个创始国，增加到 28 国，[①] 前后共经历了 6 次扩张（参见表 1-4）。[②] 东欧前社会主义国家，将加入欧盟作为其成功地由计划经济体制向市场经济体制转轨的重要标志。从 2004 年开始，随着这些国家加入，欧盟迅速东扩。

表 1-4　　　　　　　　　　　欧盟历次扩张一览

时间	入盟国家
1952.7.25	法国、联邦德国、意大利、荷兰、比利时、卢森堡（创始国）
1973.1.1	英国、爱尔兰、丹麦
1981.1.1	希腊
1986.1.1	西班牙、葡萄牙
1995.1.1	奥地利、瑞典、芬兰
2004.5.1	波兰、捷克、匈牙利、爱沙尼亚、拉脱维亚、立陶宛、斯洛伐克、斯洛文尼亚、马耳他、塞浦路斯
2007.1.1	罗马尼亚、保加利亚

5. 欧元与欧元区。欧元区是由采用欧元作为单一官方货币的国家组成的区域性一体化集团，是欧盟内部一体化程度最高的组织形式。欧元区由欧洲中央银行负责制定货币政策。1992 年，欧盟首脑会议在荷兰马斯特里赫特签署了《欧洲联盟条约》，决定于 1999 年 1 月 1 日开始实行单一货币欧元和在实行欧元的国家实施统一货币政策。1998 年，欧盟 11 个成员国制定了欧元趋同标准（convergence criteria），并随着 1999 年 1 月 1 日欧元的正式问世而成立了欧元区。2002 年 1 月 1 日起，欧元纸币和硬币正式流通。截至 2012 年年初，欧元区共有 17 个成员，人口超过 3.3 亿。另有 9 个国家和地区采用欧元作为当地的单一货币。但欧盟成员国中英国、瑞典和丹麦决定暂不加入欧元区。

以 2009 年 12 月 1 日《里斯本条约》生效为标志，欧盟和欧洲一体化的发展又进入了新阶段。根据《里斯本条约》规定，设置新的欧洲理事会主席、欧盟外交及安全政策高级代表。条约加入了《基本权利宪章》

[①] 除 27 个成员国外，欧盟还与摩纳哥、安道尔等欧洲小国签订了特殊协议。

[②] 欧盟领导人在 2011 年 6 月 24 日夏季峰会上宣布，欧盟与克罗地亚的入盟谈判有望于 6 月结束，克罗地亚将在 2013 年 7 月正式成为欧盟第 28 个成员国。继斯洛文尼亚于 2004 年入盟后，克罗地亚将成为第二个入盟的前南斯拉夫社会主义联邦共和国加盟共和国。

以保障人权，使欧洲议会和各成员国议会有更大的发言权以增加欧盟的民主正当性，并试着增进欧盟委员会和欧盟理事会的效率。

注：图中蓝色为欧元区17国。

资料来源：维基百科，http://zh.wikipedia.org。

图1-2 欧元区示意

表1-5　　　　　　欧元区成员国及加入时间、人口

国家	加入日期	人口	备注
奥地利	1999年1月1日	8316487	
比利时	1999年1月1日	10584534	
塞浦路斯	2008年1月1日	766400	自我宣布独立的北塞浦路斯土耳其共和国并未被欧盟所承认，其使用新土耳其里拉作为其官方货币，但是欧元仍被广泛使用
芬兰	1999年1月1日	5289128	
法国	1999年1月1日	63392140	法属太平洋地区（新喀里多尼亚、法属波利尼西亚、富图纳群岛）使用太平洋法郎
德国	1999年1月1日	82314906	
希腊	2001年1月1日	11125179	
爱尔兰	1999年1月1日	4239848	
意大利	1999年1月1日	59131287	

续表

国家	加入日期	人口	备注
卢森堡	1999年1月1日	476200	
马耳他	2008年1月1日	404962	
荷兰	1999年1月1日	16372715	荷属阿鲁巴岛使用阿鲁巴弗罗林,是荷兰王国的一部分,但并不属于欧盟。荷属安的列斯群岛使用荷属安的列斯盾,是荷兰王国的一部分,但并不属于欧盟
葡萄牙	1999年1月1日	10599095	
斯洛伐克	2009年1月1日	5379455	
斯洛文尼亚	2007年1月1日	2013597	
西班牙	1999年1月1日	45116894	
爱沙尼亚	2011年1月1日	1340415	
欧元区		320143372	

资料来源:根据维基百科(http://zh.wikipedia.org)整理。

二 欧洲经济一体化的主要内涵

欧盟已经成为世界上发展程度最高、最强大的地区性一体化组织。在一体化建设方面,欧盟实行了一系列共同政策和措施,不断丰富一体化的内涵。

1. 关税同盟与共同外贸政策

欧共体在成员国之间分阶段削减直至最终取消关税,达到内部商品自由流通;对外则通过实施一致的对外贸易政策,逐步拉平各成员国的关税税率,筑起统一的关税壁垒,以抵制和排挤共同体以外的商品输入。从1967年起,欧共体对外实行统一的关税税率,1968年7月1日起成员国之间取消商品的关税和限额,建立关税同盟。[①] 1973年,欧共体实现了统一外贸政策。《马约》生效后,为进一步确立欧洲联盟单一市场的共同贸易制度,欧共体各国外长于1994年2月8日一致同意取消此前由各国实行的6400多种进口配额,而代之以一些旨在保护低科技产业的措施。

[①] 西班牙、葡萄牙1986年加入欧盟后,与其他成员国间的关税经过10年的过渡期后才完全取消。

2. 内部统一大市场

统一大市场的目标是逐步取消各种非关税壁垒，包括有形障碍（海关关卡、过境手续、卫生检疫标准等）、技术障碍（法规、技术标准）和财政障碍（税别、税率差别）等，并于1993年1月1日起实现商品、人员、资本和劳务的自由流动。

1985年6月，欧共体首脑会议批准了建设内部统一大市场的白皮书。1986年2月，各成员国正式签署为建成大市场而对《罗马条约》进行修改的《欧洲单一文件》。1993年1月1日，欧共体宣布统一大市场基本建成。

为促进统一大市场建设，移除成员国家的边界控制，实施《申根公约》（英国、爱尔兰和部分新成员国除外），使生产要素在盟内自由流动。① 简化内部的物流业管理体系，允许公司在一个成员国登记后在其他成员国合法经营。在促进统一大市场内部生产要素流动方面，欧盟有以下具体的规定。②

在人员流动方面，主要有：不得以国籍为借口阻止人口自由流动；他国公民可以享受本国公民同样的待遇；统一个人所得税税率；各成员国应相互承认学历，所有持有证书的技术人员、自由职业者或技术工人都可以在任何成员国寻找就业机会（详见专栏1-1）。

在劳动力流动方面，主要有：开放共同市场，允许各种职业者跨国界就业；各成员国互相承认按各国法律建立起的公司或企业；允许银行、证券交易、保险、运输、交通等服务业开展跨国界服务；在欧共体内部发放统一的营业许可证，鼓励各国相互交流劳务。

在资本流动方面，主要有：欧共体公民和企业可以在任何成员国国内银行开立账户用以存款或借贷，各成员国应允许其他成员国银行在任何一个成员国国内开设分行；取消内部金融管制；实现金融一体化。

在商品流通方面，主要有：简化海关手续，制订统一的商品过境管理方案和统一的商品分类目录，简化商品产地条例；建立一系列专门机构，制定统一的安全、卫生、检疫条例以及统一的产品标准和技术标准；加强技术合作和科技一体化，如著名的一体化项目有"尤里卡计划""斯普林

---

① 欧洲经济区（EEA）在欧洲自由贸易联盟（EFTA）与欧盟（EU）达成协议后，于1994年1月1日生效，旨在让欧洲自由贸易联盟的成员国，无须加入欧盟也能参与欧洲的单一市场。

② 杨炳君、张鸿钧主编：《当代资本主义》，大连理工大学出版社1997年9月第1版，第202—204页。

特计划"和"赫尔姆斯计划"等;建立税务清算手续,逐步划一增值税和消费税,消除各国商品因税收不同而造成的产品成本差异,促进商品流通(详见专栏1-2)。

3. 共同农业政策(CAP)

1962年7月1日,欧共体开始实行共同农业政策。其主要内容有三:一是实行统一的农产品价格管理制度,执行共同价格。① 1968年8月,欧共体开始实行农产品统一价格。二是实行出口补贴制度,即盟内农产品出口时,可以得到出口补贴,补贴价格为与世界市场间的差价。欧共体在1969年取消农产品内部关税,并从1971年起对农产品贸易实施货币补贴制度。三是建立欧洲农业指导和保证基金,主要用于改进农业生产、销售和培训条件,以及用于农产品的干预收购(包括储存、处理和转售等开支)、出口补贴等项支出。

共同农业政策是欧盟最大的一项支出,年均支出总额约550亿欧元,占欧盟共同预算的四成左右。法国是共同农业政策的最大受惠者,对法方的支出约占100亿欧元。高补贴、高价格以及利益分配不均,给欧盟预算、经济效率和消费者福利带来灾难性后果,也因此成为欧洲最有争议的政策。欧盟农业部长会议试图在倡导共同农业政策改革的英国和保护自身补贴利益的德国、法国之间,找到中间路线。然而,由于农业生产部门掌握着政治大权,改革共同农业政策仍面临较大阻力。

4. 地区政策

地区政策是具有欧盟特色的"转移支付政策",是欧盟为促进各地区经济和社会均衡发展而采取的法律、经济和行政政策的总和。欧共体成立之初,《罗马条约》中就有扶助贫困地区的条款,但因缺乏实际内容而没有可操作性。20世纪70年代中期开始,欧洲共同体开始强化地区政策,通过对落后地区经济发展的援助,努力缩小成员国及地区间的收入差距。② 1975年创办的欧洲地区开发基金(ERDF)是第一个结构基金。除

---

① 管理价格由每年度开始前制定,分两种情况:一种是目标价格或指导价格,是市场价格的上限;另一种是干预价格或支持价格,是生产者保证可以得到的最低价格,是市场价格的下限。一旦市场价格高于目标价格,即按目标价格出售农产品;反之,当市场价格低于干预价格时,管理机构便用干预价格收购农产品,以保证价格的稳定。

② 欧盟区域内经济落后地区主要有四种类型,即落后农业区域、传统工业衰落区域、拥挤的城市区域和边境区域。

ERDF 外，还有欧洲社会基金（ESF）中农业保证与指导基金（EAGGF）中的指导基金部分。20 世纪 80 年代以来，结构基金拨款出现明显的增长趋势。欧盟在地区政策方面的支出约占共同预算的 1/3 左右，仅次于共同农业政策。近年来，地区政策思路发生了重要变化。在 2007—2013 年预算周期，欧盟地区政策的三大目标是：缩小地区差距、提高竞争力和促进就业、加强地区间合作。

5. 共同外交与安全政策

1987 年生效的《欧洲单一文件》，把在外交领域进行政治合作正式列入欧共体条约。部长理事会为此设立了政治合作秘书处，定期召开成员国外交部部长参加的政治合作会议，讨论并决定欧共体对各种国际事务的立场。1993 年 11 月 1 日《马约》生效后，政治合作制度被纳入欧洲政治联盟活动范围，欧盟 12 国将实行共同的外交和安全政策，并将最终实行共同的防务政策。2010 年 7 月 8 日，欧洲议会全体会议通过了"欧洲对外行动署（EEAS）"筹组方案。2010 年 12 月 1 日，"欧洲对外行动署"正式运作。这标志着欧盟"外交部"设想终成现实。欧盟外交事务和安全政策高级代表阿什顿为首位负责人。该机构总计有 3700 名外交官，其中 2/3 官员来自欧盟，1/3 来自各成员国外交部的代表，一些人在欧盟驻全球的 130 多个大使馆（代表处）工作。

对外行动署的成立，显示出欧盟在应对快速变化的国际格局、巩固和拓展自身利益方面所拥有的雄心和抱负；显示出欧盟在欧洲一体化遭遇挫折和欧盟遭受主权债务危机打击的背景下，逆势而上、坚持"用同一个声音说话"的决心。

在共同的安全策略方面，欧盟计划建立一支 6 万人的快速反应部队用于维和，建立一支欧盟军队，以及一个为获取情报的欧盟卫星中心。

6. 司法和内政领域的合作

欧盟在司法与内政领域的合作，已逐渐扩大到申根合作范围以外。这一趋势将朝着加强各国警方与检察机关的合作、统一民事、刑事立法和执行共同移民与庇护政策的方向发展。

除上述各方面以外，欧盟各成员国还在让渡货币政策决策权，共同使用统一货币欧元，以及金融市场一体化等方面取得了实质性进展。同时，还实行了共同的渔业政策、建立欧洲货币体系和经济货币联盟等。即便如此，在统一大市场建设方面，欧盟还有很多潜力需要挖掘。即便在欧元区内，也远非单一、均质的市场，一些重要税率远未得到统一，劳动力自由流动受到或明或暗的限制，国家间生产率水平、劳动力成本和经济发展速度间的差异仍然较大。欧洲的劳动力自由流动，事实上仅局限于相对狭小的地理区间，或者是某些特殊职业。欧洲国家的税率不均并未引发区域内的大量移民风潮，相反，欧洲移民的主要来源地还是经济更为不发达的非洲和亚洲。

专栏1-1 欧洲历史上的经济一体化

区域经济合作在欧洲早已存在。比利时和卢森堡自1921年起就结成比卢经济联盟。1944年，比利时、卢森堡和荷兰就在伦敦签订了关税协定，决定在战后建立关税同盟，并向经济联盟发展。该协定于1948年生效，首先废除工业品关税，接着又取消进口限额和建立共同对外关税税率。1960年，三国逐步建立起劳动力共同市场，开放资本和劳务流通，允许人员自由流动。比、卢、荷三国经济联盟为欧共体成立积累了宝贵经验。

资料来源：杨炳君、张鸿钧主编：《当代资本主义》，大连理工大学出版社1997年9月第1版，第196页。

专栏1-2 欧盟的共同运输政策

《罗马条约》第74—84款中对共同运输政策做了说明。共同运输政策包括环境政策、欧洲内部大市场的影响、泛欧网络计划等部分。欧盟共同运输政策对促进欧洲内部大市场建设、减少货物流通成本和环境污染等，发挥了重要作用。其主要内容包括：

（1）开放跨境运输竞争。欧盟理事会于1994年通过了规范公路运输跨境经营权的规则。该规则规定，欧盟任何一个成员国的任何一个运输企业都可以在另一个成员国内经营运输业务，相互开放运输市场。

（2）运输网络一体化。2002年旨在将成员国公路网络连接起来的泛欧公路网络开始启动。跨境公路网络包括穿过比利牛斯半岛的高速公路和隧道、连接里斯本和马德里的高速公路，以及穿越英吉利海峡连接英法的海底隧道。

（3）环境污染控制。由于公路运输产业的二氧化碳排放量占所有运输工具的80%左右，运输政策中环境保护措施包括推广使用无铅汽油、协调新生产的运输工具的排放标准，以及鼓励使用替代汽车的运输工具等。

专栏1-3 《申根协定》与旅游市场一体化

1985年6月4日，联邦德国、法国、荷兰、比利时和卢森堡等5个欧洲国家在卢森堡边境小城申根（Schengen）签署《申根协定》（或《申根公约》）。1995年3月26日，德、法、西、葡、荷、比、卢7国正式实施《申根协定》，相互取消了对人员和商品过境的检查。同年7月，该协定正式全面生效。《申根协定》的主要内容包括：相互开放边境，在协定签字国之间不再对公民进行边境检查；外国人一旦获准进入"申根领土"内，即可在协定签字国领土上自由通行；设立警察合作与司法互助制度等。公约签订以后不断有新的国家加入进来，截至2012年年初，申根成员国增加到26个，由这些国家组成了申根区。

《申根协定》取消了内部边界，极大地方便了人员、货物、资金和服务在欧盟内部的自由流动，是欧盟在一体化道路上迈出的重要一步。无论是否欧盟成员国家的公民，无论来自哪个欧盟以外的国家，只要在申根区其中的一个国家获得了合法居留权和入境签证，就同时获得了申根国家自由通行的权利，因此受到欧盟大多数居民及许多外国游客的欢迎。随着《申根协定》的细化，成员国在教育、卫生、社会服务等多方面开展了合作，使协定成员国公民在众多领域受益于一体化成果。但是，随着《申根协定》范围的日益扩大，也为非法移民和跨国犯罪提供了可乘之机，给该协定的执行增加了难度。

第三节 经济一体化对欧洲经济的积极作用

欧委会（EC，2008）认为，欧洲经济和货币联盟（EMU）[①] 增强了宏观经济的稳定性，促进了跨境贸易、金融一体化和投资。欧元（EMU

[①] 欧洲经货联盟的建立是自布雷顿森林体系以来最重要的一项货币改革，是欧盟经济史上前所未有的，改变了全球经济格局（European Commission，2008）。

的最后阶段）则是欧盟经济深入一体化的关键，也是加强政治一体化的象征。从全球来看，欧元也是国际货币体系一个新的支柱和全球经济的一个稳定极。单一的货币政策与协调的财政政策［《稳定与增长公约》(SGP)控制下的预算约束］增进了宏观经济稳定，汇率波动对欧盟经济的冲击已成为过去。欧元区经济进入了比其他欧盟成员国更快的一体化道路，应对外部冲击的灵活性明显增强。[1]

一 促进了欧洲经济较快增长

欧洲经济一体化，实现了生产要素跨境流动，降低了内部交易成本，提高了资源配置效率，从而促进了欧洲经济增长。从建立关税同盟，到建立经济货币联盟，最优货币区的最大制度性溢出效应就是极大地降低了交易成本。[2] 据估算，欧元的自由流通使区内交易成本降低20%—30%。区内交易成本的下降，直接推动了区内贸易、投资和消费的增长。

欧盟成立后，凭借经济一体化的"东风"，欧洲经济快速发展。1995—2000年，欧盟经济年均增速达3%，人均国内生产总值由1997年的1.9万美元上升到1999年的2.1万美元。欧盟的经济总量从1993年的约6.7万亿美元增长到2002年的近10万亿美元。

有观点认为，欧洲经济一体化启动以来，虽然不能避免经济衰退，但欧元区经济的灵活性已经有所改善。欧委会认为，经济一体化具有明显的抗衰退能力。[3] 从20世纪80年代和90年代的衰退来看，与美国的衰退相比，欧洲的跌幅均较浅。2008年国际金融危机，虽然使欧洲经历了大萧条以来最严重的衰退，但各成员国在欧盟这一制度化框架下拥有共同市场和单一货币，通过紧密的政策合作，从而避免了20世纪30年代经济长期陷入严重衰退的状态。当时由于欧洲大陆各国处于割据状态，难以进行政策协调，而随着危机深化，经济割据倾向进一步增加，进而导致形势愈加严峻。

---

[1] 其中，货币政策锚定了长期通胀预期，财政政策有助于宏观经济稳定，经货联盟体制培育了经济和市场的一体化，而欧元对金融市场一体化起着强力催化剂的作用。

[2] 据英国的一家报纸计算，如果1个英国人携带1万英镑去欧盟其他14国旅游，每到一个国家都兑换当地货币，那么即使他不花钱，回到英国也只剩下了3500英镑了，可见欧盟内部交易成本之昂贵。

[3] European Commission (2008), *Successes and challenges after ten years of Economic and Monetary Union*, EUROPEAN ECONOMY, 2/2008.

二 实现了欧元币值与物价的"双稳定"

《马约》规定，欧央行货币政策最主要的目标就是在中期内保持价格稳定，以此来促进欧元币值的稳定。其衡量标准是消费物价指数低于并接近2%。自欧元问世以来的第一个10年，欧央行较好地实现了币值与物价"双稳定"的目标。这10年间，欧元区年均通货膨胀率低于2%，其稳定性明显好于欧盟的2.1%和美国的2.2%，也没有像日本一样长期处于通货紧缩区间（参见图1－3）。可见，欧元区的共同货币政策在稳定各国通货膨胀预期方面发挥着非常重要的作用（尤其是在商品价格上涨情况下）。与此同时，长期利率水平降至4.0%以下，仅为20世纪90年代平均水平的一半左右。与美国和日本相比，欧元区利率降幅更加可观。究其原因，主要是欧央行显示出较强的独立性，欧洲货币联盟（EMU）为欧元区宏观经济提供了一个稳定的"锚"。

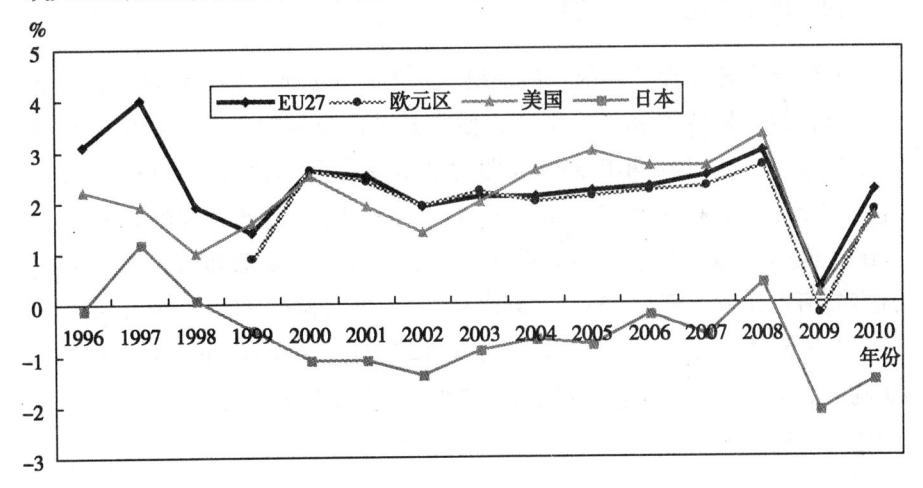

数据来源：EC, *Statistical Annex of European Economy*, Spring 2011

图1－3 欧盟28国、美国、日本居民消费物价涨幅

然而，欧央行的单一货币政策目标也面临较大质疑。2008年7月初，面对复杂的内外经济形势，以法国总统萨科齐（法国是当年下半年欧盟理事会的轮值主席国，萨科齐起着半年欧盟总统的作用）为首的政治家，对欧央行于7月3日将基准利率由4%升至4.25%提出严厉的批评。[1] 萨

---

[1] Barroso at odds with Sarkozy over ECB, *Financial Times*, July 6, 2008.

科齐批评说，由于油价大幅上升导致欧元区通胀率升至4%，而较高的利率对抑制这一输入型通胀的作用微乎其微。而欧央行却在经济减速迹象越来越明显的情况下，将物价稳定放在优于经济增长的位置，将基准利率提到7年来的新高。

三　提高了区内整体就业水平

欧元问世第一个10年，劳动力市场在结构改革中取得明显进展，在提高就业参与的同时，也增加了劳动力市场的灵活性。劳动力市场灵活性的增强，有力地控制了工资上涨对物价产生螺旋式上升的压力，对减少政府福利支出和降低长期利率水平都起着积极作用。1999—2008年，欧盟创造了近1600万个就业岗位，致使2008年欧盟失业率降至7.1%（欧元区为7.4%），为15年来的最低水平。

四　稳定了区内贸易关系

在经济全球化促使各国贸易呈现多元化的背景下，欧洲经济一体化通过降低区内交易成本和稳定汇率，使欧元区内贸易保持相对稳定。如表1-6所示，自从2000年以来，欧盟内部贸易占全部贸易比重稳定在2/3左右。相比之下，在北美自由贸易区（NAFTA），内部贸易所占比重从2000年的46%降至2009年的40%以下；东南亚国家联盟（ASEAN）内部贸易所占比重不超过25%。多年来，安第斯共同体（Andean Community）内部贸易所占比重不足8%，[①] 南锥体共同体（Mercosur）内部贸易比重则在16%左右。[②] 就服务贸易看，2007年世界服务贸易的1/4以上是在欧盟内部进行的。

表1-6　　　　全球主要贸易区内部贸易比重　　　　单位:%

年份	2000	2001	2002	2003	2004	2005	2006	2007	2008	2009
欧盟	66.2	66.8	67.4	67.9	67.7	66.5	66.5	66.5	65.4	65.6
北美自贸区	46.3	46.2	45.8	44.7	43.7	43.0	42.0	41.0	40.0	39.3

---

① 该共同体1969年10月成立，现由秘鲁、玻利维亚、厄瓜多尔、哥伦比亚、委内瑞拉等5个安第斯山麓国家组成，故称安第斯集团或安第斯条约组织。

② 该共同体成立于1991年3月26日，阿根廷、巴西、乌拉圭和巴拉圭4国在巴拉圭首都亚松森签署《亚松森条约》，宣布在1994年12月31日建立由4国组成的南方共同市场，也称南锥体共同市场。1995年1月1日，南方共同市场正式开始运作。

续表

年份	2000	2001	2002	2003	2004	2005	2006	2007	2008	2009
东盟	22.8	22.3	22.7	24.6	24.7	25.1	25.1	25.2	24.9	24.8
南锥体共同体	20.6	18.0	13.9	14.9	15.2	15.5	15.8	16.0	16.0	16.1
安第斯共同体	7.8	9.6	11.1	9.8	9.2	10.3	9.1	8.8	8.6	8.6

数据来源：WTO，《2010年国际贸易统计》，表A3。

五 欧元作为世界货币中的一极而存在

欧元问世，对美元国际货币地位带来了直接挑战，在巩固欧洲经济在世界经济格局中占据重要一极地位的同时，也促进了欧洲金融市场的发展。欧元启动后，美元在各国央行外汇储备中所占的比重从1999年的71.2%降至2007年年底的62.5%，欧元的比重则从18%提高到26.5%。欧元成为仅次于美元的全球第二大货币，欧洲债券市场已成为全球最大的债券市场。同时，欧元作为国际贸易、投资、储备和挂钩货币，其国际地位不断上升。近年来，欧元在欧元区对区外贸易的结算比例不断增加，约占六成左右。在世界经济不确定性上升的情况下，对欧元区国家来说，使用欧元减缓了外部冲击的负面影响。

表1-7　　　　　　　欧元在全球外汇储备中的变化

年份	1999	2000	2001	2002	2003	2004	2005	2006	2007	2008
比重（%）	17.9	18.4	19.3	23.9	25.3	25.0	24.4	25.8	26.5	27.0

数据来源：Goodbye to all that currency instability, *Financial Times*, Dec. 16, 2008.

六 相对落后国家入盟后受益更加明显

欧盟内部相对落后的成员国，如爱尔兰、希腊和葡萄牙，受益于经济一体化和内部统一大市场的影响，加入欧盟后在脱贫方面取得了很大进展。例如，葡萄牙1986年入盟后，人均收入自2000年以来提高了约30%。爱尔兰1973年入盟，即便计算了2008—2011年因两次危机导致的经济缩水约15%，2000年以来人均收入仍提高了25%左右。

绝大多数经济相对落后的国家入盟后，受益于区内产业分工和资源重新配置的影响，产业结构明显优化。如图1-4、图1-5所示，在2004年5月1日加入欧盟的10个原东欧国家中，大部分国家入盟后，第一产业占 GDP 比重明显下降，工业结构则稳中有升。

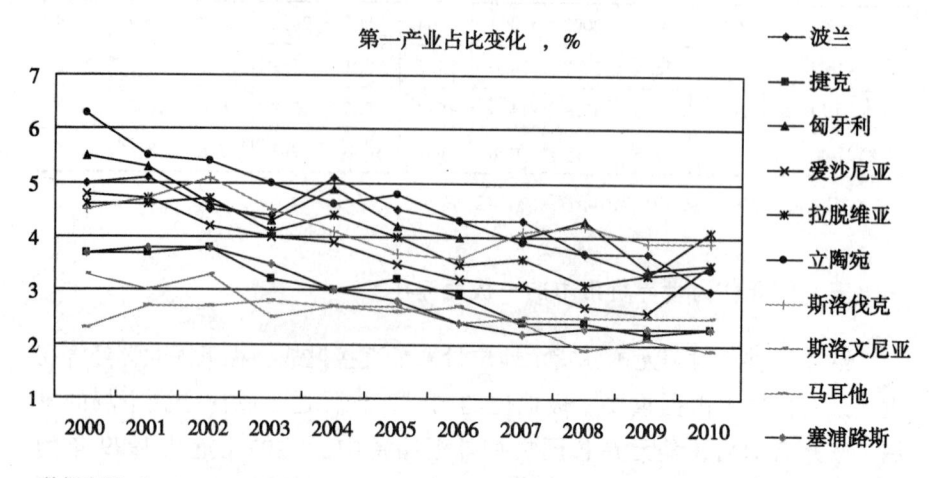

图 1-4 欧盟部分成员国入世前后第一产业结构变化

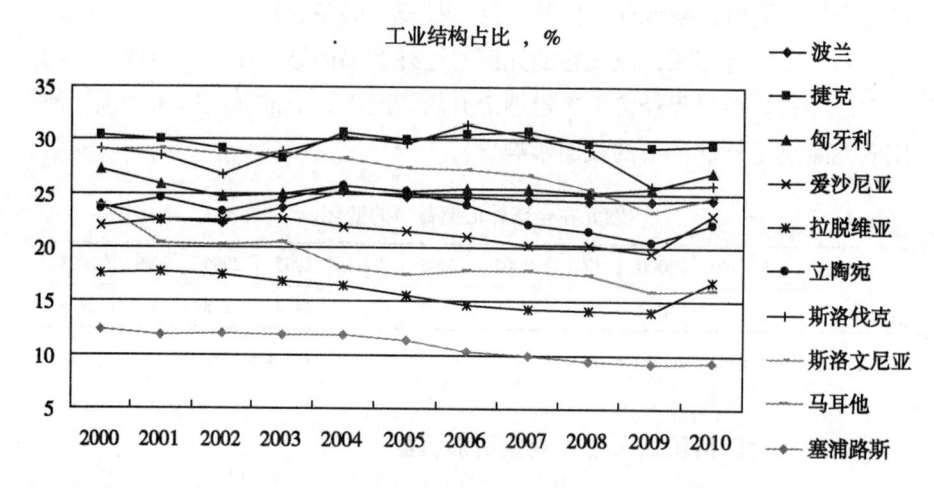

数据来源：http://epp.eurostat.ec.europa.eu/portal/page/portal/statistics/search_database

图 1-5 欧盟部分成员国入世前后工业结构变化

数据来源：http://epp.eurostat.ec.europa.eu/portal/page/portal/statistics/search_database

第二章

欧盟遭遇成立以来最严重的两场危机

2008年的国际金融危机以及之后的主权债务危机,对欧盟经济、社会和政治等各个方面都带来严重冲击,使欧盟遭受成立以来最严峻的考验。正如《欧洲2020战略》报告所指出的:欧盟过去10年来取得的成果,即稳定的经济增长和就业增长,都在经济危机中化为乌有;两年的债务危机,让20年来的财政巩固成果烟消云散;在危机期间,欧盟的增长潜力被削弱一半。[1]

第一节 国际金融危机扩散至欧洲

2007年8月,美国次贷危机(subprime crisis)爆发。当时,已经高度杠杆化的金融机构持有大量违约次贷产品的消息一经披露,立即导致金融市场急剧动荡。在经历了一系列银行破产事件后,2008年9月,以雷曼兄弟银行寻求破产保护为导火索,全球金融体系大幅震荡,并迅速扩散至欧洲。

一 美国次贷危机演变为国际金融危机

次贷危机即"次级抵押贷款"(subprime mortgage loan)危机。次级抵押贷款是一个高风险、高收益的贷款,它对贷款者信用记录和还款能力要求不高,但贷款利率也要相应地比一般抵押贷款高很多。次级抵押贷款深受那些信用记录不好、偿还能力较弱而又可能被银行拒绝提供优质抵押

---

[1] European Commission (2010), *EUROPE 2020: A European Strategy for Smart, Sustainable and Inclusive Growth Brussels*, 3 Mar. 2010, COM (2010) 2020.

贷款客户的欢迎。

美国次贷抵押贷款经历了繁荣、高涨和危机的变化过程，而其整个过程又与房地产泡沫的出现、膨胀和破灭联系在一起。次贷随着房价不断走高而繁荣。这是因为，即使贷款人现金流不足以偿还贷款，也可以通过房产增值获得再贷款来填补缺口。而当房价持平或下跌时，次级抵押贷款就会出现资金缺口而形成坏账，金融机构也会因出现系统性风险而陷入危机。与此同时，许多投资银行为了牟取暴利，往往在这一过程中采取高杠杆率（20—30倍）投资，放大了系统性风险。而围绕着次贷衍生出的大量金融创新工具，在放大风险的同时，也助长了风险的扩散。据统计，[①]次级贷款在美国住房抵押贷款市场中所占比例约为12%左右，共计775万宗，约1.2万亿美元。

在2006年之前的5年里，由于美国住房市场持续繁荣，加上前几年美国利率水平较低，美国的次级抵押贷款市场迅速发展。但随着美联储提高短期利率，住房市场持续降温，购房者出售住房或者通过抵押住房再融资变得困难。这种局面直接导致大批次贷的借款人不能按期偿还贷款，进而引发"次贷危机"。

2006年春季，美国"次贷危机"开始逐步显现，并最终演化为国际金融危机。2007年2月13日，作为美国第二大次级抵押贷款公司的新世纪金融公司（New Century Finance）发出2006年第四季度盈利亏损预警，并在2007年4月2日宣布申请破产保护并裁减54%员工。8月6日，美国第十大抵押贷款机构——美国住房抵押贷款投资公司正式向法院申请破产保护。8月8日，美国第五大投行贝尔斯登宣布旗下两只基金倒闭。到2008年9月，次贷危机引发的多米诺骨牌效应迅速向全球蔓延。2008年9月12日，以雷曼兄弟倒闭为开端，国际金融危机正式爆发。短短数周内，全球主要股票指数大幅下挫、全球贸易迅速萎缩、实体经济遭受重创。据IMF估算，[②] 国际金融危机使全球银行体系损失的贷款约2.2万亿美元。

二 国际金融危机迅速蔓延至欧洲

从2008年9月开始，国际金融危机迅速蔓延至欧洲。部分金融机构

---

① 参见陈实《美国两次房贷危机比较》，2008年4月11日，在线论文库。
② IMF, *Global Financial Stability Report*, Oct. 2010.

最先受到冲击,然后开始向实体经济蔓延,主要经济指标不断恶化,欧洲经济全面下行。根据经济下行的特征,危机大体上又可分三个阶段,分别是震荡下行期、加速下行期和缓慢下行期。

一是从2008年9月至2008年年底,经济震荡下行。金融市场和银行业对危机反应最为迅速。股市大幅下挫,一些银行大规模清理有毒资产,大规模裁员和削减信贷,使内需受到严重拖累。与此同时,一些国家的房地产泡沫迅速破灭,企业投资急剧下滑,实体经济不断收缩。从国家层面看,金融在整个经济结构中所占比例较高的英国、冰岛和爱尔兰等,受到的影响首当其冲;对外资依赖重、尚未完成转型的部分中东欧国家也深陷债务危机之中。冰岛这个北欧小国在全球金融风暴中率先遭受冲击,遭遇"破产"命运。2008年年底,包括3家主要银行在内的冰岛主要商业银行纷纷倒闭,冰岛货币汇率大跌,通胀率飙升。然而,到2008年年底,随着对金融业采取的应急性救助措施的作用发挥,危机曾一度有所缓解。

二是从2009年年初至3月末,经济加速探底。2009年年初,金融市场再度动荡,各种信心指数跌至最低点,股市再度下挫、信贷市场利率差进一步扩大,资金大规模流向美国、日本等国避险,导致欧元大跌,金融市场形势仍极度脆弱。与此同时,欧洲经济衰退程度达到"二战"后前所未有的程度,成为受金融危机冲击最为严重的地区。这期间,主权债券市场的重要变化是收益率普遍高企,以及不同国家间收益率分化。受流动性风险和信用风险溢价的影响,德国10年期国债收益率从1月中旬的2.88%升至2月9日的3.42%,到3月25日又回落至3.13%。欧元区其他成员国国债收益率与作为基准的德国国债收益率差进一步扩大。希腊、爱尔兰、葡萄牙、西班牙等银行体系问题大、财政赤字率高的成员国,其国债收益率明显上升。至3月25日,希腊、爱尔兰10年期国债与德国国债收益率差已高达264个和253个基点。[①] 从这里可以看到债务危机的苗头。

三是从2009年4月初至6月末,经济缓慢下行。在危机应对措施逐渐显效和企业重建库存等因素的作用下,以及受对外贸易以及私人消费状况初步好转的影响,经济收缩程度环比明显收窄,其他各项经济指标一改加速下滑趋势,初步呈现企稳态势,市场信心也有所恢复。但是,这期间

---

① DG For ECFIN, EC (2009), Quarterly Report on the Euro Area, Vol. 8, No. 1, p. 8.

劳动力市场、金融市场仍在继续恶化,不同成员国之间经济衰退程度明显分化。截至2009年下半年,在全球经济复苏的大背景下,欧洲经济开始缓慢复苏。

三 金融危机对欧洲的主要影响

国际金融危机改变了欧洲经济增长前景,致使其金融和经济基本面迅速恶化。危机爆发后,欧洲面临着去库存化(destocking)、去杠杆化(deleveraging)等问题。去杠杆化发生在金融机构、非金融企业和居民部门,是一个长期、痛苦的过程,其间伴随着市场信心恶化,它对金融市场和实体经济的负面影响不可低估。

1. 去杠杆化与信贷紧缩加剧,导致金融市场处于崩溃边缘。金融危机后,受去杠杆化的影响,信贷紧缩,金融市场功能被极大地削弱:一是股市大幅下挫。截至2009年年底,道琼斯Eurostoxx 50股票指数比危机前的最高点下挫40%,银行股下跌幅度更大。二是货币供给明显放缓。广义货币增长率从2008年12月的7.5%降至2009年2月的5.9%,而该指标在2007年10月峰值时曾为12.3%。三是信贷全面收缩。2009年1月,欧央行对欧元区银行业的调查表明,商业银行对非金融机构和住户的贷款标准进一步收紧,其力度与2008年第三季度时的情况相似。[①]

2. 去库存化与去杠杆化效应相互叠加,导致经济迅速衰退。在危机发生初期,库存周期基本上沿袭了过去的规律。2008年第四季度,库存贡献了GDP增长率的0.3%,明显超出正常区间。这表明在经济前景恶化、消费和出口大量萎缩的情况下,产品大量滞销。这是经济急剧衰退的前兆,也迫使企业开始了去库存化的调整。2009年上半年,去库存化加剧了经济下行压力。与此同时,去杠杆化导致实体经济进一步萎缩。2009年1月,欧元区制造业生产能力利用率为75%,这是自1990年开始此项调查以来的最低水平。2008年第四季度,欧元区GDP增长率在前两个季度小幅收缩0.2%和0.4%的基础上急剧下降,环比收缩1.9%。2009年第一季度,欧元区经济再度收缩2.5%,欧盟经济也收缩2.7%。危机使绝大多数成员国经济受到了重创,德国这一欧元区最大的经济体,2009年经济收缩幅度接近5%。

---

① DG For ECFIN, EC (2009), Quarterly Report on the Euro Area, Vol. 8, No. 1, pp. 8 - 9.

3. 世界经济恶化与全球贸易收缩，导致欧洲出口受阻。信贷紧缩，致使贸易融资难度加大，从金融层面加速了全球贸易收缩。而从 2008 年第四季度开始，全球经济急转直下，主要发达经济体同步急剧收缩，导致全球商品价格大幅暴跌，世界贸易收缩。按照荷兰经济分析局估算，世界贸易额从 2008 年第三季度环比增长 2.1% 收缩至第四季度的 -6%。受此影响，2008 年第四季度欧元区出口和进口环比分别收缩 6.4% 和 4.7%，对 GDP 增长的贡献是 -0.8%。①

四　欧洲遭受金融危机严重冲击的主要原因

虽然欧洲不是金融危机的发源地，但金融危机对欧洲的冲击却远胜于美国、日本等其他发达国家。究其原因，除了欧美之间密切的经济联系外，欧洲金融业和房地产业中存在的一些深层次问题，导致危机影响更加深重。

1. 欧洲银行业购买了美国大量次贷衍生产品（即有毒资产）。欧美金融业盘根错节，相互投资和持股。欧洲一些大银行较广泛地参与美国次贷衍生品交易中，并遭受严重损失。例如，2007 年 8 月 2 日，德国工业银行旗下的"莱茵兰基金"（Rhineland Funding）因参与美国房地产次级抵押贷款市场业务而遭受巨大损失；2007 年 8 月 9 日，法国巴黎银行旗下三支基金同样因为投资了美国次贷债券而蒙受巨大损失。

2. 欧洲金融业拥有比美国更高的负债率和杠杆率。受美国金融业发展模式影响，在国际市场上活跃的欧洲大银行纷纷提高财务杠杆率，大量投资于住房抵押贷款以及相关衍生品，以博取高收益。欧洲银行部门债务额是美国的 5 倍，相当于 GDP 的 345%。据欧洲政策研究中心统计，欧元区 10 家最大银行杠杆率平均为 33 倍，比美国同行高出 10 倍左右。德国银行的资产杠杆比率高达 32。②

3. 欧洲部分国家深受房地产泡沫破灭的影响。英国、西班牙、爱尔兰、法国等欧洲主要国家在经历 10 年房地产繁荣后，房价也开始出现下跌，导致相关国家金融机构盈利下降、坏账上升。与美国相比，欧洲银行业融资又占有较高比重，这些国家的政府不得不通过加大力度拯救金融业来促进经济复苏。

---

① DG For ECFIN, EC (2009), *Quarterly Report on the Euro Area*, Vol. 8, No. 1, p. 14.
② 英国前首相戈登：《离则死、合则生》，2011 年 9 月 5 日，www.project-syndicate.org。

4. 欧美间存在着紧密的贸易和投资联系。欧美是世界上最重要的商业伙伴关系，美国是欧洲第一大贸易伙伴，欧洲是美国第二大贸易伙伴。跨大西洋投资流以企业内部贸易流的方式创造了深入的经济一体化。例如，美国跨国公司约一半在欧盟有投资，其中约60%资产由美国在欧洲的子公司控制。欧盟在美国的跨国公司75%的资产由在美国的欧洲子公司控制。跨国公司内部贸易约占跨大西洋贸易的1/3。

第二节 反危机措施与经济初步复苏

为应对金融危机，欧盟、欧央行及各成员国政府密切协同，展开了规模空前的救市行动。从最初直接向金融机构注资到综合采取财政和货币政策，救市规模逐步扩大，干预程度由浅到深，政策手段日趋有力，直接推动了2009年下半年经济复苏。更重要的是，在整个危机救助过程中，欧盟发挥了组织协同作用，力促政策协调统一，维护统一大市场的自由和开放。

一 应对国际金融危机的政策措施

在金融危机发生不久，欧盟、欧央行及各成员国就不惜下"猛药"，采取了多项应对政策和措施，其目的就是要打破金融市场与实体经济间的恶性循环，增强投资者对金融市场的信心，缓解危机对实体经济的冲击。正如欧盟委员会主席巴罗佐反复强调的，需要"在特殊时期采取特殊政策"。[①]

1. 欧盟委员会的"超国家"政策协调

作为欧盟"政府"和一体化的重要机构——欧盟委员会，在危机应对中也发挥了独特作用。欧委会采取了一些"超国家"的协调措施，将欧盟各成员国"拧成一股绳"，避免了分散作战的弊端。主要表现为：

一是协调各成员国的财政政策。财政刺激政策的一个重要问题是，在扩大本国内需的同时，会对他国产生正的溢出效应，扩大他国对本国出口。在拥有统一大市场的欧盟，财政政策的溢出效应更为明显，一些成员

---

① 尚军：《欧盟委员会出台2000亿欧元经济刺激计划》，《中国经济时报》2008年11月27日。

国也因此不愿出台财政刺激政策。在这样的背景下,作为一体化的重要机构,欧委会为了防止出现"救助套利"现象,加强财政政策协调,使各成员国都有所行动,使各国财政刺激计划的效应最大化。与此同时,欧盟的协调作用还表现在对财政政策的监督上,即根据各成员国的实际情况,监控其财政刺激政策是否突破《稳定与增长公约》限制,是否会引发经常账户出现严重的失衡问题等。

二是审批各国金融救助计划。为了防止内部金融市场碎片化,以及出于对受益人和非受益人共同担保责任等考虑,欧委会通过制定国家救助规则(指导条例)来审批各国金融救助计划。这是因为,从技术上来看,欧洲一些大型银行集团因跨国经营,难以被一国政府救助。这些大型银行通常在欧洲各国设有一家独立法人的子银行,有独立的资产负债表,而集团又对各个子银行业务和资金有着高度统一的管理。一旦银行被相关国家分割接管,业务将无法继续开展,各国只能暂时接管后再进行出售。而一旦银行倒闭后,不同国家间如何分担损失问题也将变得十分敏感,难以达成一致的解决方案。在这种环境下,需要欧委会发挥"裁判员"的作用,制定一套指导条例,按此规则来审批各国金融救助计划。

三是维护欧盟的团结和统一。欧委会与欧洲投资银行一起,从预算中拿出300亿欧元用于欧洲经济复兴计划,以实际行动来维护欧盟的统一。欧盟还就危机应对提出了各种指导性意见。正如巴罗佐主席所说的,欧盟委员会的计划旨在为协调各成员国的行动提供统一框架和一套"工具箱",成员国可根据自身情况从中选取适当的举措。① 此外,欧委会从维护欧洲统一大市场出发,坚决同贸易保护主义倾向做斗争,坚决抵制成员国"以邻为壑"的危机应对政策。

2. 欧央行维护金融市场稳定的政策措施

欧央行在危机中履行中央银行职责,通过多种政策措施,维护金融市场稳定。这些措施主要有:

一是连续大幅下调政策性利率。随着经济金融形势显著恶化和通胀压力持续缓解,② 欧央行在短期内多次下调政策性利率,并将其下调至历史

---

① 尚军:《欧盟委员会出台2000亿欧元经济刺激计划》,《中国经济时报》2008年11月27日。

② 欧盟统计局2008年11月28日公布的初步数据显示,欧元区11月通胀率由前一个月的3.2%陡降至2.1%,降幅为近20年来之最,明显超出预期,已接近欧央行为维持物价稳定所设定的2%警戒线,而且通胀预期进一步下降。

最低水平。从 2008 年 10 月至 2009 年 5 月，欧央行共 7 次降息，将政策性利率（主要再融资利率）从 4.25% 降至 1.00%。欧央行短时间内密集、大幅度降息，这在欧元区历史上既是空前的，也可能是绝后的。①

二是向金融部门提供流动性。欧央行通过直接向商业银行注资、为其担保，以及向其提供贷款等方式，以空前的方式向金融部门提供流动性，应对信贷紧缩。2008 年 9 月 22 日，欧央行宣布向货币市场注资 276 亿欧元，拉开了欧盟机构救市的序幕。除降息外，欧央行还通过多种途径向市场提供流动性：其一是联合其他欧洲国家央行，根据与美联储达成的货币互惠协议，向隔夜市场注入短期美元贷款；② 其二是进一步放宽商业银行抵押贷款范围，以便为向其贷款提供更宽松的环境；其三是以优惠利率向市场无限量地注入流动性，最先开始以为期一周至 6 个月不等的短期信贷为主，从 2009 年 6 月 23 日起将期限延长至一年，遂转变为长期再融资操作（LTROs）。欧央行通过实施历史上最低水平的政策性利率，以及大规模地注入流动性等政策措施，促进了银行间市场拆借利率大幅回落。欧元区银行间市场 3 个月拆借利率（Euribor）从 2008 年 10 月 5.11% 这一金融危机爆发以来的最高点，回落至 2010 年 4 月 0.64% 这一 1994 年以来的最低点。③

3. 成员国层面的政策措施

在欧委会和欧央行的统一协调下，各成员国层面也开展了积极的自救和互救。其主要政策措施有以下四方面：

一是实施大规模金融救助行动。为了最大限度地遏制危机对金融体系的急剧冲击，增强金融机构的生存能力，恢复金融市场正常功能和稳定市场信心，10 月 7 日，欧盟 27 国财长会议决定，在至少一年时间内，将欧盟各国最低储蓄担保额度提高到 5 万欧元，以稳定存款人信心。10 月

---

① 2008 年 10 月 8 日、11 月 6 日和 12 月 4 日，欧央行分三次将政策性利率下调至 2.50%，其中前两次下调幅度分别为 50 个基点，第三次为 75 个基点。2009 年 1 月 15 日、3 月 5 日、4 月 2 日和 5 月 7 日，欧央行四次降息，共下调政策性利率 150 个基点至 1.00% 的历史最低。这其中，前两次分别下调 50 个基点，后两次分别下调 25 个基点。

② 例如，2008 年 9 月 26 日，欧央行联合英格兰银行和瑞士中央银行，根据与美联储达成的货币互惠协议，向隔夜市场注入短期美元贷款，以保证流动性需求。为进一步缓解美元流动性紧张局面，时隔 3 天，欧央行应美联储要求，决定将临时货币互惠协议额从 1200 亿美元提升到 2400 亿美元，并将期限延长至 2009 年 4 月 30 日。

③ 参见欧央行网站：http://sdw.ecb.europa.eu/。

14—30日,欧委会陆续批准了英国、丹麦、爱尔兰、德国、瑞典、葡萄牙、意大利、西班牙、奥地利等国的金融救市方案,使成员国得以具体落实和深化救市措施。在此后的一个月内,欧盟十几个成员国陆续推出了史无前例的金融救市方案,总规模高达3.5万亿欧元。这其中,2700亿欧元用于向金融机构注资,3.2万亿欧元用于为金融机构融资提供担保。英国力度最大,规模为6250亿英镑。德国、法国、西班牙、意大利等国分别为5000亿欧元、3600亿欧元、2000亿欧元、300亿欧元。随着救市措施逐步实施,欧洲金融市场的紧张局势有所缓解,市场信心明显稳定,有力地减缓了经济垂直下行的势头,扼制了欧洲银行业恶化的趋势。

二是联合推出欧洲经济复苏计划(EERPs)。2008年12月,根据欧委会的建议,欧盟各国政府实施了欧洲经济复苏计划(EERPs)。[①]该计划旨在缓解金融动荡对实体经济的冲击,通过充分挖掘欧盟内部潜力来创造需求,重振市场信心。EERPs由两个主要支柱构成,财政刺激政策和结构改革政策。从2008年11月26日起,欧盟及其成员国陆续推出两轮总额约4000亿欧元的经济刺激计划,占欧盟GDP的3%。第一轮经济刺激计划为2000亿欧元,其中欧盟层面筹措300亿欧元,成员国筹集1700亿欧元。2009年1月20日,英国、法国、德国等先后公布总规模约2000亿欧元的第二轮经济刺激计划,欧委会也做出50多项应对危机的决定,批准成员国25项旨在稳定企业和实体经济的救援计划。据欧盟估算,若将两轮经济复苏计划动用的资金额,加上自动稳定器的作用(2%左右),其效力相当于欧盟GDP的5%。[②]然而,也应看到,EERPs突破了《稳定与增长公约》对财政赤字率的约束,为债务危机的爆发埋下了隐患。

三是出台多项产业扶持政策。为扶持在危机中受到冲击的产业,促进增长和就业,欧盟一些成员国出台了多项产业扶持政策。其中影响较大的就是对汽车产业的扶持,即以旧车换新车政策。汽车产业是欧盟的重要产业,对其扶持有助于稳定就业。同时,汽车消费约占欧元区私人消费的5%左右,对其扶持也有助于稳定欧元区私人消费。2009年年初,法国政

[①] 2008年11月26日,欧委会制订了EERPs计划,并于12月12日得到了欧洲理事会的批准。参见,DG ECFIN, EC (2008), *A European Economic Recovery Plan*, p.6, Quarterly Report on the Euro Area, Volume 7 No.4.

[②] DG ECFIN, EC (2009), Economic Forecast, p.27, Spring 2009, *European Economy* 3/2009.

府宣布向陷入困境的雷诺公司和标致雪铁龙集团提供总计 65 亿欧元的 5 年期低息贷款，利率为 6%（正常利率为 10%—12%）。作为交换条件，这两家公司允诺在贷款到期前不关闭法国国内的任何工厂，同时承诺不裁员。2009 年至 2010 年，受旧车提前报废购新车补贴政策刺激，欧盟和欧元区新车登记数量出现了较快增长（参见图 2-1）。[①] 除汽车产业外，欧盟与成员国政府还对具有技术和产品创新优势的中小企业进行扶持，对陷入困境的企业进行专项救助。

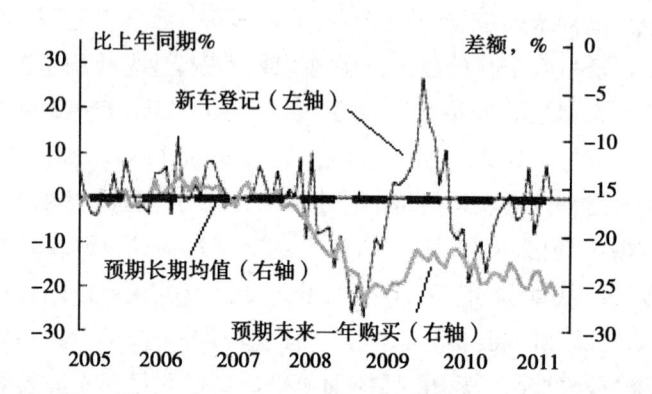

资料来源：European Economic Forecast—Autumn 2011, *European Economy*, 6, 2011 (provisional version), p. 36.

图 2-1　欧盟汽车扶持政策出台前后汽车登记数量的变化

四是注重发挥自动稳定器的作用。受高税收、高福利政策的影响，欧盟自动稳定器的作用超过其他发达国家。据估算，在经济出现按欧盟定义的严重衰退的经济周期内，欧盟成员国的自动稳定器波动范围占 GDP 的 ±2% 以内，也就是说，如果某一成员国的财政赤字占 GDP 的 2%，那么，在随后出现严重经济衰退的周期内，其财政赤字将在 0%—4% 的范围内波动。因此，从理论上讲，欧盟财政政策的大框架，可以使成员国在很大程度上利用自动稳定器调控经济。在应对金融危机中，欧盟注重利用这一特征的优势，发挥自动稳定器的作用，[②] 使经济在衰退时趋向于稳定。

[①] 2011 年第二季度，随着该政策到期终止，新车登记数量明显下降，加剧了私人消费市场的低迷。

[②] 所谓自动稳定器是指财政赤字自动变化的范围。当经济衰退时，税收收入下降，支出增加，政府财政赤字趋向扩大，从而刺激经济回升；反之，经济繁荣时，税收增加，支出减慢，政策赤字减少或出现盈余，从而抑制经济的过快增长。

二 反危机政策促进欧洲经济初步复苏

从2008年10月开始,经过综合救助,至2009年下半年,金融市场紧张局势有明显的改善,实体经济也出现了止跌回稳的迹象。主要表现在:

1. 主要大银行盈利状况好于预期。得益于政府强有力的经济刺激计划和欧央行极低的短期再融资利率,以及2009年春季以来全球市场形势改善,欧洲银行业得以不断提高清偿率,修复资产负债表和降低杠杆率。这不仅稳定了金融头寸,而且部分成功地恢复了内部收益。2009年上半年,包括渣打银行、巴克莱银行、巴黎国民银行、汇丰银行等欧洲主要银行的税前利润均高于市场预期。

2. 信贷紧缩状况有所缓解。欧央行调查显示,2009年第三季度企业贷款继续紧缩的银行数量净占比仅为8%,该数据比第一季度的43%和第二季度的21%大幅下降。这表明银行信贷紧缩周期接近结束。

3. 欧洲经济缓慢走出衰退。从2009年下半年开始,在各方政策的综合作用下,欧洲经济实现了小幅增长。这其中,先后两轮EERPs拉动2009/2010年欧盟经济增长1.75%。[①] 对于德国来说,汽车以旧换新举措和补贴企业维持就业成为德国经济增长的主动力。2009年第二季度,德国GDP环比增长0.3%,经济明显反弹。同样,购买新车补贴措施也使法国和意大利2009年8月工业产出环比分别增长1.8%和7%,为20年来最高月度增幅。2009年第三季度,欧盟和欧元区经济环比分别增长0.4%和0.5%,终止了连续5个季度的负增长,表明欧洲经济开始企稳向好,欧盟自救措施与全球联动救市已初见成效。

尽管如此,欧洲金融和经济形势出现的上述积极变化是不稳固的,仍有其脆弱性的一面。这主要表现在:一是金融机构仍是市场上最脆弱的环节,金融市场并未从根本上稳定下来,市场信心依然脆弱;二是金融机构的"去杠杆化"活动严重影响企业融资和实体经济运行,信贷紧缩尚未有效缓解,金融危机对实体经济的深度侵蚀导致巨额金融救市资金的效果受到抑制;三是本轮经济复苏主要以政策刺激为主,自主复苏动力不足;

[①] DG ECFIN, EC (2009), Economic Forecast, p. 27, Spring 2009, *European Economy* 3/2009.

四是大规模救助行动突破了《稳定与增长公约》对财政赤字率等的限制，埋下了财政和债务危机的种子（相关内容将在第三章详述）。

专栏2-1　G20峰会机制及其在维护世界经济稳定中的作用

金融危机的爆发及在全球扩散，凸显了全球经济治理的重要性，G20峰会机制发挥了重要作用。"二十国集团"（G20）是一个国际经济合作论坛，于1999年12月16日在德国柏林成立，是布雷顿森林体系框架内非正式对话的一种机制，由原八国集团以及其余12个重要经济体组成。G20集团的GDP约占全世界的85%，人口约占世界总人口的2/3。G20集团成立的宗旨是为推动发达国家和新兴市场国家之间就实质性问题进行讨论和研究，以寻求合作并促进国际金融稳定和经济持续发展。G20集团以非正式的部长级会议的形式运行，不设常设秘书处，主席采取轮换制。该集团的财长和央行行长会议每年举行一次。为了确保20国集团与布雷顿森林机构的紧密联系，IMF总裁和世界银行行长等作为特邀代表也参与该论坛的活动。

G20集团成立后，真正发挥作用是在2008年金融危机之后。从2008年起，G20领导人召开峰会以商讨应对国际金融危机的对策。2009年，G20领导人宣布该组织已取代G8成为全球经济合作的主要论坛，是促进国家间政策协调的更好机制。截至2011年年底，G20已经在华盛顿、伦敦、匹兹堡、多伦多、首尔和戛纳举办了6次首脑峰会，形成了一系列政府间的政策协调机制，包括金融市场改革、宏观经济政策协调和国际金融机构（主要是IMF）治理改革等。

从以往峰会目标的落实情况看，各国对宏观政策协调和国际货币体系改革目标的执行较好，但对金融监管目标的执行不尽如人意。总体而言，发达国家的目标实现程度高于发展中国家。第一次峰会（华盛顿）后，目标实现程度开始下降，在伦敦和匹兹堡峰会期间保持较低水平，但在首尔峰会时开始回升。这也表明，首尔峰会之后，G20的政策制定开始逐渐趋于现实。

未来G20机制也面临一些争议和挑战：在议题建设方面，现在是由每年的轮值主席国设置峰会的议题，保持议题的开放和灵活，时刻关注国际政治经济形势的变动，讨论影响"当下"国际环境的热点问题。存有争议的是G20要不要缩小议题范围，集中讨论几个核心问题，如金融、贸易等。在运行机制方面，目前 G20 已经形成了"峰会—协调人会议—部长级会议—工作组会议"的机制架构，但过于集中在"峰会层面"，其他层次的会议有待进一步加强。在合法性方面，一些国家质疑 G20 的代表性问题，这对 G20 机制的合法性至关重要，但参与集体行动的数量与效率本身存在悖论，数量越多，效率越低。今后，随着 G20 参与全球事务的增多，其决议的合法性就越容易受到质疑。在有效性方面，历届峰会结果让人对 G20 是否能够继续有效地发挥作用产生怀疑。G20 应该明确自己在全球治理机构中的作用，特别是作为全球议题的设定人和各国政策协调中间人的作用，改革运作机制，以提高其工作效率。

参考资料：

1. 百度百科："G20 峰会"，http://baike.baidu.com/view/2317519.htm。

2. Ignazio Angeloni, Jean Pisani-Ferry, *The G20: characters in search of an author*, 13th March 2012, http://www.bruegel.org/publications/.

第三节 主权债务危机严重困扰着欧盟

2009 年年底，在金融危机的阴影还远没有消失，欧洲经济仍处在缓慢复苏之际，主权债务危机却幽灵般地出现在欧洲。12 月 8 日，全球三大评级机构下调希腊主权债券评级，债务危机率先在希腊爆发。2010 年和 2011 年，爱尔兰、葡萄牙相继陷入危机。截至 2012 年年中，债务危机已经历了 4 个波段、持续了两年半之久，危机非但没有减弱的迹象，反而一波比一波势头更凶猛，并且已经从外围小国向核心大国扩散，从经济危机逐渐演变为社会危机和政治危机，整个欧盟都深受债务危机的困扰。正如欧洲理事会主席范龙佩所说的那样，主权债务危机是关乎欧元区和欧盟未来命运的"生存危机"，如果欧元区不存在了，欧盟也将消失。[①]

---

① Visions for Europe, Herman Van Rompuy, 16 Nov. 2010, http://www.epc.eu.

一 金融危机后欧洲财政赤字率迅速升高

金融危机期间，欧盟各成员国政府的大规模财政支出，[①] 导致公共债务快速积累，主权债务危机爆发。2007 年，欧盟成员国中仅有 3 个国家的财政赤字率（财政赤字与 GDP 比率）超过《稳定与增长公约》规定的 3% 上限，但到 2008 年成员国数量已增至 12 个，2009 年进一步增至 22 个（参见表 2 - 2）。2009 年年底，欧元区总体财政赤字率达到 6.4%，为债务危机以来的高峰。这其中，希腊、爱尔兰、西班牙和葡萄牙财政赤字率均在 10% 以上，位居欧元区前 4 位。财政赤字率上升不仅发生在危机后的小国，危机后英国、法法、德国等欧盟大国的赤字率均超过 3%。到 2009 年年底，英国财政赤字率高达 11.5%，法国为 7.5%，德国为 3.2%。

表 2 - 1　　　　2007—2012 年欧盟成员国财政赤字率　　　　单位:%

年份	2007	2008	2009	2010	2011	2012
比利时	-0.1	-1.0	-5.6	-3.8	-3.7	-3.0
德国	0.2	-0.1	-3.2	-4.3	-1.0	-0.9
爱沙尼亚	2.4	-2.9	-2.0	0.2	1.0	-2.4
爱尔兰	0.1	-7.3	-14.0	-31.2	-13.1	-8.3
希腊	-6.5	-9.8	-15.6	-10.3	-9.1	-7.3
西班牙	1.9	-4.5	-11.2	-9.3	-8.5	-6.4
法国	-2.7	-3.3	-7.5	-7.1	-5.2	-4.5
意大利	-1.6	-2.7	-5.4	-4.6	-3.9	-2.0
塞浦路斯	3.5	0.9	-6.1	-5.3	-6.3	-3.4
卢森堡	3.7	3.0	-0.8	-0.9	-0.6	-1.8
马耳他	-2.4	-4.6	-3.8	-3.7	-2.7	-2.6
荷兰	0.2	0.5	-5.6	-5.1	-4.7	-4.4
奥地利	-0.9	-0.9	-4.1	-4.5	-2.6	-3.0
葡萄牙	-3.1	-3.6	-10.2	-9.8	-4.2	-4.7
斯洛文尼亚	0.0	-1.9	-6.1	-6.0	-6.4	-4.3

[①] 与欧洲类似，美国在金融危机后，主权债务规模也迅速积累，债务问题也较严重。美国 2009 年的财政赤字超过 1.42 万亿美元，相当于其 GDP 的 11.5%，日本 2009 年的财政赤字与 GDP 的比率也高达 8.8%。

续表

年份	2007	2008	2009	2010	2011	2012
斯洛伐克	-1.8	-2.1	-8.0	-7.7	-4.8	-4.7
芬兰	5.3	4.3	-2.5	-2.5	-0.5	-0.7
欧元区	-0.7	-2.1	-6.4	-6.2	-4.1	-3.2
保加利亚	1.2	1.7	-4.3	-3.1	-2.1	-1.9
捷克	-0.7	-2.2	-5.8	-4.8	-3.1	-2.9
丹麦	4.8	3.2	-2.7	-2.5	-1.8	-4.1
拉脱维亚	-0.4	-4.2	-9.8	-8.2	-3.5	-2.1
立陶宛	-1.0	-3.3	-9.4	-7.2	-5.5	-3.2
匈牙利	-5.1	-3.7	-4.6	-4.2	4.3	-2.5
波兰	-1.9	-3.7	-7.4	-7.8	-5.1	-3.0
罗马尼亚	-2.9	-5.7	-9.0	-6.8	-5.2	-2.8
瑞典	3.6	2.2	-0.7	0.3	0.3	-0.3
英国	-2.7	-5.0	-11.5	-10.2	-8.3	-6.7
欧盟	-0.9	-2.4	-6.9	-6.5	-4.5	-3.6

注：2011 年、2012 年为预测数。

数据来源：DG ECFIN, EC (2012), European Economic Forecast, Spring 2012, *EUROPEAN ECONOMY* 1/2012.

财政赤字率升高导致债务水平居高不下。据欧盟统计，2007 年欧盟成员国政府债务与 GDP 比率为 59%，低于《稳定与增长公约》规定的不超过 60% 的标准，2009 年年底则升至约 75%，2010 年年底进一步提高到 80%（参见表 2-3）。到 2010 年年底，欧盟 27 个成员国中，主权债务与 GDP 比率超出 60% 标准的国家数量从 2008 年的 9 个和 2009 年的 12 个，增至 14 个。

表 2-2　2007—2012 年欧盟成员国主权债务占 GDP 比重（单位：%）

年份	2007	2008	2009	2010	2011	2012
比利时	84.1	89.3	95.8	96.0	98.0	100.5
德国	65.2	66.7	74.4	83.0	81.2	82.2
爱沙尼亚	3.7	4.5	7.2	6.7	6.0	10.4
爱尔兰	24.8	44.2	65.1	92.5	108.2	116.1
希腊	107.4	113.2	129.4	145.0	165.3	160.6

续表

年份	2007	2008	2009	2010	2011	2012
西班牙	36.2	40.2	53.9	61.2	68.5	80.9
法国	64.2	68.2	79.2	82.3	85.8	90.5
意大利	103.1	105.7	116.0	118.6	120.1	123.5
塞浦路斯	58.8	48.9	58.5	61.5	71.6	76.5
卢森堡	6.7	13.7	14.8	19.1	18.2	20.3
马耳他	62.3	62.3	68.1	69.4	72.0	74.8
荷兰	45.3	58.5	60.8	62.9	65.2	70.1
奥地利	60.2	63.8	69.5	71.9	72.2	74.2
葡萄牙	68.3	71.6	83.1	93.3	107.8	113.9
斯洛文尼亚	23.1	21.9	35.3	38.8	47.6	54.7
斯洛伐克	29.6	27.9	35.6	41.1	43.3	49.7
芬兰	35.2	33.9	43.5	48.4	48.6	50.5
欧元区	66.3	70.1	79.9	85.6	88.0	91.8
保加利亚	17.2	13.7	14.6	16.3	16.3	17.6
捷克	27.9	28.7	34.4	38.1	41.2	43.9
丹麦	27.5	33.4	40.6	42.9	46.5	40.9
拉脱维亚	9.0	19.8	36.7	44.7	42.6	43.5
立陶宛	16.8	15.5	29.4	38.0	38.5	40.4
匈牙利	67.1	73.0	79.8	81.4	80.6	78.5
波兰	45.0	47.1	50.9	54.8	56.3	55.0
罗马尼亚	12.8	13.4	23.6	30.5	33.3	34.6
瑞典	40.2	38.8	42.6	39.4	38.4	35.6
英国	44.4	54.8	69.6	79.6	85.7	91.2
欧盟	59.0	62.5	74.4	74.8	80.2	83.0

注：2011 年、2012 年为预测数。

数据来源：DG ECFIN, EC (2012), European Economic Forecast, Spring 2012, *EUROPEAN ECONOMY* 1/2012。

进一步看，在财政和债务问题上，欧盟内部不同成员国间，以及欧元区与非欧元区成员国间均存在着较大差异。被称为"欧猪五国"（PIIGS）的南欧国家，财政赤字率严重超标，而欧洲大陆和北欧国家，财政状况相对较好，赤字率较低。此外，相对于欧盟整体来说，欧元区成员国的财政问题和债务问题更加严重。

二 第一波（2009年10月—2010年5月）：希腊主权债务危机

希腊债务危机是欧洲主权债务危机的开端。2009年10月，当选仅半个月的希腊新一届政府突然宣布，2009年财政赤字率和公共债务与GDP比率预计将分别达到13.7%和113%（实际分别为14.2%和129.3%），[①]远高于政府此前预测。投资者由于陷入3000多亿欧元希腊债券的圈套，是该国自身信用担保能力的2倍，遂引发市场恐慌。[②] 12月，惠誉、标普和穆迪三大国际信用评级机构相继下调了希腊主权信用评级，金融市场迅速做出反应，希腊10年期国债收益率相对于德国同期国债收益率大幅攀升，希腊融资成本显著增加（参见图2-2）。2010年3月，希腊公布48亿欧元紧缩方案。4月，希腊宣布如果在5月得不到救援贷款，将无法偿付即将到期的200亿欧元国债。由于担心总额超过3000亿欧元的国债出现违约，希腊国债被投资者大规模抛售，希腊政府无法在市场上融资。4月23日，希腊向欧盟和IMF提出援助请求，标志着欧债危机正式爆发。

三 第二波（2010年9月—2011年4月）：爱尔兰、葡萄牙主权债务危机

爱尔兰债务危机源于房地产泡沫破灭的影响。作为"凯尔特之虎"（Celtic Tiger），爱尔兰曾经创造过经济奇迹。1994—2007年，爱尔兰产出、就业和劳动生产率快速增长，其中，1991—2000年年均经济增长率高达7.1%，是前十年的近两倍。但在金融危机冲击下，经济繁荣时期出现的巨大房地产泡沫随之破灭，此前对房地产市场大量放贷的银行出现巨额亏损。2010年9月，爱尔兰政府宣布，为救助本国五大银行最高可能耗资500亿欧元，约占当年GDP的1/3，预计因此将使爱尔兰财政赤字率升至32%（实际为31.3%），远高于希腊赤字率。英国《金融时报》首席经济评论员马丁·沃尔夫认为，爱尔兰危机是3个危机的叠加，即经济

[①] 欧盟统计局2010年11月15日修正了欧元区的债务数据。另据报道，泛希腊社会主义运动党政府总理Papandreou被迫承认2009年希腊预算赤字率达到15.4%，约为新民主党政府曾宣称的3倍。

[②] 截至2010年9月底，希腊公共债务总额为3360亿欧元。

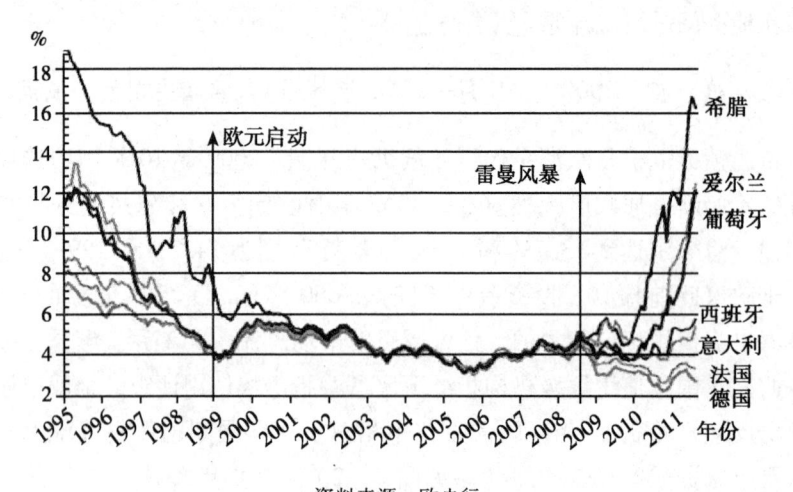

资料来源：欧央行

图 2-2 欧元区部分国家 10 年期主权债券收益率变化

崩溃、金融内爆和财政灾难。[①] 在不造成金融崩溃和主权违约的情况下控制这样一个危机，已超出了爱尔兰的能力范围。11 月 21 日，爱尔兰政府决定接受欧盟和 IMF 联合救助，请求救助总额为 850 亿欧元（1150 亿美元）。[②] 这标志着主权债务危机扩散至爱尔兰。作为接受欧盟、IMF 援助条件，爱尔兰政府公布 4 年财政紧缩方案，计划到 2014 年将财政赤字率缩小至 3%。

葡萄牙陷入债务危机的主因是近 10 年来，葡萄牙经济增长乏力、财政赤字率居高不下，并主要依靠资本流入来弥补。2010 年，葡萄牙财政赤字率约近 10%，主权债务与 GDP 比率约为 93%。为尽早平衡预算、控制债务增长，葡萄牙政府计划通过多轮财政紧缩计划，到 2011 年将预算赤字率控制在 4.6%，2012 年达到 3%。然而，2011 年 3 月 23 日，葡萄牙政府第四轮财政紧缩计划在议会遭到否决，总理苏格拉底（Jose Socrates）辞职，引发政治危机。次日，标普和惠誉等评级机构下调葡萄牙主

---

① 马丁·沃尔夫：《爱尔兰出路何在》，FT 中文网，2011 年 2 月 25 日。
② 关于 850 亿欧元资金的来源，外部援助 675 亿欧元（2/3 由欧盟机构和双边贷款提供，1/3 由 IMF 承担），其余 175 亿欧元由爱尔兰通过养老储备基金等方式自筹；关于 850 亿欧元救助基金的使用，350 亿欧元用于爱尔兰银行体系重组，500 亿欧元用于稳定财政和结构性改革。根据计划，该资金可确保爱尔兰在 3 年内无须向国际市场融资，但近 6% 的贷款利息则是爱尔兰的沉重负担。

权债券信用等级。3月29日,标普再次将葡萄牙主权债券信用等级降至接近垃圾级。受此影响,葡萄牙10年期债券收益率涨至8.18%,远超过7%这一公认的债务危机爆发警戒线。由于葡萄牙政府没有足够的现金偿还将于4月到期的42.3亿欧元债券,① 4月6日,即将离任的苏格拉底总理不得不向欧盟委员会请求财务援助。这标志着葡萄牙主权债务危机正式爆发。后经多轮讨价还价,欧盟和IMF最终决定向葡萄牙提供780亿欧元的救助资金,以帮助该国度过危机。

四 第三波(2011年9—12月):意大利、西班牙等国风险快速上升

2011年夏,美主权债务AAA信用评级被下调后,市场开始担心欧洲债市,意大利和西班牙等国遂成为风险较为集中的国家。2011年9—12月,是意大利、西班牙等国风险最突出、最危险的时期。从2011年9月起,评级机构不断调低意大利、西班牙主权债券信用评级,并将其前景展望定为负面。② 11月9日,意大利10年期国债收益率飙升至7.12%,为欧元区成立以来的新高,并突破7%警戒线。③ 西班牙国债收益率紧随其后。由于担心意大利可能成为第四家接受外部金融援助的国家,全球股市大幅下跌,11月9日全球股市市值蒸发1万亿美元以上。此后,在欧央行连续两轮近1万亿欧元长期再融资操作(LTROs)的支持下,商业银行通过大量回购两国国债,两国国债收益率均降至5%左右,使危机明显缓解。

意大利债务风险在于其债务规模大、结构不合理。如表2-2和表2-3所示,虽然在2009年和2010年,意大利财政赤字率分别为5.4%和4.6%,但2010年年底,意大利公共债务总规模为1.91万亿欧元,与GDP比率接近120%,比欧元区和欧盟平均水平分别高出约35个和40个百分点。从债务结构上看,意大利短期债务占比较高、偿还压力大。在2011年9月1日至2012年年底,意大利需要偿还的债务本金合计约4600多亿欧元(本金4031.6亿欧元,利息为581.9亿欧元),其中,2012年

---

① 当时,葡萄牙政府可用于偿还债务的现金储备仅有40亿欧元左右。葡萄牙债券收益率飙升意味着该国融资成本不堪重负,到期的债务无力偿还。

② 例如,2011年9月19日,评级机构标准普尔调低意大利主权信用评级,并将其展望定为负面。10月5日,评级机构穆迪将意大利政府信用评级从Aa2降级到A2,前景展望为负面。

③ 希腊、爱尔兰和葡萄牙分别在国债收益率突破7%的18天、15天和55天后接受了纾困。

第一季度需要偿还的债务规模为960亿欧元。

长期以来，意大利国债与GDP比率一直偏高，但由于其财赤率较低，经济增长较快可使其基本财政（扣除利息支付）保持平衡甚至小幅盈余，这样可以借新债还旧债。然而，金融危机后，由于意大利经济陷入停滞，[①] 偿债能力下降，导致其债务链条可能断裂，使债务风险显性化。政治危机又进一步放大了其风险。总体来看，意大利显现出流动性危机、政治危机和竞争力危机等多重危机的特征。（1）流动性危机。与希腊等国不同，意大利的困难更多地表现为流动性危机，而不是偿债能力危机。意大利债务规模大、结构不合理，短期内偿还压力大，一旦意大利债务融资成本不断上升，将无法从公开市场上借贷，只能向欧央行和IMF这样的机构寻求救助。（2）政治危机。在2011年11月8日举行的一次议会投票中，意大利总理贝卢斯科尼失去了议会支持，引发政治危机。[②] 其原因有二:[③] 一是贝卢斯科尼是欧洲在任时间最长的领导人，其领导的政府一直回避改革，导致经济增长停滞、竞争力下降；二是贝卢斯科尼领导的政府缺乏清晰的经济理念。外界因此怀疑意大利政府是否能在没有外援的情况下落实改革措施，并以可持续的方式削减赤字。在G20峰会上，萨科齐和默克尔均向贝卢斯科尼施压，要求其进行深层次财政制度改革、经济结构改革，以及接受来自IMF的金融支持。（3）竞争力危机。2001—2010年，意大利单位工资成本迅速上升。与此相比，过去15年，意大利年均经济增长率仅为0.75%。经济增速在全球排在后面，仅比海地和津巴布韦略高。与主要贸易伙伴相比，意大利还受到了汇率和利率体制僵化的影响，竞争力明显下降，经常账户长期失衡。

2011年11月17日，西班牙10年期国债收益率升至近7%，为1997年以来的最高。投资者对西班牙社会党政府的偿债能力不再有信心。民意

[①] 意大利2009年经济增长率为-5.5%，2010年为1.8%，2011年欧委会预计为0.4%，2012年为-1.4%。

[②] 意大利前总理贝卢斯科尼拖延经济改革计划和经济紧缩措施，导致了经济风险上升。随后，他承诺将在有关紧缩措施获得通过后辞职。11月12日，意大利参众两院通过了已拖延许久的经济改革一揽子计划后，意大利10年期债券收益率有所下降。该紧缩计划的措施包括：增加消费附加税、提高领取养老金年龄、提高燃油价格以及出售国有资产等。11月13日，曾担任欧盟委员的经济学家马里奥·蒙蒂（Mario Monti）出面组建意大利过渡政府，将意大利从债务危机边缘挽救回来。

[③] The Italian Crisis: Addio, Silvio, *The Economist*, November 12th, 2011.

调查亦显示，西班牙的反对党人民党将在即将举行的大选中获胜，从而结束社会党执政 7 年的历史。

尽管西班牙国债与 GDP 比率较低，甚至低于欧元区平均水平，但快速增长的财政赤字率加重了西班牙在应对债务风险方面的脆弱性。这主要表现在 3 个方面：一是地方政府势力强、削减赤字能力弱。西班牙财政赤字率之所以屡屡达不到之前设定的目标，主要是地方政府削减赤字不力，致使西班牙 2011—2015 年财政赤字比原来的预期更加恶化，导致政府债务与 GDP 比率迅速上升。二是高失业率和经济低迷。受可支配收入下降、私人部门去杠杆化、政府实施财政整固计划、外部需求存在不确定性等因素影响，西班牙经济持续收缩，偿债能力下降，失业率居高难下。在 2011 年实现 0.7% 的弱势增长后，欧委会预计 2012 年和 2013 年西班牙经济将分别收缩 -1.8% 和 -0.3%，财政赤字率分别为 6.4% 和 6.3%，大大低于原预计的 6.2% 和 4.8%。到 2012 年，其政府债务与 GDP 比率将超过 80%。① 三是储蓄银行业存在较大风险。② 房地产泡沫破灭不但使西班牙失去了数百万个就业机会，而且让金融业背负庞大的高风险资产，导致西班牙银行业资产质量进一步恶化。受此影响，西班牙银行体系不大可能获得太多的私人资本支持，不得不主要依赖欧央行融资。这也意味着西班牙政府将不得不拿出更多的钱来救助银行业，处理好银行体系中大量与房地产相关的负债问题。

意大利和西班牙债务风险上升，也增加了比利时和法国等主权债务的压力。受其影响，法国、奥地利和比利时国债与德国国债息差均扩大至历史高位。与此同时，债务危机有向东蔓延的趋势，2011 年 11 月 25 日，穆迪将匈牙利债务评级降至垃圾级，导致匈牙利福林兑欧元一度下跌 2%，波兰兹罗提和捷克克朗跌幅也双双超过 1%。所幸的是，欧央行的两轮 LTROs 让欧洲的银行业和主权债券市场有了喘息的机会。

五 第四波（2012 年 5 月以后）：希腊政治僵局与西班牙等国银行业风险再度上升

2012 年 5 月，已经接受第二轮救助计划并获得大规模债务减记的希

---

① DG ECFIN, EC (2012), *European Economic Forecast*, p. 75, Spring 2012, *European Economy*, 1/2012.

② Fear of fear itself, *The Economist*, June 25th, 2011.

腊，再起波澜。① 5月6日，在希腊议会选举中，未能选出一个在议会占绝对多数席位的政党，2/3的选民支持那些反对紧缩政策的政党，令希腊议会四分五裂。5月15日，希腊新民主党、左翼联盟和泛希腊社会运动党最后一轮组阁谈判失败，希腊不得不在6月17日重新进行国会选举。

政治僵局使希腊面临严峻的历史性抉择。由于希腊经济自金融危机以来连续4年负增长，青年失业率高达50%，年轻人和失业人群坚决反对紧缩政策，致使齐普拉斯领导的左派联盟成为议会第一大党。左派联盟要求放弃国际债权人强加给希腊的严苛的财政紧缩政策，而这些政策恰好是希腊接受国际援助的先决条件，因此左派联盟组阁可能导致希腊退出欧元区，届时希腊势必将重启与欧盟、IMF和欧央行的谈判。从这一意义上说，6月17日的大选相当于希腊对是否留在欧元区进行的一次全民公投。② 也有观点认为，希腊重新举行议会选举未必能够突破目前政治僵局，反而浪费一个月的时间，并增加了该国退出欧元区的风险。希腊政治僵局，意味着希腊与其债权人之间的互不信任日益加大，希腊退出欧元区的可能性进一步增加，也意味着希腊债务违约风险几乎升至最高，更意味着希腊、欧元区和欧盟正濒于又一轮金融风暴边缘。

与此同时，包括希腊银行业在内的欧洲银行业风险上升。希腊银行业接近生死关头。在希腊政府组阁失败后，本已相当脆弱的希腊银行业开始出现挤兑苗头，导致银行存款流失增加。5月16日，欧央行暂停向4家希腊银行提供流动性。

西班牙银行业困境再度加剧。5月17日，穆迪下调16家西班牙银行信用评级，同时下调西班牙桑坦德银行英国子公司的信用评级。穆迪表

---

① 欧盟和IMF对希腊的救助是历史上对一个国家成本最高的资金援助，已发放贷款和承诺发放贷款总计为2450亿欧元。希腊在接受救助的同时还发生了历史上最大规模的主权债务违约，通过债务重组抹去了超过1000亿欧元的债务。

② 希腊退出欧元区的公投并不是第一次。2011年10月31日，希腊总理帕潘德里欧突然宣布，希腊初步定于12月4日就欧盟新救助方案举行全民公投。消息发布后，希腊政府受到舆论普遍指责，欧盟反应激烈，称希腊公投等于退出欧元区，而11月即将援助希腊的80亿欧元也化为泡影。11月3日晚，帕潘德里欧召集紧急内阁会议后决定放弃公投。11月5日，帕潘德里欧领导的政府赢得议会信任投票，使希腊暂时避免了政府倒台、提前大选的局面。11月6日晚，希腊总统帕普利亚斯宣布，帕潘德里欧与主要反对党新民主党领导人萨马拉斯就组建联合政府事宜达成一致，帕潘德里欧将辞去总理一职。11月10日，银行家帕帕季莫斯当选希腊联合政府总理，希腊公投以闹剧的方式收场。

示，下调西班牙银行业评级的原因是：运营环境不佳削弱了银行资产质量、收入甚至资本金；政府信用下降影响银行信贷收益，并限制了政府支持银行业的能力；资产质量快速恶化，房地产业不良贷款率急剧上升，今后几个季度消费者抵押贷款和中小企业贷款质量也将下降；市场融资渠道有限，融资成本更加高昂，波动性增加。5月18日，西班牙央行宣布，截至3月底西班牙银行业超过3个月未还本付息的不良贷款总额为1479.7亿欧元，已相当于2007年的近10倍，不良贷款率达8.37%，创17年来新高。另据《华尔街日报》报道称，西班牙第三大银行Bankia被政府接管的一周内，储户已计提超过10亿欧元。① 仅在5月，由于资金抽逃，西班牙银行中个人和企业存款环比下降2.2%，存款总额仅为1.6万亿欧元，创下债务危机以来的最低水平。这只是该国银行业严峻危机的缩影。市场估计西班牙银行的坏账规模可能高达3060亿—3800亿欧元。预计西班牙将正式开展大规模的银行救助行动，将面临与爱尔兰同样命运，② 申请外部救助在所难免，欧洲主权国债市场将再度陷入动荡。

专栏2-2 三大国际评级机构及其在债务危机中的角色

1997年亚洲金融危机，穆迪调降泰国主权信用和三家主要银行信用评级，导致泰铢币值迅速下跌，正式引爆危机。韩国随后亦受狙击。2008年金融风暴及欧债危机，评级机构亦被指制造市场动荡。

2009年10月，希腊政府宣布当年财政赤字率超过15%，远高于欧盟设定的3%上限，国际三大评级机构相继下调希腊主权信用评级，希腊债务危机正式爆发。2011年3月7日，穆迪将希腊主权债务信用评级降至B1。此后，始于希腊的欧洲债务危机持续发酵，导致欧元区经济形势恶化，并引发爱尔兰、葡萄牙、希腊、意大利、西

---

① 《西班牙银行业困境加剧》，《金融界》，2012年5月21日，http://www.jrj.com。

② 2012年5月10日，彭博新闻网文称，西班牙为了避免与爱尔兰一样向国际社会请求救助以支持其银行业，一直以来无视房地产贷款坏账规模，低估银行业损失。西班牙政府要求银行的坏账拨备额增加540亿欧元至1660亿欧元。西班牙银行认为，这足以覆盖50%房地产开发商和建筑企业的贷款损失，消除1.4万亿欧元房贷和企业贷款的违约风险。但是，根据欧洲政策研究中心（CEPS）估计，如果要全部覆盖房贷和企业的贷款，西班牙银行业可能需要增加5倍于政府要求的坏账拨备额，即2700亿欧元。要填补这个窟窿，西班牙公共债务水平可能会再增加50%，或者不得不在爱尔兰、希腊和葡萄牙之后寻求国际救助。

班牙政府相继更迭。8月,标准普尔公司将美国长期主权债务信用评级下调至AA+,这是美国历史上首次丧失3A主权信用评级。

对国际评级机构的批评主要有两点:一是与宏观调控目标不一致。评级机构对宏观经济起到顺周期作用,实际上造成宏观经济的波动,而本来调控和投资应该是逆周期的;二是短期内加大经济波动。一旦一个机构出问题,就落井下石,情况好的时候,又把人家捧上天。

但也有人认为,评级的核心在于"公正客观"。评级机构的评级结果已经被许多监管法规置于非常重要的位置,其评级结果仍深深影响着机构投资者的行为。政府不能忽视评级下调所导致的问题:一旦一国政府的信用评级遭下调,该国银行、养老基金、保险公司和其他机构将面临卖出该国债券的压力,接受交易伙伴抵押品的金融机构合约往往也同信用评级严格挂钩,评级遭下调会令已经陷入困境的政府或机构面临更大的融资压力。同时,对评级机构的指责也与其作用不符。评级不是调控手段,不能要求其"逆周期";而评级导致市场行动一致、加大波动,则是"权威性"的副作用,难以消除。

正因如此,欧洲国家对信用评级机构持矛盾心态:一方面欧元区国家政府试图降低评级公司的影响力;另一方面这些国家又在极力避免评级遭下调。

表专2-1　　　　国际三大评级机构的信用等级符号

标准普尔(S&P)	惠誉(Fitch)	穆迪(Moody)
AAA	AAA	Aaa
AA	AA	Aa
A	A	A
BBB	BBB	Baa
BB	BB	Ba
B	B	B
CCC	CCC	Caa
CC	CC	Ca
C	C	C
R	DDD	
SD and D	DD	
N.R	D	

注:每一个等级内又分为三个级别,惠誉和标准普尔以+和-来微调,穆迪以数字1、2、3来微调。所有高于或等于BBB/Baa被认为是投资级别,低于或等于BB/Ba被认为是投机或非投资级别。

第四节 "三驾马车"对债务危机的联合救助

债务危机爆发以来,欧盟(欧元区)、欧央行和IMF作为救助三方,对成员国积极施救。这些措施,包括欧盟与IMF联合出资的欧洲金融稳定机制、欧央行的SMP和LTROs等,形成了欧盟应对债务危机的政策体系,稳定了欧洲金融市场,也确保了欧盟一体化进程在债务危机冲击下,不发生逆转。

一 欧元区的危机临时救助机制:EFSF

债务危机的临时救助机制,即"欧洲金融稳定工具"(EFSF),是在危机爆发初期形成的。随着危机的不断深化和蔓延,该机制也经历了修补和扩充的过程。这是债务形势"倒逼"的结果。总的来看,该机制经历了以下几个阶段,对缓解危机起到了一定的作用。

1. 欧洲金融稳定工具创建时期(2010年5月—2011年9月)

2010年5月,为对发生在希腊的债务危机提供救助,欧元区和IMF共同出资7500亿欧元,建立了"欧洲金融稳定机制"(EFSM)。"欧洲金融稳定工具"(EFSF),是EFSM的主体部分,是由欧元区信用较高的成员国提供担保来融资,用于发放援助贷款的一种机制。EFSF的上限是4400亿欧元。EFSM另一个组成部分,是由IMF出资3100亿欧元建立的救助机制。在债务危机的整个救助过程中,两部分机制按比例提供救助资金。然而,由于EFSF受欧元区债务形势和成员国主权信用等级变化的影响,成为EFSM中最不稳定的部分,经历了重要变化。

EFSM成立后,先后对希腊、爱尔兰和葡萄牙提供了紧急救助,避免了三国陷入流动性危机。截至2011年年底,EFSM共向希腊、爱尔兰和葡萄牙三国提供了总额2730亿欧元的救助资金,希腊、爱尔兰和葡萄牙分别得到1100亿欧元、850亿欧元和780亿欧元。2012年3月,希腊还得到了1300亿欧元的第二轮救助贷款。这其中,对希腊的贷款利率最初为5%,后来下调至4%;对爱尔兰和葡萄牙的利率在5%—6%。作为救助的前提条件,申请救助的国家必须积极履行财政紧缩承诺。这个条件因在一定程度上加剧了危机国的衰退,受到申请国的诟病。

2. 欧洲金融稳定工具寻求扩大救助能力时期（2011 年 9 月—2012 年 1 月）

EFSF 建立之初，主要是为了对希腊、葡萄牙和爱尔兰等小国的债务危机提供救助，救助能力有限、机制也不完善。随着危机不断蔓延，特别是 2011 年夏季之后，意大利和西班牙等欧元区大国债务风险不断上升，EFSF 救助能力不足的问题凸显。巴罗佐在"2011 年盟情咨文"中谈到 EFSF 时指出，要为 EFSF 提供"火力"，这样 EFSF 才有能力进行预防性干预，支持银行业资本重组，在二级市场上回购债券以建立防火墙。[①] 为此，EFSF 尝试通过三种方式加强"火力"：一是提高资金使用效率；二是通过杠杆化扩大救助能力；三是直接对 EFSF 进行扩容。

2011 年 6 月 20 日，欧盟调整了 EFSF 基金结构，将法国、德国等国担保的有效救助规模从 2600 亿欧元，增至 4400 亿欧元，从而使得 EFSF 资金可 100% 用于救助，提高了资金的使用效率。[②]

EFSF 在杠杆化过程中，则面临较大困难。按欧盟原来的预期，EFSF 的贷款容量至少应扩大到 2 万亿欧元，才能满足对意大利、西班牙等国救助的要求。在具体措施上，是将 EFSF 银行化和票据化。[③] 由于 EFSF 资金担保额是由欧元区各成员国按经济规模分摊的，一旦一国遭遇危机，其份额将按比例分摊给未出现危机的国家。这一机制将更多健康国家置于风险之下，对这些国家的信用等级构成威胁（参见表 2 - 4）。

表 2 - 3 各成员国在 EFSF 中的出资规模与比例（截至 2011 年年中）

成员国	信用评级 标普/穆迪/惠誉	欧央行资本认购比例（%）	贡献率（%）	最大担保（百万欧元）	调整后的贡献率（%）
奥地利	AAA/Aaa/AAA	1.9	2.8	12241	3.0
比利时	AA +/Aa1/AA +	2.4	3.5	15292	3.7
塞浦路斯	A -/Ba1/AA +	0.1	0.2	863	0.2

---

① José Manuel Durão Barroso, *European renewal - State of the Union Address 2011*, European Parliament, Strasbourg, 28 September 2011, SPEECH/11/607.

② Fear of fear itself, *The Economist*, June 25th, 2011.

③ 经济学家托马斯·迈尔（Thomas Mayer）和丹尼尔·格罗斯（Daniel Gros）建议，应向 EFSF 颁发银行业执照，这样它就可以从欧央行获取资金了。另一些人建议，EFSF 可以发行贴现票据。还有人建议，把 EFSF 打造为一家保险公司。一些人甚至建议，将 EFSF 和 ECB 合并，从而发挥 EFSF 资金的杠杆作用。

续表

成员国	信用评级 标普/穆迪/惠誉	欧央行资本 认购比例 （%）	贡献率 （%）	最大担保 （百万欧元）	调整后的 贡献率 （%）
芬兰	AAA/Aaa/AAA	1.3	1.8	7905	1.9
法国	AAA/Aaa/AAA	14.2	20.4	89657	21.9
德国	AAA/Aaa/AAA	18.9	27.1	119390	29.1
希腊	CC/Caa1/CCC	2.0	2.8	12388	0.0
爱尔兰	BBB+/Ba1/BBB+	1.1	1.6	7002	0.0
意大利	A+/Aa2/AA-	12.5	17.9	78785	19.2
卢森堡	AAA/Aaa/AAA	0.2	0.3	1101	0.3
马耳他	A/A1/A+	0.1	0.1	398	0.1
荷兰	AAA/Aaa/AAA	4.0	5.7	25144	6.1
葡萄牙	BBB-/Ba2/BBB-	1.8	2.5	11035	0.0
斯洛伐克	A+/A1/A+	0.7	1.0	4372	1.1
斯洛文尼亚	AA/Aa2/AA	0.3	0.5	2073	0.5
西班牙	AA/Aa2/AA+	8.3	11.9	52353	12.8
合计		100.0	100.0	440000	100.0

数据来源：EFSF

2011年10月27日，欧元区决定将4400亿欧元的EFSF杠杆化至1万亿欧元，同时宣布了两种杠杆化方案。[①] 方案一是由EFSF对欧元区国家新发国债提供部分担保，由EFSF承担新发国债20%—30%的最初损失，这相当于引入了3.3—5倍的杠杆。方案二是由EFSF与其他非欧盟投资者合作，共同出资设立用于购买欧元区新发国债的特别目的载体（Special Purpose Vehicle, SPV）。然而，这两个方案均存在缺陷。方案一原本希望通过在国债出现账面损失第一时间的偿付来压低融资成本，但危机发生时投资者是否愿意继续购买国债本身值得怀疑。此外，其混合定价机制不利于市场评级、担保比例的高低直接影响杠杆率，且可能变相增加债务国负担。方案二原本希望引入欧盟之外的资金来协助解决欧债危机，但融资方案的结构复杂（类似于CDO）、安全性不高，难以被其他投资者

[①] 本部分参考张明、郑英、敬云川《欧债危机的现状评估、政策选择与演进前景》，Jan. 30, 2012, 中国社会科学院世界经济与政治研究所国际金融研究中心 Working Paper No. 2012W02。

接受。更为重要的是，在欧洲内部尚未厘清救助机制的前提下，欧洲之外的国家不可能以自担风险的形式来援助欧洲。

2011年7月21日，欧元区夏季领导人特别峰会对EFSF提出三大任务，包括为救助希腊筹集资金及发放贷款；增强EFSF的灵活性，允许其启动预警程序，向成员国政府提供信贷额度；扩展EFSF功能，允许其帮助受困的成员国金融机构补充资本金，允许其在特定条件下进入二级市场购买重债国债券。然而，峰会对EFSF扩容问题只字未提。2011年8月16日法德领导人会晤中，也未理会EFSF扩容的呼吁。

3. 欧洲金融稳定工具的过渡期（2012年1—7月）

EFSF面临的一大挑战是，由于EFSF自身并无实收资本，是通过发债来募集资金的，其偿债能力受到欧元区若干AAA评级国家的政府担保。为了保住其AAA级信贷评级，EFSF此前已经承诺其所有债券都将在具有AAA评级的担保人担保下发行。2012年1月13日，标普下调9个欧元区国家的信用评级。1月16日，标普将EFSF的信用评级从最高的AAA级下调至AA+级，EFSF以低成本发债融资的能力受到损害。此外，EFSF还面临法律基础不稳固（《里斯本条约》第125条禁止成员国之间进行救助）、存续期短（仅有3年时间）、与IMF援助挂钩（仅限于已获得IMF援助的国家）等一系列问题，这表明EFSF只是一个应对市场极端情况的临时性工具。[①] 有鉴于此，2011年6月24日，欧洲理事会宣布成立ESM，用这个永久性危机解决机制来取代EFSF。

受EFSF杠杆化能力不足，以及信用评级被下调的影响，欧洲稳定机制（ESM）的出台就显得尤为迫切。由于ESM有自己的资本金基础，受到欧元区成员国评级变化的影响要小得多。2012年1月30日，欧盟领导人已就ESM自2012年7月起生效达成共识，比原计划提前一年。3月30日，欧元集团会议同意将欧元区防火墙的规模从最初计划的5000亿欧元提升至8000亿欧元。[②] 在对外发布的一份声明中，各国财长表示，同意

[①] 参见张明、郑英、敬云川《欧债危机的现状评估、政策选择与演进前景》，Jan. 30, 2012，中国社会科学院世界经济与政治研究所国际金融研究中心 Working Paper No. 2012W02。

[②] 欧元区各国财长承诺，将使ESM实收资本以更快的速度变得可用。两笔资本将在2012年支付，其中第一笔在7月，第二笔在10月以前。另两笔资本将在2013年支付，最后一笔将在2014年上半年支付。参见 *Statement of the Eurogroup*, 30 March 2012, http://www.consilium.europa.eu/。

临时性的 EFSF 与 5000 亿欧元永久性的 ESM 在 2012 年 7 月共同启动运作，目的是能够在 2013 年中期以前将有效放贷能力的上限提升至 7000 亿欧元，其中包括一项已经承诺将发放给希腊以及其他国家的总规模为 1020 亿欧元的基金。因此，从 2012 年 7 月开始，ESM 将逐步接管 EFSF 的救助义务（ESM 内容请参见有关章节），而在此前的过渡期，EFSF 可能参与对新计划的融资。

二 欧央行维护金融市场稳定的主要措施

欧央行通过降低政策性利率、证券市场购买计划，以及向银行体系注入流动性等措施维护金融市场的稳定。

1. 欧央行降息。2011 年 11 月 3 日，在希腊退出欧元区的预期加剧、意大利和西班牙两国借贷成本激增的背景下，欧央行意外降息 25 个基点，将政策性利率下调至 1.25%。12 月 8 日，欧央行再度降息 25 个基点，将政策性利率恢复至 1.00% 这一金融危机时期的历史最低点。两次降息超出了市场预期，显示出新任行长德拉吉（Mario Draghi）的行事风格，减缓了债务市场的压力。

2. 证券市场购买计划（SMP）。证券市场购买计划是欧央行在金融危机爆发初期采取的政策，但后来随着内部争议增加（被认为是欧洲版的量化宽松政策，助长了通货膨胀），欧央行并未如市场所料大规模地实施 SMP。据统计，从 2010 年 5 月至 2010 年 11 月底，欧央行仅拿出了 670 亿欧元购买债券。尽管欧央行行长让 - 克劳德·特里谢暗示，欧央行有可能大幅扩大对政府债券的购买，以压低不断飙升的借款成本，[①] 但随着特里谢退休和德拉吉上任，在债务危机最严重的 2011 年年底，该计划被 LTRO 所取代。

3. 长期再融资操作（LTROs）。这是欧央行常规的救助措施，早在 2009 年 6 月，当银行间市场利率高企时，欧央行曾提供总额为 4420 亿欧元的一年期贷款缓解市场压力。2011 年 12 月，在意大利、西班牙主权债券收益率不断上升，更大规模的债务危机一触即发的关键时刻，欧央行以"长期再融资操作"（longer - term refinancing operations，LTROs）的形式，

[①] 《欧洲央行可能增加购买国债》，英国《金融时报》中文网，2010 年 12 月 1 日，www.ftchinese.com。

向商业银行提供4980亿欧元三年期流动性贷款,同时放宽了条件,同意接受由高风险资产抵押的债券和证券作为抵押。这一措施稳定了金融和主权债券市场。2012年1月,欧央行再次实施LTRO,有效地缓解了银行流动性紧张局面,降低了重债国主权债券收益率,平息了市场恐慌。与SMP相比,LTRO的好处是,既降低了主权债券收益率,又缓解了商业银行流动性(详细分析见第七章第四节)。

三 IMF的两大救助措施

债务危机爆发以来,IMF作为救助三方中的一方,直接参与了对债务危机的救助。IMF参与救助主要体现在以下两个方面。

一是直接参与"欧洲金融稳定机制"(EFSM),并承诺向其提供3100亿欧元救助资金,弥补了欧元区国家救助资金不足问题。同时,这也是IMF对外开展的规模最大的救助行动。

二是通过向IMF注资,[1] 间接获得IMF救助。2012年3月30日,欧元区财长会议达成协议,向IMF新增1500亿欧元(约合2000亿美元)财政救援基金。与此同时,欧盟国家领导人呼吁世界其他大型经济体继续向IMF增资,以构建全球防火墙,防止危机蔓延。2012年4月,向IMF注资行动取得了重大进展。[2]

IMF在未来可能通过两个机制来参与对欧盟的救助:一是通过新借款安排(New Arrangement to Borrow,NAB)参与对欧元区的救助。在该信贷安排下,其他国家与机构可为IMF提供最高达5800亿美元的援助资金。这笔资金扣除已用部分,目前尚余1400亿美元的可贷款项;二是IMF创

---

[1] 在2011年欧盟冬季峰会上,欧盟提出向IMF提供2000亿欧元,以解决IMF救助资源不足问题。这主要是受EFSF杠杆化程度不足影响,欧盟试图通过向IMF注资的办法,带动其他国家对IMF增资,再间接对欧盟进行救助。事实上,IMF面临较大的资金缺口,如果不解决资金问题,难以参与欧盟的其他救助计划。IMF评估认为,IMF剩余贷款能力仅3850亿美元。希望将剩余贷款能力提升至8850亿美元,并增加1000亿美元现金储备,因此需要向成员国募集6000亿美元。

[2] 2012年4月21日,20国集团财政部长和央行行长春季会议后发表的公报称,许多国家已经承诺向IMF注资、提高其可用资源,从而表明国际社区致力于保护全球金融稳定性以及为全球经济复苏进程建立更加健康基础的决心。当天,IMF发表声明称,IMF将收到超过4300亿美元注资,以增强资金基础、阻止欧洲信贷危机进一步蔓延。声明称,G20、IMF旗下的国际货币与金融委员会(IMFC)以及各央行行长均已达成一致,承诺向IMF注资。

造更多的 SDR 分配给成员国。欧元区国家央行可用这些 SDR 与其他央行交换欧元。新换来的欧元将用来购买国债,以缓解国债收益率的上升压力。

需要指出的是,IMF 和欧盟向希腊等外围国家提供资金救助,要求这些国家实行严厉的财政紧缩计划,满足其相对苛刻的救助条件。例如,2011 年 6 月,IMF 和欧盟就同时要求希腊议会通过《中期财政紧缩计划》《私有化计划》,以及加征工资税等措施,以便在 2015 年前筹集 780 亿欧元,否则,将停止发放按原计划该发放的 120 亿欧元救助资金。

第五节 金融危机与债务危机间的内在联系

自从金融危机爆发以来,就危机的风暴中心和领域看,出现了两个明显变化:一是危机中心由美国转移至欧洲,二是危机由金融机构和金融市场演变为主权债务市场。之所以出现这些变化,主要是因为欧盟内大多数国家通过对金融机构的巨额救助,而非以债务重组的方式来应对危机,使得坏账从金融机构转移到政府部门。由于欧元区统一货币政策与分散财政政策这一与生俱来的缺陷,导致欧盟内高债国既不能通过债务货币解决财政问题,也不能通过本币贬值刺激经济增长。风险累积到一定程度后,债务危机的链条最终在最薄弱的环节爆发。因此,从全球角度看,国际金融危机与欧洲主权债务危机存在着密切的内在联系。英国《金融时报》主编马丁·沃尔夫认为,欧洲主权债务危机是 2008 年国际金融危机带来的衰退的延续。[①] 从欧洲角度看,金融危机与债务危机实质上是一场危机,金融危机是债务危机的前奏,债务危机是金融危机在货币一体化条件下的结果。

本节从欧洲角度探讨两场危机间的内在联系及其所反映的深层次问题。

一 两场危机间的内在联系

从表面上看,两场危机间有许多不同之处,包括金融危机与债务危

---

① 《美欧经济"第二次大收缩"》,马丁·沃尔夫,2011 年 9 月 2 日,英国《金融时报》www.ftchinese.com。

机、私人机构危机与政府财政危机、全球性危机与发达国家危机等方面的差异。然而，进一步看，两场危机间存在着许多共性问题。对欧洲来说，实质是同一场危机。这主要表现在以下三个方面。

1. 两场危机均源于债务问题。金融危机源于美国次贷危机，其实质是金融机构将大量贷款贷给信誉欠佳的家庭，由于房地产泡沫破灭导致这些家庭无力偿还贷款，致使债务违约。欧洲金融机构（主要是银行）由于在以美国次级资产等为标的的结构性产品上风险敞口规模巨大，受到直接影响。[①] 之后，由于在金融危机中向金融机构大量注资的同时，采取扩张性财政政策拉动需求，结果给政府财政造成巨大负担。可以说，对金融危机的救助，只是债务所属关系的转移，并未使债务问题从根本上得到解决。事实表明，通过私人债务公共化、债务问题金融化等办法处理债务，反而使债务问题更加复杂化。一方面，这些措施使公共部门和金融部门背负沉重的包袱；另一方面，高债务与低增长间已形成了恶性循环，债务危机受经济增速低迷困扰，解决的难度更大。

2. 金融业在两场危机中均受到重创。在金融危机中，欧洲金融机构由于大规模投资美国次贷，致使其银行业受到严重冲击，资产减记规模大大超过美国，一些银行（如 Fortis、Dexia 等）不得不寻求救助。根据欧央行2008年10月初发布的欧盟银行业框架报告，截至2008年5月，欧洲金融业在结构性产品上的资产减记规模超过1000亿欧元，比美国高出将近一倍。[②] 在债务危机中，受到冲击最大的也是银行业。房地产泡沫破灭致使爱尔兰和西班牙银行业不良贷款急剧增加，出现银行业危机，最后引发主权债务危机。对于欧元区其他银行来说，金融危机后，由于大量投资主权债券，致使许多银行存在巨大的风险敞口，表现出明显的脆弱性。总体来看，在金融危机中受到重创的银行业，在严格金融监管下，由于投资渠道受限，不得不把更多的短期资金投向"看似安全"的主权债券，试图从其稳定的回报中获得收益，结果再次面临系统性风险。

3. 两场危机均导致内需萎缩。在两场危机中，为缓解债务压力，相关部门不得不修补资产负债表，致使各部门去杠杆化情况相互叠加，

[①] 在美国结构性产品市场交易中，除1/3由美国本土机构持有外，其余大部分由欧洲金融机构持有；而在欧洲结构性金融市场，欧洲银行的市场占有量则达到60%。参见许兵、何乐《金融危机下欧洲的应对与监管改革》，《中国金融》2008年第23期。

[②] 许兵、何乐：《金融危机下欧洲的应对与监管改革》，《中国金融》2008年第23期。

导致投资和消费低迷。对居民部门来说，为缓解债务压力，居民增加储蓄、减少消费；对企业来说，为缓解债务压力，往往减少投资，压缩成本，维持低水平的利润；对于政府部门来说，为抑制债务过快增长，将紧缩财政、减少公共支出。与此同时，受到重创的银行业将加剧"去杠杆化"进程，导致长时间的信贷紧缩。这又给实体经济带来严重影响。此外，房价和资产价格大幅度下跌导致的"逆财富效应"，不仅重挫了市场信心，而且导致居民实际收入下降，消费减少。总体来看，正是由于金融危机导致经济在短期内急剧衰退，加剧了企业和居民部门的去杠杆化进程，从而使其投资和消费在债务危机中继续低迷，不仅未能有效弥补政府财政紧缩留下的缺口，而且加剧了经济收缩的过程，使债务危机进一步深化。

二 两场危机所反映的深层次问题

两场危机中涉及的上述问题，是欧洲经济长期以来所积累的深层次矛盾和问题的反映，是其实体经济困境、政策导向失误、收入分配差距拉大等的写照。

1. 在产业领域，传统产业空心化与新兴产业的断层化导致经济和就业增长缺乏有效支撑。两场危机前后，欧洲经济的困境实际上是其实体经济困境的反映。在传统产业领域，受成本上升因素影响，自20世纪80年代以来，欧洲制造业大规模转移到新兴市场，导致包括希腊、葡萄牙等在内的一些国家产业出现空心化，经济增长和就业创造缺少来自制造业的支撑，过于强调用建筑业和服务业来弥补制造业撤出后留下的空缺；在新兴产业领域，如新能源、新材料和生物技术等产业，一些重要技术创新未能实现产业化，先进制造业仅在德国等少数国家获得成功，在其他多数国家面临技术储备不足、人才缺乏等现实制约，同时也面临来自美国、日本甚至新兴经济体的竞争。

2. 在政策领域，虚拟经济超常繁荣加剧了金融机构的脆弱性，也助长了资产泡沫膨胀。20世纪80年代以来，在金融深化理论影响下，长期的低利率政策导致虚拟经济超常繁荣，种下了金融危机的种子。其主要特征是：长短期利率均不断下降，流动性大量充斥市场，导致金融机构为增强效率而强力推行杠杆化，银行信贷也随之快速增长，由此导致债券风险溢价进一步上升、资产价格不断攀升、房地产泡沫也不断膨胀。这期间，货币和信贷的快速扩张，以及上升的资产价格，导致市场信心不断高涨，刺激投资（特别是对房地产行业的投资）和消费，导致储蓄率明显下降，经常账户出现不平衡。但同时，由于新兴经济体全面参与国际分工，其生产的廉价产品出口到欧美市场后，压低了其物价涨幅，导致欧央行和美联储等继续维持低利率政策，从而进一步助长了虚拟经济繁荣，抑制了实体经济增长。[①] 从政策层面看，金融危机带来的教训是，货币政策不仅应关注物价稳定，同时也应把确保金融稳定作为重要的政策目标。

3. 在分配领域，经济全球化致使"资本"相对于"劳动"显示出更大的优势，各阶层间收入差距明显扩大。20世纪90年代以来，经济全球化促进了国际分工的深化。欧元的流通使其影响在欧元区进一步加剧。在此背景下，欧美跨国公司通过在全球范围内配置资源来降低成本、提高收益，过度重视企业在资本市场上的价值，忽视对本国经济增长和就业的拉动。金融资本也通过强化效率和忽视风险来获取高额利润。而政府则不敢以税收手段对金融资本进行适当抑制，监管规则和手段亦明显不足。这其中既有征税可能导致资本外逃的担忧，亦有选举体制需要资本财团支持的需求。执政者往往使政策朝着跨国公司和金融资本所期望的方向倾斜。[②] 在这轮全球化中，资本所有者凭借资本的优势获取比劳动力更高的报酬。跨国公司CEO、金融机构高管等资本拥有者位于全球收入金字塔的顶部，其他参与全球化的劳动力位于金字塔的中部，而大多数被全球化排斥的劳动力，则处于金字塔的底部。例如，根据法国统计局统计，2011年年底，法国40家最富有的上市公司在危机背景下仍拿出370亿欧元给其股民分红，而他们老板的收入与2006年相比更是增长了34%。相比之下，欧债危机造成民众的生活水平在政策紧缩下不断下降。收入分配极化现象，导致有效需求相对于经济效率提高来说明显不足。

4. 在指导思想上，两场危机反映出自由放任与国家过度干预的方式均不可行。有观点认为，金融危机的出现，是新自由主义这一不可持

[①] 例如，在爱尔兰，利率下降增加了由信贷推动的房地产泡沫的风险。私人信贷与GDP的比率从2000年的100%左右飙升至2008年的230%，国内银行净外债与GDP的比率从2003年的20%上升至2008年年初的逾70%。

[②] 法国总统萨科齐2007年一上台就削减巨富税收。法国最富有的40家上市公司交纳税率（不到20%）甚至比中、小企业（28%以上）还要低。

续的社会秩序的危机。① 本次金融危机之所以会发生，是因为在经历30年"杂乱无章"的解除管制之后，资本主义已经不受约束。解决办法就是恢复政府控制资本主义贪婪行为的职能。而债务危机的出现，又使欧盟放弃"健全财政"的思想理念，奉行凯恩斯过度干预政策的结果，把赤字财政作为从金融危机中脱身的良方。这非但未能从根本上解决金融危机，反而还产生了新的危机。两场危机的实践表明，欧洲从新自由主义走向过度干预的凯恩斯主义，从一个极端走向另一个极端，两种方式均不可行。

三 欧洲资本主义正处于大调整的前夜

欧洲经济在两场危机中所表现出来的乱象，表明欧式资本主义正处在发展的转折关头。

自"大萧条"以来，资本主义要摆脱一些重大危机，既离不开科技革命这一物质基础的创造，也离不开经济理论和经济思想的创新。欧美摆脱大萧条的理论创新是凯恩斯主义经济学的出现，思想基础是以罗斯福新政为主的政府干预思想，物质基础是军事工业大规模扩张。20世纪80年代，发达国家纷纷陷入"停滞膨胀"（stagflation）。英美等国走出滞胀的理论创新是弗里德曼的货币主义和供给学派的有关理论，思想创新是以撒切尔主义和里根主义为代表的新自由主义，物质基础是20世纪80年代金融业迅速发展和90年代开始的信息技术革命。这使得欧美经济得以摆脱"滞胀"，迎来了解除管制、自由贸易和资本自由流动的时代，催生了新的经济繁荣。

与上述情况相比，要彻底摆脱两场危机后的经济困境，仍缺少重大理论创新、思想创新和科技革命。金融危机后，实施凯恩斯主义的扩张性政策虽然避免了金融危机进一步深化，但使政府债务问题突出，陷入慢性危机中。同时，政府缺少20世纪80年代通过大规模私有化而减缓债务危机的必要资源，债务危机与经济危机相互交织、愈演愈烈。如今，在旷日持久的衰退中，欧式资本主义面临着新的拐点。

---

① 参考消息网2012年2月5日报道：西班牙《起义报》日前发表了对法国经济学家热拉尔·迪梅尼尔的专访文章《世界已进入危机的第二阶段》。

专栏2-3 金融危机后世界经济会进入"大停滞"时期吗?

经济界把20世纪90年代至金融危机爆发前的世界经济称为"大缓和"(Great Moderation)时期。这期间世界经济的主要特征是：宏观经济不稳定被认为已经根除，低而稳定的通胀率与"可持续的"全球经济增长被认为可能会长期共存。然而，金融危机成为"大缓和"的终结者。

受金融危机影响，世界经济开始进入了"大衰退"(Great Recession)时期。[①] 2009年世界经济萎缩0.6%，出现了战后以来的首次负增长，许多发达经济体都出现了深度衰退。

对于大衰退之后的世界经济走势，许多机构存在不同的看法，特别是在欧债危机不断扩散和深化背景下，多数机构看法比较悲观。高盛集团认为，世界经济可能进入到"大停滞"(Great Stagnation)时期。所谓"大停滞"，按照高盛给出的定义是，大多数经济体经济成长缓慢，只有0.5%左右，且低通胀、高失业率、房价低迷、股票回报率低。

高盛观察了150年的宏观经济史，认为出现"大停滞"的可能性非常大。之前最大的一场"大停滞"是1930年出现在印度，延续了将近20年。从1800年开始，在几十个国家中有六成的"大停滞"都是在"二战"后发生的，其中又有24%超过了10年。高盛认为，欧美经济仍走在一条通往典型"大停滞"特征的大道上。欧美等成熟经济体陷入"大停滞"的概率高达40%。一旦进入了"大停滞"时期，经济不会出现太大波动，既不会出现快速经济衰退，也不会出现明显复苏。若要避免经济出现"大停滞"，高盛认为唯一的方法就是各国政府要制定可以提振信心的政策，并实施可促进经济成长的改革。

与高盛的看法相似，美国前副财长奥特曼将两场危机后的美欧经济形势与1937年时相比较，认为危机后的美欧经济正面临重演当年

---

① 美国彼得森国际经济研究所高级研究员卡门·莱因哈特(Carmen Reinhart)和哈佛大学教授肯尼思·罗格夫(Kenneth Rogoff)将这两场危机的影响称为是继20世纪30年代"大萧条"之后的"第二次大收缩"(the second great contraction)。

历史的危险。① 1937 年美国刚从大萧条中复苏，就再度陷入了衰退。奥警告称，正是拖垮欧洲的主权债务危机，将美欧再次推到了悬崖边缘。出现又一次雷曼（Lehman）式破产以及随之而来的经济收缩的风险已迫在眉睫。必须不惜一切代价，努力避免这样的结果。

---

① 《美欧正迈向二次衰退》，罗杰·奥特曼（前美国财政部副部长、Evercore Partners 创始人及董事长），2011 年 9 月 30 日，《金融时报》（中文版）（www.ftchinese.com）。

第三章

两场危机重创下的欧洲经济

　　国际金融危机是欧盟成立以来面临的衰退程度最深、持续时间最长、影响范围最广、破坏程度最大的危机。金融危机重创了欧洲经济，使其陷入深度的衰退。欧盟的反危机政策，虽然加快了经济复苏进程，却引爆了主权债务危机。受欧债危机影响，欧洲经济再度陷入衰退。两场危机，一急一缓。如果说金融危机使欧洲经济患上了"急症"，那么债务危机则使欧洲经济患上了"慢性病"。在这两场危机的冲击下，欧洲经济可能面临着"停滞的十年"。

第一节　金融危机导致欧洲经济深陷衰退

　　2008年9月爆发的国际金融危机，短时间内对欧洲经济带来严重冲击，致使其遭遇到20世纪30年代以来最严重的衰退，主要经济指标回落到21世纪初期时的水平。除波兰外，所有欧盟成员国经济均连续多个季度出现了负增长。同时，与美国、日本等主要经济体相比，金融危机对欧洲经济的影响要严重得多。

一　金融危机加剧欧洲经济衰退

　　金融危机改变了欧洲经济温和下行的态势。早在2008年第一季度，欧盟和欧元区经济就已达到了上一轮周期的最高点。之后，受投资回调和私人消费减缓等周期性因素影响，欧盟第二、第三季度环比连续出现了0.2%和0.4%的负增长（欧元区为0.3%和0.4%的负增长），欧洲经济进入了温和衰退期。然而，在金融危机的影响下，这种周期性下行态势明显恶化。2008年第四季度和2009年第一季度，欧洲经济加速收缩，经济衰退明显加剧。其中,欧盟经济收缩幅度为 1.9% 和 2.5%,欧元区经济收缩幅度为 1.8% 和 2.7%。2009 年第二季度,在反危机政策的大力推动下,经济收缩幅度才有所减缓(欧盟和欧元区均为 0.2%)。2009 年全年,欧盟和欧元区经济均收缩了 4.3%(参见图 3-1)。本轮衰退也因此成为欧洲自二战后以来最严重的经济衰退。[①]

受经济深度衰退的影响,在这场危机中,欧洲多项经济指标至少倒退至 21 世纪初期时的水平。在金融危机影响最严重的 2009 年,多项指标回落到 10 年前的水平(参见表 3-1)。这其中,除工业产品价格指数和批发零售贸易指数外,工业新订单指数回落到 1999 年年中时的水平,工业产出和建筑业产出回落到 1997 年时的水平。

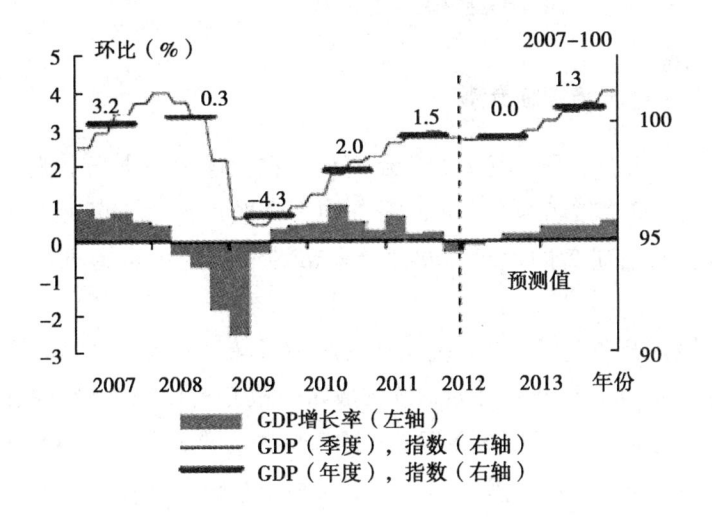

资料来源:DG ECFIN, EC (2012), European Economic Forecast, *European Economy*, 1/2012, Spring 2012, p. 19.

图 3-1　2007—2011 年欧盟实际 GDP 变化

表 3-1　　　　　　　主要经济指标绝对水平的历史比较

主要指标(2005 = 100)		本轮最低点	相当于过去的水平
批发零售贸易指数	欧元区	100.25(2009 年 11 月)	2005 年年底
	欧盟	103.71(2010 年 1 月)	2006 年年初

---

① 从 2008 年第二季度至第四季度止,欧洲经济萎缩程度已经超过了 1992—1993 年的衰退,与 1974—1975 年的衰退程度大体相当。参见 DG ECFIN, EC (2009), Economic Forecast, *European Economy*, 3/2009, Spring 2009, p. 23.

续表

主要指标（2005＝100）		本轮最低点	相当于过去的水平
工业产出指数	欧元区	87.52（2009年4月）	1997年年中
	欧盟	89.33（2009年4月）	1997年年底
工业新订单指数	欧元区	82.54（2009年4月）	1999年年中
	欧盟	85.45（2009年4月）	1999年年中
工业产品价格指数	欧元区	106.20（2009年7月）	2007年年中
	欧盟	108.81（2009年7月）	2007年年中
建筑业产出指数	欧元区	83.95（2010年2月）	1997年年初
	欧盟	86.33（2010年1月）	1999年年初

资料来源：根据欧洲统计局数据库相关资料整理。

二 金融市场濒临崩溃

2008年9月，雷曼兄弟银行倒闭后，在全球金融市场上掀起了一股狂飙。批发信贷市场紊乱（dysfunction），金融市场信心极度低迷，全球金融体系面临崩盘的危险。欧洲金融市场亦受到沉重的打击。主要表现在：

1. 股市遭遇重度下挫。受企业盈利前景黯淡及投资者信心恶化等因素影响，从2008年9月开始，欧洲股市一改年初以来缓慢下跌的走势，迅速开始重度下挫。到2009年3月股市探底为止，EuroSTOXX50指数自2007年以来下跌60%，EuroSTOXX金融股下跌幅度更高达80%（参见图3－2）。

2. 债券收益率明显分化。金融危机导致市场风险因素显著上升。受此影响，企业债券收益率迅速攀升，不同信用等级的企业债券收益率显著分化。这其中，信用等级越差的债券，如BBB级及以下的债券，由于违约风险急剧升高，导致其收益率快速上升。相比之下，信用等级较高的AAA级企业债券，收益率上升幅度则较小。在主权债券市场，银行业出于规避风险考虑，大量购买主权债券，导致其收益率自危机以来不断走低。然而，从2009年3月开始，受对银行业救助等因素影响，德国与其他欧元区国家主权债券收益率趋势也开始分化（参见第二章第一节）。

3. 房地产泡沫破灭。在2002—2006年，欧洲房地产市场高涨，对推动上一轮经济繁荣功不可没，但也导致了房地产泡沫不断膨胀。这期间，

图 3-2 2007 年以来欧元区股票市场指数

资料来源：DG ECFIN, EC (2012), European Economic Forecast, Spring 2012, p.19, *European Economy*, 1/2012.

欧元区房价年均涨幅在 5.5%—7.5%。然而，到 2008 年上半年，房价涨幅回落至 2.7%。[①] 从 2008 年第三季度开始，房地产价格出现了近 40 年来首次负增长。此后，受美国房价下跌的示范效应，特别是信贷紧缩等因素影响，欧洲房地产市场价格开始急剧回落，销售量也明显下跌，房地产泡沫被刺破。爱尔兰、西班牙和英国等昔日在房地产繁荣中受益最大的国家，房地产市场遭遇到了"寒冬"。

4. 银行信贷大幅收缩。银行体系始终处于金融风暴的中心，在金融危机中损失惨重，不得不大幅度修补资产负债表。[②] 受资产质量下降和风险上升等因素的共同影响，银行业从 2008 年开始大幅提高信贷标准，致使其对住户和非金融机构贷款明显收紧，信贷供给受到抑制。如图 3-3 所示，欧元区银行业对住户的消费信贷增幅自 2007 年以来缓慢下降，在金融危机最严重时处于停滞状态。对非金融机构的贷款下降趋势虽有所滞后，但降度更大。从 2008 年年底开始，对非金融机构的贷款降幅进一步

[①] DG ECFIN, EC (2009), Economic Forecast, Spring 2009, p.19, *European Economy*, 3/2009.

[②] 据欧盟银行业披露，自从危机开始至 2009 年年初，欧盟银行业损失近 2900 亿欧元。银行业"有毒"资产的范围不断扩大，包括高质量的抵押证券、商业抵押证券和汽车贷款等。随着实体经济进一步恶化，"有毒"资产的范围进一步扩展至企业债券和消费信贷领域。参见 DG ECFIN, EC (2009), Economic Forecast, Spring 2009, p.18, *European Economy*, 3/2009.

收缩,在金融危机最严重时曾出现3%左右的负增长。

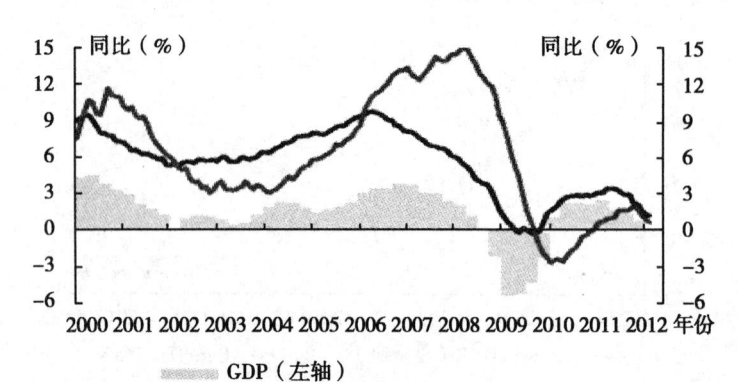

资料来源:DG ECFIN, EC (2012), European Economic Forecast, Spring 2012, p. 20, European Economy, 1/2012.

图3-3 2000年以来欧元区银行对住户和非金融机构贷款增幅

三 实体经济出现"自由落体式"下降

1. 制造业和建筑业急剧收缩。受全球经济同时减速影响,2008年第四季度欧盟制造业产出环比收缩5%,同比收缩近7%。从2008年8月起,工业产出开始收缩,从12月起,开始以两位数的幅度收缩。2009年年中,欧盟和欧元区制造业能力利用率降至70%以下,是该项指标建立以来的最低值。2008年上半年,欧元区和欧盟的建筑业增加值仍呈现正增长的态势,但从下半年开始受房地产市场降温的影响,活力开始下降。此后,开始不断萎缩。

2. 投资大幅收缩。从2008年开始,建筑业投资因房地产泡沫破灭影响而不断收缩(参见图3-4),制造业投资受较低的产能利用率、信贷紧缩,以及企业盈利前景黯淡等因素影响,连续三年大幅收缩(参见图3-5)。在投资收缩幅度最大的2009年,欧元区和欧盟投资(包括建筑业、制造业和公共投资在内的全部投资)分别收缩12.1%和12.5%。

3. 私人消费持续低迷。从2008年第四季度起,受高物价影响,居民实际可支配收入下降,私人消费开始收缩。虽然此后物价回落缓解了可支配收入下降对居民消费的挤压,但居民消费受到随后的消费者信心大幅下挫、劳动力市场恶化、股市和资产价格缩水等因素影响,2009年出现了

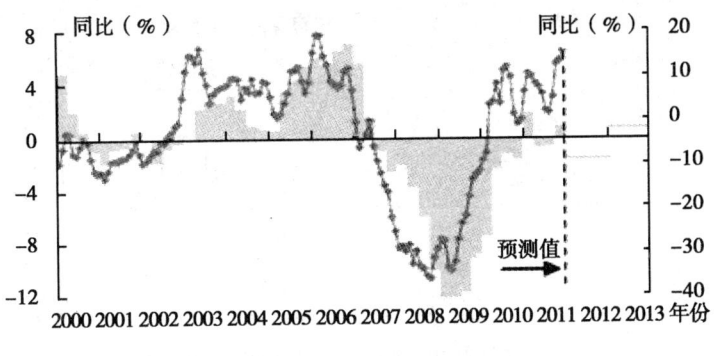

资料来源：DG ECFIN, EC (2012), European Economic Forecast, Spring 2012, p.30, *European Economy*, 1/2012.

图3-4 2000年以来欧元区住宅投资和建筑开工许可增幅

资料来源：European Economic Forecast—Autumn 2011, p.39, *European Economy* 6, 2011 (provisional version).

图3-5 2000年以来欧元区设备投资和生产能力利用率

负增长（参见图3-6）。

4. 对外贸易急剧冷却。受雷曼兄弟银行倒闭的影响，欧洲主要贸易伙伴国的需求近乎同时大幅度收缩。来自发达经济体的需求在2008年明显疲弱，来自新兴经济的需求在当年秋季也急剧放缓，导致对欧洲商品和服务的总需求从2007年的5%的增长率回落到2008年的1.6%。其中，与上季度相比，2008年第四季度出口降幅超过6%，进口降幅约为5%。在进出口形势急剧恶化的2009年，欧盟和欧元区出口分别收缩了12%和

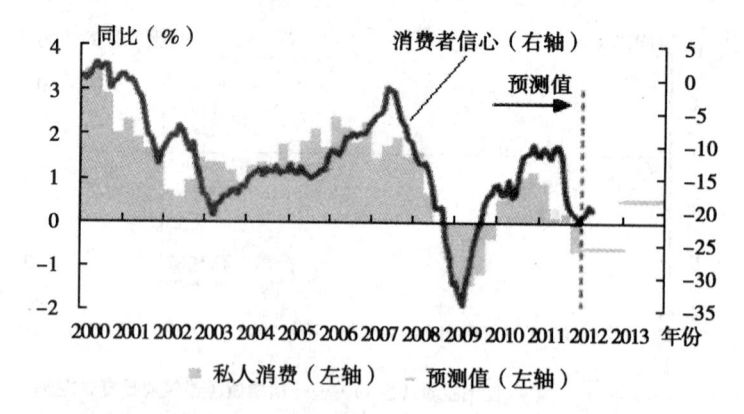

资料来源：DG ECFIN, EC (2012), European Economic Forecast, Spring 2012, p.31, European Economy, 1/2012.

图3-6　2000年以来欧元区私人消费增幅和消费者信心变化

12.7%，进口分别收缩了12.2%和11.7%。[1]

四　失业率明显上升、物价大幅回落[2]

1. 金融危机导致失业率明显上升。受金融危机影响，各行业就业岗位大幅减少，失业率不断上升。金融危机对失业的影响主要体现在三个行业上：一是建筑业，房地产泡沫破灭导致建筑业就业人员大幅度减少；二是制造业，该行业就业人数也因产出急剧收缩而明显减少，部分企业开始用临时工取代正式员工；三是金融业，随着金融业陷入困境和大规模裁员，该行业吸纳的就业人员也在减少。

然而，相对于经济衰退来说，失业率是一个滞后指标。金融危机对失业率的影响，在2010年以后才完全显现，而且随着主权债务危机的爆发，欧洲失业状况越来越严重。从2008年3月至2010年年底，欧盟失业人口净增长了730万。2010年，欧元区失业率重返10%以上，这是欧元区自1999年成立以来的最高纪录。截至2010年年底，欧元区和欧盟失业人口分别超过1600万和2300万。

---

[1] DG ECFIN, EC (2012), European Economic Forecast, Spring 2012, p.174, European Economy, 1/2012.

[2] 据IMF估计，2008年10月爆发的国际金融危机使全球2.1亿劳动力陷入失业，失业人口比2007年增加3000万。增加的失业人口中，约3/4出现在发达国家，1/4在发展中国家。参见IMF，2010年秋季《世界经济展望》。

2. 金融危机终止了物价上涨势头。居民消费价格指数的峰值出现在2008年7月,当时欧盟和欧元区消费物价指数分别上涨了4.4%和4%。到2009年3月,欧盟和欧元区的消费物价指数就已分别回落到1.3%和0.6%,从此前的高通胀转变为通货非膨胀(disinflation)状态。决定消费物价大幅回落的主要原因有:一是受需求锐减和储备增加等因素影响,原油价格从2008年夏季时的高峰回落了约60%;二是受全球农产品价格下跌影响,已加工食品价格也从2008年第三季度的6.75%回落到2009年3月时的1.5%;三是受投入成本降低、欧元有效汇率升值、对耐用品需求下降,以及危机时产品定价策略等因素影响,非能源类工业品价格也出现一定幅度的回落。

五 各成员国受危机影响的程度不一

各成员国衰退程度呈现明显的差异。在欧盟主要大国中,德国和意大利在"大衰退"中产出下降6%以上,法国和西班牙的降幅不到5%。金融危机结束了英国自1991—2007年以来在低通胀基础上的经济增长,2008年后三个季度和2009年前三个季度,连续六个季度的负增长,累计收缩6个百分点左右。

经济结构差异导致各国受危机影响的程度不一:(1)房地产泡沫化程度较严重的国家,如爱尔兰、英国和西班牙等,受泡沫破灭的影响较大;房地产泡沫化程度不明显的国家,如德国、法国等,受泡沫破灭的影响较小。(2)经济增长对出口依赖较大的国家,如德国等,受外部需求萎缩的影响较大;经济增长建立在国内消费基础上的国家,如法国、西班牙等,受危机影响相对较小。[①](3)金融业占GDP比重较大的国家,英国、爱尔兰等,受危机影响较大;反之,影响较小。(4)公共部门占GDP比重较大、转移支付占比较高的国家,如法国等,其财政自动稳定器对消费收缩起到明显的缓冲作用,因此受危机的影响较小;反之,影响较大(如德国等)。[②]

---

① 德国拥有庞大的制造业,德出口占GDP的50%以上。相比之下,法国出口占GDP比重不足30%。参见DG ECFIN, EC (2009), Economic Forecast, Spring 2009, p. 26, *European Economy*, 3/2009.

② 法国社会补偿和转移支付约占居民可支配收入的近60%,而德国不足45%。参见DG ECFIN, EC (2009), Economic Forecast, Spring 2009, p. 26, *European Economy*, 3/2009.

六 金融危机对欧洲的影响更严重

金融危机对欧洲经济的冲击,比对危机肇始之地美国的影响更为严重。这主要表现在以下三个方面。

其一,在衰退幅度上,欧洲比美国陷入更深度的衰退、更弱势的反弹。如表3-2所示,截至2010年,危机对欧美日三个发达经济体GDP的影响,最严重的是日本,其次是欧盟和欧元区,对美国的影响相对较低。在之后的2010年,美国和日本经济均出现了较强有力的反弹,欧洲经济仅是弱势复苏。

其二,在对失业率的影响上,欧洲所受到的滞后影响比美国更为显著。2009年欧美日失业率均从历史低点开始大幅上升,其中欧美攀升幅度更大(参见图3-2)。2009年,欧美失业率均升至9%以上。2010年,欧元区和欧盟失业率快速超过美国。

其三,在对股票市场的影响上,欧洲股市仍未恢复到前期高位。美国标准普尔500指数已于2010年12月恢复到2008年9月12日雷曼兄弟银行倒闭前的水平。相比之下,欧洲股市不仅未恢复到前期高位,反而不断下探,在2011年年底和2012年年初再次接近2009年3月时的低点(参见表3-2)。

表3-2　　　　　　　　欧洲主要指标与美日比较

年份	2007	2008	2009	2010
经济增速(%)				
欧盟	3.2	0.3	-4.3	2.0
欧元区	3.0	0.4	-4.3	1.9
美国	1.9	-0.4	-3.5	3.0
日本	2.2	-1.0	-5.5	4.4
失业率(%)				
欧盟	7.2	7.1	9.0	9.7
欧元区	7.6	7.6	9.6	10.1
美国	4.6	5.8	9.3	9.6
日本	3.9	4.0	5.1	5.1

数据来源:DG ECFIN, EC (2012), European Economic Forecast, Spring 2012, p.152, p.163, *European Economy*, 1/2012.

专栏 3-1　国际金融危机对经济的影响与"大萧条"的比较

金融危机爆发初期所表现出来的严重程度（也被称为"大衰退"）与20世纪30年代的"大萧条"相比毫不逊色，甚至更胜一筹。如专图3-1所示，如果把比较的起始点定在"大衰退"初期的2008年4月与"大萧条"初期的1929年6月，可以看出：截至2009年2月，全球股市下跌幅度几乎是垂直向下的，比"大萧条"时严重得多；截至2009年1月，世界工业产出下降幅度几乎与"大萧条"最初九个月同样严重；截至2009年2月，世界贸易量下降幅度也是垂直向下的，比"大萧条"时也要严重得多。

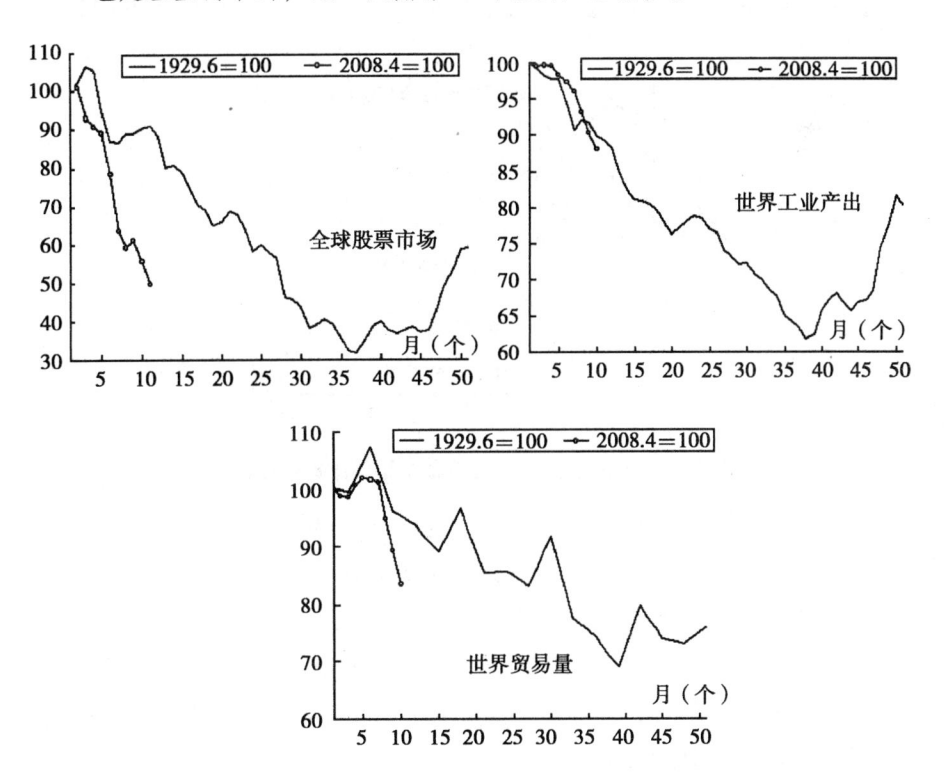

专图 3-1　金融危机与"大萧条"期间主要经济指标比较

然而，面对严峻形势，本轮金融危机时各国的指导思想和反应程度与"大萧条"时完全不同。在危机发生初期，各国政府就奉行了积极干预的政策思路，特别是各国联合干预，防止贸易保护主义，而不是像"大萧条"时那样无所作为和"以邻为壑"（参见专图3-2）。事后证明，这些措施有效地促进了世界经济复苏，尽管复苏的

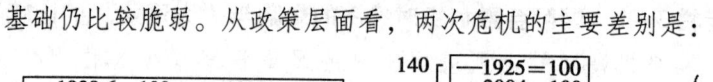

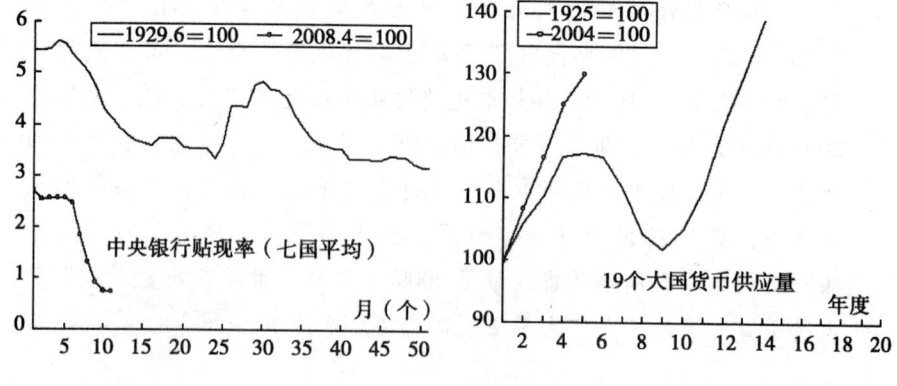

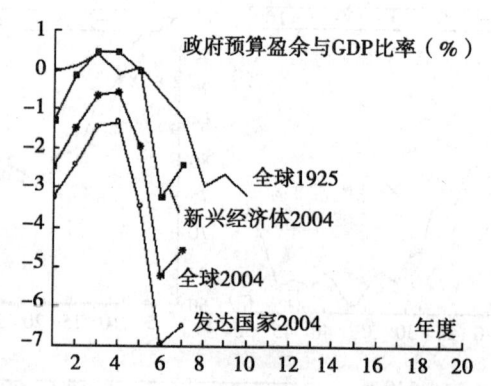

基础仍比较脆弱。从政策层面看，两次危机的主要差别是：

专图 3-2 金融危机与"大萧条"期间政策效应比较

一是从货币政策看："大萧条"时，美联储和其他央行成为旁观者，任凭银行接连倒闭和货币供应量大幅收缩；而在"大衰退"发生之初，全球主要央行纷纷下调政策性利率水平，美英日央行甚至史无前例地同时采取零利率政策。这有助于防止更多金融机构倒闭，提升市场信心；同时，也为金融市场提供了比较充足的流动性，减弱了金融机构去杠杆化程度。

二是从财政政策看："大萧条"时财政政策仍旧奉行平衡预算的理念；在"大衰退"之初，各国纷纷采取扩张型经济刺激计划，使经济明显受惠，有效阻止了实体经济与金融市场间的恶性循环。

三是从贸易政策看：美国 1930 年出台了《Smoot-Hawley 关税法案》，美欧贸易战爆发，导致此后的世界贸易额大幅下降；本次"大衰退"，主要经济体均主张自由贸易，摒弃贸易保护主义。为协调彼此的经济政策,建立了 G20 峰会机制,共同遏制世界经济衰退。

第二节 金融危机后欧洲经济弱势复苏

与 20 世纪 70 年代中期、80 年代初和 90 年代初以来经济危机后的三次复苏相比,2009 年以来的经济复苏历时长、势头弱,是二战后以来欧洲经济最弱势的复苏(参见图 3-7)。从 2009 年第三季度起,截至 2011 年第一季度,在经济复苏的最初七个季度里,欧元区 GDP 总量仍比衰退前的峰值低 2.1%。而在 20 世纪 70 年代以来的经济复苏中,七个季度后经济总量已经超出了以前的峰值(其余三次复苏起始时期分别为 1975 年第一季度、1982 年第三季度和 1993 年第一季度)。

工业部门复苏步伐快于服务业和建筑业。从各产业部门看,本轮复苏中尽管工业增加值复苏较快,但这主要是因为在此前的衰退中,其衰退深度远超过前几次复苏。在经历七个季度复苏后,工业增加值的绝对量仍低于前期峰值 8% 左右。与工业增加值快速复苏相比,服务业增加值比过去复苏势头要弱,最弱的是建筑业。当服务业增加值已达到前期峰值时,建筑业增加值仍比前期峰值低 10% 左右。

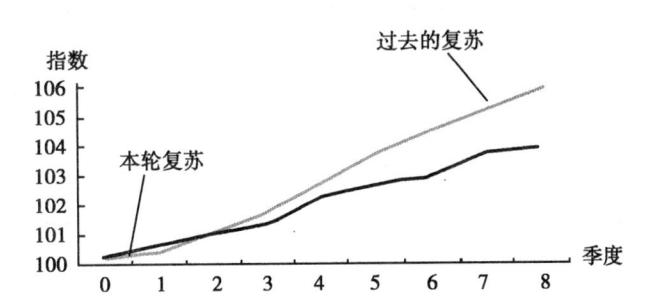

资料来源:European Economic Forecast—Autumn 2011,*European Economy*,6,2011(provisional version),p. 28.

图 3-7 本轮经济复苏与 20 世纪三次复苏比较

外需增长势头明显强于内需。从需求层面看,本轮复苏中外部需求的复苏较强劲。其中,除强劲的出口复苏外,进口复苏的势头也强于前几次复苏。但也要看到,本轮衰退中,欧元区贸易收缩幅度明显超过以往危机时的情况。与此同时,私人和政府消费反弹是 20 世纪 70 年代以来最弱的。从投资情况看,本轮复苏的力度与前几次情况相近,经历了七个季度后仍比前期高点低13%。从投资内部情况看,建筑业投资复苏势头明显较弱,非建筑业投资势头则较强。

经济复苏并未有效拉动就业。从劳动力市场情况看,本轮经济复苏的一个比较突出特征是,受企业信心低迷限制,就业并未出现明显增长。相反,失业率因滞后效应不断显现而更加恶化:一是青年失业率快速上升,欧盟青年失业率超过20%。到2010年下半年,欧盟15—24岁的青年人失业数量迅速增加,总数达520万人,几乎比2008年初高出1/3。二是结构性失业问题日益突出。受经济衰退时间延长、经济复苏乏力等因素影响,长期失业导致结构性失业问题越来越严重。

表3-3　　　　　　2010年欧元区主要大国GDP构成　　　　单位:%

	欧元区	德国	法国	意大利	西班牙
需求结构					
私人消费	58	58	58	60	58
政府消费	22	19	25	21	21
投资	19	18	19	19	22
出口	41	46	25	27	26
进口	39	41	28	28	28
供给结构					
农业	2	1	2	2	3
工业	19	24	13	19	16
建筑业	6	4	6	6	10
服务业	74	71	80	73	72

资料来源:ECB, The Current Recovery from a Historical Perspective, *ECB monthly Bulletin*, August 2011, p. 57.

德国复苏势头领先于其他大国。从主要经济体情况看,法国、意大利和西班牙本轮复苏势头都要弱于前几次复苏,只有德国是个例外。到2010年年底,德国实际GDP已经从最低点上升5.5%,比危机前的峰值仅低1%。法国到2010年年底实际GDP比危机前的峰值低1.5%。相比之下,意大利距离峰值仍有较大差距。英国直到2009年秋季才开始缓慢复苏,到2010年年底实际GDP增长不足2%。从这些主要经济体各产业部门和需求情况看,其情况与欧元区整体状况相似:法国和西班牙的服务业、建筑业复苏滞后，德国工业部门强劲复苏；德国对外贸易复苏势头尤其强劲，各国私人消费仍较低迷；受建筑业投资不振拖累，法国和西班牙建筑业复苏进一步疲弱。

之所以存在上述差异，主要原因在于：一是因为本轮经济衰退是20世纪70年代以来最严重的衰退，需要修补资产负债表和经历严峻的"去杠杆化"过程，这削弱了银行业的功能，抑制经济复苏的活力。二是消费支出疲弱主要是因危机导致的不确定性增加，尤其是失业率大幅攀升。同时，政府消费亦受债务高企影响而不得不明显减速。三是对大多数国家来说，强劲的外需导致出口快速复苏，成为经济复苏的重要驱动力，其中来自新兴经济体的需求拉动尤为强劲。四是四大经济体复苏情况的差异还在一定程度上反映了其经济结构的差异，德国工业增加值占比高，出口能力强，而法国、西班牙等国建筑业占比高，服务业较发达（参见表3-3）。由于工业增长与出口之间，以及服务业与国内需求之间存在着密切联系，因此本轮复苏中德国经济受工业和出口强劲增长的拉动，不仅快于以往，而且一马当先。

第三节 债务危机致使欧洲经济"二次探底"

截至2012年6月，欧洲主权债务危机已经持续了两年半，危机非但没有平息的迹象，反而愈演愈烈。债务危机不仅使欧洲一体化进程面临严峻考验，而且对欧洲经济也带来严重影响，使经济复苏的基础更加脆弱，导致欧洲经济"二次探底"。

一 债务危机致使经济复苏的基础更加脆弱

债务危机是包括信心危机、财政危机和银行业危机等在内的"复合性危机"。随着债务危机的不断深化，这三个问题也是困扰欧洲经济的三大问题，并且最终反映在对增长能力的损失上，导致"增长危机"。

1. 债务危机重挫了市场信心。债务危机久拖难平、愈演愈烈，致使企业和居民信心不断受挫。受此影响，居民消费低迷、企业投资意愿不足。这反过来又导致市场信心进一步下挫。反映在统计数据上，欧洲经济信心指数（ESI）自2009年年初跌至该项调查以来最低点后，曾一度快速回升，但随着债务形势恶化，ESI 从 2011 年下半年开始再度下降。2012 年上半年，ESI 比长期平均水平低 10 个点左右（参见图 3-8）。其中，消费者信心指数从 2011 年下跌以来，2012 年上半年徘徊在 -20 左右；欧元区企业景气指数自 2011 年年初回落以来，2012 年上半年继续回落。

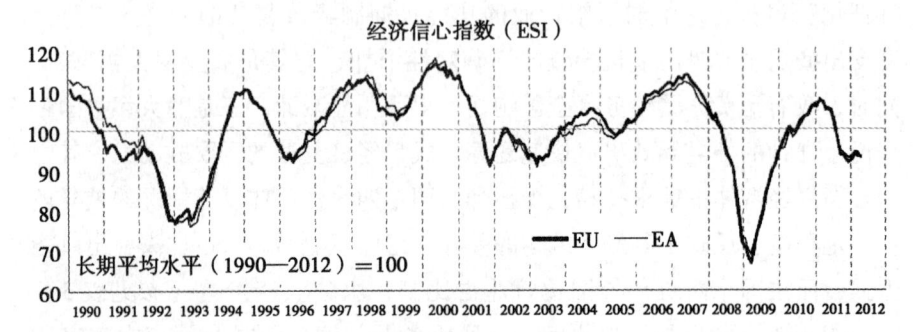

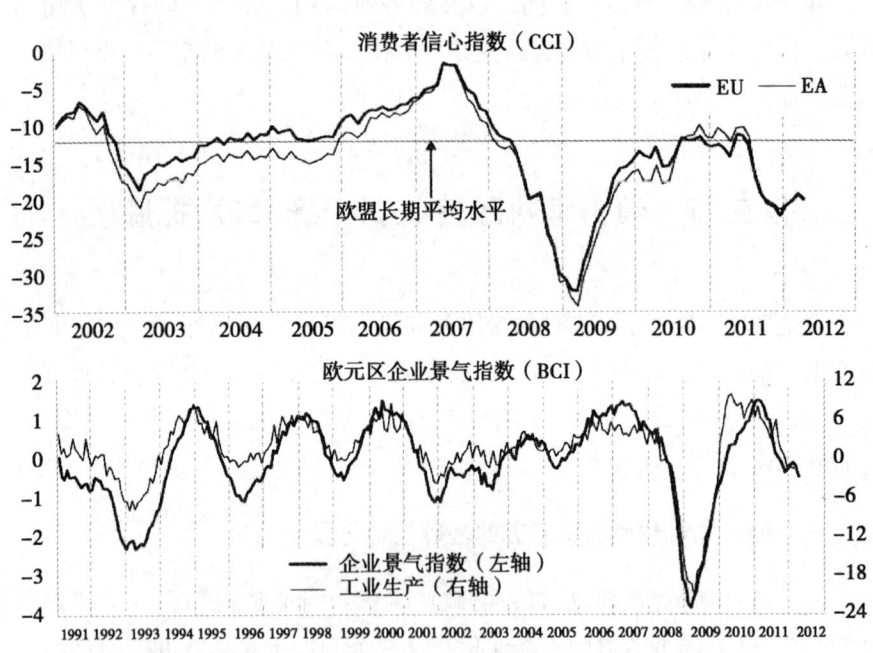

图片来源：欧盟委员会，http://ec.europa.eu/economy_finance/db_indicators。

图 3-8　金融危机以来欧洲经济信心指数的变化

2. 债务危机抑制了财政收入的增长。债务危机以来，经济活力下降与财政紧缩的恶性循环有所加剧。受债务危机导致的经济停滞影响，欧盟各成员国财政收入逐年下降。与此同时，财政支出却不断上升，财政赤字率短期内仍居高难下（参见图3-9）。① 欧委会预计，要到2013年欧盟和欧元区一般性政府收入占GDP比例才有可能超过危机前的水平，即分别为45%和46%。② 在欧盟28个成员国中，只有4个成员国没有经历过度赤字程序（EDP，即财政赤字率低于3%），这4国分别是爱沙尼亚、卢森堡、瑞典和芬兰，其余23国将分别在2011—2015年修正过度赤字程序（参见表3-4）。其中，希腊、葡萄牙、爱尔兰等国只有靠金融援助，才有可能如期修正过度赤字程序。

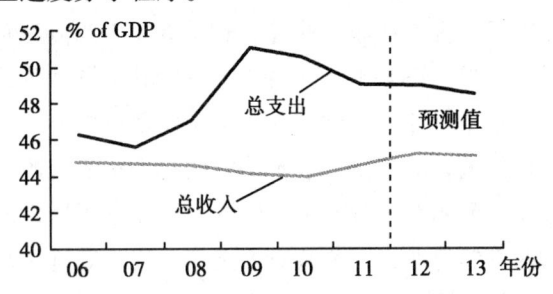

图片来源：DG ECFIN, EC（2012），European Economic Forecast, Spring 2012, p. 48, EUROPEAN ECONOMY, 1/2012.

图3-9 欧盟一般性政府收入和支出与GDP的比率

表3-4　　　　欧盟27个成员国中修正过度赤字程序的时间

类别	成员国
不受EDP约束的国家	爱沙尼亚、卢森堡、瑞典、芬兰
在2011年修正EDP的国家	保加利亚、匈牙利、马耳他
在2012年修正EDP的国家	比利时、塞浦路斯、意大利、立陶宛、拉脱维亚、波兰、罗马尼亚
在2013年修正EDP的国家	德国、西班牙、法国、荷兰、奥地利、葡萄牙、斯洛文尼亚、斯洛伐克、捷克、丹麦
在2014—2015年修正EDP的国家	爱尔兰、希腊、英国

资料来源：笔者根据European Economic Forecast—Autumn 2011（Table 1.1.9），European Economy, 6, 2011（provisional version）整理, p. 50。

---

① 财政赤字率的存在，导致债务规模不断累积。欧委会预计，到2012年，欧盟债务与GDP的比率将达到85%的峰值，2013年将大体保持稳定。在欧元区，主权债务与GDP的比率将不断突破预期，2012年将达到90%。如不及时遏制，未来债务与GDP比率可能呈发散状态，出现"滚雪球效应"。参见European Economic Forecast—Autumn 2011, European Economy, 6, 2011（provisional version），p. 54。

② European Economic Forecast—Autumn 2011, European Economy, 6, 2011（provisional version），p. 51。

3. 债务危机加剧了金融体系的脆弱性。2010 年以来，欧洲银行业信用等级被不断下调，欧洲金融体系的脆弱性越来越明显。一是银行业盈利能力明显下降。在连续遭受两场危机的冲击后，市场风险积聚，银行业赖以生存的宏观经济环境恶化，导致贷款更加谨慎，缺少盈利机会。二是银行业资金大量缺口。《经济学家》指出，① 由于欧洲银行业整体贷款超过存款，致使银行业对包括短期债务、长期债券和来自欧盟以外的银行贷款等批发资金有更多的依赖。债务危机后，银行业原有的融资渠道受限，② 不得不通过出售资产等方式融入现金，以满足其在 2012 年 7 月对最低资本充足率指标的要求。三是银行业易受主权债券市场动荡的影响。由于欧洲银行业持有大量主权债券，债市的动荡会使银行持有的公债受损，恶化银行业的资产负债表，成为银行业不稳定的一个重要来源。四是一些银行业仍需政府救助。爱尔兰、西班牙等国资产泡沫破灭后，产生的大量不良资产仍然在困扰着银行业，需要政府大规模注资。五是一些国家银行业资金大量抽逃。受希腊退出欧元区风险上升，以及西班牙等国银行业风险加剧等因素影响，这些国家的银行业已出现了大规模挤兑现象。据报道，2012 年第一季度已有 970 亿欧元资金撤离西班牙，约相当于其 GDP 的 1/10。③

4. 债务危机导致劳动力市场形势进一步恶化。虽然 2010 年劳动力市场一度改善，但债务危机导致失业率进一步升高。2011 年，欧盟和欧元区失业率均在 10% 以上，且各国劳动力市场差异明显增加：一方面，希腊、西班牙等危机国家失业率超过 20%，青年人失业状况突出；另一方面，德国、奥地利等国失业率不到 6%，德国失业率甚至低于 20 世纪 90 年代初时的水平。出现这种状况的主要原因：一是欧盟内部各成员国劳动力市场情况差异较大，包括危机的非对称性影响，各国金融部门和财政政策的差别，就业结构和就业制度的差别等。二是劳动力市场恶化也与房地产泡沫破灭有关，房价严重下跌的波罗的海国家以及西班牙和爱尔兰，失业率也较高。

---

① Beware of falling masonry, *The Economist*, November 26th, 2011.
② 这主要是因为，投资者对向持有大量国债的欧洲银行贷款更加谨慎，这些银行的借款也不能再依赖政府担保，也很难再靠发行长期债券融资，依靠美国货币市场基金发行短期债券也越来越困难。
③ 西班牙第一季度资本外逃近千亿欧元，2012 年 6 月 1 日，《金融时报》。

二 债务危机导致欧洲经济"二次探底"

在经历了"大衰退"导致的"急跌急升"之后，债务危机致使欧洲经济进入了持续的低迷期（参见图3-10）。从2009年下半年经济开始弱势复苏后，这期间虽有小的起伏，但复苏势头整体乏力，2011年第四季度再次陷入负增长，2012年第一季度处于零增长。欧洲经济基本处于衰退的边缘。其主要特征有：

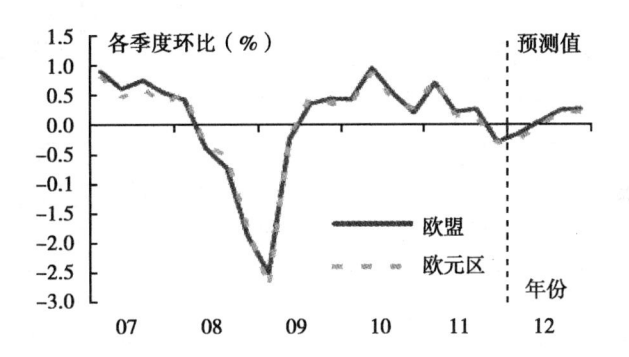

图片来源：DG ECFIN, EC (2012), *Interim Forecast*, February 2012, Graph 1.4.

图3-10 2007年以来欧洲各季度经济增速

1. 经济停滞与高失业、高物价相伴。在正常情况下，高失业与高物价不会共存，但随着债务危机的持续，以及在欧洲特定经济结构和一些特定因素影响下，高失业和高物价成为一个重要特征（参见表3-5）。2011年下半年以来，随着欧洲经济形势再度恶化影响，企业再度大量裁员，导致本已见底的失业率再度像三年前那样迅速攀升，致使欧洲失业率创下20世纪90年代中期以来的新高。与此同时，经济停滞并未抑制住物价涨幅。通货膨胀经2009年回落后，2010年又开始上升，至2011年，欧元区消费物价再次超过2%的目标。多种因素推动欧洲物价居高难下：一是欧洲是原油等产品的主要进口地区，受欧元贬值等因素影响，高油价导致的输入型通胀比较突出；[①] 二是债务危机以来，一些国家出台的财政紧缩措施，导致间接税上升、行政收费提高；三是欧央行的超宽松货币政策，

---

① 例如，2012年第一季度，受欧元贬值影响，以欧元计的油价累计上扬约17%，并刷新了2008年的历史最高位。

以及对欧央行可能继续实施变相"量化宽松"政策的担心，导致通胀预期居高不下；四是由于欧洲劳动力市场缺乏弹性，高失业率并未导致名义工资明显下降，未对通胀形成有效抑制。

表3-5　　　　　欧洲经济增长、失业率和通胀率的变化

年份	2007	2008	2009	2010	2011
欧元区					
GDP增长率（%）	3.0	0.4	-4.3	1.9	1.5
失业率（%）	7.6	7.6	9.6	10.1	10.2
通胀率（%）	2.1	3.3	0.3	1.6	2.7
欧盟					
GDP增长率（%）	3.2	0.3	-4.3	2.0	1.5
失业率（%）	7.2	7.1	9.0	9.7	9.7
通胀率（%）	2.4	3.7	1.0	2.1	3.1

注：2011年为初步统计数。

数据来源：DG ECFIN, EC (2012), European Economic Forecast, Spring 2012, *EUROPEAN ECONOMY*, 1/2012.

2. 自主复苏基础的疲弱。2009年下半年以来，欧洲经济复苏的进程缓慢而拖沓，即便复苏势头间或有所加快，主要是扩张性经济政策的作用，以及库存非正常增加和净出口扩大的结果，自主复苏的基础十分疲弱（参见图3-11）。债务危机爆发后，财政政策由扩张转为紧缩，政策因素对增长的刺激作用不复存在。另外，市场信心不振、信贷标准收紧、高失业率，以及债务危机引发的高度不确定性加速了经济的"去杠杆化"，使自主复苏的基础被进一步削弱：一是居民消费低迷，新车登记数量、零售贸易量等都处于较低水平；二是私人投资不足，大量生产能力闲置，投资者信心缺失；三是建筑业投资继续受房地产泡沫的拖累，仍处于调整期。[①] 内部需求不断萎缩导致欧洲经济对外部需求的依赖明显加大。

3. 政策性紧缩的趋势明显持续。为了抓住时机，遏制不断攀升的主权债务规模和融资成本，自2010年开始，欧盟部分国家率先进入到财政紧缩进程。进入2011年，欧盟各成员国普遍实施了严厉的财政紧缩。当

---

① 房地产投资约占建筑业投资的一半左右，大量存量房待售，表明房地产市场仍未调整到位。

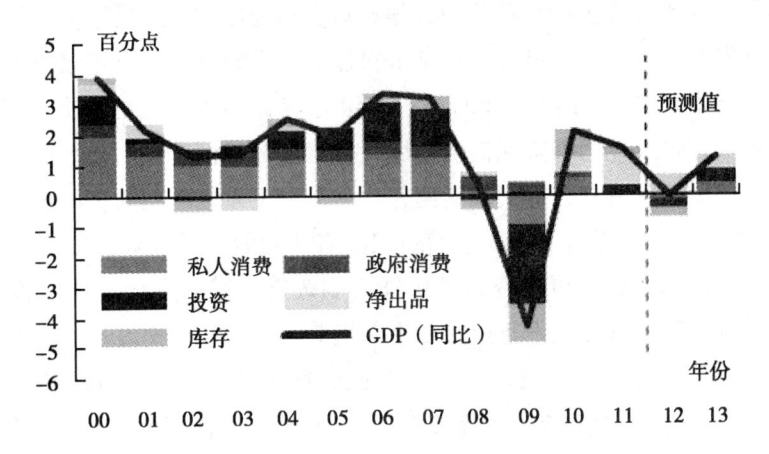

图片来源：DG ECFIN, EC (2012), European Economic Forecast, p. 25, Spring 2012, EUROPEAN ECONOMY 1/2012.

图 3-11 2000 年以来欧盟经济增长率及其构成

年欧盟和欧元区财政赤字率分别为 4.7% 和 4.1%，均比上年下降约 2 个百分点左右。2011 年欧元区和欧盟政府支出与 GDP 比率分别比 2010 年低 1.6 个和 1.5 个百分点，而政府收入与 GDP 比率均高出 2010 年 0.5 个百分点，这相当于比 2010 年分别紧缩 2.1 个和 2.0 个百分点，其对经济产生的下拉作用相当于 GDP 增长率减缓 1%。从国家层面看，重债国不得不屈从于来自市场压力和欧盟等援助机构的压力，以经济更严厉的衰退为代价来削减赤字。一方面，大规模预算削减可能进一步削弱业已疲软的经济增长，导致经济走向严重萎缩；另一方面，在公众对紧缩举措不满情绪日益加重的情况下，一些国家削减债务的能力也广受质疑。尽管如此，2012—2013 年，仍将是欧盟减赤和财政巩固的关键时期。据美国银行首席经济学家 Laurence Boone 推断，[1] 2012 年欧元区各国财政紧缩规模约占 GDP 的 1.25%，将相当于使欧元区 GDP 收缩 1 个百分点。欧委会预计，2012 年欧盟和欧元区财政赤字率均将下降 0.8 个百分点，分别达到 3.9% 和 3.4%。到 2013 年，欧元区财赤率将降至 3%，欧盟将降至 3.2%。[2]

4. 金融业对实体经济的支持明显不足。欧洲金融体系的脆弱性，致

---

[1] Beware of falling masonry, *The Economist*, November 26th, 2011.

[2] European Economic Forecast—Autumn 2011, *European Economy*, 6, 2011 (provisional version), p. 50.

使银行业在债务危机中自顾不暇,很难对实体经济增长形成重要支撑,抑制了投资和消费信贷的增长。债务危机以来,受修补资产负债表以及要在2012年6月底前充实资本金的要求,银行业长期处于去杠杆化过程中,这导致信用供给能力下降和信贷紧缩,并对实体经济产生明显影响。2011年年底,虽然此后欧央行实施了两轮、总额近1万亿欧元的长期再融资操作(LTROs),银行间市场资金紧缩状况有所缓解,但商业银行对非金融企业的贷款并未如其再融资条件一样得到改善。据欧央行统计,2012年第一季度累计,欧元区银行业向私人部门贷款同比增长0.9%,增速低于去年第四季度的1.8%。这其中,3月欧元区银行业向私人部门贷款同比仅增长0.6%,增速比2月回落0.2个百分点,为连续第二个月回落。在一些危机国,金融业对实体经济的支持作用进一步下降。据西班牙央行数据显示,2012年上半年,西班牙银行业放贷金额与2007年相比,下降幅度超过50%,为2003年以来的新低。

表3-6　　　　　　　　欧盟各成员国经济分化明显

2008—2012年人均GDP累计增长率(%)	成员国
增长较快的国家 (累计增长率在0以上,10国)	波兰、保加利亚(6%以上);德国、罗马尼亚、马耳他(3%—6%);斯洛伐克、瑞典、奥地利、立陶宛、捷克(0—3%)
增长疲弱的国家 (累计增长率在-3%—0,5国)	法国、荷兰、比利时、塞浦路斯、匈牙利(-3%—0)
累计负增长的国家 (累计增长率在-6%以下,12国)	英国、芬兰、丹麦(-6%—-3%);希腊、爱尔兰、葡萄牙、西班牙、斯洛文尼亚、意大利、拉脱维亚、爱沙尼亚、卢森堡(-6%以下)

数据来源:作者根据DG ECFIN, EC(2012), European Economic Forecast, Spring 2012整理。

5. 各成员国经济复苏势头明显分化。2010年以来,随着欧洲经济的起起伏伏,其内部各成员国经济复苏态势明显分化,呈现"三速复苏"的特征。以人均GDP增速来衡量,到2012年年底,欧盟27个成员国中,仅有10个国家人均GDP达到或高于2008年金融危机前的水平,有5国人均GDP略低于金融危机前的水平,12国人均GDP明显低于危机前的水平(参见表3-6)。这一情况表明,欧盟各成员国内部出现明显分化甚至极化现象:一是以德国为代表的部分北欧国家和以波兰为代表的部分东欧国家,增长势头较为强劲;[①] 二是以法国、荷兰和比利时为代表的少部分

---

① 在2008—2011年,欧盟各成员国中,只有波兰的年度经济增长率未出现下降。

西欧国家，经济复苏疲弱；三是以英国为代表的部分北欧和波罗的海国家，以及以意大利、西班牙为代表的大部分南欧国家，累计经济增长率处于欧盟平均线以下，且多数年份出现负增长。

出现这种现象的主要原因：一是各国经济复苏的起点不同，各国私人负债水平、房地产泡沫破灭程度、银行部门健康状况，以及公共财政健康状况均有较大差别，决定了其复苏的快慢不一。二是长期以来，各成员国竞争力和出口结构（包括产品结构和出口市场结构）不同，对外部需求和世界贸易反弹的反应不一，出口导向型经济体和竞争力较强的经济体获益更大。三是部分国家还受人口增长的影响，如卢森堡GDP仅在2009年深度衰退，但受人口增长的影响，2008—2011年的4年中有3年人均GDP出现负增长。[①]

三 债务危机加剧了经济前景下行风险和不确定性

随着债务危机不断扩散和深化，欧洲经济前景更加黯淡。2011年秋季，多家机构认为欧洲经济在经历短暂而温和的衰退后，将于2012年下半年明显反弹。然而，2012年年初，多家机构认为欧洲经济衰退时间将明显延长，之后可能是较长时间的停滞。而一旦风险失控，不确定性增强，可能面临深度、长时间的衰退。

1. 多家机构下调欧洲经济前景

2011年年底以来，各家机构纷纷下调了对欧洲经济的前景展望。较普遍的观点认为，2012年欧元区经济将小幅衰退，2013年将温和复苏（参见表3-7）。欧委会财经总司在2012年春季经济预测报告中，再次下调对2012年的经济展望，认为2012年欧盟经济将处于停滞状态，欧元区将呈现温和收缩的状态。IMF在2012年4月的春季预测中，大幅下调了半年前对2012年的经济预测，认为欧元区将陷入轻度衰退而不是此前认为的温合复苏。经济合作与发展组织（OECD）在5月22日发布《经济展望》中，也下调了对2012年和2013年经济增长的预测。该组织指出，欧洲主权债务危机仍是全球经济中最重要的下行风险。此外，一些投资银

[①] 近年来，卢森堡人口增长较快。2008—2011年的4年中，人口增长率分别为1.7%、1.9%、1.8%和2.3%。其增速既快于20世纪90年代以来的大多数年份，也快于欧盟其他成员国。

行和研究机构也纷纷下调了对欧洲经济的预测数据,称2012年欧元区陷入衰退几无悬念。世界银行在2012年1月时也认为2012年欧元区将出现负增长,陷入轻度衰退中。

德国经济是欧元区为数不多的亮点之一。2010年德国经济增长率为3.7%,是两德统一后最高的年度增长率,2011年为3.0%。经历了金融危机后的经济大幅衰退后,德国央行(Bundesbank)2011年6月10日表示,德国经济正经历一个长时间扩张期,其复苏已进入了具有稳定基础的上升期,其失业率也处于20年来低位。欧委会预计,2012年德国经济将达到0.7%左右的增速。相比之下,欧盟委员会下调了对意大利、西班牙和希腊等国的经济预期。这其中,意大利2012年经济预期下调幅度最大,由上年秋季预期的增长0.1%下调至萎缩1.3%,西班牙经济也将由增长0.7%下调至-1.0%,希腊将继续处于深度衰退之中。

爱尔兰是危机国中唯一重获金融市场信任的国家。爱尔兰较顺利地实现了首轮救助计划的各项目标,在金融市场重建了信誉,无须来自欧盟、IMF和欧央行的新一轮救助。2011年,爱尔兰告别了连续三年的负增长,经济增长率为0.7%,预计2012年仍将达到0.5%左右。相比之下,葡萄牙可能需要第二轮救助。西班牙继续受困于房地产泡沫破灭带来的影响,房地产价格仍然没有下跌到位,在经济复苏前还将面临更漫长的挑战。

表3-7 多家机构对欧洲经济的预测 单位:%

预测机构		2012年	2013年	预测时间	前期预测 2012年	前期预测 2013年	预测时间
欧委会	欧元区	-0.3	1.0	2012.5	0.5	1.3	2011.11
欧委会	欧盟	0	1.3	2012.5	0.6	1.5	2011.11
IMF	全球	3.5	4.1	2012.4	4.0	4.9	2011.9
IMF	欧元区	-0.3	0.9	2012.4	1.1	1.7	2011.9
IMF	欧盟	0.0	1.3	2012.4	1.4	2.1	2011.9
OECD	欧元区	-0.1	0.9	2012.5	0.2	1.4	2011.11
欧央行	欧元区	-0.1	1.1	2012.3	0.3	1.3	2011.12

资料来源:笔者根据有关资料整理。

2. 债务危机给经济复苏带来较大的风险和不确定性

导致经济下行风险明显增加的主要因素有:

(1) 债务危机可能进一步深化。除爱尔兰外,希腊、葡萄牙等国债务危机仍在深化，希腊濒临退出欧元区的边缘。一旦希腊退出欧元区，欧洲主权债务危机将有失控的风险。

（2）银行业风险将进一步突出。欧洲银行业整体形势仍很脆弱，希腊、西班牙和意大利等国银行业风险不断上升，一些大银行依赖政府救助。一旦这些银行信用评级被进一步下调，可能在欧洲银行业中引发连锁反应，引发银行业危机。

（3）政局变化对危机带来新的不确定性。法国政局变化，导致欧洲在增长与紧缩间出现明显分歧，法德轴心出现裂痕。希腊等国未来政局仍扑朔迷离，对危机走向仍有很大的不确定性。

（4）欧央行能否继续发挥创造性作用。随着危机深化，一些机构将稳定市场和促进经济增长的希望寄托在欧央行上，希望欧央行提高通胀上限，通过制造通胀和欧元贬值来转嫁危机，促进增长。但欧央行态度是否会转变，仍是一个谜。

第四节　欧洲经济面临"停滞十年"的风险

2010 年，欧委会在"欧洲 2020 战略"报告中曾指出，欧洲未来可能面临三种情景：一是持续复苏的情景，指欧洲能重返危机前的经济增长路径，并使增长潜力得到提高；二是缓慢复苏的情景，指欧洲将遭受财富上的永久损失，并将在此基础上缓慢增长；三是停滞十年的情景，指欧洲在遭受财富永久损失的同时，经济增长潜力也将永久受损。① 债务危机及其影响的长期化，导致欧洲经济增长潜力及竞争力下降，加之来自其他方面的挑战，欧洲经济出现"停滞十年"的风险大增。

一　长期生产力增长缓慢

生产力增长率是决定经济增长的重要因素。欧洲生产力增长缓慢，抑制了经济增长。据统计，欧洲生产力增长率已经从 20 世纪 70 年代的 4.5% 左右，降至 21 世纪初的 1%。无论在欧元区核心国家还

---

① European Commission（2010），*Europe 2020：A European Strategy for smart，Sustainable and Inclusive Growth Brussels*，3.3.2010，COM（2010）2020.

是外围国家，生产力增长率都同样疲弱。① 由此导致过去 10 年间，欧盟与主要经济合作伙伴间的差距不断拉大。欧洲劳动生产率年均增长率明显低于美国、日本等世界主要发达国家，与一些新兴经济体的差距也越来越小。

欧洲生产力增长缓慢，既体现在国际竞争压力较大的制造业部门，也体现在可贸易性较差的服务业。这带来两个重要影响：一是削弱了欧洲未来经济增长潜力。由于服务业占欧洲经济总量的 2/3 以上，服务业生产率的增长，对提高经济增长潜力意义更加重要。二是导致国家竞争力下降。近年来，欧洲经济竞争力在全球的排名相对下降。② 欧洲面临着来自新兴经济体，以及美国、日本等发达国家在低端和高端市场上的两头挤压，来自全球化的挑战不断加剧。③

导致生产力增长缓慢的原因是多方面的，主要包括：

一是劳动力市场缺乏灵活性。欧洲劳动力成本普遍较高，裁减冗员受到工会组织和法律上的过度保护，企业不愿增加雇员。

二是企业缺少竞争意识。欧洲统一大市场远非充分竞争的市场，存在市场进入壁垒，以及商业环境缺乏活力等问题。一些成员国政府以增进"社会公正"或捍卫"国家荣誉"等为借口，对本国企业进行各种形式的保护，由此助长了企业创新意愿不足，特殊利益集团通过各种活动攫取好处等问题。

三是各方研发投入不足。高福利、高税收的体系导致政府财政长期捉襟见肘，研发投入严重不足。企业研发积极性不高，投入不足。欧洲研发支出不足 GDP 的 2%，与美国、日本差距明显增加。受此影响，创新能力相对较低、信息通信技术应用不足、创新成果的商业化较为缓慢等。

四是技能培训工作缺乏。由于去工业化和产业空心化，欧洲一些国家

---

① 参见西蒙·蒂尔福德（Simon Tilford）《欧洲竞争力陷阱》，2011 年 6 月 16 日，http://www.project-syndicate.org/。

② 2009 年度欧洲创新报告显示，欧盟 27 国创新指数与美国的差距为 22，与日本的差距在 30 左右。2010 年 5 月 19 日瑞士洛桑国际管理学院发布的 2010 年《世界竞争力年度报告》称，美国和欧洲经济相对衰落，亚洲经济则在强势崛起。在传统经济强国中，德国、英国、法国和意大利分别排在第 16 位、第 22 位、第 24 位和第 40 位，主权债务危机严重削弱了高负债的南欧国家竞争力。

③ European Commission (2010), *Europe 2020: A European Strategy for Smart, Sustainable and Inclusive Growth Brussels*, 3.3.2010, COM (2010) 2020.

技能劳动力缺乏,社会培训又相对滞后,致使是低端劳动力难以满足高端岗位的需要。这在南欧国家表现得更为突出,也是其结构性失业长期存在的一个重要原因。

二 人力资源对经济增长的推动作用下降

人力资源对经济增长的推动作用有二:一是通过劳动力数量的增长,促进经济总量的增长;二是通过劳动力质量的提高,促进全要素生产率的增长,进而推动经济总量的增长。然而,从欧洲看,未来较长时期内,人力资源对经济增长的推动作用下降。一方面,在劳动力数量因人口老龄化而呈绝对减少的同时,由于高失业率导致劳动力对经济活动的参与率大幅下降,现有的劳动力资源未得到充分利用;另一方面,劳动力质量未得到有效提高。欧洲对技术移民吸引力下降的同时,人力资源大量外流。金融危机前的研究表明,仅人口老龄化一项,就将使欧盟21世纪第二个十年的潜在增长率削减一半,达到1%左右。①

1. 老龄化问题凸显劳动力资源不足。老龄化问题主要表现为,工作年龄人口(15—64岁)减少、老龄人口(65岁及以上)占比上升、人口总数下降。欧盟5亿人口中有1.2亿属于养老金群体,占总人口近1/4。据欧委会估计,从2015年起,欧盟整体将进入人口负增长时期。欧盟15—64岁劳动者与65岁及以上老人的比例将从2008年的4∶1降至2060年的2∶1,届时,社会负担将明显加重。预计到2020年,欧盟工作年龄人口减少最突出的地区是芬兰、瑞典以及德国等,保加利亚、德国东部和波兰一些地区下降幅度更为明显。老龄人口比重上升最突出的地区是德国东部、西班牙北部、意大利以及芬兰。总人口下降最严重的地区是中东欧、德国东部、意大利南部、西班牙北部。2005—2010年1/3的欧盟地区人口下降,其中有些地区降幅超过10%。从2013年起,欧洲每年将新增60周岁及以上的老年人口200万。

2. 低就业率导致人力资源大量闲置。欧洲的就业率(年龄在20—64岁的平均就业率)仅为69%,大大低于世界其他地区。这其中,妇女的就业率只有63%,男性为76%。年龄较大工人(55—64岁)的就业率只

---

① DG ECFIN, EC, Economic Crisis in Europe: Causes, Consequences and Responses, pp. 3 - 4, *European Economy*, 7/2009.

有46%，而美国和日本的比率则超过62%。此外，与美国人和日本人相比，欧洲人工作的小时数平均要少10%。①

3. 高失业率导致人力资源大量外流。欧洲历来是国际移民的主要目的地，但债务危机使移民流动方向发生逆转，数以万计的欧洲专业技术人员为求职移居海外，发展中国家前往欧洲的移民也逐渐退潮。② 西班牙、葡萄牙、爱尔兰、斯洛文尼亚、塞浦路斯对外移民人数已超过吸纳外来移民数，希腊学者、银行家和工程师为求更高工资和更稳定工作，选择向澳大利亚和加拿大等地移民。希腊移民另一个趋势是，年轻人到国外求学人数增多。除危机国外，英国、法国、德国、意大利等大国也为顶级研究人员的外流担忧。2011年西班牙对外移民人数比流入移民人数多出5.6万，自1990年以来首次成为移民净流出国。2011年葡萄牙1100万人口中至少有10万移居国外。尽管一些国家制定了阻止人才外流的政策，但效果不佳。

三　高债务抑制潜在增长率的提高

除公共债务外，欧洲企业和居民家庭都背负高额债务。在未来一段时间内，高债务已成为制约欧洲潜在增长能力提高的沉重包袱。

1. 包括政府债务在内的广义负债规模巨大。由于一国负债必将以某种方式由该国的收入来偿还，因此从广义上看，一国负债不仅包括政府债务，还包括家庭和企业债务，应是家庭、企业净债务与政府净债务加总后的总负债。根据这一广义定义，意大利债务总额与GDP之比略高于200%，希腊为近230%，与英国和日本的水平相近。相比之下，葡萄牙（高于300%）和爱尔兰（330%）的广义债务总额较高。③

2. 减债将是一个长期的过程。对政府债务来说，未来两三年内，即便欧洲的财政状况有所改善，财政赤字率继续下降，但公共债务水平仍将继续上升，削减不断增加的公共债务对确保欧洲未来财政可持续性仍是一

---

① European Commission (2010), *Europe 2020：A European Strategy for Smart, Sustainable and Inclusive Growth Brussels*, 3.3.2010, COM (2010) 2020.

② 欧洲外流移民的目的地主要是新兴的拉美和非洲前殖民地，其中巴西是吸纳西班牙、葡萄牙移民的大户，也有不少欧洲技术人员去了亚洲、澳大利亚、美国、加拿大。

③ 查尔斯·杜马斯：《希腊不是欧洲银行业的心腹之患》，《金融时报》（中文版）2011年9月26日。

个重要挑战（参见专栏 3-2）。公共债务与 GDP 比率要恢复到《稳定与增长公约》规定的 60% 上限，甚至需要 20 年左右的时间。不仅如此，从未来数年看，人口老龄化将导致欧盟养老金支付压力与日俱增，将明显增加财政体系的压力，可能导致债务规模出现跳跃性增长。据欧委会预测，从 2011—2020 年，欧元区 16 国与老龄化相关的支出占 GDP 比重将增加 1.6 个百分点，欧盟 27 国将增加 1.3 个百分点。

在欧元区，更为严重的是，高债务难以通过货币贬值或零利率政策对内或对外转嫁，因为各成员国没有独立的汇率和利率政策，欧元区汇率和利率政策的调整要服从其"整体利益"。[①]

3. 高负债导致增长潜在下降。据经济学家罗格夫（Ken Rogoff）和莱因哈特（Carmen Reinhart）估算，如果一国债务与 GDP 比率达到 90%，那么该国增长前景就相当堪忧了。据 IMF 估计，一国债务与 GDP 比率每升高 10 个百分点，将导致经济增长率下降 0.2 个百分点。由此看来，高债务将令欧洲部分国家长期经济增长率腰斩，将给整整一代人的生活标准带来严重打击。

高债务导致潜在增长率下降的主要机制是：一是高债务增加了企业和居民负担。例如，葡萄牙非金融企业的债务是其息前利润的 16 倍，只要利率略高于 6%，利息支出就能抵消全部利润。在西班牙，这两个数字分别是 12 倍和 8%，虽然好于葡萄牙，但债务负担仍很沉重。二是减债将导致投资和消费减少、经济低迷。对私人债务来说，减债意味着要经历一个漫长的"去杠杆化"过程。次贷危机带给美国的主要负面因素是家庭不断削减债务，这一过程需要持续 4—5 年。对欧洲来说，去杠杆化过程越持久，经济疲弱的时间就越长，降低政府债务与 GDP 比率就变得越困难。三是导致政府支出不足和支出结构的变化。受高债务影响，政府不得不削减支出，重点是一些在短期内对民生影响不大的支出，比如在教育以及研究与开发投资等方面的支出，从而抑制了长期增长潜力。例如，西班

[①] 与欧元区相比，日本有欧元区各成员国所不具备的优势。一是日本有自己的货币，通过日元贬值有助于经济的调整。二是日本有自己的货币政策，通过零利率政策可减轻偿债负担。三是日本拥有独立的财政政策，通过维持巨额的预算赤字，可以保证私人部门财务盈余。四是日本的工资有较大的弹性，名义工资可以浮动，这也有助于减缓高债务对企业的压力。而在欧洲，可能会出现通胀与工资指数化的情况。参见查尔斯·杜马斯《希腊不是欧洲银行业的心腹之患》，《金融时报》（中文版）2011 年 9 月 26 日。

牙政府在2012年4月推出的新一轮财政紧缩计划中，进一步削减了包括教育等在内的公共支出。此外，高债务还将推高整个社会的利率水平，抑制投资和消费。

专栏3-2　对欧元区主权债务规模动态变化的预测

欧委会财经总司在2011年秋季经济预测报告中曾指出，债务危机以来大多数成员国的预算形势有所改善，但政府债务占GDP比重仍较春季预测时有所上升。这主要是因为受利息支出的增加、实际GDP增长、通胀因素，以及存—流量的调整等因素影响。

一般来说，主权债务与GDP比率的变化由三部分构成，即剔除支付利息后的基本平衡、"雪球效应"以及存—流量（stock - flow）调整。"雪球效应"主要是指由于债务不断积累，导致所支付的利息增加，以及实际GDP增长和通货膨胀对债务比率的影响。存—流量调整包括现金和应计账户（accrual accounting）间的差异，以及金融资产积累、价值及其他余量效应等。即便是基本平衡得到控制，一旦"雪球效应"和存—流量调整不断增加，债务规模也将越积累越大。

该报告指出：在欧盟，主权债务占GDP比重将在2012年达到85%的峰值，在2013年保持基本稳定；在欧元区，主权债务占GDP比重到2012年已达90%，尽管其上升速度较2008—2010年要明显放缓（参见表专3-2-1），在2013年将继续攀升。然而，受所支付利息增加和经济增长放缓，2012年欧委会在春季预测中认为，2013年欧盟主权债务占GDP比重将由2012年的86%增至87%，欧元区主权债务占GDP比率将由2012年的92%增至93%，债务占比仍将继续扩大。

如表专3-2-1所示，2010年以后，尽管"基本平衡"因素对债务与GDP比率的影响逐年下降，但"雪球效应"的影响仍然较大，"存—流量调整"影响跳跃性较大。在"雪球效应"中，利息支出的影响最为突出。GDP的增长效应和通胀效应在一定程度上可以减缓利息支出的影响。

表专 3–1　　　　　　　欧元区主权债务的动态变化

	2004—2008年平均	2009年	2010年	2011年	2012年	2013年
债务与GDP比率（%）	68.9	79.8	85.6	88.0	90.4	90.9
百分比变化	-0.2	9.7	5.8	2.4	2.4	0.6
对百分比变化的贡献						
1. 基本平衡	-1.1	3.5	3.4	1.2	0.3	-0.3
2. "雪球效应"	0.3	5.3	0.8	0.7	1.4	0.7
利息支出	3.0	2.9	2.8	3.0	3.1	3.3
增长效应	-1.4	3.1	-1.5	-1.3	-0.4	-1.2
通胀效应	-1.3	-0.6	-0.5	-1.0	-1.3	-1.4
3. 存—流量调整	0.4	0.8	1.6	0.6	0.7	0.3

资料来源：European Economic Forecast—Autumn 2011, *European Economy*, 6, 2011 (provisional version), p. 54.

第四章

一体化与危机应对利弊分析

欧洲货币一体化体制对金融和债务危机的应对，既有有利的方面，也存在着不利的方面。从有利的方面看，随着各成员国货币风险和汇率风险消失，共同货币避免了各成员国遭受汇率动荡的风险，有助于各国保持宏观经济稳定。从不利的方面看，在欧洲经济和货币一体化实践中，各成员国经济周期不同步与共同货币政策、分散金融监管体系与一体化金融市场，以及欧盟危机应对能力与现实需要之间存在着重要矛盾。这既加大了成员国间的周期性和结构性差异，又弱化了危机治理能力，反过来也破坏了共同货币的稳定。

第一节 一体化在金融危机应对中的优势与脆弱性

欧元问世的第一个10年取得了巨大成功。欧委会在纪念欧洲货币联盟（EMU）10周年时曾毫不吝言地指出，EMU的问世是布雷顿森林体系成立以来最重要的改革，是欧洲经济史上前所未有的行动，是改变世界经济前景的壮举。[①] 经过10年稳固发展，共同货币体制在21世纪初的互联网泡沫（the dotcom bubble）冲击下，表现出良好的弹性，在金融危机爆发初期亦显现出一定的优势。冰岛危机的例子表明，假若没有欧元这一保护伞，意大利、法国、西班牙和希腊等经济体有可能陷入货币危机的境地。尽管如此，共同货币体制在危机中仍表现出一定的脆弱性。

---

① ECFIN, EU (2008), EMU@10: Successes and Challenges after Ten Years of Economic and Monetary Union, p.3, *European Economy*, 2/2008.

一 共同货币避免了各成员国的货币危机

共同货币增强了各成员国对外部冲击的抵抗能力。欧盟多由一些中小型国家构成。在浮动汇率机制下，这些国家的货币币值"软硬"不一，利率差别、汇率变动等因素使得欧洲内部金融秩序混乱，很容易受到市场变化和金融危机的冲击。欧元作为共同货币被正式使用后，不仅促使欧盟内部金融秩序明显改善，避免了多种货币共存下极易产生的"金融投机"现象，而且对国际市场风险的抵御能力也明显增强。在欧元区成立之前，1995年的墨西哥比索危机、1996年的日元危机，都曾导致欧洲经济增长滑坡、出口下降、就业减少。然而，欧元问世之后，这一情况明显得到改观，欧元区各国在互联网泡沫危机中的表现就很能说明问题。

在金融危机中，欧洲共同货币体制对消除货币危机风险、维护各国宏观经济稳定，发挥了重要作用。金融危机爆发初期，欧元区成员国与非成员国就呈现出两种截然不同的结果。2008年10月，北欧小国冰岛率先陷入货币危机和银行危机，[①] 非欧元区的欧盟成员国匈牙利、拉脱维亚和罗马尼亚等国也先后陷入危机，本币大幅贬值。而欧元区成员国在共同货币的庇护下，币值稳中有升，2008年7月15日，欧元对美元汇率达到创纪录的1∶1.6以上。

共同货币使欧元成为金融危机中一个重要的稳定极。欧元区各国在失去独立货币政策的同时，也避免了发生货币危机的风险。金融危机爆发初期，由于投资者对美元失去信心，导致资金大量流入欧元区。欧元区曾被认为可在一定程度上不受次贷危机的传染。在次贷危机发生近一年内，欧元区市场基本稳定。即便是在欧洲卷入金融危机后，如果没有这个共同货币欧元，投资者可能对发生问题的中小国家产生恐慌心理，与冰岛类似，资金将大量抽逃，进而使危机的影响进一步放大。如果这种情况发生，区内许多国家可能会跌入一个货币贬值、债务违约、向IMF求助，接着再度贬值的螺旋式下跌通道中。其对宏观经济造成的损失，可能大大超过金融危机。

---

① 多年来，欧盟一直是冰岛最大的贸易伙伴。由于担心欧盟共同渔业和农业政策损害自身利益，冰岛对加入欧盟并不热心。但在遭受金融危机重创后，冰岛国内支持加入欧盟的呼声越来越高。2009年7月，冰岛正式向欧盟提出入盟申请。

二　统一大市场在危机中为各成员国提供了开放的市场

欧洲统一大市场为各成员国带来了多重利益。1993年统一大市场的建立，不仅开启了欧洲各国间的大门，清除了经济发展道路上的多重障碍，也彻底改变了欧洲经济面貌，既使各成员国加强了贸易联系，也促进了相互竞争：使欧洲的消费者能够获得更多质优价廉的商品，使欧洲企业有了更加广阔的市场，使欧洲的劳动力有了更多就业岗位。与此同时，统一大市场也使得欧洲在各种外部冲击面前，有了更大的发展空间，可以更好地保护自己。欧元问世后，进一步推动了统一大市场的建设。据估计，仅欧元问世带来的收益，就相当于欧盟GDP的1.8%，其创造的就业岗位相当于总就业的1.4%。[1]

统一大市场保证了欧盟在危机中仍有稳定的内部需求。金融危机后，一些国家货币贬值，各种形式的保护主义倾向不断抬头。但在欧委会推动下，欧盟仍坚持自由贸易和开放市场，为成员国提供了一个稳定、开放的内部市场。危机中，欧盟内部的商品、服务、资金和劳动力等生产要素仍是自由流动的，与危机前并无实质区别。这与"大萧条"时完全不同，也因此成为减缓各成员国经济衰退幅度，以及促进其较快复苏的重要因素。不仅如此，欧盟对基础设施的投资，以及统一大市场的不断完善，还将为受债务危机困扰的欧洲经济找到新的增长点（参见第九章第二节）。

三　共同货币体制在危机中也显现出一定的脆弱性

在经历了两场危机之后，欧洲共同货币体制也表现出一定的脆弱性。这主要有四个方面。

一是缺少共同财政配合。缺少共同财政政策配合的共同货币体制，其内部经济稳定面临挑战。欧元区内各成员国拥有独立的财权，财政政策相对独立。相比之下，欧盟自身的预算较低，只能提供非常有限的公共产品。欧盟内部也不存在真正的财政转移支付机制，不能向单一国家那样将财政支出从富裕地区转向贫困地区。随着统一大市场的建立和内部竞争日趋激烈，各国经济发展的差距明显拉大。在这种情况下，一些经济陷入困

---

[1] ECFIN, EU (2008), EMU@10: Successes and Challenges after Ten Years of Economic and Monetary Union, p. 85, *European Economy*, 2/2008.

境的成员国，其财政也往往入不敷出，这些国家的经济将越来越不稳定，与优势国家的差距也将越来越大。

二是财政纪律普遍松弛。在共同货币体制下，严格的财政约束对保持宏观经济稳定具有重要意义。在《稳定与增长公约》中，对财政纪律也提出了明确要求，并设计出相应的惩罚机制。然而，欧元问世第一个10年的情况就已表明，在缺乏汇率风险约束的情况下，一些国家开始"搭便车"，忽视财政的长期可持续性问题，财政挥霍导致预算赤字普遍上升。这终于在欧元问世第二个10年之初，引发了主权债务危机。

三是统一大市场仍有待完善。在共同货币体制下，统一大市场的完善，特别是劳动力等生产要素具有较高的流动性非常重要，可在很大程度上弥补结构性缺陷。在蒙代尔描述的理想化最优货币区中认为，区域内不同国家和地区间的移民倾向足够高，高到可以保证在某一地区面临非对称冲击时，可以通过劳动力流动来实现充分就业。然而，由于法律、语言、习俗等多种因素影响，欧元区内各国间就业差异和工资差异较大，西班牙和希腊的失业率远高于其他成员国。作为统一市场不完善的一个重要例子是，服务业跨境一体化的发展仍然面临许多障碍，金融市场一体化的程度仍相对落后。

四是结构改革动力不足。共同货币体制建立后，各成员国失去了独立的货币政策和汇率调节机制，当需求发生变动或遇到其他"非对称性冲击"时，就需要通过结构改革来弥合需求变动和非对称性冲击带来的影响，从而确保各成员国不存在结构性差异，以利于共同调节。共同货币体制设计之初，曾把结构改革作为各成员国强化结构调整的唯一途径（财政政策主要调节经济周期差异），并被寄予很大希望。结构改革也因此被称作TINA，即"无可替代的工具"（There Is No Alternative）。然而，事实上，在汇率风险消失后，结构改革的动力明显不足。除危机产生的"倒逼机制"外，没有相应机制能够推动各成员国的结构改革。

第二节 经济周期不同步与货币政策调节间的矛盾

实施共同货币政策的欧元区，客观上需要各成员国经济周期波动大体同步，这样可以减少政策调节带来的效率损失。否则，倘若一些国家处于经济扩张期，另一些国家处于经济衰退期，欧央行的紧缩政策，对处于扩张期的国家来说也许是合适的，但对处于衰退期的国家来说可能就是雪上加霜。虽然自欧元问世以来，欧元区各成员国在经济周期波动上越来越呈现出同步化的趋势，但这不足以减少政策调节带来的效率损失，特别是在经济扩张（复苏）期，经济周期不同步与共同货币政策间的矛盾仍较为突出。

一 欧元问世以来各成员国的经济周期

若按照从前一个周期波峰到下一个周期波峰来划分经济周期，自欧元问世以来，到2012年年初，欧元区共经历了两轮完整的经济周期。第一轮经济周期从1999年开始至2008年结束。欧元问世之初的1999—2000年，各国恰好处于波峰位置。以2001年互联网泡沫破灭为开端，各国经济增速开始回落。到2003年，第一轮周期处于谷底。此后，从2004年开始到金融危机爆发前，刚好进入新的经济扩张期。第二轮经济周期则从2008年开始至2011年结束。金融危机爆发后，欧元区经济从波峰迅速进入衰退区间，并于2009年上半年跌入谷底。从2009年下半年经济开始弱势复苏后，到2011年第三季度为止，达到本轮经济复苏的峰值。之后，受欧债危机等因素影响，预计2012年欧元区经济将再次收缩，2013年才有可能恢复正增长。

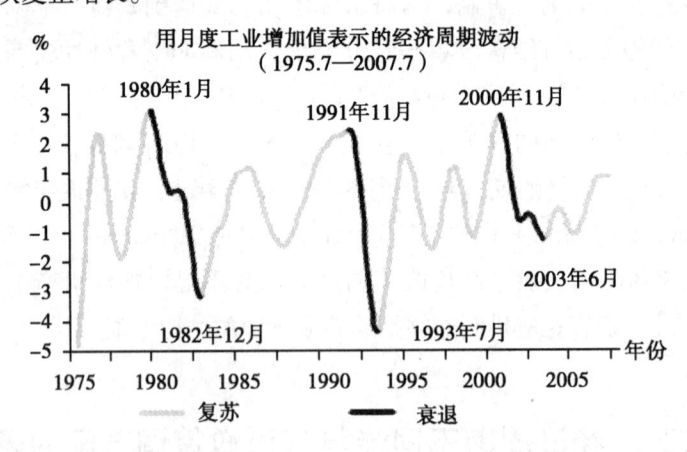

图片来源：ECFIN, EU (2008), EMU@10: Successes and challenges after ten years of Economic and Monetary Union, p.47, *EUROPEAN ECONOMY*, 2/2008.

图4-1　1975—2007年欧元区的经济周期

两轮周期相比，呈现出几个差异：一是表现在时间上，第一轮周期明显长于第二轮周期，特别是经济繁荣期较长；二是表现在政策作用上，第一轮周期主要由市场调节，政策作用的因素较少，第二轮周期受政策刺激因素影响较大，主要是扩张性财政和货币政策；三是与全球经济周期的关系上，第一轮周期与全球经济周期大体同步，体现出这一轮经济繁荣所具有的全球背景，而第二轮周期的前半段由于受国际金融危机的影响，与全球经济收缩周期基本同步，后半段由于主要受欧债危机等特殊因素影响，与全球经济周期呈现出较明显的差异。

二 欧元区与非欧元区国家经济周期间的差异性

债务危机爆发前，欧元区各成员国经济周期在大体同步波动的同时，仍呈现出一定的差异性。这主要表现在以下几个方面。

第一，经济衰退阶段呈现出较明显的同步性，经济复苏阶段则呈现出较大差异性。从20世纪70年代以来欧元区经济周期波动看，如图4-1所示，在经济衰退阶段，经济周期曲线短而陡峭，反映出各成员国受共同冲击的影响，经济较快速的衰退；在经济复苏阶段，由于各国经历的调整过程以及所采取的政策手段存在差异，其扩张周期往往要经过多次反复波动，历时也较长，反映出各国在经济衰退后经历了不同的调整过程。表4-1也表明，衰退期的相关系数略好于复苏期的相关系数。

表4-1　　　各成员国经济周期在复苏期和衰退期的相关系数
（关联时间窗口分别为6年和4年）

	六年	四年
复苏期	0.46	0.44
衰退期	0.59	0.57
总体	0.50	0.47

数据来源：ECFIN, EU (2008), EMU@10: Successes and challenges after ten years of Economic and Monetary Union, p.48。

第二，小国经济周期与欧元区整体有较明显的同步性，大国经济周期相对于欧元区整体呈现出较大的差异性。欧元区内一些小型、开放的经济体，通过对外贸易和资金等渠道与欧元区内各国联系密切，其经济更容易与欧元区整体的周期波动保持一致。相比之下，大国由于调整机制不太灵活，结构调整的速度相对较慢，其经济周期波动更容易表现出一定的独立性。例如,受两德统一及实际汇率升值因素影响,德国20世纪90年代初的经济复苏明显滞后于欧元区平均水平。同一时期,意大利因生产率增长缓慢和产业结构的影响,致使竞争力持续受损,经济增长亦相对滞后。债务危机以来,德国在欧元区大国中一枝独秀,其经济扩张势头与欧元区整体走势低迷相比呈现出较大的差异性。

第三,受欧元问世后积极效应的影响,经济周期同步性较之前略有改善。从总体上看,受欧元问世后使用共同货币、实施统一的货币政策,以及统一大市场的强化和内部贸易进一步发展等因素影响,各成员国经济周期的同步性要略好于欧元问世前的情况。如表4-2所示,无论是按季度看GDP指标,还是按月度看工业增加值指标,欧元问世后各成员国经济周期的同步性均比此前有所提高,但提高的幅度并不显著。

表4-2　　　各成员国经济周期在欧元问世前后的相关系数

GDP	n. a.	1989—1998年	1999—2008年
	n. a.	0.56	0.60
工业增加值	1978—1986年	1989—1997年	1999—2007年
	0.48	0.59	0.61

数据来源:ECFIN, EU (2008), EMU@10: Successes and challenges after ten years of Economic and Monetary Union, p. 49。

第四,欧元区内部各国间经济周期的同步性较为明显,与其他发达国家间的同步性差异较大。如表4-3所示,从这一对比中可以看出:一是在主要发达国家中,欧元区与日本经济周期的同步性较高;二是21世纪最初10年,欧元区与主要发达国家经济周期间的同步性,要明显高于20世纪最后10年;三是受经济一体化程度较深的影响,欧元区内部各国经济周期间的同步性,仍要略好于主要发达国家经济间的同步性。

表4-3　　　欧元区内、外部国家经济周期同步性的比较

时期	欧元区与日、英、美比较				欧元区内部成员国间
	日本	英国	美国	平均	
1989—1998	0.46	0.06	-0.18	0.11	0.56
1999—2008	0.56	0.65	0.35	0.52	0.60

数据来源:ECFIN, EU (2008), EMU@10: Successes and Challenges after Ten Years of Economic and Monetary Union, p. 50。

三 各国经济周期差异性与共同货币政策间的矛盾及影响

通过上述比较可以看出，尽管自欧元问世以来，欧元区各成员国经济周期间的同步性较高，但即便是在其同步性较高的衰退期，在统计学意义上也不能称为高度相关,[①] 尚不足以化解实施共同货币政策带来的效率损失。除经济增长率间的差异外，各国在经济周期的不同阶段，物价波动、就业率、经常账户形势等方面，也存在着一定的差异，由此导致欧元区各国经济周期不同步与共同货币政策间的矛盾比较突出。

上述矛盾的存在表明，共同货币政策并不适合于所有成员国，从而对一些成员国带来非对称性冲击（asymmetric impact），导致各国经济周期间的差异性进一步放大。例如，在经历了金融危机冲击后，欧洲经济出现了多速复苏的局面。当欧元区外围国家面临着主权债务危机挑战时，以德国为代表的核心国经济却在迅速复苏，导致欧元区物价整体水平上涨。2010年12月以来，欧元区通胀率超过了2%的调控目标。为抑制通胀，欧央行在2011年4月7日和7月7日两度加息，将政策性利率由金融危机时的1%提升至1.5%。加息虽然有助于抑制通胀，照顾了德国等核心国的利益，却导致外围国家经济更加恶化，并加剧了其债务风险。

这种非对称性冲击经过长期积累后，反映在欧元区各国一些经济指标上，就形成了较悬殊的差距。当然，这其中既有周期性因素，也有结构性因素。1999—2007年，欧元区成员国间人均GDP累计增幅、物价累计涨幅、工资累计涨幅、房价累计涨幅，以及经常账户形势、实际利率水平、住宅投资与GDP比率等，都存在着非常悬殊的差距。例如，1999—2007年，爱尔兰人均GDP累计增幅超过30%，意大利和葡萄牙人均GDP累计降幅接近10%；爱尔兰、希腊和西班牙物价累计涨幅超过10%，芬兰和德国物价累计降幅接近10%；爱尔兰工资累计涨幅在10%以上，德国工资累计降幅超过10%；1999—2006年，西班牙房价累计涨幅超过100%，法国和爱尔兰接近100%，德国房价累计降幅则接近20%。2007年，荷兰经常账户顺差占GDP比重超过6%，希腊经常账户逆差占GDP比重超

[①] 在统计学的相关分析中，把相关系数低于或等于0.3称为微弱相关；相关系数大于0.3，小于或等于0.5称为低度相关；相关系数大于0.5，小于或等于0.8称为显著相关；相关系数大于0.8，小于1称为高度相关。欧元区各国的相关系数多在0.5—0.6，略高于低度相关。

过 10%；2006 年德国实际利率超过 2%，而由于物价涨幅较大，西班牙实际利率不足 0.5%。①

四 共同货币政策下各国经济周期差异性的原因分析

欧元问世后，欧盟官方原本希望通过实体经济的不断融合来提高经济绩效和各国间经济周期的同步性，从而使各国间的政策协调变得更加容易。然而，从实际情况看，这方面的目标远未实现。在欧元问世的第一个 10 年，相对于宏观经济稳定、增长和就业两大目标来说，欧洲一体化在凝聚和融合方面进展有限。② 其原因主要有：

1. 理论上对共同货币政策是否会缩小经济周期差异性并无确定的解释。③④ 贸易一体化通过影响需求和供给来影响经济周期。一方面，内生的最优货币区理论（Frankel and Rose，1998）认为，国际贸易成为需求冲击传导的一个重要途径，内部贸易一体化的增加，通过跨境需求冲击的传导，将有利于经济周期的同步性。但也有观点认为，贸易一体化可能会加深产业内分工专业化，因此可能激发出针对不同国别、不同产业冲击的可能性（Krugman，1993）。类似的理论也适用于金融一体化的影响。从需求方面看，金融一体化鼓励跨境证券多样化，因此有着通过促进私人消费和总需求同步化的趋势。与贸易情况相似，金融一体化对需求的积极效应被不同国家的行业冲击所抵消，因为更有效地配置资本可能促进产品更加专业化。最后，金融一体化也使跨境并购活动便利化，因此可增加跨境企业间的联系。

2. 共同货币对各国经济可能产生非对称性冲击。各国对共同货币政策的不同反应可能加剧各国经济周期波动的差异。例如，短期利率变动对比利时、德国、法国、荷兰、芬兰的影响可能较弱，但对加入欧元区前利率水平较高、对利率变动比较敏感的意大利、爱尔兰、西班牙、希腊和奥

---

① 参见 ECFIN, EU (2008), EMU@10: Successes and Challenges after Ten Years of Economic and Monetary Union, pp. 53 - 54, *European Economy*, 2/2008。
② ECFIN, EU (2008), EMU@10: Successes and Challenges after Ten Years of Economic and Monetary Union, p. 18, *European Economy*, 2/2008.
③ ECFIN, EU (2004), p. 31, *Quarterly Report on the Euro Area*, II/2004.
④ 计量研究发现，贸易一体化对经济周期同步性有积极的影响，金融一体化与周期同步性的关系不大。

地利等国的影响可能较大。

3. 审慎的财政政策是各国周期性差异的重要来源。在各国缺少独立货币政策和名义汇率调节机制的情况下,审慎的财政政策致使各国在面对冲击时难以发挥更重要的作用,难以有效弥合冲击带来的非对称性影响。2005 年 SGP 改革后,特别是债务危机后,审慎的财政政策成为对各国的普遍要求。而在 21 世纪 80 年代和 90 年代,欧元区平均财政赤字率为 4% 左右,2007 年赤字率只有 0.6%。[①] 此外,自动稳定器虽然会减少各国周期间的差异,但其所起的作用在各成员国间又不尽相同,因此其作用是两方面的。

4. 一体化市场不够完善致使内部调整不畅。欧盟作为一个整体,一体化的发展还不够成熟。受有关限制竞争的管制因素影响,包括欧元区在内的产品市场仅仅是部分一体化,而跨境服务的提供仍然受到抑制。自欧元问世以来,虽然产品市场中不利于竞争的管制政策作用在下降,但对服务业的管制却在增加。尽管服务业占欧元区增加值和就业的 70% 以上,但跨境服务业贸易不到贸易总量的 20%。[②] 在物价水平和单位劳动成本方面,欧元区各成员国间也存在着较显著的差别,这表明物价和工资在产品、行业和地区内的调整不顺畅,由此导致了累计竞争力的损失,以及外部经济的不平衡。劳动力市场和产品市场的刚性虽然最初可能会抑制冲击的影响,但会拉长随后调整的时间。金融市场一体化的不完善,不仅导致各国间实际利率存在差异,也导致货币政策在各成员国间传导的非均衡,不利于促进跨境投资均衡发展。

5. 各成员国法律环境的差异导致了市场结构间的差异。一是严格的就业保护措施往往拖延就业对冲击的反应,特别是南欧国家的就业保护法律(EPL),如解雇正式和临时雇员的合同等,导致企业雇用人员更加谨慎,减少了年轻人就业机会,以及劳动力市场上人员在各个岗位上的流

[①] ECFIN, EU (2008), EMU@10: Successes and Challenges after Ten Years of Economic and Monetary Union, p.4, *European Economy*, 2/2008.

[②] 服务业竞争力的增加导致价格下降。自 1996 年以来,通信服务业价格下降 40%,1996—2005 年,能源行业因放松管制导致实际电价下降 8%。航空业放松管制不仅使实际价格从 1992—2000 年下降了 30%,而且从 1996—2002 年增加就业 19%。参见 ECFIN, EU (2008), EMU@10: Successes and Challenges after Ten Years of Economic and Monetary Union, p.87, *European Economy*, 2/2008.

动。二是各行业工资的集体议价机制,不足以使工资的议价效应外溢至整个宏观层面,导致各行业工资存在差异。最低工资限制也使劳动生产率与实际工资增长不符,削减了低技能劳动力的就业前景,使结构性失业居高不下。三是为追求高就业率规定较年轻的退休年龄也带来大量的人力资本损失。这些措施虽可在经济衰退期起到缓解其对消费的最初影响,但也将延缓其必要的调整过程。在此情况下,与一个更有弹性的经济相比,经济周期的谷底不太显著,但产出缺口将持续更长时间,累计的产出损失将会更大。[①]

五 解决各国周期差异性与共同货币政策间矛盾的手段

要弥补各国经济周期间的差异性与共同货币政策间的矛盾,需要从两方面着手:一是逐渐弥合各国经济周期间的差异;二是改善货币政策带来的非对称性冲击。

总体来看,主要措施有:一是进一步推动经济一体化,加大内部贸易联系,减少各成员国周期差异。二是加快金融市场开放和一体化步伐,增加货币政策的有效性,改善其传导机制,从而确保共同货币政策对各国利率变化有更对称的传导。同时,加快金融市场一体化步伐也有助于减少消费的波动,增加风险共担机制,使消费曲线在经济周期变化时变得更加平滑。三是减少各种管制,建立充分竞争的市场环境,增强价格弹性(使各种价格充分反映市场供需变化),有利于各成员国在缺少汇率调节的情况下,增强对各种冲击的调节能力。四是推进包括产品和劳动力市场的结构改革,促进产品市场提高灵活性,以便更快地吸收冲击,使沿跨境扩散的冲击更加对称。[②] 五是逐渐弥合各国法律政策间的差异,改善各国法律和政策环境。六是必要时通过财政政策来弥补经济周期性差异和共同货币政策调节手段的不足。

---

① ECFIN, EU (2008), EMU@10: Successes and Challenges after Ten Years of Economic and Monetary Union, p.39, *European Economy*, 2/2008.

② 对于结构改革必要性的认识,主要是:在各国缺少独立货币政策和名义汇率调节机制情况下,经济增长差异主要依赖价格和竞争力的变化进行调整:当一个成员国相对其他成员国经历较强劲上升势头时,可能面临较快的通胀压力和实际汇率升值,这就要求进行再平衡。因此,就需要靠产品和劳动力市场中价格的调整来实现。其中,强化实际工资对经济发展的反应,使产品市场具有足够的竞争力非常重要。

第三节 金融市场一体化与分散监管间的矛盾

欧元问世后，在消除区内各成员国资本跨境流动风险、刺激跨境金融服务的同时，对加快金融市场高度一体化也起到催化剂的作用。国际上全球企业并购潮、证券化趋势等，对一体化发展也起到重要作用。而一些制度性因素[①]和技术性因素的作用更是不可或缺。在多种因素共同作用下，欧洲金融市场一体化进程得到了迅速发展。但另一方面，高度一体化的金融市场也要求采取统一的监管框架和政策措施，这与欧盟分散监管架构存在着比较突出的矛盾，严重影响了危机救助效率和效果，并在一定程度上促使金融危机进一步恶化。

一 欧洲金融市场已经高度一体化

过去20年间，欧洲金融市场一体化已经取得了重大进展，欧元区内部金融市场的一体化程度日益加深，混业和跨境经营趋势显著。欧洲股票市场、债券市场、金融衍生产品市场发展迅速，金融产品与服务的价格逐渐趋同，外国机构进入当地市场的通道拓宽，跨境业务水平提高。欧洲金融市场一体化的进展，主要表现在以下几个方面。

1. 欧元区银行间货币市场已经成为统一的市场。自从1999年以来，随着欧元的问世，导致跨境批发和零售银行合并浪潮迅速兴起，银行间跨境交易稳步扩大，跨境零售银行快速增长。在跨境银行业务方面，从最初主要由国内银行间跨部门合并，发展到跨境合并，最后发展到出现一些大的银行保险集团。相应地，国内银行业的集中度也增加了。16家欧盟最大银团持有的不包括本国资产在内的欧盟资产已经超过1/4。考虑到与管制相关的障碍，如税收、劳动法、文化因素等基本相近因素的影响，跨境合并主要集中在一定的区域内。如荷比卢、斯堪的纳维亚地区、巴尔干地区，以及奥地利与中欧和东南欧国家等。跨境业务的发展，使欧盟形成了统一的银行间市场，并形成了欧洲银行间市场同业拆借利率 Euribor（Eu-

---

[①] 为推动金融市场一体化，欧盟先后发布了《金融服务行动计划（FSAP）1999—2005》和《金融服务政策2005—2010年白皮书》，成为推动金融一体化的重要法律基础。

ro Interbank Offered Rate)。

2. 欧元区已经形成了统一的债券市场。自从加入欧元区后，由于货币风险消失，各国主权债券收益率明显趋向一致（参见图2-3），形成了统一的主权债券市场。这一市场不仅成为政府融资的重要平台，也对其他金融工具提供了定价参考。主权债券市场的一体化推动了其他相关资产市场的发展，如企业债券市场、担保债券市场（covered bonds）、资产担保证券市场（asset-backed securities），以及多种形式的衍生品市场等。1999年以来，主权债券发行量没有明显的改变，但与之相比，非主权债券发行量则明显扩大。以欧元计价的私人债券市场已经合并，每年发行量超过1万亿欧元，明显超过每年发行近8000亿欧元的主权债券市场。

3. 欧元区股票市场一体化程度相对有限。与其他市场相比，股票市场的发展并未呈现出过高一体化的趋势。这主要是因为与其他资产相比，股票受各国企业法的影响较大，异质性较高。对上市公司来说，在欧元区其他国家上市仍相对不易。尽管如此，几个国家的股票市场仍然一体化了。第一个泛欧股票交易所（Euronext）就是2000年由阿姆斯特丹、布鲁塞尔、巴黎股票交易所合并而成的。2001年，Euronext合并了伦敦的Liffe衍生品交易市场，2002年又合并了里斯本股票交易所。从1997—2006年，欧元区居民持有的其他欧元区国家的股票总量几乎翻番，在其持有的股票份额已经从20%升至40%。

4. 欧元区金融市场基础设施也在不断完善。1999年以来，通过欧央行的TARGET系统，欧元区支付系统已经一体化了，并且已发展到TARGET2。从机构的角度看，欧元区支付体系已经合并为几家大的体系，并各有其重点应用领域。包括欧洲银行业协会的EURO1、法国银行的PNS、芬兰银行的POPS和CLS等在内的支付体系，已经成为保证欧央行货币政策运转、大量证券交易和外汇市场运转的关键。此外，还包括横向整合清偿和结算体系、垂直整合交易、清偿和结算体系等。一个比较著名的例子是德意志交易所与法兰克福清算银行的垂直整合，水平整合的著名例子是Euroclear的合并，在法国、比利时、荷兰和英国构建了单一的结算平台。但相比之下，欧元区内小额零售支付体系仍未一体化。

尽管如此，受来自国家层面的制约因素，如管制、税收、法律框架，以及距离、文化、语言等更基本的因素影响，欧洲一些金融市场仍然是碎片化的，且一体化程度因国家不同而有所不同。

二 金融市场一体化与分散金融监管的矛盾

2001年，欧盟通过《拉姆法鲁西报告》，开启了金融监管改革和金融监管一体化建设的进程。尽管如此，在金融危机爆发前期，欧洲金融监管体系仍处于分散化局面，属于各成员国所有。

欧元区货币体系的一个最独特特征就是，货币政策由欧洲中央银行掌握，而监管责任却由各成员国控制。欧盟将对银行业与金融市场的监管交给了各国政府，只通过松散的协调相联系。在各国银行体系分割程度较大的情况下，银行监管职责的这种独特分工就不会产生大的问题。随着银行业一体化的发展，出现很多跨国经营的银行，这种二元性结构设计日益暴露出弊端。由于监管不统一，跨国银行母国的监管机构为了本国银行的利益，不愿意披露本国银行的有关信息或者信息披露不充分，造成东道国监管当局无法充分了解在本国经营的跨国银行的大部分信息。在金融稳定、最后贷款人的职能仍保留在各成员国，而有关监管标准和市场规则是由27国组成的欧盟立法确定。这样的格局无疑加大了各国与欧盟和欧洲央行之间以及各国彼此之间政策协调的复杂性。[①]

金融市场一体化与分散金融监管的矛盾，在危机中充分暴露出来。尽管欧元区金融一体化进程已经相当深入，但欧元区至今没有统一的监管机制，难以对跨境金融风险实施有效监控，使得监管套利成为可能。危机使欧盟更加深刻地认识到，欧盟各国缺乏金融稳定合作机制严重影响了危机救助效率和效果。

欧盟成员国金融监管机构间的不信任感上升，监管分歧日趋扩大，恐将严重削弱金融业合力应对危机的实效。据报道，[②] 分歧源于2011年秋季德国银行业监管机构阻挠意大利银行在德国子公司向意大利母行借款一事，引发德国、意大利两国金融部门交恶。上述分歧非但未能缓解反而在更大范围内扩展，奥地利、荷兰、西班牙、英国等国的金融监管机构均正在采取自我保护措施，以便让本国金融系统尽可能少受外界问题影响。意大利联合圣保罗银行董事长认为，这种现象反映出一种更宏观的趋势，欧

[①] 许兵、何乐：《金融危机下欧洲的应对与监管改革》，《中国金融》2008年第23期。
[②] 《欧洲金融监管领域民族主义上升恐削弱应对危机合力》，《华尔街日报》2012年6月1日。

盟银行业正在许多方面朝着与一体化相反的方向倒退。英国金融服务管理局高级官员称，监管领域的民族主义"考验着欧洲单一市场理念"。

三 欧洲金融市场迫切需要实行统一的监管体制

金融市场一体化与分散金融监管的矛盾表明，欧洲金融市场迫切需要实行统一的监管体制，主要原因在于：

第一，从跨国银行角度看，多国监管体制增加银行运营成本。根据 2005 年的调查，欧盟有 46 家银行业集团、8000 家银行持有跨境资产和负债。这些跨境银行持有超过欧盟银行业 68% 的资产。[1] 这些跨境银行不得不在一个多边的司法环境下运作，经常遇到不同的司法结构和操作习惯，需要与多国监管机构合作。这一过程导致这些银行的运营成本明显增加。此外，跨境银行也面临着相应的跨境风险，并且很容易共享来自泛欧盟金融市场共同的冲击（参见第六章第一节）。

第二，从储户角度看，需要统一的存款担保机制。金融危机期间，由于缺乏统一的存款担保机制，各国政府单独行动，曾一度引发市场混乱。2008 年 9 月下旬以后，在危机应对方面，整个欧洲经历了从各自为政到协调行动的转变过程。例如，爱尔兰率先宣布向本国存款提供全面担保。这条措施一度引发大批英国储户将存款转存到爱尔兰银行，使英国银行面临大规模挤提风险。随后，德国、法国等国也公布了数额不等的存款担保措施。为解决监管套利问题，欧盟领导人举行了紧急会议，通过立法将成员国存款担保统一定为 5 万欧元。其后，欧盟成员国在出台金融机构紧急贷款、债务担保、政府购买优先股等措施方面，都呈现了较高的一致性和可比性。

第三，从成员国角度看，需要各国政府共同救助出现问题的跨国银行。随着欧洲金融市场高度一体化，众多银行通过业务扩张、跨国并购等方式已成为事实上的泛欧银行。这些欧洲银行资产负债表规模迅速扩大，已远远超出母国的经济规模。比如，冰岛最大银行 Kaupthing、比利时富通银行的资产规模分别超过冰岛、比利时 GDP 的 5 倍和 3 倍，而德意志银行的债务总额超过 2 万亿欧元，占德国 GDP 的 80%。一旦以上银行出

---

[1] ECFIN, EU (2008), EMU@10: Successes and Challenges after Ten Years of Economic and Monetary Union, p. 100, *European Economy*, 2/2008.

现问题，不仅单个国家政府基本无力施救，欧盟《稳定与增长公约》对各国财政支出的限制无疑也是政府救助行动的"紧箍咒"。

欧元区的货币联盟更像独立国家之间构成的固定汇率体系，而非一个完全一体化的经济体。经历了两场危机之后，金融市场的参与者们已经认识到只有更紧密的监管和政策一体化，才能让欧洲金融市场免于被进一步攻击的风险。因此，培育一个泛欧洲的金融监管体系，并且创建一个能够对弱小金融机构进行资产重组的银行业联盟，已经被列入优先政策议程之中（详细内容参见第八章第二节）。

第四节 欧盟危机应对能力与现实需要间的矛盾

欧盟作为一个主权国家联盟，其主要经济决策权仍在各成员国内。相当于欧盟政府机构的欧委会，其宏观调控能力十分有限，其协调能力的发挥也面临成员国的掣肘。在两场危机面前，欧盟危机应对能力难以满足现实需要是导致危机愈演愈烈、不断恶化的一个重要原因。

一 欧委会宏观调控能力十分有限

一个主权国家政府的预算能力，是衡量其经济调控能力的重要基础。而相当于欧盟政府机构的欧委会，其预算能力十分有限，宏观调控能力严重不足。2011年，欧盟预算总额约为1400亿欧元。与27国超过6.3万亿欧元的预算总额相比，欧盟预算仅占其1/50，欧盟预算规模甚至不如奥地利和比利时等中等规模成员国的财政预算。相对于27国约14万亿欧元的GDP相比，欧盟预算与其比率约1%，而27国预算平均占其GDP的44%。[①] 不仅如此，欧盟坚持平衡预算，不存在1欧元的债务。这就大大限制了欧盟自身的财政调节能力。

缺少固定的税收渠道，是欧盟控制能力低下的另一个表现。即便是较低的预算比例，预算来源同样是个棘手的问题。过去，欧盟预算主要通过欧盟关税和农业税的渠道筹集，但由于贸易自由化，这些传统的税收来源正渐趋枯竭。欧盟3/4的预算由各国政府直接上缴，主要大国对欧盟预算

---

① 参见欧委会网站：*Financial Programming and Budget*，http：//ec.europa.eu/budget/。

有更大的发言权。在这种状况下,欧盟预算的使用进一步受到制衡。这就如同要法国中央政府依靠27个地区、美国联邦政府依靠50个州、德国联邦政府依靠16个州预算一样,这将导致其中央政府处于瘫痪状态。未来欧盟拟将金融交易税和欧盟增值税作为预算的固定来源。前者受到一定程度的支持,后者持反对的意见较多。预计在较长时期内,围绕这一设想的争论还将继续下去。

从支出结构看,欧盟内部没有真正的转移支付机制。这也限制了其调节能力。欧盟预算花在人员工资和福利上的支出不足6%,其余94%都花费在成员国上。这其中,预算支出的20%(最多时曾占40%)花费在共同农业政策上(CAP)。CAP已经成为一项对农业大国补贴的福利措施,各国对其质疑较大,认为其主要功能应由各成员国政府而不是欧盟来承担。未来其在支出中的份额将会继续减少。

欧盟另一项重要支出则是地区政策方面的支出,由结构基金等组成,所占份额与CAP形成彼消此长的局面。债务危机后,结构基金使用方向由原来的缩小地区差距、加强地区合作,开始逐步转向推动危机国经济增长和就业方面。2007—2013年,希腊和葡萄牙得到的结构基金分别占其GDP的8%和12%。① 这笔基金如果使用得当,可在一定程度上起到促进经济增长和结构改革的作用。

2020年以前,欧盟调控能力将进一步削弱。针对2014—2020年七年期预算计划,英国、德国、法国、荷兰和芬兰等5个欧盟最大的预算净捐助国表示,欧盟预算增速应低于通胀增幅。五大国认为,在其他成员国普遍进行紧缩财政的同时,欧盟不应例外,也需紧缩预算。② 这意味着欧盟预算实际上不但没有增加,反而会有所削弱。

二 欧委会协调作用难以满足危机应对的需要

在宏观调控能力有限的情况下,欧委会只好发挥协调能力。然而,由于欧盟还不是一个财政联盟和政治联盟,欧委会协调作用的发挥也不是一帆风顺的,仍面临着许多掣肘。事实表明,当各国遇到共同冲击、存在共

---

① *The EU Budget's Outsize Political Role*, Benedicta Marzinotto, http://www.project-syndicate.org/.

② 从预算支出看:欧洲议会则是各机构中预算最多的机构。欧洲议会提议将欧盟预算增加5%,以使欧盟满足成员国更多的需求。波兰是欧盟第一大受援国,也不支持欧盟预算紧缩。

同需求时，欧委会的协调作用就往往比较顺利；而当各国涉及内部利益平衡时，欧委会的协调能力就显得力不从心。欧委会在金融危机和债务危机中的协调作用，很能说明问题。在金融危机中，各国面临短期、共同冲击，加之各国财力较雄厚，尽管也存在利益协调问题，但在突如其来的危机面前，并不重要。因此，欧委会较好地发挥了协调作用。相比之下，债务危机更是一场长期危机，需要一些核心大国和富国牺牲自身利益，救助危机国，建立起更为有效的危机预防体系。对此，欧委会的协调作用有限，难以满足危机应对的需要。

总体来看，在缺少财政联盟和货币联盟的情况下，欧委会协调作用的发挥，存在以下问题。

一是其决策更多受制于短期和既得利益，政策实施能力差。欧盟不是一个主权国家，各成员国由于利益诉求不同，欧委会的决策往往是多方政治博弈的结果，大多考虑一些短期和既得利益，缺乏长期考虑。即便是制定一些长远规划和法律文件，也缺乏有效措施进行推动。

二是其决策更多是事后弥补，而不是事先预防。由于缺少政治联盟，欧盟的经济政策更多地倾向于以规则为基础（rules-based），而不是如其他国家那样是以判断力为基础（discretion-based），这就导致欧盟政策缺乏前瞻性，多是事后弥补，从而经常陷于被动。这从欧盟在金融危机和债务危机的治理政策中能明显地反映出来。

三是其决策更多是议而不决，效率低下。从决策程序看，欧委会的决策不是法律文件，对成员国没有约束力。即便是27国峰会提出的有关决议，也要经过各国议会表决才能生效。这一决策机制，在应对金融和债务危机这种市场形势瞬息万变的危机中，难以稳定市场信心，往往被市场牵着鼻子走。

专栏4-1 欧盟应用最优货币区理论存在的问题

最优货币区理论（OCA）认为，经济调节可以在一些国家进行，从而达到效率最优。但建立OCA理论必须满足一定的条件，即：一是生产要素高度流动性，二是经济贸易高度联系，三是经济发展水平相近，四是政策偏好相似，等等。这样的区域可以采用单一货币或者将区域内各国的货币汇率固定，从而组成最优货币区。

主权债务危机凸显了欧盟应用OCA理论存在的问题。即一是最优货币区的创立是基于区内生产要素完全自由流动的基础上,而欧元区由于存在语言、民族等差异,管制等因素,劳动力等生产要素自由流动虽在法律上被允许,但现实中却并未完全实现,由此导致各成员国间经济差异不是缩小而是扩大了,内部失衡不是减弱而是加剧了;二是由于内部失衡加剧,凸显了缺乏真正"财政转移机制"的弊端,导致各国经济失衡不断扩大;三是同样是内部失衡的加剧,导致主权国家自顾倾向增加、凝聚力减弱,与政治一体化距离越来越远。

可见,OCA理论中的生产要素高度流动性等只是理想的假设,在现实无法达到这种条件的情况下,需要欧盟增强干预力度(而不只是目前的协调作用),包括大力度的财政转移支付机制、强力的经济调节能力等,要求各国让渡更大的经济主权,即财权。这也是财政一体化和政治一体化的理论依据。

第五章

一体化与内部经济失衡问题

主权债务危机既是国际金融危机影响的结果,在很大程度上,又是欧盟内部经济结构失衡的反映。这些失衡既反映在成员国内部贸易上,也反映在经济发展水平上。欧盟内部经济失衡既有经济层面的原因,也有社会上和政治上的根源。欧盟内部大国关系的脆弱性则加剧了内部经济失衡。

第一节 欧盟内部经济失衡的两种表现

欧盟内部经济失衡主要表现在内部贸易失衡和经济发展水平失衡上。前者以经常账户不平衡为衡量标准,后者以人均GDP巨大差异为重要标志。欧元区成立后,两大失衡日趋严重化。

一 内部贸易失衡的基本状况

2000年以来,欧盟内部贸易失衡愈演愈烈,到2008年国际金融危机爆发前夕,变得越来越不可持续,最终以危机形式表现出来。欧盟内部贸易失衡的特征主要有:

1. 整体贸易平衡下掩盖的内部贸易失衡。虽然从整体看,欧盟和欧元区经常账户大体平衡,但在欧元区内部,各成员国经常账户则存在着较大的不平衡。德国巨大的经常账户盈余在很大程度上被西班牙、希腊和葡萄牙等国的经常账户赤字所掩盖。如表5-1所示,2000年以来,欧盟和欧元区经常账户差额占GDP比重均在1%以内,基本处于平衡状态。然而,2006—2010年,西班牙经常账户逆差占GDP比重为7.7%,其中2007年高达10%,经常账户逆差额仅次于美国;希腊经常账户逆差占GDP比重为14.1%,其中2008年高达16.3%;葡萄牙经常账户逆差占

GDP 比重为 10.8%，其中 2008 年高达 12.6%。另外，在此期间，德国经常账户顺差占 GDP 比重为 6.2%，其中 2007 年高达 7.6%，为 2630 亿美元（约合 1950 亿欧元），位居世界第二，同时也创下历史新高。

表 5-1　　2000 年以来欧盟成员国经常账户赤字占 GDP 比例　　单位:%

年份	2000	2005	2007	2008	2009	2010
比利时	4.2	3.2	3.9	1.1	2.0	2.7
德国	-1.6	5.2	7.6	6.7	5.0	5.1
爱沙尼亚	-5.2	-10.1	-17.2	-8.8	4.5	2.8
爱尔兰	-0.4	-3.0	-5.5	-5.6	-3.1	-0.7
希腊	-12.0	-10.7	-15.6	-16.3	-14.0	-11.8
西班牙	-4.0	-7.5	-10.0	-9.6	-5.5	-4.5
法国	1.1	-1.8	-2.2	-2.7	-2.9	-3.5
意大利	-0.1	-1.2	-1.8	-3.2	-3.0	-4.2
塞浦路斯	-3.9	-6.2	-11.6	-17.0	-7.9	-9.3
卢森堡	13.2	11.5	10.1	5.3	6.9	7.8
马耳他	-12.5	-8.7	-5.6	-5.6	-6.9	-4.1
荷兰	6.4	7.5	8.4	4.8	3.4	6.7
奥地利	-0.7	2.2	4.0	3.7	2.6	3.2
葡萄牙	-10.7	-10.4	-10.2	-12.6	-10.7	-9.8
斯洛文尼亚	-3.2	-1.8	-4.5	-6.8	-1.3	-0.9
斯洛伐克	-2.6	-8.6	-5.6	-6.9	-3.2	-2.9
芬兰	7.6	3.5	4.2	2.9	2.2	2.8
欧元区	-0.4	0.2	0.2	-0.8	-0.6	-0.4
保加利亚	-5.5	-11.7	-25.2	-23.2	-9.0	-1.0
捷克	-4.7	-1.7	-2.6	-0.8	-1.2	-2.3
丹麦	1.4	4.3	1.4	2.7	3.6	5.5
拉脱维亚	-4.8	-12.5	-22.3	-13.1	8.6	3.6
立陶宛	-5.9	-7.1	-15.1	-13.1	2.6	1.5
匈牙利	-7.7	-8.3	-7.0	-6.9	-0.4	1.7
波兰	-5.4	-1.2	-5.1	-4.8	-2.2	-3.1
罗马尼亚	-3.9	-8.9	-13.6	-11.4	-4.2	-4.2
瑞典	4.6	7.1	8.6	8.9	6.8	6.2
英国	-2.6	-2.6	-2.6	-1.6	-1.7	-2.5
欧盟	-0.8	-0.2	-0.5	-1.0	-0.6	-0.5

数据来源：European Commission, *Statistical Annex of European Economy*, Spring 2011。

2. 德国对盟内贸易伙伴存在大量顺差。据德国联邦统计局统计，德国约60%的货物贸易出口到欧洲,出口到欧元区内的约占40%。在德国进口货物中,来自欧盟的约占56%,来自欧元区的约占38%(参见表5-2)。2010年,德国对欧盟贸易顺差1272亿欧元,约占全部顺差的82%,对欧元区贸易顺差868亿欧元,约占全部顺差的56%。在除德国之外的欧盟26个成员国中,与德国有重要贸易往来的20个国家均存在贸易赤字。对德国经常账户盈余在欧洲内部贸易失衡中的作用,德国汉斯·博克勒基金会宏观经济研究所所长霍恩(Gustav Horn)认为,债务危机起源于经济失衡,而德国经常账户顺差的不断积累是欧元区危机的先兆。德国的顺差,是建立在缺乏竞争力国家债务基础之上的。一旦负债国失去了偿债能力,德国的对外贸易繁荣就难以持续。与此同时,逆差国在金融市场上也失去信誉,长期下去将导致国家破产。[①]

表5-2　　　　　德国对欧盟和欧元货物贸易所占份额　　　　　单位:%

年份	出口			进口		
	盟内出口	区内出口	区外出口	盟内进口	区内进口	区外进口
1995	64.1	46.5	17.6	62.7	47.0	15.7
2000	64.7	45.4	19.3	59.4	41.7	17.7
2005	64.3	44.5	19.8	59.1	40.7	18.3
2006	63.3	43.1	20.1	57.7	39.9	17.8
2007	64.6	43.7	21.0	58.4	39.9	18.5
2008	63.3	42.6	20.6	57.2	39.1	18.1
2009	62.3	42.7	19.6	57.2	38.9	18.3
2010	60.0	40.6	19.4	55.7	37.6	18.1

数据来源:德国联邦统计局,http://www.destatis.de/jetspeed/portal/。

3. 欧元区贸易不平衡状况比欧盟整体更为严重。如表5-1所示,由于缺乏汇率这一调整贸易不平衡的重要手段,相对于欧盟整体而言,欧元区内部贸易不平衡的状况更为严重,而且调整起来更加困难。对欧盟中的非欧元区逆差国,如保加利亚、拉脱维亚、匈牙利和罗马尼亚等国,2007年以前经常账户不平衡状况与欧元区国家一样,也在不断恶化,保加利亚

[①] 霍恩提出,增加德国人的工资,以相应地提高其消费,这样,德国内需市场不仅成为德国,而且成为整个欧洲经济发展的火车头,推动盟内国家对德国出口。参见Sabine Kinkartz《德国的贸易顺差是否危及欧洲?》德国之声中文网,2012.1.22,http://www.dw-world.de/。

和拉脱维亚经常账户赤字率甚至超过了20%。然而,金融危机后,汇率大幅贬值使这些逆差国的经常账户形势获得了极大改善,到2010年基本不存在严重失衡问题。与之相比,欧元区内的逆差国,虽然经历了两场危机,但经常账户不平衡的调整过程缓慢而艰难。①

4. 内部贸易不平衡自欧元问世以来明显扩大。历史地看,自从加入欧元区后,各成员国在失去汇率风险的同时,也失去了汇率对经济不平衡的自动调节机制,从而使内部贸易不平衡程度明显扩大。例如,西班牙经常账户逆差占GDP比重从1996—2000年的1.6%升至2001—2005年的5.1%,此后,又进一步升至2006—2010年的7.7%。在三个不同时期,葡萄牙经常账户逆差占GDP比重由7.6%升至8.9%,再升至10.8%;希腊经常账户逆差占GDP比重由4.9%升至11.5%,之后进一步升至14.1%。相比之下,德国则由1996—2000年经常账户占GDP0.9%的逆差,转变为2001—2005年2.8%的顺差。这标志着1990年两德统一后,德国投资不断增加的趋势已经发生了根本变化,并形成了强大的生产能力。到2006—2010年,德经常账户顺差占GDP比重进一步升至6.2%。

二 经济发展水平失衡的主要表现

欧元启动以来,区内各成员国经济发展水平的差距在不断扩大。这与欧元区成立的初衷并不一致。早在1991年,在荷兰马斯特里赫特召开的第46届欧共体首脑会议上,各国提出一个前提假设,认为在欧元诞生之后,经货联盟内各成员国的经济发展水平会逐渐趋同,各经济体的生产效率会大体保持一致。② 然而,自欧元启动以来,各成员国南北分化的格局没有明显改善,特别是在经历了两场危机后,又继续呈现不断恶化的趋势。

1. 静态看,欧盟27国经济发展水平存在很大差异。2010年,基于购买力平价计算,欧盟各成员国人均GDP差距较为悬殊,从占欧盟平均水平43%的保加利亚到占平均水平283%的卢森堡,前者人均GDP不到后

---

① 这其中的两个特例:一是爱沙尼亚,因为该国2011年才加入欧元区,其经常账户改善是在加入欧元区前完成的;二是斯洛文尼亚和塞浦路斯,这两个国家经济规模较小,不具有普遍性,重要商品进出口的变化就会对经常账户平衡产生较大影响。

② 英国前首相约翰·梅杰:《英国为什么拒绝欧元》,2011年10月31日,英国《金融时报》中文版。

者的1/6（见表5-3）。在欧元区17国内部，各成员国人均GDP差异也较大，排在末位的斯洛伐克，其人均GDP仅为卢森堡的1/4。如图5-1所示，从地理分布上看，2008年，人均GDP超过欧盟平均水平的地区（图上绿色区域）主要分布在西欧和北欧，南欧和西欧的人均GDP低于欧盟平均水平。

表5-3　　　　2010年欧洲各国间经济发展水平的差异

（EU27国人均GDP=100）

成员国	人均GDP指数	成员国	人均GDP指数
卢森堡	283	捷克	80
荷兰	134	斯洛伐克	74
丹麦	125	爱沙尼亚	65
爱尔兰	125	匈牙利	64
奥地利	125	波兰	62
瑞典	123	立陶宛	58
德国	119	拉脱维亚	52
比利时	118	罗马尼亚	45
芬兰	116	保加利亚	43
英国	113	*挪威*	*179*
欧元区17国	108	*瑞典*	*146*
法国	107	*冰岛*	*110*
西班牙	101	*克罗地亚*	*61*
意大利	100	*土耳其*	*48*
塞浦路斯	98	*黑山共和国*	*40*
希腊	89	*马其顿共和国*	*35*
斯洛文尼亚	87	*塞尔维亚*	*35*
马耳他	83	*波黑*	*30*
葡萄牙	81	*阿尔巴尼亚*	*29*

注：按购买力平价计算；斜体字表示非欧盟成员国。

资料来源：欧洲统计局，http://epp.eurostat.ec.europa.eu/。

2. 动态看，南欧国家经济发展水平未得到明显提高。如表5-4所

以购买力平价计算的人均GDP(EU27=100)

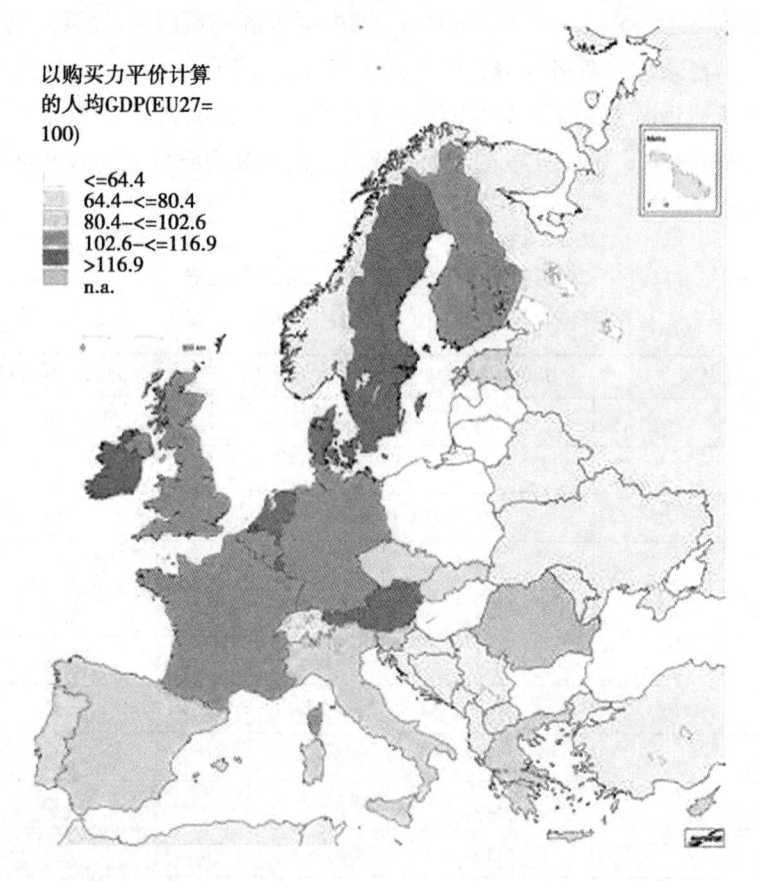

<=64.4
64.4-<=80.4
80.4-<=102.6
102.6-<=116.9
>116.9
n.a.

图片来源：*Key figures 2009 – Belgium and the European Union*，参见 http://statbel.fgov.be/。

图 5－1　2008 年欧盟各成员国经济发展水平

示，希腊、葡萄牙、西班牙等南欧国家在加入欧元区前，经济发展水平明显落后于欧元区平均水平。加入欧元区以来，葡萄牙、意大利经济发展水平一直处于相对停滞状态，希腊、西班牙经济曾增长较快，与欧元区平均水平的差距一度缩小，但受不可持续的经济发展模式影响（见第五章第二节），其经济发展水平在"虚高"之后又很快回落。在经历了两场危机的冲击后，其与欧元区平均发展水平的差距再度扩大。① 另外，在欧元区经济发展水平最高的卢森堡，相对于欧元区平均水平，其优势仍在不断扩

---

① 爱尔兰在加入欧元区后，经济发展水平迅速超越欧元区平均水平，但在两场危机后，与欧元区平均水平间的差距在明显缩小。

大。相比之下，德国和法国经济发展水平相对于欧元区平均水平变化不大。

表5-4　　欧元区部分国家人均 GDP 变化（欧元区 15 国 = 100）

年份	希腊	葡萄牙	爱尔兰	西班牙	意大利	法国	德国	卢森堡
1990	46.5	39.6	69.8	67.5	101.5	108.2	126.5	167.9
1995	51.8	49.4	79.5	64	84.1	111.8	130.5	213.6
2000	54	53.7	120	67.5	90.8	102.3	107.5	217.5
2003	62.1	55.1	141.4	74.7	93.4	102.6	104.3	229.3
2005	65	54.7	147	78.4	91.7	102.1	100.9	243.7
2007	67.9	54.5	148.4	80.1	89.3	100.9	100.7	266.6
2008	71.4	55.8	139.6	82.2	90.7	103.9	103.8	278.5
2009	75	57.9	131.3	83.3	92.2	107	105.9	274.6
2010	70.8	57.2	122.8	80.4	90.5	105	106.7	280.2
2013	58.4	52.0	118.9	76.1	87.4	104.5	109.2	282.3

注：1990 年德国数据为当时的西德数据；2013 年数据为预测值。

资料来源：DGU ECFIN，*Spring 2012*，*Statistical Annex of European Economy*。

第二节　欧元区内部经济失衡的主要原因

欧元区内部经济失衡的原因是多方面的。从经济层面看，主要有储蓄与消费的不平衡、产业结构间的差异，以及竞争力间的差异等。

一　储蓄与消费的不平衡

从本质上看，经常账户失衡是储蓄与消费不平衡的反映。而一些国家加入欧元区后，通过借贷渠道大规模举债，又放大了这种失衡。

1. 储蓄与消费失衡是根源。对于欧盟内部经济失衡的原因，道德家们将其归结为个人偏好，将经常账户顺差国归结为勤劳而节俭，将逆差国归结为懒惰和"大手大脚"。按照这种观点，要改变经常账户失衡状况，就要使前者更像后者、后者更像前者。然而，如果将影响个人消费和储蓄行为的原因仅仅归结为文化和个人偏好，那么当整个国家长时期陷入这种反常状态的时候，就并非个人偏好所能解释的。

事实上，储蓄与消费失衡是导致经常账户不平衡的根本原因。根据国民收入核算恒等式，"储蓄缺口（I-S）≡经常账户收支缺口（EX-IM）"，即储蓄与投资的差额等于经常账户余额。该恒等式表明，外部不平衡是内部不平衡的反映，一个经济体存在经常账户逆差，那么该经济体一定存在储蓄缺口，即储蓄低于投资。如表5-5所示，欧元区外围国家之所以存在储蓄缺口，主要是在高消费率的推动下，私人储蓄率长期偏低所致。例如，希腊私人储蓄率长期徘徊在10%左右，葡萄牙在15%左右，意大利和法国也不足20%。与此同时，这些国家政府储蓄率因金融危机和债务危机影响而明显下降，从而导致储蓄与投资间存在较大缺口。相比之下，在德国，由于居民储蓄率长期高于20%，可在很大程度上弥补政府储蓄率的不足，从而保证了储蓄大于投资，储蓄存在正的缺口。

表5-5　　　　　　　欧元区边缘国家与核心国家储蓄缺口

	2006	2007	2008	2009	2010
希腊					
私人储蓄/GDP（1）	11.5	10.8	10.7	14.2	11.1
政府储蓄/GDP（2）	-3.8	-4.4	-6.5	-12.1	-8.3
国民储蓄/GDP（3）=（1）+（2）	7.7	6.3	4.2	2.1	2.8
投资/GDP（4）	20.4	21.9	20.5	16.1	14.6
储蓄缺口（5）=（3）-（4）	-12.7	-15.6	-16.3	-14.0	-11.8
西班牙					
私人储蓄/GDP（1）	15.6	14.1	18.4	24.1	22.8
政府储蓄/GDP（2）	6.4	6.9	1.0	-5.2	-4.3
国民储蓄/GDP（3）=（1）+（2）	22.0	21.0	19.4	18.9	18.5
投资/GDP（4）	31.0	31.0	29.1	24.4	23.0
储蓄缺口（5）=（3）-（4）	-9.0	-10.0	-9.6	-5.5	-4.5
葡萄牙					
私人储蓄/GDP（1）	14.1	13.3	11.9	16.2	15.7
政府储蓄/GDP（2）	-1.7	-0.7	-1.3	-7.0	-6.6
国民储蓄/GDP（3）=（1）+（2）	12.4	12.7	10.6	9.2	9.2
投资/GDP（4）	23.1	22.8	23.2	19.9	19.0

第五章 一体化与内部经济失衡问题　　115

续表

	2006	2007	2008	2009	2010
储蓄缺口（5）=（3）-（4）	-10.8	-10.2	-12.6	-10.7	-9.8
意大利					
私人储蓄/GDP（1）	18.3	17.8	17.2	17.9	17.5
政府储蓄/GDP（2）	1.4	2.3	0.8	-2.0	-1.5
国民储蓄/GDP（3）=（1）+（2）	19.6	20.1	18.0	15.9	16.0
投资/GDP（4）	21.6	21.9	21.2	18.9	20.2
储蓄缺口（5）=（3）-（4）	-2.0	-1.8	-3.2	-3.0	-4.2
法国					
私人储蓄/GDP（1）	18.0	18.9	18.7	19.5	18.7
政府储蓄/GDP（2）	1.3	1.1	0.6	-3.4	-3.4
国民储蓄/GDP（3）=（1）+（2）	19.3	20.0	19.3	16.1	15.3
投资/GDP（4）	21.1	22.2	22.0	19.0	18.8
储蓄缺口（5）=（3）-（4）	-1.8	-2.2	-2.7	-2.9	-3.5
德国					
私人储蓄/GDP（1）	23.6	23.5	22.8	22.0	23.3
政府储蓄/GDP（2）	0.6	2.4	2.5	-0.5	-0.8
国民储蓄/GDP（3）=（1）+（2）	24.2	26.0	25.2	21.5	22.6
投资/GDP（4）	17.6	18.3	18.5	16.5	17.5
储蓄缺口（5）=（3）-（4）	6.6	7.6	6.7	5.0	5.1

数据来源：European Commission, *Statistical Annex of European Economy*, Spring 2011。

2. 借贷成本下降刺激外围国家负债消费。南欧五国［也被称为欧猪五国（PIIGS）］加入欧元区后，获得了较为稳定的金融环境，包括较低的汇率波动、稳定的物价、低廉的融资成本，以及广阔的金融市场。对南欧等欧元区外围国家来说，加入欧元区意味着与德国等核心国有着近乎相同的融资成本（利率）。这意味着较之加入欧元区前，其融资成本大幅下降。融资成本下降推动了外围国家的借贷繁荣。例如，在加入欧元区后，与德国近乎相同的利率使意大利中期债务利息负担减少了相当于GDP的6%，这一数量足以偿付意大利15年内的所有国民债务，从而导致其债务规模不断上升。2011年意大利国债与GDP比率高达120%，与其在20世纪 90 年代中期加入欧元区之前基本相当。① 与意大利情况相似，以 2001 年加入欧元区为标志，希腊 5 年期主权债券与德国同类债券相比，两者的收益差从 1998 年的 8 个百分点下降到 2001 年 1 月时的 0.5 个百分点，到 2008 年又缩小至 0.2 个百分点（参见表 5-6）。借贷成本下降，促进希腊进入一个以负债融资促进消费的增长阶段。希腊通过高负债来支付高工资和高福利，包括举办 2004 年雅典奥运会等，从而导致财政预算赤字长期居高不下。

表 5-6　　希腊加入欧元区前后主要经济指标比较

指标	2000 年以前	2001 年以后
短期利率	1981—1990 年均 17.4%；1991—2000 年均 16.9%，其中，1998 年为 14.0%、1999 年为 10.1%、2000 年为 7.7%	2001—2010 年均 2.8%，其中 2001 年为 4.3%、2002 年为 3.3%、2003 年为 2.3%
长期利率	1996—2000 年均 9.0%；1995—2000 年分别为 17.0%、14.4%、9.9%、8.5%、6.3% 和 6.1%	2001—2005 年均为 4.5%，其中各年分别为 5.3%、5.1%、4.3%、4.3% 和 3.6%
私人部门储蓄/GDP	1991—2000 年均为 21.0%，其中 1995—2000 年分别为 22.2%、20.2%、18.4%、16.2%、14.4% 和 11.4%	2001—2010 年均为 12.1%，其中 2001—2005 年分别为 11.9%、10.4%、14.1%、15.0% 和 11.6%
居民净储蓄/GDP	1996—2001 年均为 3.9%	2001—2005 年均为 -4.8%
财政赤字/GDP	1991—1995 年均为 10.0%；1996—2000 年均为 4.6%	2001—2005 年均为 5.5%
政府债务/GDP	1991—1995 年均为 97.0%；1996—2000 年均为 103.4%	2001—2005 年均为 100.3%
经常账户赤字/GDP	1991—2000 年均为 2.7%，其中 1995—2000 年分别为 0.8%、2.1%、1.9%、3.2%、5.1% 和 12.0%	2001—2010 年均为 12.8%，其中 2001—2005 年分别为 11.4%、12.7%、12.3%、10.5% 和 10.7%

资料来源：European Commission, *Statistical Annex of European Economy*, Spring 2011。

3. 信贷繁荣致使外围国家出现信贷泡沫。融资成本下降催生了民间信贷繁荣，信贷繁荣导致大量廉价资本流向希腊、爱尔兰、葡萄牙和西班牙等国，为其贸易赤字和房地产繁荣融资。为了融到低成本资金，外围国

---

① 20 世纪 90 年代中期后，为满足加入欧元区的条件，意大利政府债务一度大规模收缩。加入欧元区后，债务规模再度膨胀。

家银行以借款和发债等形式,向德国等信贷国融资。① 资本过度流入,致使上述四国包括企业、居民和政府在内的净外债(总资产减去对外资产)均已接近GDP的100%(参见表5-7)。相比之下,美国净外债仅占GDP的17%。与此同时,金融监管的缺失助长了过剩资金的再循环,使信贷泡沫不断膨胀。

这种信贷繁荣是不可持续的。低利率导致上述外围国家的政府、企业和私人都拼命地贷款,由此造成了一幅由贷款堆砌起来的、虚假的经济繁荣景象,导致其物价和工资水平以超过其他欧元区国家的速度不断上涨,从而促进了进口,抑制了出口。信贷泡沫催生了经济泡沫。而当资本市场拒绝再以如此低的回报率为其巨大的收支逆差埋单的时候,这个泡沫自然就破灭了。繁荣的终结导致这些无法自由调整自身利率和汇率的国家遭到重创。

表5-7 欧元区部分国家国外净资产负债形势
(截至2011年第二季度)

国家	与GDP比率(%)	国家	与GDP比率(%)
葡萄牙	-105	奥地利	-7
希腊	-102	芬兰	5
西班牙	-80	荷兰	30
爱尔兰	-75	德国	45
意大利	-25	比利时	65
法国	-10	卢森堡	125

资料来源:作者根据《经济学家》图估算,Beware of falling masonry, *The Economist*, November 26th, 2011.

表5-8 欧盟各成员国产业结构差异

组别	成员国	产业结构和贸易结构特征	工业增加值比重(%) 1999—2007
I	奥地利、比利时、丹麦、芬兰、法国、德国、爱尔兰、荷兰、瑞典和英国	技术上先进行业占主导地位,高技术驱动的产业已高度专业化,拥有较高创新和较高教育密集度的产业增长较快	从10.6%(法国)到24.2%(爱尔兰)

---

① 爱尔兰的情况有所不同,其债务主要以股权的形式表现出来,股权持有者主要是美国公司。参见:Beware of falling masonry, *The Economist*, November 26th, 2011.

续表

组别	成员国	产业结构和贸易结构特征	工业增加值比重（%）1999—2007
II	塞浦路斯、希腊、意大利、卢森堡、葡萄牙和西班牙	劳动密集型产业、低创新和相对低知识密集度行业仍占据主导地位，鲜有高增长的企业	从6.5%（卢森堡）到16.1%（意大利）
III	捷克、匈牙利、马耳他、波兰、斯洛伐克和斯洛文尼亚	产品结构和贸易结构已完成了从劳动密集型到技术驱动型的升级过程，但从人均GDP看，仍处于追赶型国家行列，其贸易在高创新密集型行业和技术驱动型行业中正呈现专业化趋势	13.3%—23.6%
IV	保加利亚、爱沙尼亚、拉脱维亚、立陶宛和罗马尼亚	仍处于追赶型国家行业，其贸易分工并未显现出高技术部门化的趋势，但出现了拥有较高教育密集度的行业和快速成长型企业，且在技术驱动型产业和贸易分工中增长较快	9.9%—22.4%

资料来源：EUROPEAN COMMISSION，Brussels，14.10.2011，COM（2011）642 final，Industrial Policy：Reinforcing competitiveness，作者整理。

二 各国经济结构间差异明显

从产业结构和贸易结构上看，各成员国间存在着较大差异。虽然各国都有竞争能力较强的产业和快速增长的企业，但产业结构间仍存在着明显差异。如表5-8所示，欧盟将各成员国的产业结构划分为四类，分别为先进行业占主导地位的国家，低创新产业仍占主导地位的国家，仍处于追赶型且贸易在高创新行业正呈现专业化的国家，以及仍处于追赶型且贸易分工未呈现专业化的国家。从1999—2007年的情况看，前两类主要以欧元区成员国为主，后两类主要以非欧元区的欧盟国家为主。在第一类国家中，由于拥有较高技术或较高技能的产业占主导地位，具备了较高劳动生产率，产品价格的涨跌对其在全球竞争中影响不大。相比之下，作为欧元区的外围国家，希腊、葡萄牙和西班牙等国由于产业结构相对落后，短期内还很难升级到第一类国家。欧盟内部各国间产业发展的不平衡局面还会持续较长时间。

受产业结构间差异影响，各成员国之间在就业结构上也存在着较大差异。根据欧洲统计局统计，2012年4月，欧元区17国和欧盟27国失业率分别为11%和10.5%。这其中，各成员国间失业情况相关巨大。失业率最低的国家为奥地利、卢森堡、荷兰和德国，其失业率分别为3.9%、

5.2%、5.2%和5.4%，失业率最高的西班牙、希腊、拉脱维亚和葡萄牙，其失业率分别为24.3%、21.7%（2月数据）、15.2%（第一季度数据）和15.2%。可见，劳动力在各国间流动非常不充分。

产业结构差异一旦长期化，导致欧元区国家经济结构差异和经济增长模式差异，难以在短期内得以扭转。例如，希腊、西班牙和爱尔兰等国在缺少先进和有竞争力产业的情况下，其经济增长过于依赖消费，过于依赖外来资本来弥补其储蓄的不足，其经济增长模式呈现消费拉动型经济的特征。相比之下，德国、荷兰、比利时等国由于先进行业占据主导地位，高技术产业高度专业化，从而导致其竞争力较强，经济增长模式呈现投资和出口拉动型经济的特征。

三 一些国家劳动力成本上涨失控

加入欧元区后，一些国家劳动力成本快速上涨。如表5-9所示，加入欧元区后，一些国家劳动力不断增长的传统进一步得到了强化。2001—2010年，南欧国家单位劳动力涨幅明显高于欧元区平均水平。这不仅导致优势产业逐渐失去竞争力，而且导致一些产业快速外移。从20世纪90年代开始，葡萄牙单位劳动力成本快速增长，导致一些产业外移势头加剧，曾经作为支柱产业的纺织业在国际竞争面前陷于崩溃，仅仅依靠软木收割、制鞋等传统行业根本无法振兴经济。2004年，集体入盟的前东欧国家由于工资水平更低、工人受教育水平更高，抢走了南欧部分工作机会。在法国，受密特朗总统执政初期，以及若斯潘担任总理期间劳动力市场改革的影响，劳动力成本迅速上升（参见专栏5-1）。据统计，法国企业员工的年人均劳动时间仅为622小时，远低于欧元区的平均水平721小时，但员工的薪酬则处于较高水平。2009年法国企业的员工薪酬支出占企业增加值的67.7%。另据统计，自实行35小时工作制以后，法国企业的劳动力成本增加了10%，而同时期德国的劳动成本降低了9%。

在两场危机后，各成员国劳动力成本未出现明显下降。如表5-9所示，经历了债务危机后，尽管包括希腊等外围国家在内的欧元区各成员国实施了大规模财政紧缩措施，但无论从欧元区整体看，还是从一些成员国看，这些国家的单位劳动力成本并无明显下降，竞争力没有得到明显提高。2011年，欧元区和欧盟小时劳动成本均值分别为27.6欧元和23.1欧元，分别较上年上涨0.7欧元和0.6欧元。在希腊和葡萄牙等一些危机国,单位劳动成本无明显下降。爱尔兰单位劳动成本尽管有所下降,但其幅度不足以明显增强竞争力。西班牙和意大利的单位劳动成本不降反升。

表5-9　　　　　　　欧元区各成员国劳动力成本　　　　单位:欧元/小时

	2008年	2009年	2010年	2011年
比利时	35.6	37.0	38.2	39.3
德国	28.4	29.0	29.1	30.1
爱沙尼亚	8.0	7.9	7.7	8.1
爱尔兰	27.2	28.0	27.9	27.4
希腊	16.5	17.6	17.5	n.a.
西班牙	18.9	20.0	20.2	20.6
法国	31.8	32.1	33.1	34.2
意大利	24.5	25.6	26.1	26.8
塞浦路斯	15.3	15.9	16.2	16.5
卢森堡	30.8	32.0	32.7	33.7
马耳他	11.2	11.3	11.5	11.9
荷兰	29.2	29.8	30.5	31.1
奥地利	26.5	27.7	28.0	29.2
葡萄牙	11.5	11.9	12.0	12.1
斯洛文尼亚	13.4	13.8	14.1	14.4
斯洛伐克	7.6	7.9	8.0	8.4
欧元区17国	25.8	26.5	26.9	27.6
欧盟27国	21.6	22.1	22.5	23.1

资料来源:Eurostat Newsrelease 63/2012, http://epp.eurostat.ec.europa.eu/。

四　各成员国竞争力两极分化

欧元现钞流通后,欧元区竞争力明显分化。根据欧委会发布的欧元区季度报告显示,欧元区16国竞争力差距逐步扩大。在金融危机爆发前的10年间,德国、芬兰等国家的竞争力相比其他成员国稳步提升,特别是2002年欧元现钞流通后,德国从2003—2008年持续保持世界第一出口大国地位,区内贸易出口占其出口总量的30%—40%。相比之下,法国、意大利和西班牙三个欧元区大国,以及希腊和葡萄牙等国的竞争力都大幅下降,实际有效汇率被高估。英国前首相梅杰认为,德国在欧元区内积累起巨额的贸易顺差，其他国家则积累起同等规模的逆差。由于德国在欧元区内拥有大约30%的汇率优势，其贸易顺差的增长很可能会持续下去。①

一般来说，可以用两个指标来衡量各成员国之间的竞争力水平：一是剔除物价影响后的实际有效汇率；二是剔除单位劳动力成本影响后的实际有效汇率。从图5-2可以看出，一方面，德国、芬兰自1999年以来实际有效汇率下降，竞争力有不同程度的提高，法国、比利时和奥地利的竞争力基本保持不变；另一方面，希腊、爱尔兰、西班牙和意大利等国竞争力明显下降，除荷兰的形势在2003年之后有所改善外，其他国家的情况仍在恶化。②

实际有效汇率不同，表明相对于不同国家的经济实力，作为共同货币的欧元存在高估或低估的可能。如图5-2所示，在欧元成立的多年里，经济实力最强的德国，由于技术进步等原因，本应该适用于一个较强势的欧元，但实际上却一直享受着弱势欧元的好处。而希腊、葡萄牙等一些外围国家，本应通过较弱势的欧元来提高其竞争力，但却被迫使用一个相对于其自身实力较强的欧元，从而导致其可贸易部门不断萎缩，经济踯躅不前，财政赤字逐渐显现。

竞争力差异导致外围国家和核心国家经常账户明显分化。西班牙、希腊和葡萄牙等国加入欧元区以来，这三国竞争力不断下降、经常账户逆差持续增加。而竞争力较强的核心国经常账户则出现大幅度盈余。有研究表明，从1998年第四季度到2010年第二季度，在欧元区各成员国中，累计经常账户逆差占GDP比重与竞争力强弱存在着正相关关系（参见图5-3）。希腊、葡萄牙和西班牙等竞争力较弱的国家，累计经常账户逆差明显较高，而德国、芬兰等竞争力较强的国家，累计经常账户盈余也较为突出。

更重要的是，共同货币政策使各国失去了调节竞争力的有效机制，从而导致各国竞争力之间的差距持续扩大。而对竞争力较低的国家来说，由于无法通过货币贬值来增加竞争力，其经济发展速度势必会减缓。对竞争力较高的国家来说，货币长期低估有助于其保持竞争优势，从而导致其经

---

① 约翰·梅杰（英国前首相）：《英国为什么拒绝欧元》，2011年10月31日《金融时报》。
② ECFIN, EU (2008), EMU@10: Successes and Challenges after Ten Years of Economic and Monetary Union, pp. 56-57, *European Economy*, 2/2008.

1. 基于单位劳动力成本的实际有效汇率（1999=100）　　2. 基于GDP缩减指数的实际有效汇率（1999=100）

比利时　德国　奥地利　法国　芬兰

3. 基于单位劳动力成本的实际有效汇率（1999=100）　　4. 基于GDP缩减指数的实际有效汇率（1999=100）

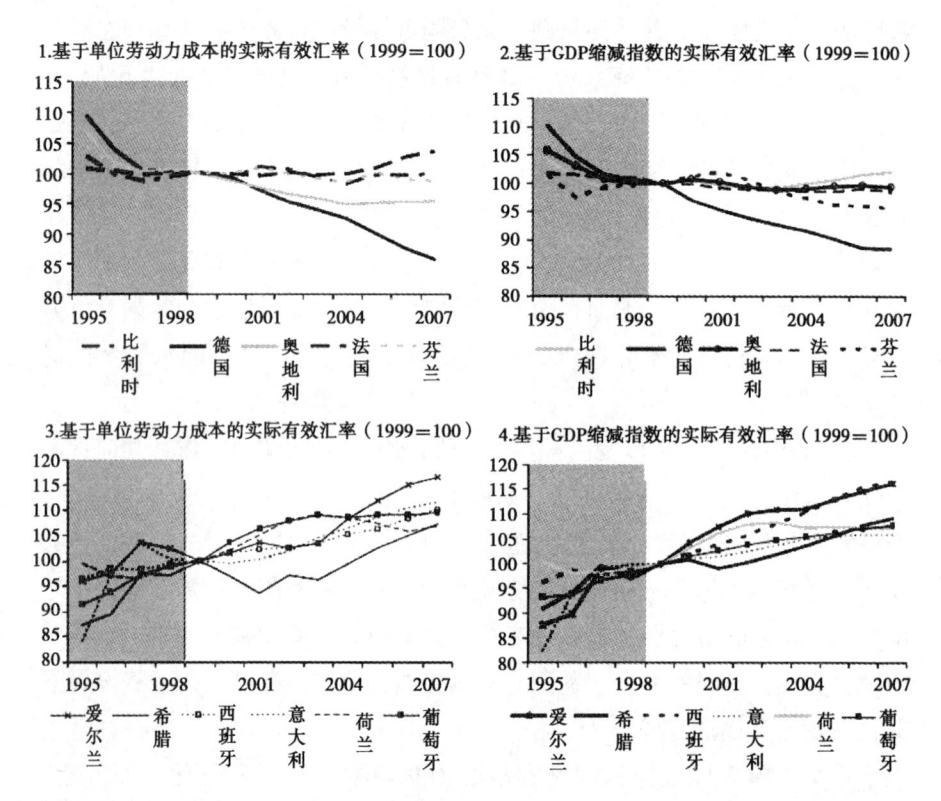

爱尔兰　希腊　西班牙　意大利　荷兰　葡萄牙

图片来源：ECFIN, EU (2008), EMU@10: Successes and challenges after ten years of Economic and Monetary Union, pp. 56–57, *EUROPEAN ECONOMY*, 2/2008.

图 5-2　加入欧元区前后一些成员国实际有效汇率变化

济存在过热的可能。

第三节　欧盟内部经济失衡的社会和政治基础

除经济因素外，欧盟内部经济失衡还存在着深层次的社会和政治基础。正是由于这方面的原因，使调节失衡的难度更大，阻力明显增加。

一　高福利社会面临的困境

欧洲的社会福利制度是"二战"结束后建立起来的。对欧洲这条"大船"来说，社会福利制度起到了"压舱石"的作用，有助于维系社会公平、促进社会平稳发展和减少社会矛盾。然而，随着条件的变化，

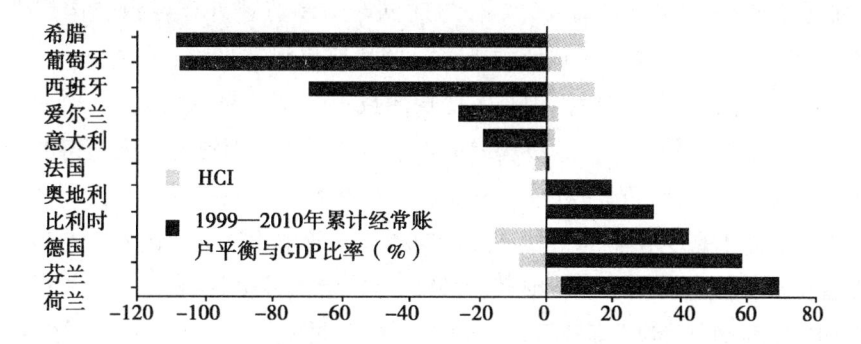

注：协调竞争力指标（Harmonized competitiveness indicators，HCI）是基于 GDP 缩减指数计算的。对欧元区每个成员国来说，HCI 是对欧元区的 21 个主要贸易伙伴加上其他欧元区国家计算而成，正值表示竞争力成本下降。图中数据始于 1998 年第四季度，截至 2010 年第二季度。

图片来源：Andrew Bosomworth，Plan B，January 2011，http：//australia.pimco.com/EN/。

图 5-3 欧元区成员国竞争力与累计经常账户逆差间的关系

欧洲的社会福利制度已越来越不适应经济社会发展的需要，带来诸多负面影响，已经成为社会经济发展的负担。其弊端主要表现在以下几个方面。

第一，人口老龄化和经济低速增长不足以支撑当前的社会福利制度。欧洲社会福利制度建立的基础是"二战"后形成的人口高出生率和经济高增长。这实际上是以牺牲下一代的福祉来补贴当代人，以经济快速发展来增加社会福利支出。在人口因素和经济因素已发生根本性变化的前提下，再保留以往的社会福利支出，导致国家财政入不敷出，不堪重负。

第二，当前的社会福利制度也越来越不适应全球化条件下国际竞争的需要。与新兴经济体相比，欧洲国家的社会福利制度推高了这些国家的税收，已经成为经济和科技发展的沉重包袱，其阻碍作用越来越突出。欧洲各国税率普遍较高，限制了其竞争力。一些企业因不堪忍受高税收而大规模外迁，对本土经济增长和就业岗位提高都带来负面影响。法国企业联合会（MEDEF）的一份研究报告指出，企业税负过重是法国企业竞争力疲软的主要原因。法国企业每年需缴纳税费约合 2820 亿欧元，而德国企业仅需承担 1390 亿欧元的税负，英国的这一数字为 1760 亿欧元。2000 年以来的 10 年间，法国制造业单位小时成本上升了 31%，而同期德国却只增加了19%（参见专栏5-1）。① 与此同时，制造业外迁导致法国产业"空心化"，使法国本土出口能力下降，贸易逆差和失业率上升。②

第三，高福利支出对推动经济增长的投资产生"挤出效应"。加入欧元区后，虽然为外围国家经济发展提供了重要契机，但这些国家获得的廉价信贷成本更多地被用于社会福利支出，用在弥补与核心国家社会福利的差距上，而不是用在有利于其经济长期增长的各项投资上。例如，希腊的高福利制度已经挟持了公共财政。1995年希腊的社会福利支出仅占GDP的19%，但2007年就攀升至25%以上。根据国际劳工组织（ILO）数据，希腊的公务员总数为39万，再加上66万公共企业和准政府机关员工，公共部门总雇员超过100万人，占希腊劳动力总数的1/5以上，公共部门工资负担占GDP的13%。

此外，高福利和高税收还导致逃税现象较为普遍。以希腊为例，高税收导致希腊地下经济猖獗，并且存在着非常高的逃税现象。③ 在2005年第四季度，逃税范围达49%。2006年虽有所下降，但仍为41.6%。希腊税收公正网络（Tax Justice Network）称希腊人在瑞士银行中开设的账户总额超过200亿欧元。希腊财长Evangelos Venizelos称约1.5万个体和企业欠税款370亿欧元。此外，希腊税收公正网络称希腊拥有离岸企业超过1万家。

二 对劳动力过度保护的问题与影响

欧洲劳动力市场的过度保护问题主要表现在两个方面：一是强势工会对劳动力权益的过度保护；二是现有法律对劳动力权益的过度保护。

首先，在强势工会对劳动力权益过度保护方面，欧洲有着工联主义传统，工会在为劳动者争取社会福利、提高工资待遇和改善工作条件等方面，发挥着重要作用。在欧洲，工会与雇主，以及政党力量构成重要的社

---

① 例如，标志汽车设在斯洛伐克的工厂每小时人工成本为10欧元，而在法国却达到35欧元。
② 尽管法国拥有一大批全球知名的高端制造业，如施耐德电器、圣戈班玻璃、拉法基建材、阿尔斯通电力设备、威莱雅环保设备等，在全球500强企业中，法国占据39席，德国和英国分别占37席和29席，但国内生产环境的恶化，导致这些企业为减少成本，多将工厂设在海外，造成2011年贸易逆差达创纪录的700亿欧元，本土失业率也居高不下。
③ http://en.wikipedia.org/wiki/Economy_of_Greece#Austerity_packages.

会博弈方，共同完成重大决策。从积极方面看，工会的作用有三：一是通过促进就业市场信息透明度和相关服务来推动就业；二是通过维护劳动者权益来提高劳动者待遇，缩小贫富差距；三是通过组织劳动者代表参与社会对话来影响政府政策走向，从而有利于维护社会稳定。然而，从消极方面看，一些国家也存在工会势力过大、工会领袖滥用手中权力问题，主要是要求不切实际的工资和福利待遇，过于强调劳动者权益保护，从而削减企业竞争力，成为劳动力市场结构性问题的一个重要根源，以及推行结构性改革的重要阻力。

其次，在现有法律对劳动力市场的过度保护方面，欧洲各国劳动法的主要架构是在二战之后，与社会福利制度同步建立起来的。长期以来，一些国家的劳动法对劳动力普遍存在过度保护问题，包括烦冗的解雇手续、长期劳动合同问题，以及企业不得随便解雇员工等，致使劳动力成本上升、市场过于僵化，各国不愿通过调降工资来调整结构。20世纪70年代第一次石油危机后，英国、爱尔兰、荷兰等国开始对劳工福利制度实行了一系列改革措施，德国也从2003年开始以削减福利、鼓励竞争为主的改革，都收到了较好的效果。值得一提的是，债务危机后，新上台的意大利和西班牙政府都致力于改革僵化的劳动力市场，修改劳动法，但遭到了国内民众和工会组织的强烈抵制，改革正在艰难推进。

对劳动力过度保护的结果，使各国分化的劳动力市场与统一的欧盟大市场间的矛盾更加突出。由于各成员国对劳动力市场的管理，限制了劳动力的自由流动，从而使理论上的欧盟统一大市场[①]存在着先天不足，成为不完全的市场。[②] 在欧盟大市场中，由于劳动力不能自由流动，导致各国劳动力成本、就业、物价，以及经济周期波动等方面都存在差异，从而加深了共同货币制度与各国经济结构异质性间的矛盾。尽管在法律上，除罗马尼亚和保加利亚外，[③] 其他25个欧盟国家的公民均

[①] 统一大市场的好处：对于个人来说，拥有在其他欧盟国家生活、工作、学习和退休的权利；对于消费者来说，竞争增加导致商品价格下降，从而使其对购买商品有更多的选择和得到更高水平的保护；对企业来说，跨境到其他国家做生意更容易，可以付出更少的成本。

[②] http://ec.europa.eu/internal_market/top_layer/completing/index_en.htm.

[③] 根据欧盟法律，2007年5月1日入盟的罗马尼亚和保加利亚需要在过渡期内遵守特别规定，这两个国家的国民须申请居留许可证才能从事经济活动，须申请工作许可证才能作为员工从事任何工作。

可在盟内自由就业,①但由于养老金和劳动资格认定不能随意随人迁移,实际上阻碍着劳动力的自由流动。与此同时,由于劳动力自身的特征,比如各成员国间由于语言、文化等方面的差异,以及劳动者要考虑住房、教育培训等问题,决定了劳动力还不能像其他生产要素那样在盟内自由流动,由此导致各国在劳动力市场等方面存在结构性差异。

三 民主制度对改革劳动和福利制度的阻碍

共同货币政策束缚了各国提高竞争力的努力。欧元区内竞争力较差的国家不能通过货币贬值来提高竞争力,在一定程度上固化了内部经济的失衡。在此情况下,竞争力较差的国家就需要通过降低劳动力成本来提高竞争力。但工资下调、劳动者福利下降,将在以自由民主制自居的欧洲国家遭到强烈抵制。②

欧洲国家对劳动和社会福利制度的过度保护,使这两个制度存在着较大的刚性。人们往往只愿接受工资上涨和福利提升,而不愿接受工资削减和福利下降。在欧洲的民主政治中,出于选举政治而非现实经济的需要,政治家们往往具有迎合选民的所谓民粹主义倾向。支持工资上涨和福利提升的政党,往往会赢得选举,而反对这一政策的政党往往难以避免下台的命运,坚持对劳动力市场和福利制度进行改革的领导人,需要冒相当大的政治风险。2005年德国总理施罗德就因此而黯然下台(参见专栏5-1)。

民主政治对改革劳动福利制度的阻碍,使得改革异常艰难。债务危机后,除德国总理默克尔外,支持财政紧缩政策的领导人纷纷下台。法国社会党人奥朗德在竞选中提出促进"社会公正",对富人征税、对大企业主减薪,以及中断退休制度改革等措施,虽然与劳动福利制度改革相悖,但为他当选拉了不少选票(参见专栏5-1)。

---

① 例如,在法国,虽然法律规定,欧盟、欧洲经济区和瑞士国民可以自由前来法国旅游和工作,无须签证、居留许可证或工作许可证,而只需要在抵后三个月内向所在城市的市政厅登记。参见:法国政府投资部(IFA),Invest in France Agency, http://www.invest-in-france.org/cn/。

② 约翰·梅杰(英国前首相):《英国为什么拒绝欧元》,2011年10月31日《金融时报》(www.ftchinese.com)。

专栏 5-1　法国、德国劳动力市场改革的两个方向与两种结果

法国密特朗和若斯潘时期的社会和劳动力政策。密特朗总统在 1981 年执政初期，以社会公正为目标，制定了 40 余项提高社会福利的待遇措施，采取了诸如扩大带薪休假、削减法定工作时间、扩大社会保障费用等政策，包括将带薪休假由每年 4 周延至 5 周，实行 60 岁退休制度和每周 39 小时工作制度，将工人最低工资增加 10%、退休金增加 20%、家庭和住房津贴增加 25%。这些措施，导致财政开支剧增、竞争力下降，法国经济也遭受严重打击。1982 年，法国不得不采取紧缩政策，冻结工资和物价。若斯潘担任总理期间，在 1997 年 10 月 10 日举行"工时、工资和就业机会全国会议"上，宣布自 2000 年起在全国陆续实施每周 35 小时工作制。他试图通过削减工时、增加工资达到增加就业岗位的目的。该政策虽然促使整个社会购买力增长、内需转旺，但加重了企业负担，许多中小企业主尽量裁减或避免雇用新人，致使促进就业的目的收到适得其反的效果。同时，也使法国企业雇用成本上升、国际竞争力下降。

奥朗德的改革措施。2012 年 5 月，社会党人奥朗德就任法国总统后，打着促进"社会公正"的旗号，除了要对富人开征重税和对大企业主减薪外，还推翻了前任萨科齐 2010 年将退休年龄从 60 岁提高至 62 岁的改革措施，通过了修改退休制度改革法令。根据新法令，部分人群将回归 60 岁退休。这次对退休制度的修改涉及约 11 万人，到 2017 年，政府将为此多增加 30 亿欧元支出。据法国媒体报道，工会组织对新法令表示欢迎，并希望政府进一步改革，全部回归 60 岁退休。而右派和雇主协会组织则对该政策表示担忧，称此举将给已经丧失竞争力的法国企业带来更多负担。

法国法律对劳动时间和带薪休假的规定。从保护劳动者权益角度出发，现行法律对劳动时间和带薪休假做出严格规定。(1) 法国法定工作时间为每周 35 小时，超过此时间即为加班。从 2007 年 10 月 1 日开始，加班时间按增加后的工资向员工支付（首 8 个小时按正常工资加 25% 计算；其后按正常工资加 50% 计算；即便是集体协议规定了较低比率，也不得低于 10%）。(2) 每日最长工作时间为 10 小时（可通过合同约定最长 12 小时的工作时间），每周最长工作时间为 48 小时，连续 12 周中平均每周最长工作时间为 44 小时。(3) 法

国员工可享受每年5周带薪休假。如工作量太繁重，雇主可拒绝员工申请带薪休假，但必须让员工在5月1日到10月31日至少有4周的带薪休假。除带薪休假外，员工每年还有10天法定假期和私人事假（产假、婚假、丧假）。

德国施罗德福利制度改革。作为世界上第一个建立普遍退休金制度的欧洲大陆国家和福利国家的典范，德国较早地意识到高福利的负面作用，并从医疗卫生、家庭服务、教育培训、养老住房、失业与再就业等诸多方面，进行不同形式、不同层次的改革。2003年至2005年间，时任德国总理格哈德·施罗德（Gerhard Schroeder），针对高福利制度推行大刀阔斧式的改革。2003年6月1日，社民党全国党代会通过"2010议程"改革纲领。这个纲领在福利方面的主要改革措施包括：通过降低税率增加个人和企业的收入，刺激消费和投资；改革失业保险和救济制度，逐年削减失业者的救济金，对拒绝再就业者予以削减救济金惩罚；推迟甚至暂时冻结退休者养老金的增加；参加医疗保险的职工，除交纳保险金外，就诊、领取药物和住院还需额外付费等。2003年10月17日，德国议会通过该计划。2004年在面临选民巨大压力情况下，德政府坚持推行改革。2004年3月，针对法定退休金的法案修改，也在抗议声中获得通过。施罗德改革措施被默克尔继承下来，并成为德提高竞争力的重要原因。但由于大多选民并不理解和支持这场改革，致使施罗德及其领导的社民党支持率大幅下降，成为施罗德和社民党在2005年德国大选中败北的重要原因。

施罗德改革使德国经受住了两场危机的考验。金融危机及主权债务危机以来，德国劳动力市场一直保持较高的灵活性，失业率也保持较低水平。在金融危机最严重的2009年，德国经济大幅收缩5.1%，在2010年又出现3.7%的快速反弹，但劳动力市场并未随着经济的大落大起而剧烈波动，而是呈现出良好的稳定性。这期间，德国就业率始终保持在70%左右，失业率在2009年中略升至7.8%的最高点，2010年以来的大部分时间里低于7%，降至危机前的水平。2011年8月，德国失业率甚至降至6.0%。

劳动力成本差异导致法国竞争力落后于德国。据法国Coe-Rexecode研究所的一项报告显示，自2000年以来，法国工资成本持续走高是法国竞争力落后于德国的一个重要原因。从 2000 年至 2010 年，法国工业部门平均每小时工资成本增长速度比德国快约 10%，法国劳动力成本比德国高 23%。10 年前，法国出口贸易占德国出口贸易的 55%，但 2010 年占 40%。2003 年至 2008 年间，法国出口贸易平均价格涨幅比德国高 8%。

参考资料：

1. 法国政府投资部（IFA），Invest in France Agency，http：//www.invest-in-france.org/cn/。

2. Fuchs, J., M. Hummel, S. Klinger, E. Spitznagel, S. Wanger and G. Zika, *Neue Arbeitsmarktprognose 2011*, *Rekorde und Risiken*, IAB Kurzbericht 7/2011. 转引自 European Economic Forecast—Autumn 2011, European Economy 6, 2011 (provisional version), p. 61.

第四节　欧盟内部大国关系的脆弱性

英国与德、法分歧，折射出欧盟内部的深层次矛盾，反映出欧盟将这些结构差异大、体制差异明显的国家"人为地"拢在一起，在一些事关重大利益的问题上难以达成共识，不仅为共同应对危机和进行经济治理制造了许多障碍，更制约了一体化向财政和政治联盟的方向迈进。英国甚至称德国提出加快政治联盟的提法是"乌托邦式幻想"。

一　英国在欧盟中常处于孤立地位

2011 年欧盟冬季峰会上，由于英国反对，欧盟没有就修改条约达成一致，不得不重新建立新的"强化财政纪律协议"。英首相卡梅隆认为，修改欧盟条约"不符合英国利益"。峰会结果，除英国外，其余 26 个成员国政府同意或经议会审议后，决定实施"加强财政纪律协议"（捷克后来决定不参加该协议）。英国的反对，使其与欧洲大陆关系进一步恶化，英国也因此更加孤立。英国更被指责为在欧盟中经常发挥"破坏性"而不是"建设性"作用，使英国在欧共体中常处于少数或孤立地位。事实上，在一些重大问题上，英国与德国、法国等大陆国家常常出现分歧。

1. 欧洲自由贸易区与欧共体两大经济集团的对峙。① 早在欧共体成立之初，英国由于与欧洲大陆国家的隔阂，以及与美国的特殊关系，英国不仅没有加入欧共体，反而在1960年组织了欧洲自由贸易区，成员国除英国外，还有丹麦、挪威、瑞典、爱尔兰、瑞士和奥地利。这样，就形成了欧洲两大经济集团的对峙：一个是以法国和联邦德国为核心的欧洲经济共同体，另一个是以英国为首的欧洲自由贸易区。当英国意识到其在欧洲有重大利益时，曾于1961年和1967年两次提出申请加入，都被戴高乐拒之门外。直到欧共体成立15周年后，英国才于1973年成为成员国，接着又在1992年，在欧洲经济共同体成为欧盟后，以12个创始国之一的身份加入欧盟。

2. 在欧盟一体化建设目标上的分歧。在欧盟一体化建设上，英国与德法之间存在明显分歧。英国主张把欧洲建成松散的自由贸易区，反对建立单一货币等一切深化措施，主张自由贸易区要不断扩大。这从欧洲自由贸易区与欧共体的区别也可见一斑。自贸区仅限于在成员国之间取消工业品关税和限额，而对外不实行统一的关税，农产品也不列入自由贸易范围，其联合与合作的程度要大大逊于欧共体。与此相反，欧盟在德法轴心的驱动下，一体化不断向纵深发展。②

3. 预见到欧元区的结构性缺陷，决定不加入欧元区。英国在决定欧元诞生最重要的会议——荷兰马斯特里赫特会议上，决定不加入欧元区。时任英国首相的梅杰解释说，③ 英国不加入欧元区的理由有三：一是认为未建立财政联盟的货币联盟具有很大风险；二是强大的北部经济体不太可能与南部经济体"趋同"（尤其是在两德统一之后）；三是加入欧元区并废除英镑，将使英国政府丧失关键的政策选择。英镑是继美元和欧元后的世界第三大储备货币，约占全球外汇储备的5%左右。正因为这些原因，

---

① 杨炳君、张鸿钧主编：《当代资本主义》，大连理工大学出版社1997年9月第1版，第189页。

② 德法两国在一体化目标上虽有分歧，但最后达成妥协。德国主张同时推进一体化的深化与扩大，法国主张先深化后扩大。在扩大方向上，德国主张欧盟东扩，这样可以使其处于欧盟中心地位；法国担心东扩后法国可能失去盟主地位，因此极力主张欧盟南扩。妥协的结果，是深化与扩大并举、东扩与南扩同时进行。参见杨炳君、张鸿钧主编：《当代资本主义》，大连理工大学出版社1997年9月第1版，第340页。

③ 约翰·梅杰（英国前首相）：《英国为什么拒绝欧元》，2011年10月31日《金融时报》中文版（www.ftchinese.com）。

英国、丹麦虽已达到加入欧元区条件，但仍是身处欧元区外的"孤立者"。

4. 英国与欧洲大陆间因债务危机而使矛盾明显上升。债务危机使英国与欧洲大陆渐行渐远，英吉利海峡看似越来越难以逾越。自从 2011 年 12 月 9 日欧盟首脑峰会以来，英国与欧洲大陆尤其是法国相互攻击，关系不断恶化：一是在是否征收金融交易税方面，双方存在严重分歧；① 二是在建立全欧洲银行业联盟的态度上，英国与欧洲大陆间观点也不一致；三是在有关 3A 主权信用评级方面，更是针锋相对。法央行行长表示，如果法国主权信用被降低，英国随后也将降级。英国则指责欧债危机连累其 3A 评级。英财政部发言人称，这主要是受欧债危机拖累所致，英虽不是欧元区成员国，但持有大量欧元区债券。英国内阁"疑欧派"议员甚至称，英国应该彻底离开欧盟。

二 英国与欧洲大陆分歧的结构性原因

英国与欧洲大陆间的政策分歧，是其经济结构差异的反映。表现在三次产业结构和进出口结构上，英国与欧洲大陆间有所不同。

1. 反映在三次产业结构上，英国有发达的金融服务业。从经济结构上看，英国与以德国、法国为代表的欧洲大陆国家存在明显差异，这主要反映在几个方面（参见表 5-10）。

一是第三产业较为发达，第一、第二产业相对较为落后。从三个产业占 GDP 比重看，2010 年英国三个产业比重为 0.7∶21.7∶77.6，欧元区整体为 1.7∶24.5∶73.8，德国为 0.9∶28.2∶70.9，法国为 1.8∶19.0∶79.2。在主要大国中，只有法国第三产业占比超过英国。

二是在第三产业内部，金融服务业最为发达。英国由于管制较松，市场较为灵活，其在金融服务业方面比欧洲大陆更先进和发达。英国是世界第一大外汇交易中心，也是世界上最大的欧洲美元交易中心（离岸金融市场），其股票市场也比德国、法国更为发达，英国还是仅次于美国的世界第二重要的艺术品交易市场。伦敦是与纽约并驾齐驱的全球金融中心，

---

① 欧委会认为，其建议的金融交易税将给它每年带来 570 亿欧元的收入。但这将增加伦敦金融城的交易成本，而该金融城创造的产值占伦敦的 1/4。

伦敦金融城在英国经济中的地位非常重要。① 如果英国参与欧盟的政府间契约和银行业联盟,将来受到欧盟管制政策的约束,将会严重影响英国的金融服务业。

表5-10　　　　　　　　　欧盟、英国等经济结构　　　　　　　单位:%

	农业、狩猎业和渔业	工业（包括能源业）	建筑业	贸易、运输和通信服务业	企业咨询和金融服务业	其他服务业
2000年							
EU	2.3	22.4	5.6	21.5	26.2	22.0
EA17国	2.4	22.2	5.7	21.0	26.6	22.1
德国	1.3	25.3	5.2	18.3	27.7	23.0
法国	2.8	17.8	5.2	18.9	30.7	24.8
意大利	2.8	23.3	5.0	23.8	24.6	20.0
西班牙	4.4	20.9	8.4	26.2	19.5	20.8
波兰	5.0	24.0	7.7	27.3	18.1	18.0
英国	1.0	22.0	5.3	22.9	27.0	21.8
2005年							
EU	1.8	20.2	6.0	21.3	27.7	22.8
EA17国	1.9	20.4	6.0	21.0	28.0	22.7
德国	0.9	25.4	4.0	17.8	29.6	23.2
法国	2.3	15.1	5.7	19.4	32.3	25.7
意大利	2.2	20.7	6.0	23.0	26.7	20.8
西班牙	3.2	18.2	11.5	25.2	21.1	20.9
波兰	4.5	24.7	6.0	27.4	18.1	19.2
英国	0.7	17.2	6.3	21.8	30.4	23.6

---

① 伦敦GDP名列欧洲各城市首位。伦敦GDP约占全英国的1/5（2005年约为4460亿美元），大伦敦地区GDP约占英国30%（2005年约为6690亿美元）。金融业是伦敦最大产业,金融业对保持英国资产负债表基本平衡发挥了重要作用。在2007年中,约有32.5万人在伦敦金融服务业就业。伦敦拥有480多家银行。英国最大的100家上市企业,以及欧洲500家最大的上市企业中的100多家总部设立在伦敦中心。伦敦服务业吸纳320万就业人口,约占伦敦就业岗位的85%以上。

续表

	农业、狩猎业和渔业	工业（包括能源业）	建筑业	贸易、运输和通信服务业	企业咨询和金融服务业	其他服务业
2010 年
EU	1.7	18.7	6.0	20.8	29.0	23.7
EA17 国	1.7	18.6	5.9	20.5	29.3	24
德国	0.9	24	4.2	17.4	30.8	23.8
法国	1.8（2009 年）	12.5（2009 年）	6.5（2009 年）	19.2（2009 年）	34.1（2009 年）	27.0（2009 年）
意大利	1.9	19.2	5.9	22.0	28.2	22.1
西班牙	2.7	15.8	10.2	25.6	23.1	23.8
波兰	3.5	24.5	7.1	27.5	18.2	19.2
英国	0.7	15.6	6.1	20.5	33.6	23.2

资料来源：欧盟统计局数据库，http://epp.eurostat.ec.europa.eu/portal/page/portal/statistics/search_database。

表 5–11　　　　　　　英国与德法等国进出口结构比较

	对欧盟出口（%）			从欧盟进口（%）		
	2000 年	2005 年	2010 年	2000 年	2005 年	2010 年
欧盟 27 国	68.0	67.8	65.3	63.5	64.5	62.0
德国	64.7	64.3	60.1	63.2	64.5	63.5
法国	64.8	63.5	60.9	67.3	67.5	68.3
意大利	64.5	61.2	57.3	61.0	59.4	54.8
西班牙	73.0	72.4	67.8	67.7	64.2	57.6
波兰	81.2	78.6	79.1	69.0	75.3	70.8
英国	59.4	57.4	53.9	51.8	56.3	51.5

资料来源：欧盟统计局数据库，http://epp.eurostat.ec.europa.eu/portal/page/portal/external_trade/data/main_tables。

2. 反映的进出口结构上，英国更多地依赖全球市场。欧盟 27 个成员国中，内部贸易约占 2/3（参见表 5–11）。在欧盟主要大国中，无论出口还是进口，英国对欧盟成员国贸易所占份额均明显低于德国、法国、意大利、西班牙等大国，并且对欧盟的贸易依赖程度逐渐下降，对来自欧盟进口的依赖程度略小于对欧盟出口的依赖。英国较之德法更多地依赖全球市场，表现出明显的"双重"心态。英国既重视欧盟这一统一大市场

（占其进出口份额的半壁江山），但相比德法等大国，又处于相对超然的地位，不愿将自身发展与欧盟更紧地捆绑在一起。这在一定程度上可以解释为什么英国不愿意对欧元区成员国进行更多的救助。

三 英国与欧洲大陆分歧的体制上原因

英国与德、法等国同属于市场经济体制，但在决定市场经济运行的具体模式上存在一定差异。1991年，OECD在《转换到市场经济》的研究报告中提出了成功市场经济的三种体制模式，即：美国、英国的消费者导向型市场经济体制，又称自由市场经济；日本、法国的行政管理导向市场经济体制；德国和北欧一些国家的社会市场经济体制。[①] 由此可见，英国、德国、法国三个欧盟大国代表三种不同经济体制，英国与欧洲大陆间的分歧更有体制上的原因。体制上的差异决定了理念上的差异，大部分英国人不喜欢欧盟政府管制太强的经济模式。

1. 英国的现代自由市场经济模式。英国是资本主义的发源地，也是自由放任市场经济的发轫地。英国模式主张国家对私人企业尽可能少地干预，实行自由经济、自由贸易；鼓励企业通过高风险，获得高利润；强调个人自由，反对国家制定经济发展规划等。自由竞争曾给英国带来历史性的辉煌，失去竞争力也导致大英帝国没落。20世纪80年代初，撒切尔夫人上台后，推行新自由主义和保守主义，使英国模式进入新阶段——"新盎格鲁—撒克逊模式"。撒切尔夫人主张在所有制领域实行私有化、在金融市场上去除管制、在国际贸易上自由化。时至今日，自由市场经济模式仍被英国奉为圭臬。

2. 德国的社会市场经济模式。德国实行的社会市场经济，实际上是国家有所调节的市场经济，以保证市场自由和社会公平之间的平衡。该模式被认为是宏观控制的社会市场经济，既反对经济上的自由放任，也反对把经济统紧管死，而是强调要将个人的自由创造和社会进步的原则结合起来，既保障私人企业和私人财产的自由，又要使这些权利的实行给公众带来好处。在国家和市场的关系上，它强调国家要尽可能只给予必要的干预。国家在市场经济中主要起调节作用，并为市场运作规定总的框架。

[①] 杨炳君、张鸿钧主编：《当代资本主义》，大连理工大学出版社1997年9月第1版，第268页。

3. 法国的行政管理导向市场经济模式。这种模式的形成与法国长期以来一直强调国家力量的传统有关。该模式的特点：一是国有经济在国民经济中有着重要地位和作用；二是通过经济计划和强有力的国家干预对经济进行调节；三是政府通过参与国民收入再分配过程，运用财政政策、货币政策、产业政策和社会保障政策等手段对整个国家经济进行管理，使之在国家的引导下运行。在这种模式下，国有经济与私营经济、计划调节与市场调节、国家与企业有机地结合起来，共同发挥着调节资源配置的作用。

4. 三种模式差异在政府支出上的反映。三种模式，实质上反映了政府与市场的关系。这在政府支出结构上有明显的反映（参见表5－12）。英国由于更多地强调"自由"，而相对较少政府干预和社会福利支出，因此在国际金融危机爆发前，其政府一般性财政支出占GDP比重明显低于主要政府采取更多行政性干预的法国，也低于奉行"政府＋市场"的德国。但2008年国际金融危机后，这种情况发生了变化，无论英国还是德法两国，均大幅提高了政府支出。

表5－12　英国、法国、德国三国政府一般性财政支出占GDP比重　单位：%

年份	2000	2001	2002	2003	2004	2005	2006	2007	2008	2009	2010
EU	44.7	46.1	46.6	47.2	46.8	46.8	46.3	45.6	47.1	51.0	50.6
EA17国	46.2	47.3	47.6	48.1	47.5	47.4	46.7	46.1	47.1	51.1	50.9
德国	45.1	47.6	47.9	48.5	47.1	46.9	45.3	43.5	44.0	48.1	47.9
法国	51.7	51.7	52.9	53.4	53.3	53.6	53.0	52.6	53.3	56.7	56.6
英国	36.8	40.2	41.1	42.1	43.0	44.1	44.2	43.9	47.9	51.4	50.4

资料来源：欧洲统计局数据库，http：//epp.eurostat.ec.europa.eu/portal。

第六章

一体化与债务危机的扩散效应

欧洲经济和货币一体化的发展，特别是金融市场一体化和使用共同货币，放大了一些成员国所面临的挑战，使一国面临的冲击，有可能演变为对欧元区的共同挑战。债务危机正使这种担心成为事实。危机从最初的希腊扩散至爱尔兰和葡萄牙，并进一步扩散至西班牙和塞浦路斯，意大利亦可能成为下一个被危及的对象。一体化机制下债务危机的扩散效应，既是危机的一个重要特征，也是危机治理中需要重点考虑的问题。

第一节 债务危机扩散与传导途径

金融一体化在消除汇率风险的同时，也会带来新的风险。由于欧元区银行业大规模持有外围国家主权债券，银行业已成为债务危机扩散的最主要途径。而债务重组的可能性和方式、核心大国卷入危机的程度、危机的救助能力，以及防火墙抵御扩散的能力等则是制约危机扩散的重要因素。

一 债务危机的扩散与传导途径

债务危机从欧元区外围小国向核心大国扩散，表明危机具有很强的扩散效应和传染性。从2009年10月希腊爆发债务危机以来，已先后扩散到爱尔兰、葡萄牙、西班牙和塞浦路斯。如果说在希腊爆发债务危机的最初两年内，危机还只是在小国扩散，那么两年后，危机已开始向西班牙等大国扩散，意大利已经成为下一个可能危及的对象。希腊、爱尔兰、葡萄牙三国GDP加起来不到欧元区的6%，而西班牙、意大利两国GDP分别占欧元区的11.5%和17%。一旦意大利遭受危机，对欧元区乃至整个国际金融市场都将是一个重大灾难。

与其他危机不同，债务危机的传导主要以金融途径为主。欧洲金融市场高度一体化，在提高整体经济效率的同时，也使危机的传导更加迅速。相比之下，通过贸易和产业链途径的传导，由于作用的时间较长，短期内并不十分显著。当然，实体经济的复苏状况和基本走势，仍然是抵抗危机传染的重要因素。增长前景较好，偿债能力较强的国家，抵御危机传染的能力也较强。相反，增长能力下降、偿债能力不足的国家，受到危机冲击的可能性就会明显增加。[1] 除此之外，遭受债务危机或面临危机威胁的国家，都面临着经济长期低迷、财政状况恶化、竞争力低下，以及其他结构性问题。

二 金融途径在危机传导过程中的作用

欧元区各国货币风险消除后，又产生了新的风险，使一国危机通过扩散效应传染给区内多个国家。从实际情况看，通过金融途径的传导主要是靠主权债券与银行间的关系来完成的，再由政府对银行业的救助，引发财政和债务风险。银行业内部的资金循环和市场恐慌心理对此起着推波助澜的作用。

1. 主权债券与银行业间的传导。由于欧元区银行业大量持有主权债券，当一国主权信用评级被调降后，导致该国主权债券收益率上升，从而导致持有该主权债券的商业银行资产质量下降、信用评级下降，银行风险上升。如果危机国主权债券形势进一步恶化，不得不靠债务重组来解决，那么将导致相关银行资产负债形势大幅恶化，甚至可能引发银行危机。与前者相比，这种情况更具有系统风险性，更具有负的溢出效应。

为了寻求"安全"资产，金融危机后，欧洲各国商业银行纷纷增持主权债券，导致风险敞口扩大。这成为银行业风险上升的重要原因。据国际清算银行（BIS）统计，截至2010年年底，各银行持有的希腊国债总额为542亿美元，其中96%由欧洲银行持有，[2] 且主要集中在法、德两国，两国银行持有量占总额的69%。德意志银行一份报告披露，希腊政府和希腊银行所发行的债券中约有630亿欧元被银行体系持有，葡萄牙这一数据是750亿欧元，而意大利和西班牙分别高达4100亿欧元和3250亿

---

[1] Andrew Bosomworth, Plan B, January 2011, PIMCO, European Perspectives.
[2] 欧洲银行业对希腊全部债务（包括私人债务）的持有量共计1363亿美元。

欧元。表6-1所示，截至2011年第二季度，法国银行业持有"欧猪五国"总债务约6700亿欧元，约占法国GDP的34.3%。债务风险与银行业风险间的关系可见一斑。IMF在2011年9月发布的《全球金融稳定报告》指出，欧元区各国政府发行的国债总计达6.5万亿欧元，其中有将近一半显露出信用风险升高的迹象。持有大量高风险、高波动性主权债务的银行，在市场中承受着巨大的压力。

表6-1　法国银行业对"欧猪五国"公共部门、私人部门和银行业的风险敞口（截至2011年第二季度）

	意大利	西班牙	希腊	爱尔兰	葡萄牙
占GDP比重（%）	21.0	7.6	2.8	1.6	1.3
债权额（亿欧元）	4100	1500	550	300	250

资料来源：Beware of falling masonry, *the Economist*, November 26th, 2011。

2. 银行业内部的资金循环。多年来，德国等竞争力较强的成员国对欧元区内各国的贸易产生了大量顺差。这些顺差由于是以欧元计价的，并没有以官方外汇储备的形式积累下来，而是通过本国银行业以向外围国家银行贷款的方式完成了资金在欧元区内的循环。由于欧元区内银行业间存在的这种交叉借贷关系，当外围国家银行业出现困难时，势必也会给德国等国的银行业带来冲击。

核心国家贸易顺差，通过银行业内部的资金循环，再流动到外围国家，以持有外围国家债券的方式存在。这实际上是核心国家金融机构间接持有外围国家主权债券的重要方式。通过这种间接持有主权债券的方式，主权债务危机的影响扩展至更多金融机构，进而扩展到核心国家。德法两国银行以及其他金融机构就是通过这种直接和间接方式，持有大量外围国家主权债券。

3. 市场恐慌心理的影响。投资者对主权债券市场的信心，对保持主权债券低收益率，以及防范债务风险扩散，尤为重要。一旦投资者受市场恐慌心理影响，为寻求安全的投资场所，纷纷转投美国和德国等国主权债券，对外围国家主权债券的需求将迅速减少，从而推高这些国家主权债券收益率，致使其债务融资成本急剧上升，危机风险增加。

正是由于市场恐慌心理，导致投资者风险规避倾向增强。受此影响，每当希腊主权债券收益率上升时，爱尔兰、葡萄牙等外围国家主权债券收益率也相应地上升，德国等国债券收益率下降。出于同样的心理，市场上对西班牙银行业和主权债务融资的担心，也抬高了意大利的借贷成本，使危机向意大利扩散的风险明显上升。

三 影响债务危机扩散的重要因素

从债务危机发展和未来趋势判断，影响危机扩散的主要因素有：

1. 债务重组的可能性和方式。虽然从理论上看，一个主权国家拥有征税权，可以通过增税和削减支出来提高偿债能力，但无论是政府提高税收能力，还是削减支出的幅度，都不是无限的，一旦突破某一限度就会出现债务危机，甚至发生违约。债务危机的扩散程度，在很大程度上取决于债务重组的可能性和重组方式。根据重组方式的不同，债务重组可分为硬重组和软重组。虽然两者都是债务违约，但硬重组意味着立即违约，表明债务持有人（以银行为主）的资产负债表会立即恶化，这对银行体系将造成很大的冲击。软重组意味着债务虽然暂时出现违约，但在未来一定期限或条件内，债权债务关系仍可保留。相对于硬重组，软重组对银行体系的冲击要小得多。

2011年，希腊国债总额接近3500亿欧元，国债与GDP比率已突破150%。高负债阻止了债权人继续向其提供贷款，使希腊难以重返资本市场融资，即便是利息的支付，也需要依靠国际援助。在此情况下，违约已成为希腊的唯一选择。[①] 在2011年7月21日欧元区领导人特别峰会上，为避免希腊无序违约和其他国家竞相违约，峰会对希腊违约问题做出了特殊处理。2012年3月，各方就希腊债务违约问题最终达成协定，私人部门投资者持有的总计2060亿欧元债务被减记53.5%。该协定使希腊暂时避免了无序违约风险。但是，由于希腊经济增长乏力，预计到2020年其国债与GDP之比仅能下降至160%，与原定120%的目标相去甚远。因此，希腊是否需要对违约进行重新安排，以及葡萄牙等国是否存在债务违约问题，仍是影响危机扩散的重要不确定性因素。

2. 核心大国卷入危机的程度。一旦核心大国卷入危机，则意味着危机可能达到"大到不能救"的程度，整个欧元区陷入流动性危机的风险

---

① *To Repay or Not to Repay Debts?*, Jean Pisani - Ferry, 2011年6月23日, http://www.project - syndicate.org/。

会迅速上升，并将重挫市场信心，抬高欧元区整体融资成本。正因如此，市场担心一旦西班牙发生债务危机，很可能会扩散至意大利，接着是法国。而一旦法国发生债务危机，德国也将难以避免。

2012年6月9日，西班牙因银行业危机正式向欧盟申请救助，成为欧元区第四个申请救助的国家。受其影响，市场将下一场危机扩散的焦点转向意大利，致使意大利主权债券收益率迅速上升。① 意大利是全球第七大经济体和第三大主权债券市场，有超过2万亿欧元的主权债务，债务与GDP比率仅次于希腊和日本，在发达国家中排在第三位。意大利每月平均要出售350亿欧元以上的债务，其出售的债务规模已超过塞浦路斯、爱沙尼亚和马耳他三个欧元区小国的经济总量。一旦意大利爆发债务危机，在欧元区内进一步引发连锁反应，其风险的外溢效应将十分明显，对整个欧债危机的救援体系将构成实质性冲击，引发欧洲层面的系统性风险。②

3. 债务危机的救助能力。危机救助力度充足与否是决定扩散效应显现与否的另一个重要标志。债务危机发生以来，危机救助存在一些问题：一是从救助策略看，在债务危机发生的大部分时间，欧盟对危机国和重债国只是采取有限的救助，花钱用来"买时间"，并寄希望于外部经济环境改善促使危机缓解；二是从救助方式看，欧盟的救助计划只是保证危机国家克服流动性不足，而不是着眼于提高其偿债能力，严格的财政紧缩计划对偿债能力直接起到了破坏作用；三是从救助效果看，欧盟和IMF的救助，只是使危机国偿债能力不足的问题得到暂时缓解，援助治标不治本。随着经济形势和财政形势不断恶化，其源源不断的到期债务使援助资金捉襟见肘，致使债务问题一波未平，一波又起。正是由于这些问题，导致危机的扩散效应不断显现，危机愈演愈烈。

事后看，如果早在2010年债务危机发生初期，欧盟采取如主权国家那样强有力的措施，危机完全有可能控制在个别国家，不会造成后来的扩散态势。这些措施包括，进行全面的结构改革以增强市场信心，加大对希腊主权债务重组的力度，建立一只规模足以吓走投机者的备用基金，增强欧洲集体支持债务国的力度，有效推进欧洲一体化的步伐等。事实上，正

---

① *Italy Moves Into Debt–Crisis Crosshairs After Spain*, Jun.11, 2012, Bloomberg.
② 这包括两层含义：一是意大利作为救援主体承诺的 EFSF 救援资金 787.85 亿欧元将无法兑现，这势必将增加其他 AAA 评级国家的压力，或导致 EFSF 规模大幅缩水；二是意大利可能成为被救助的对象，并对欧债危机救援体系产生极大的压力。

是由于欧盟不是主权国家，核心大国对外围国家只能提供有限的支持。只有在危机产生的"倒逼机制"威胁到自身安全后，大国才会认真对待救助问题。但这时，危机已经呈"燎原之势"。

4. 防火墙抵御扩散的能力。在危机发生后的两年多时间里，欧盟并没有对防范危机建立起有效的防火墙。[①] EFSF 只是通过注入流动性，保证了危机国债务可持续下去。总体来看，无论是针对希腊的两轮援助计划，还是针对爱尔兰和葡萄牙的援助计划，均着眼于解决其流动性问题。随着危机深化，欧盟终于承认，问题出在偿付能力上。直到 2011 年 6 月 24 日，欧洲理事会才宣布成立永久性危机解决机制 ESM，该机制拥有的资本金为 5000 亿欧元。2012 年 1 月 30 日，欧盟领导人受形势所迫，终于就 ESM 自 2012 年 7 月起生效达成共识，这比原计划提前了一年。3 月 30 日，欧元集团会议同意将欧元区防火墙的规模从最初计划的 5000 亿欧元提升至 8000 亿欧元（参见第二章第四节）。

在 2012 年欧盟夏季峰会上，欧盟领导人赋予 ESM 很大的灵活性，支持 ESM 有条件直接对银行业融资，以及有条件直接购买成员国主权债券。至此，虽然就资金总额来说，ESM 难以对西班牙和意大利等欧元区大国提供直接救助，但其使用上的灵活性可在一定程度上弥补资金不足，将西班牙、意大利危机控制在初始状态，从而有效降低市场风险，起到防火墙的作用。除 ESM 外，IMF 亦起着防范危机扩散防火墙的作用。2012 年 6 月 19 日 G20 峰会期间，IMF 已获得了 4560 亿美元的资金承诺，从而弥补了其防火墙能力不足问题。在这双层防火墙作用下，危机扩散的势头可望得到一定程度的抑制。

第二节 脆弱的银行体系与金融风险

相对于各成员国的经济规模，欧洲存在着规模巨大的银行业。例如，爱尔兰银行总资产占 GDP 的比例从 2001 年的 360% 升至 2007 年的 705%，

[①] 在 2010 年 4 月底，欧盟统计局公布债务水平数据之前，希腊和欧盟都认为其债务危机的风险是可控的，即便需要救援，也仅需针对 2010 年的债务进行再融资。2010 年 4 月初欧盟和 IMF 讨论的救援方案仅为 450 亿欧元，与希腊 2010 年需要再融资的 500 亿欧元额度相当。

法国这一数字从229%升至373%；意大利从148%升至220%；西班牙从177%升至280%。这些银行业在金融危机中遭到重创，债务危机又进一步加剧了银行体系的脆弱性。脆弱的银行体系不仅成为危机深化与蔓延的重要影响因素，而且也加剧了经济形势的恶化。鉴于欧洲银行业的巨大规模，银行体系的脆弱性已经演变成为整个经济和金融的脆弱性，从而为整个宏观经济和金融业带来巨大的风险。

一 银行体系脆弱性的主要表现

欧洲银行业虽然先后经历了两轮压力测试（参见专栏6-1），却没有消除市场的不安。银行业信用评级屡遭下调，银行股股价位于各板块跌幅前列。这些均表明，银行体系已成为欧洲经济系统中最脆弱的环节之一。其脆弱性主要表现为：

1. 不良资产率上升。欧盟银行业持有大量主权债券，因债务风险上升导致银行业风险敞口增加，资产质量恶化，不良贷款率上升，并将对银行业正常信贷能力造成严重影响，进而影响经济复苏。这其中，在住宅和商业资产市场受到打压的外围国家银行业，其不良资产率明显高于其他国家。而债务危机以来，欧元区各成员国的财政紧缩措施对经济增长、就业和信贷质量的影响最终也将反映在银行业资产质量上。

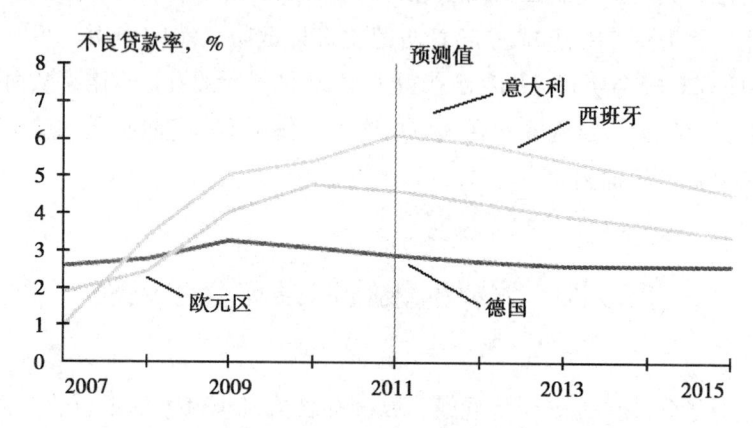

图片来源：Oxford Economics 和世界银行，转引自 Ernst & Young, *European Non-Performing Loan Report 2011*.

图6-1 欧元区及部分国家银行业不良贷款率

如图6-1所示，债务危机后，欧元区及主要大国不良贷款率均明显上升。2010年，意大利不良贷款率超过7%，欧元区整体超过4%，均比债务危机爆发前高出 2 个百分点。但是,与上述机构预测不一致的是,2011 年并非是欧洲银行业不良贷款率上升的拐点。受债务危机不断恶化等因素影响,2011 年后欧洲银行业不良贷款率继续攀升,其中最为突出的是西班牙银行业。自从 2008 年年初西班牙房地产泡沫破裂以来,① 为房地产市场提供大量信贷支持的银行业不良贷款迅速上升。根据西班牙中央银行发布的数据,西班牙银行体系因此受到的损失超过 1800 亿欧元。② 受此影响,西班牙银行业不良贷款率已从 2007 年年底的不足 1%,升至 2011 年年底的 7.61%,2012 年 4 月已升至 8.72%,创 1994 年以来的新高,不良贷款总额已达 1500 多亿欧元。考虑到西班牙房价仍可能继续下跌,加之经济衰退和不断加剧的信贷紧缩的影响,其不良贷款率将继续上升。

2. 资本金不足。由于欧洲采取的仍然是以市定价(Mark to Market)的会计准则和以风险价值(Value at Risk)为基础的资产负债管理模式,一旦资产质量出现问题,银行只能相应地采取两种办法予以解决:一是低价抛售资产,二是补充资本金。③ 前者将导致资产价格螺旋式下跌,这种办法在系统性风险加剧时尤其不可取。在此情况下,只有向银行注入大量资本金。2011 年,欧洲银行监管局(EBA)对欧洲 21 个国家 90 家大银行的压力测试结果显示,截至 2010 年年底,90 家大银行的资本充足率为 8.9%,其中 20 家银行一级核心资本充足率低于 5%,需要在接下来的两年内补充 268 亿欧元的资本金。④ 欧盟要求未能通过第二轮压力测试的 8 家银行必须迅速进行重组,并提交重组计划;而在压力测试中勉强过关的 16 家银行,也须通过民间增资或政府注资等方式进一步强化资本金。根据欧委会和 EBA 的要求,欧洲银行业要在 2012 年 6 月 30 日之前使核心一级资本金比率(资本充足率)达到 9% 的目标,

---

① 从 2008 年的高点到 2012 年第一季度,西班牙房价跌幅已超过 20%,而且下跌的趋势仍在延续。2012 年 6 月 14 日,西班牙统计局数据显示,2012 年第一季度西班牙房价同比下跌 12.6%,这已是连续第 16 个季度下跌,同时创下 2008 年以来的最大跌幅。

② 据西班牙中央银行统计,西班牙银行业房地产贷款总额为 3380 亿欧元,不良贷款占其中的 50% 以上。西班牙第三大银行 Bankia 是对房地产业放贷最多的银行之一,房地产贷款总额达 375.2 亿欧元,不良贷款为 178.5 亿欧元。

③ 参见郑联盛《警惕欧债危机演化为银行危机》,中国社会科学院世界经济与政治研究所国际金融研究中心:《欧洲主权债务危机》No.002,Sep. 23, 2011.

④ 同上。

以满足"巴塞尔协议Ⅲ"和欧洲"资本要求指令Ⅳ"等对资本金比率的要求。

资本充足率是以资本占银行"风险加权资产"的百分比来衡量的。由于"风险加权资产"界定模糊，因此越来越多的监管机构和投资者担心欧洲一些银行可能滥用这个概念，为了调高资本充足率而调低自身资产风险状况。这也是市场质疑欧洲银行业第二轮压力测试结果的重要方面。而为了在2012年6月30日前完成资本金比较要求，西班牙以国有化的方式向第三大银行——Bankia银行注入235亿欧元资本金，将其90%股份收归国有。但大量资金注入使西班牙财政形势更加恶化，从而不得不向欧盟申请1000亿欧元的专项资金，用于救助银行业。[①] 除西班牙外，2012年6月5日，葡萄牙政府决定向该国三大银行注资66亿欧元，以确保葡萄牙商业银行、葡萄牙投资银行以及国有的葡萄牙储蓄总行达到EBA制定的资本金比率要求。这其中，约50亿欧元资金来自国际救助资金。

3. 银行业融资缺口不断增加。批发资金市场是欧洲银行业的主要融资渠道。然而，债务危机以来，由于欧洲银行业风险普遍上升，导致银行间市场利率不断上升，从而推高了银行业的市场融资成本。随着评级机构大幅下调希腊、爱尔兰、葡萄牙，以及西班牙和意大利等国银行业评级，致使其信用违约掉期（CDS）屡创新高，融资成本不断上升。融资成本上升导致这些国家银行业融资缺口不断增加，银行业被市场拒之门外，致使其资金来源近乎枯竭。

第二轮银行业压力测试结果显示，整个欧洲银行业资金缺口为1147亿欧元（参见专栏6-1）。从各国看，银行业资金缺口较大的依次为：希腊银行业（银行业资金缺口300亿欧元）、西班牙（262亿欧元）、意大利（154亿欧元）、德国（131亿欧元）、法国（73亿欧元）、葡萄牙（70亿欧元）、比利时（63亿欧元）以及奥地利（39亿欧元）。随着经济形势持续恶化和主权债务危机风险不断上升，以及银行业传统融资途径被切断，银行业面临的资金缺口也在不断增加。据IMF预计，欧洲银行业资

---

① 据IMF 2012年6月12日估测，要确保西班牙所有银行的核心一级资本充足率达到《巴塞尔协议Ⅲ》规定的7%下限，需要370亿欧元资金。但市场可能认为，在大规模冲减资产后，西班牙银行业的核心一级资本充足率至少应达到9%，这样一来，增资规模就更加接近1000亿欧元。

金缺口约 2000 亿欧元。但如果把经济放缓因素考虑在内，欧洲银行业可能面临着总计达 5000 亿欧元的资本金缺口，① 比压力测试公布的结果要大得多。另据《金融时报》等媒体 2011 年 12 月 21 日报道，随着欧债危机持续恶化，以及银行业所持有的资产纷纷到期，2012 年欧洲银行系统资金总缺口将达 7200 亿欧元。

4. 部分成本国银行业风险显著上升。银行业风险上升已成为欧元区各成员国面临的普遍现象：希腊、爱尔兰、西班牙和塞浦路斯等国的银行业已先后爆发危机。与此同时，比利时、法国、意大利，甚至德国银行业的风险也在不断上升。

在希腊，自从 2009 年债务危机以来，希腊银行业储蓄资金大幅下降。2012 年 5 月，受希腊大选危机的影响，储户从银行大量提现导致金融机构遭遇挤兑，迫使希腊银行被迫启用"紧急流动性援助"（ELA）机制，从欧央行获取备用融资，以维持日常资金需求。如果没有"流动性操作"，希腊银行业将陷入崩溃境地。

在西班牙，2012 年 5 月以来，随着欧债危机局势恶化，西班牙银行业形势更加严峻。5 月 9 日，以西班牙政府向欧盟申请救助银行业为标志，西班牙银行业危机正式爆发。

在比利时，德克夏银行成为在欧债危机中第一家倒下的银行。② 与欧洲许多大银行一样，德克夏持有大量欧元区，特别是希腊、葡萄牙和意大利等国债券，致使其债务风险敞口超过 200 亿欧元。

在法国，法国银行业持有的外围国家国债是欧元区成员国中最多的。受希腊减记债务 70%—75% 带来的负面影响，仅 2011 年一年法国四家主要银行，以及法国、比利时合资的德克夏银行的损失总额就超过 110 亿欧元。法国银行业人士担心，由于法国银行业对希腊和意大利债务的风险敞口较大，法国银行业可能面临更大的损失。③

---

① 沃尔夫冈·明肖：《欧洲领导人到底想做什么？》，英国《金融时报》中文版，2011 年 9 月 29 日。

② 2011 年 10 月 4 日晚，比利时首相伊夫·莱特姆宣布拆分法国和比利时合资银行德克夏（DAXIA）银行。此前，法国和比利时已就剥离德克夏的不良资产达成协议。比利时政府将成立一家"坏账银行"，处理德克夏的风险金融资产。

③ 转引自马与雄《欧洲银行业危机可能升级 解套方案仍未有定论》，2012 年 6 月 11 日，《中华工商时报》。

在德国，2011年进行的第二轮银行业压力测试结果显示，德国银行体系的虚弱程度超出了市场预期。德国银行业是主要发达经济体中杠杆率最高的。危机之初，德国银行业的贷款有近1/3是贷给希腊、葡萄牙、爱尔兰、西班牙和意大利的公共和私人部门的。穆迪2011年11月21日称，德国金融系统风险已大幅上升，其中地方储蓄银行和合作银行的风险更大。① BIS的数据显示，德国银行业对西班牙的风险敞口高达1461亿美元，其中531亿美元是针对银行业的风险敞口。

二 银行业风险上升的影响

银行业承担金融中介作用，保证整个经济体系流动性充足。金融危机和债务危机以来，欧洲银行业风险上升后，其金融中介功能受到影响：一方面，企业和居民对银行业信任度下降，储蓄减少，银行业资金来源不足。与此同时，各银行间信任程度也明显不足，银行间市场资金拆借成本上升，从而不得不严重依赖其他途径解决融资需求。另一方面，银行业对企业和居民的融资支持明显减弱，导致整个宏观经济"供血不足"。具体说，主要有以下五个方面。

1. 核心国家减少对欧元区外围国家银行的贷款，使银行间资金循环受到抑制。据《金融时报》报道，② 受债务危机深化的影响，在截至2011年9月底的3个月里，英国四大银行对欧元区外围国家的贷款总额减少24%以上。这其中，降幅最大的是对希腊和西班牙银行的贷款，同时对意大利银行的贷款也开始锐减。作为最大的银行间信贷提供商，汇丰银行贷款的缩减幅度最大，贷款总额下降四成左右，并表示不再向希腊银行业放贷，同时对西班牙和爱尔兰银行的贷款规模将缩减2/3左右。国际清算银行（BIS）发布的2011年第四季度全球银行业数据显示，当季全球银行同业贷款规模下降了6370亿美元。这其中近60%是由于欧元区银行业跨境债权规模下降造成的。BIS指出，这是2008年第四季度以来欧元区银行业跨境债权规模萎缩程度最严重的一次。另外，这种萎缩情况除了与希腊、葡萄牙、西班牙和意大利等国的银行业有关外，德、法两国银

---

① 21世纪初，德国地方性银行纷纷通过投资抵押贷款支持证券及其他高风险资产大举进入欧洲主权债券领域和银行业。

② 《英国银行缩减对欧元区外围国家放贷》，2011年11月18日，FT中文网。

行业的跨境债权规模也分别下滑了8.7%和4.2%。①

2. 资金过剩银行对欧央行存款增加,外围国家银行也增加了对欧央行的融资依赖。受银行业风险上升影响,欧洲一些实力较为雄厚的银行宁愿接受0.5%的低存款利率,将过剩资金贷给欧央行,也不愿在同业市场上拆借资金。② 据《华尔街日报》报道,受此影响,商业银行在欧央行的存款再创一年来新高,达到3137.63亿欧元。③ 这表明,比起回报率较高的银行间市场,商业银行更青睐欧央行存款的安全性,由此也导致银行间拆借市场利率不断上升。另外,外围国家银行业不得不依靠欧央行的"输血"来维持资金循环。债务危机后,希腊商业银行中超过1/5的融资是由欧央行提供的。2011年夏季以来,意大利银行也迅速增加从欧央行的融资。截至2011年12月底,意大利银行业从欧央行借入的资金高达2100亿欧元,创历史新高,在欧央行对外贷款中占比从半年前的不到10%升至24.3%。西班牙央行公告显示,西班牙银行业2012年5月从欧央行获得的净贷款达到2878亿欧元,创下历史新高,而上年同期的融资额为570亿欧元。

3. 重债国储蓄资金大量外逃,德国等核心国家银行存款急剧增加。受外围国家银行业风险上升影响,其储蓄存款纷纷流向核心国家银行,以寻求避险。德国越来越成为欧元区的安全港。根据欧央行公布的数据,截至2012年4月底,德国银行存款同比增加了4.4%,达2.17万亿欧元。彭博新闻社数据显示,同期西班牙、希腊和爱尔兰国内银行存款减少6.5%,资金流出1.2万亿欧元。荷兰银行(DBK)自2011年9月至2012年3月新增存款50亿欧元,德国商业银行(CBK)在2012年第一季度新增存款70亿欧元。

4. 欧元区银行业去杠杆化程度再度增加,对宏观经济的支持作用明显减弱。为满足欧洲银行业在2012年6月底达到9%的核心资本金率要求,欧洲银行业加快了去杠杆化过程。此轮去杠杆化规模比较庞大,预计收缩资产规模将达到欧元区银行总资产的10%左右,数量在3000亿欧元

---

① 转引自马与雄《欧洲银行业危机可能升级 解套方案仍未有定论》,2012年6月11日,《中华工商时报》。

② 2012年7月5日,欧央行将商业银行对欧央行的存款利率降至零,以促使资金充足的商业银行将更多资金投放在同行拆借市场上。

③ 转引自商务部网站,《欧央行存款再创新高》,2011年12月6日,欧盟经商处。

至 5000 亿欧元之间。银行业去杠杆化程度明显反映在主要指标的变化上：一是从货币供应量指标看，衡量欧元区货币供应量的最广泛指标——广义货币 M3，债务危机以来一直徘徊在 2% 左右，虽比金融危机期间有所增加，但明显低于此前 10 年的平均水平（参见图 6-2）。二是从信贷指标看，商业银行针对私营领域的放贷活动明显减弱。欧央行数据显示，欧元区商业银行对私人部门信贷的环比增长率从 2011 年第二季度的 2.3% 降至第四季度的 1.4%，2012 年第一季度又降至 0.6%，2012 年 4 月则是零增长。① 可见，受去杠杆化过程影响，欧洲银行业金融中介功能被极大地削弱，信贷不足已成为欧元区经济复苏的重要阻碍。

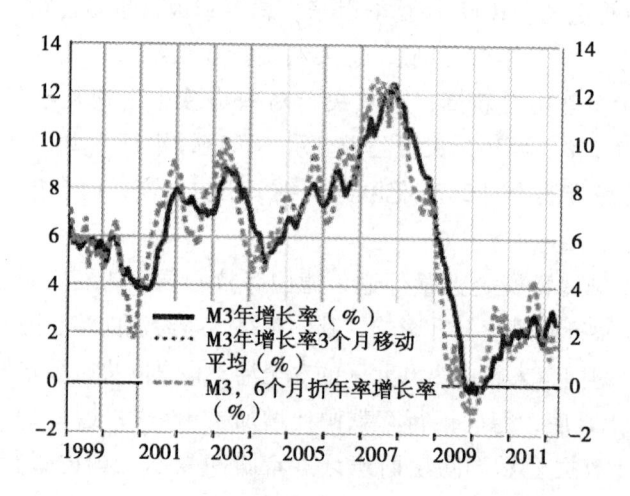

图片来源：ECB (2012), *Monthly Bulletin June*, p. 26, 06/2012.

图 6-2　1999 年以来欧元区广义货币 M3 增长率

5. 大规模收缩海外资产导致资金大量回流，对新兴经济体产生较大的负面冲击。作为全球在海外市场最活跃的银行，欧洲银行业只有 9% 的资产在母国，其他均为海外资产，并且主要存在于新兴市场国家。从 2008 年起，欧元区银行业即开始收缩其资产规模，尤其是海外资产。其海外资产已从 2008 年第三季度末的 4.62 万亿欧元下降到 2011 年第二季度末的 3.86 万亿欧元。从 2011 年年底开始，为满足欧洲银行业在 2012 年 6 月底达到 9% 的核心资本金率要求，欧洲银行业在加快去杠杆化过程的同时，也在加速海外资产的回流。这两轮海外资产的大规模回流，加剧

---

① ECB (2012), *Monthly Bulletin June*, p. 28, 06/2012.

了新兴经济体的资金收缩,这其中,对东欧经济体的影响尤为严重。第一轮收缩,间接导致罗马尼亚、匈牙利和拉脱维亚等国金融危机;第二轮收缩,使匈牙利等国再度濒临危机边缘。

三 化解银行业风险的主要途径

从历史上来看,化解银行业风险的主要方式有三:① 第一种方式是拖时间,等待收益率和银行健康状况逐渐好转。这种方式主要是银行通过保持盈利或吸引外部资本的方式实现"自我"资产重组,其费时较长,而且需要一个强劲复苏的经济大环境。第二种方式是资本重组,主要适用于银行业损失过大或经济复苏比较脆弱的条件下。采取这种方式应防止银行业风险扩散至整个经济体系,形成系统性风险。② 第三种方式是将公共资本直接注入银行,对其进行部分国有化,这主要是在资本重组进程过于缓慢,而若令银行倒闭对市场冲击又太大时采取的措施。这种方式可防止银行遭遇挤兑,但也会推高政府债务水平。同时,究竟该动用多少公共资本,在什么条件下动用,是否可带动私人资本加入,需要根据实际情况而定。

从现实情况来看,解决欧洲银行业危机、降低其风险,应根据各国不同情况,综合采取以上三种治理措施。2010年爱尔兰对银行业的救助就是采取国有化的措施,但导致爱尔兰债务风险急剧增加。西班牙对银行业危机的处理,是采取政府注资与推动银行业重组相结合的方式进行,包括对Bankia实行国有化。截至2012年5月初,西班牙政府已耗资150亿欧元加强本国银行业。但同时,由于西班牙政府财政能力不足,不得不申请欧盟救助。在欧盟为西班牙银行业提供的1000亿欧元救助资金中,包括银行业重组所需的资本金以及其他备用资金。③ 关于援助的具体方式,根

---

① 参见迈克尔·博斯金《欧洲的三重威胁》,2011年9月22日,Project Syndicate, www.project-syndicate.org。

② 20世纪90年代通过发行布雷迪债券来解决拉美债务危机就是一个典型的例子。该债券以时任美国财政部部长布雷迪而得名。布雷迪债券创设后,使美国各大银行能部分减免拉美各国债务的零息债券。无独有偶,美国清债信托公司曾在1989年至1995年间迅速关闭了1000家破产银行和储蓄贷款公司,以防止其损害其他健康金融机构。

③ 惠誉因西班牙重组成本高昂,下调其信用评级。由于西班牙银行业部门结构重组与资本重组成本高昂,恐对该国财政和经济构成严重影响,2012年6月8日,评级机构惠誉将西班牙信用评级下调三级至"BBB"。据该机构估算,西班牙银行业部门重组成本为600亿欧元,在"压力巨大"的情况下甚至可能高达1000亿欧元。

据 2012 年 7 月 9 日欧元区财长会议达成的协议，欧央行将充当 EFSF 的财政代理人，负责直接操作。根据这个安排，既不会影响欧央行的资产负债表，也不会增加西班牙的主权债务规模，所有风险与收益均由 EFSF 承担。此前，为打破银行业与主权债务间的恶性循环，2012 年欧盟夏季峰会决定，将通过欧元区临时救助基金 EFSF 和 ESM 提供贷款，直接救助银行业。

从未来看，要化解大多数外围国家银行业风险，银行业重组不可避免。这是因为，在欧洲经济可能面临长期停滞状态下，难以采取拖时间方式。同时，这些国家又受公共资金不足的限制，也难以普遍采取国家大规模注资的方式。在这样的背景下，资本重组将成为化解银行业风险的关键措施。德勤会计师事务所的估算显示，在 2012 年 6 月底之前，欧洲银行需要剥离超过 1.7 万亿欧元的非核心业务资产。而在未来 5—6 年里，欧洲银行资产负债表需要剥离的资产价值高达 4.5 万亿欧元。而对于化解德国、法国等核心国银行业风险来说，由于这些国家具有较强的政府担保能力，经济增长前景也好于外围国家，因此采取第一种方式，在经济复苏中逐渐化解比较适宜。

专栏 6 - 1　欧洲银行业两轮压力测试

2010 年年中，欧洲银行业进行了第一轮压力测试。[①] 其主要背景是：欧洲主权债务危机不断升级，欧盟急于通过对银行业的评估来阻止危机扩散。这一轮压力测试的主要目标就是要有一个能提振市场信心的评估结果，而不是去真正揭露和解决问题，实质上是个"面子工程"。这种态度，不仅没能赢得市场信任，反而错失良机。在这一基调下，压力测试结果好得出人意料。接受测试的 91 家银行中，有 84 家获得通过。

[①] 金融危机后，美国在 2009 年对本国银行业进行了一次较为全面的压力测试，其目的在于全面评估银行体系可能面临的风险，并针对这些潜在风险及时制定修正方案以避免危机的进一步扩大。那次测试中，19 家机构中有 10 家被认为资本金不足以抵御潜在风险。随后，这 10 家银行累计补充了 750 亿美元的资本金。总体上看，美国对银行业所做的压力测试，对阻止危机的进一步升级起到了至关重要的作用：一方面，比较透明的评估程序挽救了市场信心，避免了市场恐慌的升级；另一方面，针对评估结果，监管当局及时要求银行进行了资本金补充，在很大程度上提高了银行的稳定性。

如果仅凭这一测试结果来得出结论，那么欧洲银行业整体相当健康，足以抵御经济进一步下滑和主权债务危机恶化的影响。然而，事实并非如此。2010年下半年，随着欧债危机升级和扩散，已有相当多的银行暴露出比较严重的问题，市场上对第一轮压力测试结果的有效性产生了怀疑。例如，在第一轮压力测试中，欧盟就认为爱尔兰不存在迫在眉睫的财政危机，结果2010年9月该国就爆发了债务危机。从技术层面上看，第一轮压力测试所使用的方法相对简单，考察的范围也相对有限。例如，对主权风险和流动性风险的关注不够，就是两个比较大的缺陷。

2011年1月18日，欧盟27国财长会议决定对欧洲银行业实施更严格、更可信的新一轮压力测试，其目的依然是使投资者对饱受打击的银行业恢复信心。欧央行和新成立的欧洲银行管理局（EBA）负责制定新一轮压力测试具体标准，测试结果原预计于年中公布，最后推迟至12月。12月9日，欧洲银行管理局公布的第二轮压力测试结果显示，欧洲银行业资金缺口为1147亿欧元。相对于上次压力测试，法国和葡萄牙银行业的资金缺口分别减少了15亿欧元和10亿欧元；德国银行业资金缺口则由52亿欧元猛增了79亿欧元，比利时银行业资金缺口增加约22亿欧元，奥地利银行业资金缺口增加约10亿欧元；希腊仍是整个欧洲银行业资金缺口最大的国家，西班牙国际银行则是整个欧洲资金缺口最大的银行，资金缺口达150亿欧元。EBA表示，这轮测试考察数据为截至2011年9月底的资产负债表。

在第二轮压力测试中，对90家银行在假想经济压力情景下（其中包括主权信用降级的表现进行了测试），8家银行未能通过，被要求在12月之前增加资本。16家银行的核心一级资本比率（财务稳健的关键指标）为5%或6%，与5%的合格线相接近，勉强合格。这16家银行主要是中等银行，7家为西班牙银行；德国、希腊和葡萄牙各两家；意大利、塞浦路斯和斯洛文尼亚各一家。德国的HSHNord-bank和意大利的Banco Popolare银行名列其中。

与第一轮测试相比，第二轮测试计入了银行所持政府债券违约可能引发的潜在损失。然而，第二轮压力测试，其测试结果与市场反应仍然存在较大差距，市场对测试结果并不认同。有评论甚至认为，两次有失诚信的压力测试，令欧洲银行管理局（EBA）、欧委会、各国央行和银行监管机构的信誉受损,欧盟因此白白耽误了两年宝贵的时间。

参考资料:

沃尔夫冈·明肖:《欧洲领导人到底想做什么?》,英国《金融时报》(中文版),2011年9月29日。

第三节 信用评级机构与危机扩散效应

债务危机以来,标普、穆迪和惠誉等国际三大信用评级机构频繁下调外围国家主权债务和金融机构信用评级。每次下调均引起市场震动,被认为是债务危机恶化的重要推手。对于信用评级机构在危机扩散中的作用,市场上向来有不同说法。风险评估机构既对投资决策有重要参考作用,又对市场信心发挥重要导向作用。对信用评级机构与危机扩散的关系,仍需客观看待。

一 信用评级机构对市场的导向作用

债务危机以来,主权信用评级机构一直是市场关注的焦点。债务危机的每一次恶化,都与信用评级机构(CRA)发布的负面评级直接有关(见专栏2-2)。2009年12月8日,惠誉率先将希腊主权信用评级由"A-"降为"BBB+",同时将希腊公共财政状况前景展望确定为"负面"。当月,标普和穆迪也相继调降希腊评级,由此引爆了希腊债务危机。2010年4月,标普在三天内接连将希腊、葡萄牙和西班牙三国主权信用评级调降,引起市场恐慌。一时间,对希腊债务危机蔓延的担忧日益高涨,希腊债务危机也由此扩散为欧洲债务危机。

CRA之所以在债务危机扩散过程中广受指责,被认为是危机恶化的幕后推手,主要原因在于,CRA的评估结果不能与投资者和政策制定者的意愿或预期保持一致,有时甚至完全相反。2011年以来,面对评级机构频繁调降欧元区国家的信用评级,欧委会批评其"不客观",质疑其动机。欧委会认为,三大CRA远非其所标榜的那样,是秉承"公正、独立、客观、科学"的机构,在债务危机中暴露出以下问题。

一是市场垄断问题,标普、穆迪和惠誉三家机构垄断了全球92%的信用评级；二是"利益冲突"问题，评级机构并非超脱的非营利机构，而是以向要求评级的客户收取评估服务费为主要盈利模式；三是其对市场波动往往起到顺周期的作用，加剧市场动荡，因而受到市场调控者的质疑；四是其执行标准不一，在美国次贷危机评级时过于放松，而在欧债危机中则表现强硬。

近年来，CRA也屡出败笔，致使其信誉受损。其中，最大的败笔，是未能对美国次贷市场风险有比较准确的评估。在欧债危机中，CRA也屡犯低级错误。2011年11月，标普警告要降低法国AAA主权评级，但此后证明这是计算机错误所致。这一"事故"对本已紧张的市场火上浇油，法国国债收益率因此持续攀升。

安盛公司（AXA）投资战略主任帕里斯—奥尔维茨认为，CRA作为债务市场无法回避的角色，对债务危机的扩散具有不可逃避的责任。也有学者认为，[1] CRA表面上是根据公共统计做出结论，但这些统计是否正确，CRA不会给出更多的解释，而是以武断的方式且在敏感时期，作出不负责任的结论，这只能使市场进一步恶化。极端的观点甚至认为，[2] 三大CRA几乎全是美国公司，对债券的评估只着眼于美国市场的需要。CRA只是美国加强对世界经济操控的一个工具。

然而，也有不同的观点认为，[3] 在主权债券市场，舆论往往比信用评级传播得要快，CRA永远是后知后觉的。负面的信用评级决定经常是根据以市场为基础的信用指标恶化做出的。从这一点来看，CRA是一个广为市场认知的滞后指标。这种观点同时认为，指责信用评级恶化市场信心的观点，对于在多大程度上恶化了主权债券市场的波动，缺乏详细的评估。

对于CRA负面评级与主权债券收益率间的因果关系，一般认为，欧洲国家主权信用评级被调低，将引发债券收益率大幅提高，债券价格大幅降低，最终将恶化持有人的资产负债表。同时，也将对金融机构的资产负债表带来负面影响。但一些经验也表明，自从债务危机以来，信用评级结

---

[1] 转引自 Nicolas Veron and Guntram B. Wolff, *Ratings Agencies and Sovereign Credit Risk Assessment*, December 2011, Bruegel Policy Contribution, Issue 2011/17。

[2] 参见李永群《欧盟称美国评级机构在债务危机中推波助澜》，《人民日报》2012年5月23日。

[3] 转引自 Nicolas Veron and Guntram B. Wolff, *Ratings Agencies and Sovereign Credit Risk Assessment*, December 2011, Bruegel Policy Contribution, Issue 2011/17。

果对市场信心的影响在逐渐减弱。例如，一些大的投资者从依赖评级机构到建立自己的判断。尤其有意思的是，一些负面评级决策对市场的影响已经微不足道了。

二 信用评级机构的作用仍难以被取代

长期以来，在欧盟经济法规、买卖合同以及投资委托书中，信用评级都占据重要位置。一旦被 CRA 降级，市场将按照行业惯例或政府法规，大规模抛售其债务，这种严重后果是任何政治势力都难以左右的。"理想的"信用评级，能对设定主权债务以及金融机构所承担风险的范围提供有效依据，用最直接的方式把投资风险展现在监管者和投资者面前，对市场也起到监督和警示作用。

次贷危机之后，包括美国在内的发达经济体，都试图减少对 CRA 的依赖，但均没有成功。2010 年 7 月，美国国会提出倡议，要求联邦监管机构在其规则中排除所有来自信用评级机构的参考。然而，由于信用评级中所运用的规则与全球规则是相通的，因此执行这一决定存在困难。2011 年 6 月，欧洲议会要求欧委会研究创建全新的、独立的欧洲信用评级机构，欧委会建议不建立由公众发起的新 CRA。欧委会认为，即便是在评级市场舆论多样化的情况下，即便成立的是公共机构，也难免存在利益冲突，特别是如果这样的机构在评估主权债务的时候，将对其可信性产生负面影响。市场担心，由公共资金建立的 CRA 可能在做出评级时会面临政治压力，从而会得出不同的结论。即便是 IMF 或 ECB 成立的评级机构，也存在利益冲突问题，因为 IMF 和 ECB 都是有利益诉求的机构。[1]

事实上，减少对评级规则的依赖也不容易。这是因为，风险评级规则虽然不受欢迎，但采取替代的规则可能更糟。尤其是，银行自身的风险评估模型已经被危机证明比 CRA 的规则更不可靠，甚至在那些风险管理机制被认为是最先进的大银行也是如此。退一步看，替代评级规则的以市场为基础的风险指标会增加顺周期的色彩，这样的指标可能比信用评级引起更大的市场波动。结果，虽然 CRA 有许多问题，但是鉴于在很多情况下缺少替代者，因此从欧洲金融规则手册中完全将其排除显然既不切合实

---

[1] 转引自 Nicolas Veron and Guntram B. Wolff, *Ratings Agencies and Sovereign Credit Risk Assessment*, December 2011, Bruegel Policy Contribution, Issue 2011/17。

际,也是不受欢迎的。

三 欧盟正在加强对信用评级机构的监管

鉴于 CRA 在债务危机中所承担的角色,欧盟正寻求打破穆迪、标普、惠誉三大美国国际评级机构的垄断,促进新的私人进入者提供多样化的评估,使评级分析方法更加公正、透明,减少投资者对评级机构的过度依赖。其采取的措施主要有以下两方面。

一是加强对 CRA 的监管。2009 年 9 月,欧盟出台了《信用评级机构监管条例》;[①] 2010 年 6 月,欧盟又设立了欧洲证券和市场管理局(ESMA),要求在欧盟范围内开展业务的 CRA,必须在 ESMA 登记注册,并接受 ESMA 监管。2012 年 7 月 2 日,ESMA 提出对标普、惠誉和穆迪三家美国信用评级机构的"投资者服务"展开为期半年的调查,以确定其对全球银行业的评级过程是否严格、透明。

二是要求 CRA 增加透明度。2012 年 7 月 2 日,ESMA 主席史蒂芬·迈耶尔对《金融时报》表示,CRA 大范围降级使人担忧其是否有足够的分析资源,以及有没有足够的资源和专业知识来应对额外的工作。史蒂芬解释说,ESMA 并不是要影响实际的评级,也不是要对评级方法施加限制,只是要求评级机构的结论在经济上有道理,而且合乎逻辑。

此外,欧盟还表示要出台更具体的措施,禁止国际评级机构就接受救助的欧盟国家发布主权评级报告,尤其要求对正在同国际救援组织谈判或已经接受国际援助项目的国家给予特殊对待。欧盟官员提议立法,将目前监管法规中可能引发对评级"机械性依赖"的条款删除,同时要求成员国金融机构采用公开招标方式,定期更换评级机构。然而,由于种种原因,这些措施中的大部分没得到落实。

四 全球金融风险评估体系的缺陷[②]

CRA 的问题反映出全球金融风险评估体系存在严重的问题。这些问题主要体现在两个方面。

[①] 美国 1975 年开始建立对信用评级机构的监管框架,2006 年通过颁布《信用评级机构改革法案》而得到加强。与之相比,欧洲起步较晚。

[②] 本部分参考了 *Rating Agencies: an Information Privilege Whose Time Has Passed*, Nicolas Veron, Bruegel Policy Contribution, 2009 年 1 月有关内容。

一方面,市场对 CRA 的错误理解和过度依赖。事后看,CRA 风险评估仅仅代表对市场的一种判断,其判断正确与否,CRA 并不负有任何重要责任,而市场却对 CRA 过度迷信。市场参与者存在许多错误判断和政策失误,包括基于这些判断基础上的投资政策和创造有违常理的激励机制等。次贷危机后,许多市场参与者才对 CRA 有了真正的理解。许多投资者,尤其是固定收入证券市场上的投资者,把信用评级作为投资决策的主要甚至唯一依据。其他市场参与者(包括公共和私人的)也都过于依赖CRA。一些审慎的监管者,甚至将在《巴塞尔 II》框架下对银行监管的有关规则与评级机构的相应工具直接捆绑在一起,把信用评级与金融监管等同起来。一些监管规则甚至限制监管对象(如金融企业、投资基金等)的投资选择,要求其以信用评级为基础。在私人部门,一些投资工具也被合同限定在仅能投资于某些评级机构推荐的工具上,评级结果被写入贷款协议,以便评级结果变化后能自动地承担相应的经济后果。

另一方面,CRA 难以承担市场赋予的重任。市场把对与金融风险有关的评估重任都托付给了 CRA,但 CRA 事实上有负市场重托,难以完成这根本不可能完成的任务。这其中的主要原因有二:

一是金融市场信息不完整和衡量指标不可靠。金融风险信息是多维度的,很难对其标准化和进行全面分析。有关金融声明和账目历来主要服务于股东,即便在国际财务报告准则(IFRS)的框架下,股东也有优先权,而对市场上所有参与者披露的信息和风险则是不及时、不完整的。这就导致了 CRA 不能运用足够的信息来进行评估,指导投资决策。与此同时,过去十多年来,一些风险衡量指标(如 CDS)虽然已经有了很大发展,但这些指标仍然存在着内在的不稳定性,易于被市场操控,不能被应用于所有评级工具中,因此很难完成市场所需要的金融风险信息和分析任务。

二是所要评估的金融市场风险异常复杂。CRA 的长处在于其有丰富的专业经验积累,可以根据过去的情况来判断未来。但随着金融创新的不断发展,CRA 也存在着"风险信息差距"(risk information gap)。对 CRA 来说,对一些未经评估的分割的市场进行评估,如对美国次级房贷等结构性金融产品市场评估时,"风险信息差距"就显得更为严重了。其原因在于,许多风险是未知的,没有一系列历史数据可作为判断依据,仅凭已有的经验很难判断其结果,也很容易出现判断失误。

经历了金融危机和债务危机之后,在 CRA 不能像以往一样获得市场信任的情况下,市场需要新的金融风险评估体系。这方面的需求正在增加。然而,新的风险评估服务模式却没有建立起来。

第四节 危机扩散效应与欧元前景

欧元既是欧盟经济一体化的重要成果,也是一体化不断增强的重要象征。欧债危机对欧元的稳定性和可持续性提出了严峻挑战,一旦发生欧元危机,意味着债务危机将全面扩散,一体化将面临解体的风险。

一 欧元成为欧洲一体化的最重要成果

欧元问世被认为是与 20 世纪 70 年代初布雷顿森林体系崩溃一样,在国际金融体系中的两个重要标志性事件。从煤钢共同体到经济共同体,再到共同货币,欧盟用了 40 年的时间实现了货币联盟。欧元成为一体化的最重要成果和象征。

仅在欧元诞生 10 年后的 2010 年,欧元的国际地位显著提高,成为国际货币体系中的重要一极:一是在贸易结算方面,欧元区在区外贸易中以欧元结算的比例不断增加,平均为 60%;二是在国际债券市场方面,2007 年年底流通中以欧元计价的国际债券占比为 32%,仅比以美元计价的 44% 略低;三是在外汇储备方面,欧元占全球储备货币的份额已由 1999 年的 18% 上升至 2007 年年底的 26.5%,美元所占份额则相应地由 2001 年的 71.5% 下降至 2007 年年底的 63.9%(见表 6-2);四是在现金流通方面,2006 年欧元的现金流通量首次超过美元;五是在挂钩货币(盯住欧元汇率)方面,有 55 个国家选择将其货币与欧元挂钩,这一数字明显高于美国。

表 6-2 欧元及其他货币在全球外汇储备中的地位 单位:%

年份	1980	1984	1990	1996	1999	2002	2005	2008
美元	67.2	65.8	49.1	62.1	71.0	67.1	66.9	64.0
欧元	n.a.	n.a.	9.6	7.1	17.9	23.8	24.0	26.5
英镑	2.9	2.8	3.2	2.7	2.9	2.8	3.6	4.1

续表

年份	1980	1984	1990	1996	1999	2002	2005	2008
日元	4.3	5.4	8.2	6.7	6.4	4.4	3.6	3.3
德国马克	14.8	12.1	17.5	14.7	n.a.	n.a.	n.a.	n.a.
法国法郎	1.7	1.1	2.2	1.8	n.a.	n.a.	n.a.	n.a.
其他货币	5.9	10.9	10.2	4.9	1.8	1.9	1.9	2.1

资料来源：For 1995 – 1999 and 2006 – 2008，IMF，"*Currency Composition of Official Foreign Exchange Reserves*"；for 1999 – 2005，ECB，"*The Accumulation of Foreign Reserves*"。

二 两场危机暴露出欧元脆弱的本质

欧元10年"大跃进"，几乎要达到与美元分庭抗礼的程度。然而，自2008年以来，两场危机使欧元区深陷泥潭之中，欧元地位也受到严重冲击。危机以来，人们越来越清醒地认识到：过于超前、先天不足和后天脆弱等问题造就了欧元的弱势地位。

1. 没有政治联盟基础的欧元过于超前。欧元是超国家货币。这既是一个奇迹，但从另一方面也说明欧元缺乏与其他主权货币一样的存在基础。欧元问世，更主要的是出于政治上的考虑。政治家们最先破坏欧元建立时的规则《马斯特里赫特条约》，决定成立一个大欧元区。多年来，欧委会一直致力于通过扩大欧盟，来扩大其职责领域，而对可能破坏一体化的问题却视而不见。事后证明，在没有建立政治联盟时先创建欧元，是本末倒置。由于欧元背后是17个主权国家，就不可避免地在各成员国之间，以及成员国与欧盟间存在各种不协调声音。这在金融危机和债务危机中，表现得更为明显，也为危机治理平添了很多障碍。例如，南北欧之间对成立银行联盟和发行欧元债券的意见不一致，从而影响了危机解决。

2. 没有共同财政支撑的欧元先天不足。债务危机的经历表明，没有财政联盟支持的货币联盟就像是"一座纸糊的房子"，经不起危机的冲击。由于缺少共同财政这一支柱，使共同货币的作用显现有很大局限性。欧元区把发展程度差异较大的国家用欧元捆绑在一起，把各国货币主权交给欧央行，但却没有一个"欧洲财政部"，可以统筹控管各国财政状况，为各国债务提供共同的担保，致使欧元区在主权债务与GDP

比率远低于美国、日本等国的情况下，债务危机却在欧洲率先爆发，充分显现出欧元区缺少共同财政的体制性缺陷。① 早在欧元成立之初，确立的《稳定与增长公约》（SGP），虽可在一定程度上防止其财政"收不抵支"问题，但德国、法国等大国率先违反 SGP，使财政纪律约束形同虚设，加剧了欧元的脆弱性。

3. 没有满足理论条件的欧元后天脆弱。欧元问世前，就有欧洲是否适用于最优货币区理论，是否足以应对所谓非对称性冲击的争论。著名经济学家米尔顿·弗里德曼在 1999 年欧元问世时就做出了欧元将在 10 年内崩溃的著名预言。② 从理论上看，在欧元区内建立单一货币体制的条件并不充足，并不完全符合最优货币区理论，包括劳动力市场上的语言差异、贸易保护以及对劳动力流动的阻挠等，都导致了欧元区内部不平衡的出现，使欧元区内部存在着不同的工资水平、不同的社保和税收体制，以及不同的经济发展速度，使单一市场面临被撕裂的风险。而共同货币本应促进经济相互融合，却反而加剧了经济差异，使得不同国家很难对周期性和结构性问题及时进行调整。

三 欧元正处在生死存亡的"十字路口"上

正是基于欧元的诸多缺陷，决定了欧洲一体化正处在转折点上，欧元自身的命运也处在生死存亡的"十字路口"上：要么一体化不断向着更高水平推进，欧盟向着财政联盟和政治联盟的方向发展，从而弥补欧元的制度性缺陷，使之成为一个主权货币；要么一体化解体，欧元消失，欧洲重返松散的经济和金融一体化阶段，包括恢复过去的"蛇形汇率浮动"机制等。

欧元处在"十字路口"上，使有关国家退出欧元区问题，甚至欧元未来命运问题的讨论，也呈现两极分化态势。一方面，随着危机深化，一些国家不惜引发欧元危机，选择退出欧元区，迫使欧元区解体、欧元消失，这样的话题已经不是什么政治禁忌。2012 年 5—6 月，希腊大选，决定了希腊是否留在欧元区。除希腊外，刚刚加入欧元区的斯洛伐克，也在

---

① 2009 年，欧元区财政赤字率为 6.4%，明显低于美国的 11.5%、日本的 8.8%，同年欧元区主权债务与 GDP 比率接近 80%，也明显低于美国的 90% 和日本的近 200%。

② 参见 Gerald P. O'Driscoll Jr：《欧元将怎样终结?》，《华尔街日报》2012 年 6 月 13 日。

报纸上公开讨论去留欧元区的问题。① 而有关德国、意大利、西班牙等国退出欧元区的讨论,更是不胜枚举。

另外,欧元区主要大国的政治领袖,以及欧盟领导人,都坚定地支持欧元,支持一体化不断向前推进。这给欧元未来和欧洲一体化的发展带来了希望。这是因为,一旦一些国家退出欧元区,短期内将引发欧元危机,并使危机风险迅速扩散至整个欧元区。根据德国《明镜》(*Der Spiegel*)周刊判断,② 一旦欧元解体,所有欧洲国家都将迅速陷入深度衰退。那些将被迫再借入数千亿欧元以满足自身需求的国家,其政府将被迫做出抉择:要么大幅增加税收,要么以推高通货膨胀的形式将政府的巨大财政负担放在本国民众肩上。有鉴于此,各国政治家都竭力避免这种后果出现。在这种可怕前景的"倒逼"下,一些新的机构在解决债务危机过程中应运而生:先是成立了 EFSF,后来又成立了永久性的 ESM。同样,在这种可怕前景的"倒逼"下,迫使欧洲领导人在 2012 年夏季峰会上达成一些共识:使 EFSF(或 ESM)可直接向西班牙银行业补充资本金,使 EFSF(或 ESM)可直接购买重债国的国债。

然而,在欧洲一体化过程中存在着"精英化"与"民主化"的内在矛盾,使欧洲领导人的政治决断力受到许多掣肘,领导力的不足给欧元未来罩上了一层浓厚的阴影。一体化中的精英化,即通常所说的"民主赤字"问题,指一体化是自上而下由一些精英政治家推动。一体化中的民主化,是指广大民众对一体化模棱两可的态度:在一体化带来收益时,民众支持一体化;而当一体化使其自身利益受损时,则反对一体化。例如,在欧元问世后的第一个 10 年,欧洲民众对一体化的支持度上升。但债务危机后,特别是核心国纳税人向外围国家提供救助时,一体化遭到了这些国家民众的质疑。在外围国家,当来自欧盟的财政紧缩压力加大时,这些国家民众对一体化也持怀疑甚至否定态度。

精英化与民主化的矛盾,表现在决策机制上,导致决策效率低下、政策执行力不足。欧盟在制定包括债务危机救助等有关重大政策时,需要遵

---

① 据《欧盟观察家》2010 年 12 月 14 日报道,斯洛伐克议会发言人在报纸上公开宣称,鉴于欧元区在处理欧债危机中的表现令人失望,斯洛伐克到了停止对欧元区领导人盲目信任的时刻,应考虑采取"B 计划",退出欧元区,恢复使用克朗。对此言论,斯洛伐克首相发言人表示,欧元对斯洛伐克经济发展的长远影响正面大于负面,因此寻求实事求是的解决办法胜于采取极端措施。

② 转引自 Randall W. Forsyth《欧元的命运》,《华尔街日报》(中文版)2012 年 7 月 16 日。

循所谓"一致同意"原则：在欧盟峰会上做出的绝大多数决策（反映了精英层的理念），不仅要由欧洲议会通过，而且还要由成员国议会表决甚至公投，以体现民众意愿。这种决策程序，带来巨大的决策成本，使得在危机恶化的重要节点上，欧元区很难迅速做出反应，并在最短的时间内达成有效的应对策略。每项政策在酝酿过程中，精英层本想稳定市场信心，但从繁复的决策程序到政策艰难出台，发现市场形势已明显恶化，结果又遇到政策的"火力"不足问题，这反而恶化了市场信心。

在危机治理过程中，对于精英化与民主化的矛盾，欧盟领导人也有深刻的认识，但苦于难以对其进行有效改革。欧委会主席巴罗佐在"2011年盟情咨文"中强调，欧盟政治决策节奏不能由最慢成员国来决定。成员国虽有权不接受欧盟的决定，但无权阻碍其他成员国前行。欧盟须大力解决决策程序问题，"修约"愿望不应成为迟滞必要改革的借口。在当前的严峻时期，一些领域的立法应采取"快速通道"，以提高反应速度和效率。①

四 欧元黯淡的前景

金融危机以来，欧元汇率总体上不断走低。从实际有效汇率看，在2008年年初危机爆发前，欧元汇率达到了自欧元问世以来的最高点，但到2012年年中，则降至8年多来的新低（见图6-3）。从名义汇率看，2012年7月中旬以来，随着危机持续恶化和夏季峰会带来的稳定市场短期效应逐渐消失，欧元兑美元汇率创下了2010年6月以来的新低。

从未来看，弱势欧元总体上已成定局，欧元前景仍将比较黯淡。其主要原因有：

1. 欧元危机的风险仍然存在。未来一个时期，随着债务危机的反复发作，欧元还会不时地受一些因素干扰，发生欧元危机的可能性仍然较大。这些因素包括：一是如意大利等面临较大债务偿还压力的国家，一旦债券拍卖失败，可能面临债务违约风险，并通过银行体系引发新的冲击波；二是希腊仍是危机重要的风暴点，市场仍然担忧希腊未来可能会退出欧元区；三是西班牙银行业危机可能继续发酵，如何解决西班牙银行业困

---

① José Manuel Durão Barroso, *European renewal - State of the Union Address 2011*, European Parliament, Strasbourg, 28 September 2011, SPEECH/11/607.

资料来源：欧央行数据库，http://sdw.ecb.europa.eu/。

图 6-3 欧元对 20 个贸易伙伴实际有效汇率变化

境将决定欧元的未来；四是其他方面的风险，如出现银行倒闭潮、葡萄牙可能出现新的危险，或者法国信用评级被下调引发的系列风险等。

2. 弱势欧元可能成为促进经济复苏的一大政策。一般来说，两大措施可促进欧洲经济复苏，即"对内调整"和"对外调整"。对内调整即在保持币值稳定的情况下"勒紧腰带"，通过降低工资和福利、削减政府预算等降低劳动力成本，从而提高竞争力。这在欧洲已经面临非常大的阻力，严厉的财政紧缩已使这一政策近乎陷入绝境。相比之下，运用欧元贬值这种对外调整方式的政策空间仍较大，阻力也较小。正常情况下，欧元汇率下降 10% 会给欧元区 GDP 带来 1.4% 的一次性提振。IMF 首席经济学家布兰查德称，从某种意义上来讲，欧洲比美国更需要货币贬值，美国或许可以用某种方式抵消欧元贬值的影响。他说，一段时间以来，IMF 一直在强调欧元危机是全球经济面临的最大威胁，而不是最大威胁之一，所以允许欧元区通过货币贬值来自救符合世界其他地区的利益。[①]

3. 弱势欧元也是化解债务危机的一个重要选项。与 EFSF 和 ESM 捉襟见肘的资金相比，只有欧央行拥有无限的资源来阻止重债国主权债券收益率大幅上升。欧央行发挥最后贷款人作用，是拯救债务危机的最后希望所在，拯救的方式就是使债务货币化，让欧元直接或变相贬值。欧元贬值

---

① 转引自 Randall W. Forsyth《欧元的命运》，《华尔街日报》（中文版）2012 年 7 月 16 日。

虽然可能是一个代价高昂的摆脱危机策略，但与欧元解体相比，代价却要小得些。有分析认为，如果欧元直接贬值到与美元等值的水平，就会恢复欧洲的竞争力，从而结束债务危机，并可挽救欧元。[①] 如果采取如此前欧央行实施的证券市场计划（SMP），以及长期再融资操作（LTRO）等变相贬值措施，可在一定程度上限制西班牙、意大利等重债国借贷成本上升，这对防止危机恶化也将起到一定的作用。然而，为了平息欧央行内部的反对意见，这些措施的实施可能需要以形势进一步恶化为代价。

专栏 6-2　《稳定与增长条约》出台过程

在欧盟货币一体化酝酿过程中，一个至关重要的问题是，如何保证未来统一货币币值的稳定，这是决定货币联盟能否成功的关键。德国要求新货币应和德国马克一样坚挺。为此，德国财长魏格尔提出建议，由首批实行单一货币的国家签订一项"稳定条约"，并要求各国承诺，在启动单一货币后继续执行严厉的经济政策，保证财政收支平衡。具体建议是，在1999年后，凡放松财政控制、公共赤字再次超过GDP 3%的国家，如不能按期纠偏，则应向欧洲中央银行交纳一定数额的无息储金。如在一定期限之后仍不能重新达标，这笔储金便转成罚款。但经济衰退、自然灾害等特殊情况除外。

魏格尔的想法得到了几乎所有欧盟成员国的支持，认为建立有效威慑、实行严格处罚是必要的。但在何种经济条件下成员国可以免受惩罚这一问题上，意见一时难以统一。几次欧盟财长会议对"特殊情况"的界定都没有达成妥协。1996年12月13日在都柏林首脑会议的第一天，15国领导人终于就"稳定条约"达成一致，并接受法国的意见，将"稳定条约"定名为"稳定与增长条约"。"稳定和增长条约"接受了德国提出的处罚标准，但对可以免除处罚"特殊情况"的界定，德国做出了让步。根据协议，除了重大自然灾害和发生战争等特殊情况外，如果一国经济一年下跌程度超过GDP的2%，处罚将自动放弃。此外，德国同意如果一国经济出现了0.75%到2.0%的衰退，可以申请豁免，并由参加国财政部部长做出决定。对于那些经济负增长少于0.75%的过度赤字成员国将施以自动惩罚。

---

① Randall W. Forsyth：《欧元的命运》，《华尔街日报》（中文版）2012年7月16日。

关于罚款数额,条约规定,在 GDP 的 0.2%—0.5%,具体数目由欧洲中央银行、欧洲财长会议和被罚成员国三方协商决定。

参考资料:

据杨炳君、张鸿钧主编:《当代资本主义》(大连理工大学出版社 1997 年 9 月第 1 版,第 207—208 页改写)。

第七章

危机应对政策两难抉择与一体化困境

2010年5月以来,尽管欧盟为应对主权债务危机采取了多种措施,但仍然未能遏制住危机不断深化的势头。随着危机日益深化,欧盟手中持有的可抵御危机的"牌"越来越少,为救助成员国所开出的条件越来越苛刻,危机应对中的两难问题却越来越突出:财政紧缩与经济增长间的平衡、欧盟多轮救助与希腊债务违约的后果、欧央行单一政策目标与危机救助政策间的矛盾等。同时,欧盟的危机应对政策也值得深入反思。这些问题,加剧了危机和一体化的困境。

第一节 财政紧缩政策成效与负面影响

对于欧元区来说,财政紧缩(或财政整固)政策是一个老话题(见专栏7-1)。比利时、爱尔兰、西班牙、荷兰和芬兰等欧元区成员国都有通过财政紧缩计划成功削减赤字,随后成功实现经济增长的历史。20世纪90年代中期,为满足加入欧元区条件,各候选国也纷纷采取了财政整固政策,一些国家因此经济减速、失业率攀升。

债务危机以来,欧盟各成员国纷纷采取财政紧缩政策缩减赤字,并取得了一定成效。经过严厉的财政紧缩措施后,欧盟财政状况有明显改善,债务规模快速增长的势头得到了遏制,但各国也因为经济紧缩政策而牺牲了经济增长,付出了较沉重的代价。有鉴于此,欧盟在继续坚持财政紧缩政策与刺激经济增长政策间艰难地寻求平衡:在坚持财政紧缩大方向不动摇的同时,增加了政策执行过程中的灵活性,增加了对经济增长和就业问题的关注度。从长期看,"欧洲2020战略"报告指出,确保长期经济增长与财政整固政策并不矛盾。① 欧盟 25 国在《稳定与增长公约》基础上，签署了《经济货币联盟稳定、协调与治理协议》（即"财政契约"），从而为长期实施财政整固政策提供了制度上的保障。与此同时，2012 年欧盟夏季峰会还推出了《经济增长和就业契约》，作为财政整固政策的补充。

一　欧盟实施严厉财政紧缩政策的主要原因

从欧盟各成员国以往实施财政紧缩政策的经历看，既有过成功的经验，也留下了痛苦的教训。这次主权债务危机中，欧元区各国在面对内部强大压力和外部各种批评、指责声音时，② 仍坚持把财政紧缩政策作为应对债务危机的首要对策，是有着多重考虑的。

首先，及时把握住遏制债务规模扩大的最佳时机。各国主权债务主要来源于财政赤字。当财政赤字率长期超过 3% 的警戒线时，债务规模就会越来越快地积累。一旦到了靠借新债还旧债的程度，债务成本将持续上升、利息负担不断增加，仅支付利息一项就可能成为财政支出的沉重负担。因此，为避免高债务与高赤字之间形成恶性循环，各国均把主权债务与 GDP 比率不超过 60% 作为控制线。然而，金融危机和债务危机导致欧元区债务规模整体超标。为防止重债国债务失控，就需要把握住控制债务规模的最佳时机，及时紧缩财政政策，在债务成本加速上升阶段到来前，遏制住债务规模增长势头。

其次，恢复经济增长、重树市场对重债国的信心。财政紧缩既是欧元区外围国家获得 IMF 和欧盟救助的重要条件，也是各国兑现减赤承诺的必要过程，同时还是欧元区各国政府向外界展示其维护《稳定与增长公约》的重要标志。只有实施可信的财政整固计划，通过削减过高的工资和福利支出，降低劳动力成本，才能提高竞争力，促进经济增长和就业。同时，也只有实施可信的财政整固计划，才能逐步赢得市场信心，使重债

---

① European Commission （2010）, Europe 2020: A European Strategy for Smart, Sustainable and Inclusive Growth Brussels, 3. 3. 2010, COM （2010） 2020.

② 许多学者认为，欧盟对于债务危机的反应，即所谓的"全面紧缩"，是荒谬和徒劳的。这与 1929—1930 年时各国政府对经济衰退的反应极为相似。当时正是这些反应加剧了事态恶化，使一次普通的经济危机演变为大萧条。参见萨米尔·阿明《维持欧元是不可能完成的任务》，《国外理论动态》2011 年第 6 期。

国获得较低的融资成本，进而降低其主权债券收益率，改善其投资环境。

再次，团结各国向财政联盟和政治联盟的方向迈进。遏制财政赤字率上升和债务规模扩大，一般有两种途径：一种是通过经济增长和财政收入增加来提高偿债能力、化解财政风险；另一种是通过财政紧缩来控制财政赤字率和债务规模。金融危机后，美国通过扩大支出和减税等多种措施刺激经济增长、减少财政赤字。而欧盟之所以采取财政紧缩措施，主要是因为：一是欧盟是主权国家联盟，适当的财政约束是将这些国家"拢在一起"、增强凝聚力的必要手段；二是欧盟想以此为抓手，推进一体化进程向财政联盟和政治联盟的方向迈进。为此，欧盟格外重视财政紧缩，不仅将其作为"欧盟学期"的一项重要活动，使之成为强化宏观经济治理的重要举措，而且推动各国将财政平衡原则写入宪法，作为"财政契约"的核心内容。

最后，一些重债国具有进一步实施紧缩政策的空间。二战后，欧洲各国长期实施高福利制度，相当比例的财政支出被用于社会福利。在经济快速增长时期建立起来的这一制度，越来越难以适应经济低速增长和老龄化社会的现实挑战。高福利带来高税收和高债务，不仅导致欧洲整体竞争力下降，而且也被证明是不可持续的。以得到欧盟救助资金规模最大的希腊为例，希腊减支仍有较大空间：一是截至2012年年初，希腊公共部门仍有大量冗员；二是希腊最低工资标准仍较高。欧委会发言人Amadeu Altafaj称，希腊最低工资为每月871欧元，不仅明显高于葡萄牙（566欧元），也高于西班牙（748欧元）。[①] 因此，欧洲必须对高福利和过高生活水平进行"瘦身"，通过削减财政支出来弥补财政收入的不足。

二 欧元区各国财政紧缩计划完成情况

早在2010年欧盟夏季峰会上，与会各国领导人同意在尊重各国财政主权的前提下，从2011年开始，成员国预算方案在付诸各国议会表决前要先接受欧盟委员会的评议。对大多数国家来说，财政整固工作应在2011年启动，到2013年，应完成使财政赤字率降至3%以下的目标。同时，欧盟要求，财政整固措施必须与中长期的结构改革一同进行，尤其是要与养老金、医疗保健、社会保障和教育制度的改革齐头并进。

---

① 路透社新闻，2012年2月7日，希腊再次延后救助协商，默克尔称事不宜迟。

经过严厉的财政整固计划（见专栏7-2），欧盟及各成员国财政赤字率明显下降，债务规模迅速增长的势头在一定程度上得到了遏制（见表7-1）。从财政赤字率上看，截至2011年年底，欧元区和欧盟财政赤字率从2009年年底的6.4%和6.9%分别降至2011年年底的4.1%和4.5%。这其中，一些危机国财政赤字率大幅下降。如爱尔兰财赤率从2010年的31.2%降至2011年的13.1%，葡萄牙财赤率也由2009年的10.2%和2010年的9.8%降至2011年的4.2%。德国财政赤字率从2010年的4.3%降至2011年的1%，提前一年实现了将赤字率降至3%以内的目标。匈牙利、爱沙尼亚和瑞典三国实现了财政盈余，财政盈余率分别为4.3%、1%和0.3%。从债务占GDP比重看，欧元区和欧盟政府债务规模虽较2010年上升，占GDP比重亦有所增加，但债务规模过快增长的势头得到了初步遏制。2011年年底，欧元区政府债务与GDP比率由2010年的85.3%升至87.2%，欧盟政府债务与GDP比率由2010年的80%升至82.5%。

表7-1　　2008—2011年欧洲政府预算赤字和债务状况

	2008年	2009年	2010年	2011年
欧元区17国				
GDP市价（百万欧元）	9244227	8919411	9162447	9419160
政府财政赤字规模（百万欧元）	196067	569501	571050	387617
政府财政赤字与GDP比率（%）	2.1	6.4	6.2	4.1
政府债务规模（百万欧元）	6481705	7125984	7817826	8215289
政府债务与GDP比率（%）	70.1	79.9	85.3	87.2
欧盟27国				
GDP市价（百万欧元）	12466843	11742120	12260171	12634499
政府财政赤字规模（百万欧元）	302270	808644	802311	565117
政府财政赤字与GDP比率（%）	2.4	6.9	6.5	4.5
政府债务规模（百万欧元）	7789712	8777601	9811660	10421987
政府债务与GDP比率（%）	62.5	74.8	80	82.5

资料来源：Eurostat newsrelease, 62/2012, http://epp.eurostat.ec.europa.eu/。

表7-2　　　　　　欧元区部分国家完成财政减赤目标的时间

	2011年年底赤字率（%）	预计2012年赤字率（%）	赤字率计划达标时间（年）	计划实现平衡预算时间（年）
比利时	3.7	3.0	—	2015
德国	1.0	0.9	—	2013
爱尔兰	13.1	8.3	2015	n. a.
希腊	9.1	7.3	2020	n. a.
西班牙	8.5	6.4	2014	n. a.
法国	5.2	4.5	2013	2017
意大利	3.9	2.0	—	2013
葡萄牙	4.2	4.7	2014	n. a.
斯洛文尼亚	6.4	4.3	2014	n. a.

数据来源：作者根据有关资料整理。

尽管如此，从总体上看，上述财政紧缩政策的效果依然不佳。这主要表现在：

一是绝大多数国家没有完成预定的减赤目标。截至2011年年底，27个欧盟成员国中，包括法国、西班牙、意大利等大国在内的23个国家财赤率超出3%的控制目标，14个成员国政府债务与GDP比率超出60%的控制目标，其中比率超过100%的国家有：希腊（165.3%）、意大利（120.1%）、爱尔兰（108.2%）和葡萄牙（107.8%）。截至2011年年底，欧元区各国财赤率完成情况与控制目标间存在着巨大差异（见表7-2）：德国2013年将实现平衡预算，希腊财赤率达标年限仍遥遥无期。希腊多轮紧缩措施失效后，不得不申请第二轮救助和大规模债务减记。[1] 其财政紧缩力度越大，经济衰退程度就越深，债务形势就越恶化，减赤目标与其受援时做出的承诺之间的差距就越大。[2] 即便按最乐观的估计，希腊经济形势要到2013年才能基本稳定，债务形势要到2020年才能达到可持

---

[1] 希腊曾向IMF和欧盟承诺，到2010年年底，将财政赤字率从2009年的15.4%（实际为15.6%）降低至9.4%，到2011年再降至7.6%。但实际上，2010年希财赤率为10.3%，2011年为9.1%，与原目标相差较大。

[2] 例如，在2010年5月实施第一批救助计划时，预计希腊2010年GDP将收缩4%、2011年将收缩2.6%，赤字率分别为8.1%和7.6%，但据2011年3月重新评估，GDP收缩幅度分别为4.5%和3%，赤字率分别为9.6%和7.5%。在经常账户赤字方面，2010年5月时预期2010年和2011年经常账户赤字与GDP比率分别为8.4%和7.1%，但2011年3月重估时分别为10.5%和8.2%，竞争力也没有恢复迹象。

续水平。即使被认为严格履行减赤承诺的葡萄牙，也未能实现所承诺的减赤目标。葡萄牙政府曾承诺将财赤率从2009年的10.2%降至2010年的7.3%，但实际上仅降至9.8%。

二是一些重债国经济收缩幅度普遍超过预期。2008年以来，希腊经济已在过去4年萎缩了近14%，预计2012年还将继续萎缩4.7%。希腊失业率也接近20%。受经济持续衰退影响，希腊紧缩计划执行起来异常艰难。对于葡萄牙，欧盟、欧央行和IMF三方小组对葡萄牙实施新一轮救助后的评估报告显示，结果喜忧参半。该报告称，虽然葡萄牙政府坚持履行承诺，努力控制赤字并调整经济结构，但随着欧元区危机不断加深，葡萄牙可能面临更大的风险。[①] 欧委会曾预计，2011年葡萄牙经济将收缩1%，但实际收缩1.6%，预计2012年将收缩3.3%。2012年3月13日，欧元区财长和西班牙达成协议：尽管实施紧缩措施对西班牙经济来说是巨大的挑战，使其在2008—2011年GDP收缩2.3%，但未来两年西班牙仍须实施严格的紧缩措施，大幅削减财政赤字率，其经济将出现"二次衰退"。

三是欧盟救助仍难以满足重债国的长期融资需求。尽管欧盟和IMF向希腊提供了两轮、总额2400亿欧元的救助，但希腊仍未能避免债务违约的命运。对葡萄牙来说，欧盟与IMF提供的780亿欧元救助计划只能解决葡萄牙政府在2013年年中之前的融资需求，预计到2013年年中葡萄牙债务与GDP比率仍将超过100%，葡萄牙接受第二轮救助似不可避免。2012年6月，欧盟决定对西班牙银行业提供最多1000亿欧元的救助资金，但随着经济不断恶化，西班牙银行业可能需要更多救助资金，其主权债务形势亦岌岌可危。意大利也面临着债务融资成本大幅上涨的压力，2012年需发售4400亿欧元债券以维持政府正常运作。

四是紧缩计划执行不力在重灾国引发政治动荡。这主要表现为公共部门和私人部门受财政紧缩计划的影响不一，普通劳动者利益受损，并遭到了各工会组织的强烈抵制。2008年以来，受经济恶化影响，在市场的作用下，希腊私人部门裁员47万人，构成失业大军的主体。希腊1/5人口处于贫困线以下，无家可归者人数迅速上升。但相比之下，在政府主导下，希腊对占就业总数近1/5的公职人员只采取减薪、降福利的措施。债

---

① 《葡萄牙救助前景与欧元区状况戚戚相关》，2011年11月18日，《华尔街日报》（中文版）。

务危机以来，希腊公共部门减薪幅度仅为13.5%，福利下降程度也有限。[1] 政府计划首批削减3万名公务人员，但实际上仅有大约2000名公职人员失去了工作，且其中很多人已接近退休年龄。在其他国家，金融部门和其他部门，中小企业和大企业间的不公平等现象也明显存在，债务危机严重冲击了中小企业，导致大批厂家倒闭或大幅裁员。

三 财政紧缩计划的负面影响不断加大

欧盟的财政紧缩计划促使债务危机与经济衰退之间陷入恶性循环。一方面，财政紧缩计划加剧了重债国经济衰退程度，致使其财政收入下降，偿债能力不足，并使债务形势不断恶化（相对于其偿债能力，债务规模不断增加[2]）；另一方面，庞大的债务规模导致重债国实际竞争能力下降，经济活力受到抑制。而为了削减债务，又不得不实施严厉的紧缩计划。与此同时，紧缩还激起了广泛的民怨，使得重债国政府推行结构改革时面临巨大的压力，放不开手脚。而严厉的紧缩政策之所以存在较大的负面影响，主要原因是：

1. 对内贬值难以提高偿债能力，各国预算同步紧缩导致欧元区内需整体收缩。一般来说，一国偿债能力不足问题可以通过足够多的转移支付或货币贬值来实现。在历史上，几乎没有哪个国家不是通过本币贬值来成功地重获竞争力和化解债务的（见专栏7-1）。欧债危机的一个重要特征是债务均以本币计价，通过本币"对外贬值"既可提高竞争力，又并不会增加债务规模。但事实上，欧盟选择了与财政紧缩政策相关的"对内贬值"来化解债务，这不仅使一国竞争力难以提高，也使债务问题难以化解。紧缩政策扼杀了经济增长，导致一些成员国经济收缩幅度比原来预想的更加严重。不仅如此，在欧元区各国同步紧缩的情况下，即便一国竞争力提高，欧元区整体需求不足也将抑制经济增长，从而加大了欧元区再度陷入衰退的风险。

2. 财政紧缩未能使经常账户形势得到明显改善，也未能通过出口扩张拉动经济增长。按照欧盟援助时的设想，财政紧缩计划通过推动名义工资下降和成本降低来提高出口竞争力，加之进口随着内需收缩而收缩，将

---

[1] Greek woes, The Mediterranean blues, *The Economist*, January 14th, 2012.

[2] Andrew Bosomworth, Plan B., January 2011, PIMCO, European Perspectives.

使经常账户形势获得明显改善，使净出口对经济增长的贡献率大幅上升。事实上，各重债国经常账户改善程度有限，并且这主要是内需收缩和进口下降的结果。而要想使外需成为拉动经济增长的主要动力，除了要有良好的外部市场环境外，还需要有利于促进出口的经济体制和主导产业，而这些条件，重债国基本都不具备。重债国经济体制是以内需为基础的，并且也缺乏对外出口的主导产业。

3. 财政紧缩计划不能取代结构改革，无法从根本上解决欧元区债务危机。结构改革是保证欧元区经济长期增长、提高竞争力的根本途径。欧元区需要通过财政紧缩计划遏制债务过快增长，为结构改革创造良好的条件。财政紧缩计划与结构改革在提高竞争力方面是一致的，但财政紧缩不能替代结构改革，一味地坚持财政紧缩，将加重经济紧缩和激化社会矛盾，反而会给结构改革带来更大阻力。事实上，一些重债国结构改革之所以停滞不前，与紧缩计划缺乏配合有重要关系。IMF报告称，[①] 希腊控制赤字和经济改革的措施依然不到位，而经济深度收缩抑制了改革，使推行改革计划"显然进入困难阶段"。

4. 过度的财政紧缩导致重债国经济形势恶化，致使评级机构不断下调其信用评级。欧元区重债国通过财政紧缩和银行去杠杆化来换取欧盟的贷款承诺。但随着大多数欧盟国家同时实行财政紧缩，导致税基被削弱，居民收入和政府税收减少不断自我强化，从而出现更高水平的财政赤字和经济萎缩。经济和债务形势恶化，致使信用评级机构不断下调其信用等级，从而增加了债务融资成本，使危机形势进一步恶化。例如，就在葡萄牙政府公布2012年紧缩计划不久，国际评级机构惠誉宣布将葡萄牙主权信用评级由BBB-下调至BB+，其给出的理由是葡萄牙财政失衡、各领域债务高企以及在欧盟监管下的紧缩计划使经济前景进一步恶化。

四 寻求财政紧缩与经济增长间的微弱平衡

2012年年初以来，在苛刻的财政紧缩政策下，欧洲经济一片凋零，要求采取扩张性财政政策、刺激经济重返增长轨道的呼声与日俱增。这一呼声，随着法国和希腊的大选达到高潮，从而使得一直坚持"紧缩至上"的德国也出现了立场软化迹象。2012年年初，德法两国领导人呼吁在欧

---

① 《IMF报告称希腊经济改革措施不到位》，2011年12月15日，新华网。

盟层面上采取新措施,以促使欧元区恢复增长并创造就业岗位,并称这是稳定欧元战略的"第二支柱"。法国社会党人奥朗德就任总统后,反对德国总理默克尔提出的减赤做法,弱化法德在过去几年里一直推行的紧缩导向的财政救助计划。与此同时,德国政府也悄然转变立场,为欧洲启动扩张性投资政策、促进经济增长铺平了道路。德法认识到,除了约束各国的预算协议之外,一个欧洲增长计划对带动其走出困境是非常必要的。

德法态度的转变,得到了欧盟的支持。欧央行行长德拉吉呼吁签署"增长协定",并将结构改革和强化竞争力包括在欧洲财政协定中。2012年5月5日,欧委会副主席兼经济与货币事务委员雷恩表示,欧盟需要建立一个投资公约,通过增加公共投资并进一步引导私人资本流向投资,来促进地区经济增长。① 2012年5月8日,欧委会主席巴罗佐对未来欧盟的方向提出三点希望:一是在应对危机时既要稳定又要增长,保持公共财政可持续的同时,又要通过结构改革和定向投资来促进经济增长和就业。二是重塑竞争力加快结构改革。成员国需减少劳动报酬的税收以刺激就业。三是在稳定财政和机构改革的同时,提振投资,在避免给公共财政额外压力的同时,提供融资来源。② 欧洲理事会主席范龙佩表示,欧盟将致力于促进经济增长,实现"对增长有利的财政整固"与"对就业有利的增长"的统一。他强调欧盟应同时兼顾供给与需求两方面的平衡。在供给方面,要促进欧洲单一市场的发展,包括涉及产品、服务、能源与数字经济的单一市场的发展。在需求方面,应恢复市场信心对需求的重要性。欧盟将探索新的市场与新的贸易机会,并充分利用欧元汇率变化带来的有利条件开拓海外市场。③

可见,欧洲需要的,不是一味地财政紧缩,而是一个有紧有松的过程,需要一个增长战略。④ 欧盟开始谋求经济增长与财政紧缩之间的恰当

---

① "EU's Olli Rehn signals end of 'Merkozy' austerity drive", The Telegraph, 5th.

② José Manuel Durão Barroso President of the European Commission Statement by President Barroso: "Seizing the moment to boost growth: 9th May message from the European Commission", Joint press conference with Vice - President Rehn Brussels, 8 May 2012, http://europa.eu/rapid/pressReleasesAction.do.

③ 《英、意等国呼吁欧盟将重点放在经济增长措施》,2012年2月21日,路透中文网,http://cn.reuters.com。

④ 《欧洲的开源与节流》,2012年4月10日,英国《金融时报》(中文版)。

平衡。2012 年 6 月，欧盟夏季峰会在法国和其他多个欧盟国家的推动下，欧盟领导人就总额 1200 亿欧元的"一揽子"刺激经济增长和就业计划达成一致（被称为"增长与就业契约"）。该计划的主要内容为：向欧洲投资银行（EIB）增加资本金 100 亿欧元，通过"杠杆效应"将 EIB 的借贷能力增加 600 亿欧元。这些资金将重点投向那些处于困境的国家，以帮助它们通过增长走出危机。另外的 550 亿欧元将来自为缩小欧盟各国贫富差距而设立的"结构基金"，这些资金将主要用于支持中小企业发展和年轻人就业上。余下的 50 亿欧元将来自即将于 2012 年夏季开始发行的"项目债券"，这笔钱将主要用于能源、交通与宽带等基础设施。除上述资金投入外，欧盟领导人同时表示：刺激经济增长，不仅要投入更多资金，而且要通过改善欧洲单一市场体系、解决失业问题、促进贸易与创新等途径来推动经济增长。

与原有的紧缩计划相比，赋予了增长内含的新紧缩计划呈现以下特征。

1. 更加注重削减公共支出而不是增税措施。由于增税抑制经济活力，因此新一轮紧缩计划中，各国政府用削减公共支出来取代增税。例如，意大利政府在 2012 年 7 月 6 日批准的 260 亿欧元财政紧缩方案中，延迟增税，并将提高销售税的举措至少推迟一年。

2. 对重债国财政达标年限采取更灵活政策。2012 年 7 月，欧元区财长同意西班牙 2012 年的财赤率由原来的 5.3% 调整至 6.3%，同意西班牙将减赤达标年限延长一年至 2014 年的请求，西班牙为此出台了一项总额为 650 亿欧元的新财政紧缩计划。欧元区财政还决定将希腊减赤达标年限延长三年。同时，在刺激政策方面进行一定程度的政策倾斜。

3. 促进欧盟内部创造新的需求。外围国家继续整顿财政，核心国家更多地承担起刺激经济增长的政策，从而有利于创造内部需求。为此，外围国家公共投资的削减幅度不宜过大，核心国家增加公共投资。与此同时，采取更多举措支持外围国家实现内部贬值，使其工薪下降到一个适当的水平。德国及其他盈余国家应将征税重点转向劳动，以刺激居民消费。[①]

[①] 根据劳资双方达成的协议，德国公共部门的 200 万名员工将在 2012—2013 年内加薪 6.3%。德国这一举动被看作其经济模式从出口导向型转向内需拉动型的标志。德国工人们的实际工资增加，将对提振私人消费产生积极作用；同时，也有助于恢复欧元区成员国之间的内部失衡。参见《德国工人涨薪：刺激经济还是催生通胀？》，2012 年 4 月 5 日，《华尔街日报》（中文版）。

4. 增加欧盟内部基础设施投资。欧委会支持整个欧洲的基础设施投资。欧委会计划从自身预算中，吸引46亿欧元的投资，用于交通、能源和数字化领域等关键基础设施。此外，欧盟还计划通过减少单一市场壁垒以促进其潜力得到发挥。

专栏7-1　欧元区成员国历史上的财政调整与紧缩

二战后以来，欧元区一些成员国多次因财政赤字率上升而被迫进行财政调整计划。表专7-1列出欧元区12国财政调整计划中一些主要指标的变化。调整主要是通过本币贬值，使其重获竞争力，从而使财政赤字率上升的趋势得到逆转。调整的一个便利条件是，大多数国家的债务是以本币计价的。从调理情况看，这12个国家平均用了8年时间，通过名义有效汇率贬值约13%，使财赤率上升了10个百分点，调整的前三年GDP累计增长22%。在历史上，几乎没有多少国家不是通过本币贬值来成功地重获竞争力和化解债务的。只有欧元区建立前的德国（1979—1989），以及瑞士（1993—2000）没有经过本币贬值而完成了较大的财政调整。

上述情况可以得出四点结论：一是二战后欧元区多数成员国均有过财政赤字率逆转的经历；二是本币贬值是使财政状况好转的主要途径；三是财政状况好转需要较长的时间；四是财政状况好转常与经济增长和竞争力提高相伴，而不是相反。

除上述调整外，欧元启动也带来了财政紧缩。为争取在1999年成为首批加入欧元区的国家，各候选国必须达到《马斯特里赫特条约》规定的4条标准。其中，最关键的是财政赤字率不得超过本国GDP的3%。各国为此实行的紧缩财政政策，导致企业大批裁员、罢工浪潮此起彼伏、多国政局动荡，一些欧洲大国处在低增长、高失业的困境中。在紧缩力度最大的1996年，欧元区12国（首批加入欧元区的11国，加上随后加入欧元区的希腊）经济增长率仅为1.5%，失业率高达10.7%，法国、德国等国失业人数均创下历史最高水平，甚至比20世纪30年代大危机时还严重。青年人失业率迅速上升，成为高失业率的一个显著特点，法国青年人失业占失业人口的1/4。

表专 7-1　　　　　战后欧洲较大的财政调整计划

	预算占 GDP 比率累计回升（百分点）	调整时间（年）	调整前 2 年至后 3 年名义有效汇率累计变化（%）	调整后前 3 年名义 GDP 累计变化（%）
爱尔兰（1978—1989）	20.0	11	-16	38.5
芬兰（1993—2000）	13.3	7	-13.1	14.4
瑞典（1980—1987）	12.5	7	-21.1	19.5
丹麦（1982—1986）	12.3	4	-12.5	21.7
希腊（1989—1995）	12.1	6	-36.2	49.1
比利时（1983—1995）	11.1	15	-12.2	14.9
意大利（1985—1993）	7.9	8	-10.3	20.9
葡萄牙（1981—1985）	7.5	4	-41.6	53.3
奥地利（1995—2001）	5.8	6	-1.3	5.1
德国（1979—1989）	5.3	10	12.0	12.0
瑞士（1993—2000）	5.2	7	13.6	3.6
西班牙（1995—2006）	5.2	11	-16.6	12.7
平均	9.9	8	-12.9	22.1

数据来源：AndrewBosomworth, Plan B., January 2011, PIMCO, European Perspectives。

参考资料：

1. AndrewBosomworth, Plan B., January 2011, PIMCO, European Perspectives.

2. Robert Murphy, "An ironic twist in fiscal policy", 27th Sept., 2011. Reuters, HTTP：//BLOGS. REUTERS. COM/.

专栏 7-2　欧元区部分国家的财政紧缩计划

希腊。自债务危机爆发以来，希腊推出多轮紧缩计划，分别于 2010 年年底、2011 年年中、2011 年 10 月、2011 年年底、2012 年 2 月推出多轮紧缩计划，差不多每次新政府上台或每次要申请新资金到位，都要按照要求通过一轮紧缩计划。减赤手段包括削减公共福利、削减公务员退休金和养老金、裁减公务员、削减医疗和行政支出、提高增值税率、增加出售国有资产规模、设立特别危机税，以及对酒精、烟草和食品加征税赋，加征工资税，提高个人所得税免征额起征点等。然而，多轮紧缩计划并未达到减赤目标，希腊不得不通过债务违约推迟偿还债务。同时，欧盟已同意将希腊债务达标年限延长三年。

爱尔兰。爱尔兰作为小型开放经济体，对国际投资和贸易依赖程度较大，市场信誉对其尤其重要。危机后，爱尔兰在财政紧缩和削减公共部门工资方面进展较大。债务危机后的三年内，爱尔兰已出台了4个财政紧缩计划，财赤率从2010年的31.2%降至2011年的13.1%，预计2012年将控制在7.3%左右，2015年降到3%以内。2012年7月5日，爱尔兰自2010年9月以来首次重返债券市场融资，该国由此成为欧元区首个重返债券市场的受援国。爱尔兰下一个目标是争取在2013年退出救助计划。

葡萄牙。自债务危机以来，葡萄牙政府推出了包括大幅提高国内税收、冻结工人养老金和工资增长、减少失业救济金、提高能源税税率等在内的一系列财政紧缩措施，使财赤率从2009年的10.2%降至2011年的4.2%。2011年11月30日，葡萄牙议会正式通过了2012年财政预算案。该预算案被称为"有史以来最严格财政预算"。但大量紧缩政策的实施给2012年葡萄牙经济增长带来更大困难，其减赤前景不容乐观。

西班牙。自2010年5月以来，西班牙已经实施了一系列紧缩措施，包括增税、削减公务员工资等。然而，由于经济衰退和地方政府未能有效压缩赤字，致使西班牙2011年赤字率上升。当年西班牙财赤率高达8.5%，远高于6%的原定目标。为避免西班牙重蹈希腊深度衰退的覆辙，欧元区财长同意西班牙2012年的财赤率由原计划的5.3%调增至6.3%，同时将其减赤达标期限延长一年至2014年。2012年7月11日，面对国内巨大压力，西班牙政府宣布将在未来两年半内，实施一项总额为650亿欧元的新一轮紧缩计划（这是近7个月来西班牙推出的第四次紧缩方案）。为此，西班牙政府计划将增值税率从18%增加至21%，削减公务员薪酬，改革失业福利体系，对能源行业征收新的间接税，私有化港口、机场和铁路资产，取消房产税减免，并可能放弃对该国银行的大部分控制权。

意大利。2011年12月5日，意大利新政府出台"拯救意大利法令"（Save Italy Decree），公布财政紧缩措施。新措施包括增加税收、减少支出、改革养老金计划、采取促增长等措施在内的三年计划，总计300亿欧元，以实现2013年达到预算平衡的目标。意大利国会12

月 23 日高票批准了此项紧急预算计划。这是该国政府自 2011 年 6 月以来提出的第三个财政紧缩计划。2012 年 7 月 6 日，意大利总理蒙蒂领导的内阁批准了 260 亿欧元的开支削减方案，该方案比原紧缩计划略显宽松。意大利政府声明称，这项方案要求在 2012 年削减 45 亿欧元开支，2013 年和 2014 年分别削减 100 亿欧元和 115 亿欧元。蒙蒂表示，该国赤字率将在 2012 年内控制在 2% 左右，较以前 1.3% 的预测有所提高，并于 2013 年将该数字降至 GDP 的 0.5%。

法国。2011 年 8 月，法国出台第一轮紧缩财政计划，对高收入人群征收临时所得税，上调烟草、酒类产品和软饮料的税率，进一步减少合理避税项目。2011 年 11 月，法国政府宣布第二轮财政紧缩方案（即 2012 年预算案）。该方案计划通过开源节流，完成既定的削减赤字目标。据称这是"自 1945 年以来最为严苛的预算案之一"。奥朗德上台后，新政府虽然废止了前总统萨科齐定于 2012 年秋季上调增值税的计划，并在 2012 财年预算修正案中，决定向富人和大型企业征收总额达 72 亿欧元的一次性税收（这大大低于竞争中的承诺），但新政府仍声称削减赤字的短期和中期目标不变，即将财赤率从 2011 年的 5.2% 降至 2012 年的 4.5%，到 2013 年降至 3% 以内，到 2017 年实现财政平衡。

比利时。2011 年 11 月 26 日，比利时各党派就联邦预算达成一致，为成立联合政府奠定基础，也缓解了市场上的紧张气氛。此后，比利时就 2012 年、2013 年和 2014 年预算达成一致，并同意对养老金和雇佣制度进行长期结构性改革，以期于 2015 年实现财政收支平衡。2012 年预算案旨在将全年财政赤字率降至 3%。

德国。2009 年，德国修改宪法，增加了自 2016 年起借贷不得超过 GDP 0.35% 的内容，即"债务刹车计划"（debt brake plan）。该法律条文迫使联邦政府与各州政府在未来 5—10 年内限制其结构性预算赤字。根据该项法律，各联邦州自 2020 年起不允许再借贷。2011 年 11 月 11 日，德国财政部和国会就 2012 年预算案达成了协议，预计 2012 年德赤字率将控制在 1% 以内。

英国。英国财赤率在 2009 年升至 11.5%，2011 年仍高达 8.3%。从 2011 年起，英国政府开始实施二战以来最严厉的财政紧缩政策，以便大幅降低财政赤字率。财政紧缩包括削减政府支出和增税两个方面。其中，增值税税率从 2011 年 1 月 4 日起由 17.5% 上调至 20%。公共事业领域雇员未来两年工资涨幅会封顶在 1%。计划到 2017 年底，将公共事业领域的裁员人数从 40 万人增加到 71 万人。

第二节 欧盟多轮救助与希腊债务违约

随着债务危机与经济危机间的恶性循环不断深化，一些人认为，[①] 欧洲领导人已经没有能力打破这个恶性循环，为避免欧债危机演变为全球性危机，需要 IMF 和 G20 出面干预。但是，无论债务危机还是经济危机，其背后是欧盟的体制危机和政治危机，需要欧盟通过自身力量来解决。尽管希腊等国经过多轮救助和对私人债务进行违约处理，但债务状况仍不可持续，为维护欧盟团结和市场稳定，欧盟仍需要希腊留在欧元区。这无疑增加了欧盟在危机应对中的困难。

一 希腊第二轮救助与债务违约问题

对希腊第二轮救助与对希腊债务违约问题的处理交织在一起。对希腊第二轮救助主要是为了解决其面临的短期流动性风险问题，债务重组则是解决希腊中长期偿债能力问题。这两个问题之所以被联系在一起，主要是有关希腊债务重组的谈判需要欧盟、欧央行和 IMF 这"三驾马车"共同参与，希腊与私人部门债权人间达成的协议须得到欧元集团的政治确认。有关第二轮救助协议和违约安排，在 2011 年 7 月 21 日欧元区领导人特别峰会提出原则意见后，历经半年多谈判，到 2012 年 3 月 9 日才有了最终结果，从而使希腊暂时避免了无序违约风险。

1. 对希腊第二轮救助。在众多融资节点中，哪怕有一次资金不能顺利到位，希腊就有可能陷入流动性风险，出现无序违约。据希腊财政部预计，2012 年希腊政府债务将达到 3719 亿欧元，与 GDP 比率将从 2011 年的 161.8% 增加到 172.7%；利息支出将达到 179 亿欧元，与 GDP 比率将从 2011 年的 7.4% 增加到 8.3%。而到 2012 年年初，"三驾马车"对希腊

[①] 《欧元区亟需外援》，美国加州大学伯克利分校教授巴里·埃森格林、波兰布雷迪债务重组计划顾问彼得·阿伦和加里·埃文斯，联合为英国《金融时报》撰稿，2011 年 9 月 8 日。

1100亿欧元的第一轮救助资金基本发放完毕，希腊在2012年3月20日前还将有145亿欧元债券要到期融资，亟须第二轮救助，否则将出现无序违约。而在2月中旬前，希腊未能就总额1300亿欧元的第二轮救助计划与欧元区、欧央行和IMF这"三驾马车"达成一致，[①] 原定于2月15日举行的欧元区财长会议推迟到2月20日举行。2月21日，经过12个多小时的艰苦谈判，欧元区财长们终于就向希腊提供第二轮援助方案问题达成协议。该协议的达成，驱散了笼罩欧元区长达数月的不确定性阴云，短期内避免了希腊的无序违约风险。在第二轮救助协议中，欧盟在延长贷款条件的同时，给予希腊相当优惠的利率。[②] 另据报道，在资金安排上，大部分用于债务重组和保证希腊银行系统的稳定，而在促进经济恢复方面几乎没有安排资金。这其中，约300亿欧元用于鼓励民间部门参与债务重组，230亿欧元用于希腊银行系统重组，另有350亿欧元供希腊赎回到期债券。[③]

2012年2月10日，欧元区财长会议曾决定，鉴于希腊将于春季举行大选，为使各党派领导人保证在选举后维持其作出的财政紧缩和改革承诺，要求希腊在获得1300亿欧元的第二轮救助贷款前，应满足一些附加条件：[④] 2012年财政预算进一步削减3.25亿欧元，包括削减3亿欧元养老金；将私营部门的最低工资标准降低22%（至560欧元/月左右）；年内减少32亿欧元政府开支并裁减1.5万名公务员（约为当时公务员数量的1/50），3年内裁减15万人；加强税收征管，加快国有资产出售进程；议会须通过一揽子改革方案等。2月13日，希腊议会以2/3的多数通过

[①] 早在2011年7月21日的欧元区峰会上，确定对希腊第二轮救助的资金总额为1090亿欧元，保证其在2014年年底前的融资需求。由于希腊私有化计划未能取得进展，其在2014年年底前实现300亿欧元的私有化计划可能落空，加之经济进一步衰退导致减赤计划未能完成，融资缺口进一步扩大。因此，希腊第二轮救助计划的资金总额增至1300亿欧元。

[②] 根据会后声明，欧元区将通过EFSF为救助计划筹集资金并向其发放贷款。新贷款期限从7年半延长至15—30年，贷款利率从4.5%—6%降至约3.5%，接近但不低于EFSF自身的融资成本。希腊现有债务的还款条件可根据上述原则进行调整，且有关安排同样适用于葡萄牙、爱尔兰。

[③] 《欧元区财长就希腊第二笔援助方案达成协议》，2012年2月21日，路透中文网，http://cn.reuters.com/article/。

[④] 第一轮救助总额1100亿欧元，共分为六批。按照计划，第二轮救助将满足希腊2014年底前的资金需求。即便按最好的情景预期，希腊到2020年主权债务占GDP比重才能达到120%。

了这些附加条件，从而为获取第二轮救助扫清了阻碍。

2. 对希腊违约问题的特殊处理。希腊债务违约问题是欧元区主权债券的首起违约问题。有关希腊债务重组问题的谈判从2012年1月13日开始，原定于1月23日在欧元区财长会议前达成总体框架协议，但未能如愿，直到3月9日才最终达成协议。

早在2011年7月21日欧元区领导人特别峰会上，为避免希腊无序违约和其他国家竞相违约，会议决定对希腊债务违约问题做出特殊处理。相关规定主要有：一是希腊可采取债务展期和折价兑现两种方式减轻还债压力；二是相关方式需在私营部门"自愿"的前提下进行；[①] 三是相关违约安排只限于希腊，不适用于其他国家。欧盟预计，在2015年以前，通过这种"软违约"方式筹集的资金额将达到500亿欧元。其中，370亿欧元通过债券互换和展期实现，126亿欧元通过债券折价回购实现。预计到2019年，私营部门的贡献值预计将达1060亿欧元。

与希腊违约相关的三个重要问题：一是违约率被不断提升。[②] 2011年7月21日，欧元区峰会确定希腊违约率为21%，但随着希腊偿债前景不断恶化，最后私人债权人将面临53.5%甚至更高的损失。[③] 二是对债券利息和债券期限等关键问题的安排。任何新计划都将涉及债券展期时限、利率优惠程度等问题。三是参与减记的私营部门投资者比例。任何债务重组计划都必须有较大比例的私营部门的自愿参与。希腊要实现到2020年把债务额与GDP比率降到120%这一目标，私人债券持有人必须百分百的配

---

① 欧央行最初曾反对希腊债务重组谈判，认为如果违反了私营部门意愿，即意味着违约。欧元区领导人对此进行了灵活处理。法国银行业和保险业草拟的一项提议呼吁把希腊国债到期后的一半收益用于对30年期国债进行再投资。欧央行表示，愿意接受法国的提议，前提是展期建立在自愿的基础之上。标准普尔也表示，法国银行业提出的希腊国债展期计划或将被视为希腊债务违约。标准普尔判断债务违约的标准有两个：其一，交易是否出于被迫；其二，展期方案是否意味着投资者所持债券的价值会缩水。根据这两个标准，希腊债券已经违约。参见《希腊债务展期计划徒劳无功》，《华尔街日报》（中文版）2011年7月5日。

② 希腊债务违约的难点是，私人债券持有人不愿承受更大损失。为了说服债权人自愿接受重组，欧元区开出300亿欧元的补偿条件，另外还承诺提供数百亿欧元帮助蚀本的希腊银行进行资本重组。

③ 即便是50%的违约率，要想使希腊从3500亿欧元的国债中减少1000亿欧元，达成债务可持续水平的最低目标，也难以保证其到2020年达到债务与GDP比率降至120%的目标。考虑到希腊政府新债券的期限为30年，平均票面利率为4%，在这种情况下，私人债权人将面临65%—70%的损失。

合。鉴于私人债券持有人必须被迫承受大量损失，单纯依靠"自愿性"重组很难实现债务减负目标。为此，希腊通过立法，对希国债强制实施"集体行动条款"（collective action clauses）。该条款规定，在某些情况下，希腊可以强迫所有债券持有人接受债务重组方案。虽然这一条款有助于希腊实现减负目标，但这也可能迫使信用违约掉期（CDS）的卖方向买方支付赔偿。

3. 希腊债务重组的最终安排。2012 年 3 月 9 日，希腊历史性的 2060 亿欧元债务重组终于尘埃落定，暂时解除了希腊的燃眉之急。鉴于希腊债务减记自愿参与率至少已经超过 80%，因此不会发生无序违约。唯一的细节是，少部分没有自愿参与减记的债权人将被强制减记，而他们可能使用持有的 CDS 要求偿付，[①] 但对市场来说这无伤大局，因为欧盟与 IMF 的救援款将顺利发放，3 月 20 日的到期债务问题将顺利解决。

债务重组将为希腊减记约 1000 亿欧元债务，使该国危机暂时得到了缓和。在符合条件的 2060 亿欧元债券中，有 1970 亿欧元债券将被置换成新债券，而这其中既有自愿参与置换的，也有因所谓的集体行动条款而被迫参与的。其有关规定为：

一是官方贷款人（ECB 和各国央行）承诺将在未来 5 年向希腊发放纾困贷款的利率调低 0.5 个百分点，将 5 年后的利率调低 1.5 个百分点，借此可减少希腊还款负担 14 亿欧元。

二是呼吁私人债权人将所持 2060 亿欧元希腊国债减记 53.5%，借此可削减希腊债务 1070 亿欧元。[②] 同时，进一步调低"旧债换新债"中新债券的利率。希腊每年必须支付的利息将减少，而且利息率也普遍低于之前的水平。

三是 ECB 承诺放弃过去 2 年持有的约 450 亿至 500 亿欧元希腊债券产生的利润，借此可将希腊融资需求降低 18 亿欧元。

[①] 国际掉期业务及衍生投资工具协会（ISDA）召集的一个小组在 2012 年 3 月 9 日晚间裁定，希腊启用集体行动条款已侵犯了债权人的权利，批准 CDS 合约进行赔付。惠誉和穆迪当日宣称希腊违约。

[②] 按照重组规定，希腊债权人每持有 100 欧元债券，将获得价值 15 欧元的由欧元区救助基金发行的高质量短期债券，以及 31.5 欧元期限在 11 年到 30 年的希腊新债。2012 年 3 月 20 日到期的希腊债券总计 145 亿欧元，但希腊却无钱偿还。这笔债券也将整体被迫参与置换，希腊新债首个本金偿付日是 2023 年。

与此同时，希腊也将为债务置换协议付出一定代价。其一，希腊将执行更严格的救助条款，除落实大幅削减养老金、工资、裁减公务员等举措外，还拟通过修宪将债务偿付列为财政优选项目，力求在2020年将其债务降至GDP的120.5%。希腊还接受国际观察员常驻希腊，监督协议落实情况。其二，希腊银行业和希腊退休基金将承担数十亿欧元的损失。前者需要资本重组，而后者则需要补充资本。

此外，该债务置换交易也使希腊债权人结构发生了变化，使希腊与其他欧元区国家捆绑在一起。2010年第一次救助前，希腊债务全部由私人投资者持有，但债务置换交易后，其债权人主要由欧元区其他成员国、欧央行及国际机构组成（约占债务总额的70%以上）。这样一来，希腊未来的种种问题将成为官方实体，而非金融市场参与者的问题，希腊债务问题也因此成为欧元区各国共同面临的问题。

4. 希腊仍是一个重要的风暴点。债务违约不大可能解决希腊根深蒂固的债务问题。[①] 即便在债务减记后，希债务水平仍然远远高于其GDP。希腊的问题远不是依靠外部救助所能根治的，希腊能否以一个运行良好、具备偿债能力的主权国家形象重返市场仍有很大疑问。2012年7月末，希腊执政的新民主党曾拟订一系列针对削减公共开支的计划，[②] 但由于联合政府内三大党派存在意见分歧，再度引起市场恐慌。7月28日，希腊与国际债权人的磋商未能取得预期结果，而希腊再次面临数百亿欧元的资金缺口，使其退出欧元区的威胁再度变得紧迫。花旗集团预言，未来12—18个月，希腊退出欧元区的可能性高达90%。一些债权人已经对希腊失去耐心，德国和其他欧元区成员国不再情愿拿出更多资金。而由于希腊偿债能力不足，该国要求再一次进行债务重组不可避免。这是因为：

第一，希腊债务问题仍是一个"无底洞"。据一项针对希腊债务前景的内部报告显示，[③] 对希腊的救助已开始脱离既定轨道。第二轮救助仅能

---

① 《希腊债务重组暂解燃眉之急，但风险犹存》，2012年3月12日，《华尔街日报》中文版。

② 为了满足债权人所提出的要求，希腊政府必须在2013年到2014年间削减总额115亿欧元的公共支出。

③ 该份官方文件名为《对希腊债务初步实现可持续的分析》，是"三驾马车"的研究人员专门为这次财长会议准备的。参见《希腊债务噩梦难以真正得到解决》，2012年2月21日，http://www.meigu18.com/。

满足到2014年年底前的融资需求。在这轮救助贷款使用完后,希腊政府还需要新一轮救助贷款,才可能在2020年使债务与GDP比率达到约120%的控制目标。在2015—2020年,可能仍将面临500亿—700亿欧元的资金缺口。但若希腊能够在2020年前的最后几年中获得有限的市场准入,资金需求缺口可能有所减小。该报告显示,在较悲观的情况下,希腊债务降幅将大大低于预期,到2020年仅能达到GDP的160%。也有观点认为,债务重组仍无力改变市场对于希腊未来前景的预期。① 希腊债务重组计划已经为时过晚,对提高偿付能力的作用有限。由于希腊经济增长乏力,财政收入难现增长,债务规模仍将不断增长。新发行的30年期国债收益率也高达25%。

第二,希腊提高竞争力在欧元区体制内不太可能。希腊自身的"造血功能"极度匮乏,通过降低劳动力成本来提高竞争力的方式存在明显的局限性。这种方式对竞争力提高的空间也有限。加之希腊工会势力强大,削减劳动力及下调最低工资政策引发的不公平很容易遭到公众抗议。从希腊和战后其他欧洲国家经历看,提高竞争力更主要的措施是本币贬值(见专栏7-1),而这在欧元区内,在现行体制下是不可能的。Bank Credit Analyst (BCA)认为,② 虽然有迹象显示希腊在克服危机方面取得了一些进展,但以当前速度,希腊的竞争力要想赶上德国,还需再过30年像今天这样的紧日子,一面维持高失业率,一面努力降低负债。要更快地缩短这一差距,德国的通货膨胀就必须快于欧元区外围国家。

第三,希腊未来是否履行承诺,存在着高度不确定性。希腊屡屡违背承诺,成为导致债务危机不断升级的重要因素。有分析指出,希腊为获得援助而被迫通过了严苛的紧缩措施。但面对国内强大压力,希腊新政府在严格履行承诺的同时,还要使严苛的紧缩措施让本国民众接受。这两个目标难以同时实现,未来违反承诺的可能性仍非常大。③ 2012年7月24日,由欧盟委员会、欧央行和IMF组成的"三驾马车"代表团重返希腊,对其履行协议情况进行评估,以决定是否向其发放第二轮救助款。希腊能否

---

① 奥塔维亚诺·卡努托、布瑞恩·平托、莫纳·普瑞沙德:《主权债务有序重组知易行难》,《中国金融》2012年第11期。

② Randall W. Forsyth:《欧元的命运》,2012年7月16日,《华尔街日报》(中文版)。

③ 正是出于防范希腊政府违背承诺的考虑,经德国提议,欧元区财长已要求希腊将部分财政收入放入专门用于偿还债务的第三方托管账户上,以此换取数亿欧元的新救助资金。

顺利拿到救急钱，以确保留在欧元区，再次引发关注。

二 葡萄牙债务违约或接受新一轮救助的可能性

2011年11月28日，评级机构穆迪警告称，欧元区国家出现一系列债务违约的风险已不容忽视。流动性危机持续时间越长，债务违约风险上升的速度就越快。理论上，出现偿债能力危机的希腊、爱尔兰和葡萄牙都有发生重组的可能。只有通过减记部分债务，这些国家才能摆脱困境。投资者担心，葡萄牙很可能成为下一个希腊，存在出现债务违约或接受新一轮救助的可能性。

一是经济收缩导致偿债能力下降，偿债前景堪忧。2008年以来，葡萄牙经济萎缩3.2%，预计2012年将继续收缩3.3%。葡萄牙经济不仅面临周期性困难，而且存在竞争力低下等结构性问题。葡萄牙长期以来主要从事纺织服装等低端产品生产，在中东欧国家入盟后，这些产业受到较大冲击，成为唯一一个GDP基本无增长且存在巨额经常账户赤字的欧元区成员国。2001—2005年，葡萄牙经常账户赤字占GDP比重平均为8.9%，2006—2010年为10.8%。2009年后，葡萄牙经常账户形势因经济和内需收缩，逆差小幅收窄，而竞争力却没有改善的迹象。另一方面，虽然葡萄牙财赤率从2009年的10.2%降至2011年的4.2%，降幅明显，但主权债务与GDP比率继续上升，预计2012年将达到114%。

二是葡萄牙接受第二轮救助或债务违约的风险均较高。按照欧盟和IMF计划，葡萄牙应在2013年重返市场融资。但市场担心葡萄牙可能会像希腊一样，需要第二批救助或债务重组。一般来说，10年期国债收益率达到7%意味着要寻求第一轮救助，而国债收益率持续达到17%可能意味着需要第二轮救助。2012年1月13日，标普下调葡萄牙主权信用评级后，葡萄牙成为继希腊后第二个被三大评级机构同时评为垃圾级的欧元区国家。花旗集团随即将葡萄牙从其欧洲债券指数中剔除，导致大量投资者和金融机构抛售葡萄牙国债，葡萄牙融资成本飙升。2012年2月初，葡萄牙10年期国债收益率曾急剧上涨，短期内突破17%，信用违约互换（CDS）价格已升至历史新高。之后，随着债务危机整个风险回落，才逐步平息。虽然德国总理默克尔表示私人部门参与救助（PSI）的谈判只适用于希腊，但如果葡萄牙不能按计划回归市场融资，再没有新一轮救助，葡萄牙很可能会像希腊一样，要求债券投资者承担损失，从而步希腊后尘。意大利裕信（UniCredit）银行认为，如果到 2014 年年底葡萄牙仍被债券市场拒之门外，那么该国可能进一步面临 500 亿欧元的资金缺口。届时葡萄牙将不得不违约。①

三 发行欧元债券提议屡遭抵制

发行欧元债券被经济学家们认为是最有可能终止债务危机的不多选项之一。这是因为：从短期看，发行欧元债券可利用整个欧元区的信誉做担保，弥补重债国信用不足，降低危机国，特别是西班牙、意大利等两个受困大国的借贷成本，同时也可以让德国和北欧等债务状况良好国家的纳税人免为南欧成员国再掏钱施救；从长期看，可以形成统一的欧元债券市场，并有助于欧元区向共同的财政政策过渡。正因为如此，债务危机以来，欧元债券方案曾三度被提出，但其构想均遭破产。这三次方案均是在债务危机愈演愈烈，欧盟救助能力不足时提出的。第一次集中在 2011 年夏，提出者包括欧元集团主席容克，以及斯蒂格里茨等一些国际著名的经济学家；第二次是在 2011 年 11 月 23 日，欧盟委员会发布《稳定债券绿皮书》，就欧元区 17 个成员国联合发行债券的提案；第三次是 2012 年 6 月在欧盟夏季峰会上，以法国总统奥朗德为代表的欧盟领导人再次提出欧元债券方案，遭到德国和一些北欧国家的强烈抵制。

与第一次方案不同的是，欧委会正式发布的提案是以可行性研究的方式提出的，同时不回避发债的条件和问题。该提案提出了三种备选方案：一是设立欧元区债务局发行欧元债券，取代各成员国国债，欧元区 17 国为欧元债券提供联合担保。根据这一提案，所有新发行的国债都将以欧元债券形式发行，现有国债则将转换为欧元债券。二是欧元债券与成员国单独发债"双轨并行"。欧元债券由各成员国联合担保，满足成员国一部分融资需求。根据这种方案，成员国可以按一定限度取代国债，比如占该国GDP 的 60%，也可以设定一个最高上限，上限因各国政府遵守欧元区规定的合规程度而异。三是"双轨并行"，但各国对欧元债券不再提供联合担保，仅担保自身的债务。

该文件同时强调说，发行欧元债券的前提条件是，在严肃预算纪律和

---

① 《葡萄牙救助前景与欧元区状况戚戚相关》，2011 年 11 月 18 日，《华尔街日报》（中文版）。

提高经济竞争力方面采取新的措施,有些还需要对条约进行修改。而发行欧元债券,可能减弱欧元区成员国政府在预算方面的自律性,导致其改革动力更加不足。该文件称,欧委会将在广泛征求各界意见后,于2012年年初选定最终方案。①

需要指出的是,发行欧元区联合债券的提议一直遭到以德国为代表的部分北欧国家的强烈反对。除德国外,荷兰、瑞典、芬兰等拥有AAA主权债券评级的国家也反对发行欧元债券。② 2011年8月16日,法国总统萨科齐和德国总理默克尔在巴黎会谈后,一致同意不联合发行欧元债券。2011年12月5日,默萨峰会后,德法再次重申不支持发行欧元债券。然而,奥朗德就任法国总统后,再次力推欧元债券。2012年5月24日,奥朗德表示希望看到欧元债券"写入欧盟未来议程",并称其是拯救欧元区危机的基本方法。2012年6月27日,德国总理默克尔就欧元债券问题态度强硬,说推动发行欧洲债券而忽略财政共同监管是本末倒置。此前一天,在基民盟议会党团会议上,总理默克尔再次严词拒绝欧洲债券,她甚至放出狠话说,"只要我活着",就不会推行欧洲债券。至此,围绕欧元债券问题,欧盟国家形成了以法国和德国为首的两大阵营。

德国等国之所以反对发行欧元债券,主要观点有:

第一,各国主权债券存在收益差是必需的,可以促进欧元区内部的资本流动。而区内资本流动有助于调节内部经济,避免出现过大的失衡。欧元启动前,区内资本流动主要受汇率因素影响。欧元启动后,汇率风险不复存在,各国信用等级差异就成为唯一预防过度资本流动及内部失衡的手段。如果投资者能够获得不加限制的保护,其持有的债券没有损失风险,那么资本就会继续毫无阻碍地在区内各处流动,从而加剧不平衡。

第二,发行欧元债券会抵消市场对赤字国的约束功能,增加道德风险。多年来,由于《马约》和《稳定与增长公约》规定的债务限额不具有强制性,一些成员国有恃无恐地突破这一限制。现阶段推行欧元债券,不仅无助于根治债务危机,反会推高德国等国的融资成本,使金融市场失去对重债国的自动惩罚机制,并且无法从根本上解决重债国竞争力缺失等

---

① 由于德国等国强烈反对,最终方案胎死腹中。
② 荷兰首相马克·吕特表示,要想推出欧元区债券,必须建立财政联盟。另外,芬兰总理于尔基·卡泰宁也反对欧元区债券;德国财长沃尔夫冈·朔伊布勒表示,建立一个全面成熟的政治联盟将是推出欧元区债券的前提条件。

核心问题。而主权债券收益率上升,会迫使一些重债国政府实施紧缩计划,市场"倒逼"各国把债务上限问题当作大事来做,而欧元债券的引入会抵消这一约束功能。

第三,发行欧元债券需要以财政一体化为基础,这一前提条件尚不具备。发行欧元债券是要拉平欧元区各国的借贷成本,德国主张应在财政和政治一体化推进到一定阶段后再发行欧元债券。从共同承担债务风险的角度看,德国认为,只有足够的监管措施到位,才能谈及共同责任,只有在为财政、银行与政治一体化打下坚实基础后,德国才会让德国的纳税人接受额外的负担。

此外,欧元债券难推行,还存在一系列的技术细节问题,诸如由谁来发行,谁提供担保,以及发行多少等问题。如果不设限,不知收敛的国家就会毫无节制地花钱,而成本则由节俭国家来承担。从法律上看,欧元债券出台,也将是个漫长的过程,需要分成多个阶段完成,就像20世纪90年代推出欧元时那样,必须为此修改欧洲的条约,还需修改各国宪法。

专栏7-3 对希腊债务重组问题认识的不断深化

所谓债务重组,即债务违约,也就是不能在债务到期时足额支付本金和利息。重组可分为两种,一种是债务延期偿还,也被称为债务展期(即所谓的"软重组");另一种是到期债务折价偿还(即所谓的"硬重组")。一直以来,债务重组都被认为是解决希腊债务危机绕不过去的"坎"。

鉴于债务重组可减轻德国纳税人为救助希腊所承受的负担,重组受到德国的极力推动。另外,欧央行和法国等国极力反对重组,担心这项措施会在比较疲弱的欧元区国家中引起新的金融恐慌。欧央行多次表示,强制延展偿债时间,也意味着违约。如果希腊发生了债务重组,欧央行将不接受希腊以主权债券进行的抵押贷款。一旦这种情况发生,意味着希腊不仅面临着流动性危机,而且也将导致银行破产和其他灾难性后果发生。

鉴于上述,德国总理默克尔不得不在2011年6月17日做出让步,同意仅要求债券持有人"自愿"为救助希腊做贡献(即"软重组")。"软重组"被解读为是带有自愿性质的一项措施,也就是劝说希腊债券持有人从长远利益出发,暂时承担重组带来的部分损失,或者自愿同意将偿债期限继续后推,以维持希腊债务的可持续性。希腊也可以寻找新的投资者,以减免利息等方式进行再融资。2011年7月21日,在欧元区领导人特别峰会上,各方相互妥协,终于就此问题达成共识。会后声明称,私营部门按自愿原则为降低希腊债务负担提供支持,但这一安排属于特例,只限于希腊。这实际上是欧洲单一货币建立后欧元区主权债券的首起违约。

希腊及历史上其他国家债务重组留下了深刻的教训。在遇到债务危机时,应当快速辨识债务国究竟是遇到了流动性危机,还是偿付能力危机。如果是后者,就应该快速启动有序的主权债务重组。重组应当从私人部门债务减记开始,之后再进行官方债务援助。反之,如果一个国家已经面临严重的清偿问题,但仍然因为内部或外部原因拖延债务重组,那么在大多数情况下将导致未来更高的债务减免和救助成本,以及对该国经济的毁灭性打击。

参考资料:

1.《主权债务有序重组知易行难》,奥塔维亚诺·卡努托、布瑞恩·平托、莫纳·普瑞沙德,《中国金融》2012年第11期。

专栏7-4 希腊违约风险与欧洲版的雷曼风暴比较

将希腊违约与雷曼倒闭比较存在一定困难。希腊政府债务接近3500亿欧元(约合4700亿美元),雷曼倒闭前债务是6130亿美元。两者主要不同点在于其债务的复杂性,而不是债务规模。作为华尔街第四大投行,雷曼处在数以万计的交易中心,其交易往往不容易被发现,也很难估价。其倒闭之所以引起恐慌,是因为市场无法知道谁是交易的受损方,雷曼所欠债务是否也会给自身带来威胁。但希腊违约不太容易重现这种情况:一是因为希腊国债的债权人较少,2/3债务由约30家机构持有;二是希腊债务在很大程度上是公开的、可估价的;三是所持债务占其资本比重较小,据Barclays Capital估算,除希腊银行外,其他银行持有的债务不到其第一级核心资本的10%;四是一些银行购买了信用违约债券(CDS),这在一定程度上也规避了违约风险;五是银行的监管者在风险披露和信息公开方面取得很大进展。所有这一切说明,一旦希腊不能及时偿付债务,欧洲银行业也可能抵御希腊的"软违约",不会对金融体系造成大的危害,如延长现在债券到期时间,特别是延长期的利息仍然照付。

然而,另外,除政府债券外,对希腊企业的贷款,直接或间接补贴,以及对其他外围国家的贷款等,都给银行业带来风险。希腊违约将是60年来第一个违约的发达国家。同时,令人担心的是,希腊违约可能传染至其他外围国家。爱尔兰和葡萄牙政府债务分别为1500亿欧元和1600亿欧元。希腊违约将促使欧洲银行业减持爱尔兰、葡萄牙等国债券,导致其收益率升高。而一旦其传染至西班牙和意大利,形势将更加严峻。意大利国债总额约1.8万亿欧元,是希腊、爱尔兰、葡萄牙三国GDP之和的120%,西班牙国债也高达6400亿欧元。

参考资料:

1. *The Economist*, June 25th, 2011, "Fear of fear itself".

第三节 欧央行单一目标与危机应对政策

1998年,以德意志联邦银行为模板,欧洲中央银行在法兰克福正式成立。十多年来,欧央行作为欧洲单一货币的唯一管理机构,通过坚持稳定物价的单一政策目标,维护了欧元币值稳定和金融市场稳定。2008年以来,欧央行无论在抵御国际金融危机还是主权债务危机中,都发挥了重要作用。但与此同时,其政策立场也引起了广泛争议。

一 欧央行货币政策目标的转变

金融危机以来,全球主要中央银行的货币政策,很大程度上都是在维护物价稳定与金融稳定之间权衡,都把高于目标水平之上的通胀率看作保持金融和经济稳定所必须付出的代价。即便是英格兰银行,也放弃了通货膨胀目标政策,转而维护金融稳定。严峻的经济金融形势和全球主要央行货币政策的变化,也在很大程度上促动了欧央行。金融危机以来,其货币政策也发生了微妙的变化。

1. 1998—2008年:保持物价稳定的单一目标。欧央行深受德国央行的影响,长期恪守稳定物价的单一目标。在欧元诞生后的第一个20年,欧元走强的一个重要原因就是欧央行坚定不移地维护物价稳定,通过保持物价稳定，实现了欧元币值的稳定，欧元对内稳定成为对外稳定的基础。

2. 2008年—2011年10月：在保持物价稳定的同时，为维护金融稳定显现出一定的灵活性。欧央行前任行长让-克洛德·特里谢在保持物价稳定方面，有其强硬的一面。2011年在欧元区经济放缓，同时又因全球大宗商品价格上涨而出现通货膨胀的情况下，欧央行两次上调政策性利率，共上调50个基点。这进一步加重了希腊等外围国家的经济衰退，也推高了这些国家的债务融资成本。

特里谢的强硬立场，还表现在对希腊债务危机的救助上。特里谢拒绝欧央行直接参与对希腊的第二轮救助计划，也反对希债务违约方案。特里谢称，任何强迫私人部门的解决方式都意味着将发生"信用事件"，这对欧元区将是"巨大的错误"。特里谢领导下的欧央行称，它接受由投资者自愿同意购买希腊债券以代替到期债券，但欧央行不打算将其持有的希腊债券展期。否则，欧央行将拒绝接受希腊以债券进行的贷款担保。

与此同时，在两场危机面前，特里谢为维持金融市场稳定，其政策又表现出灵活性的一面。2009年，欧央行为弥补银行间市场流动性的不足，为紧缩的信贷"结冻"，曾分三次投入6140亿欧元的一年期贷款，缓解了流动性不足带来的市场压力。① 但这些贷款中，有一半被银行用于套利交易，购买政府债券。这也使欧洲银行业的资产质量与政府债券信誉紧紧地捆绑在一起，成为后来银行业资产质量普遍恶化的一个重要原因。此外，从2010年5月开始，欧央行实施了证券市场购买计划（SMP），购买外围国家国债，在一定程度上缓解了其收益率上升的趋势。但总体看，在2010年和2011年大部分时间内，欧央行所采取的一些措施不足以阻止债务危机恶化。

3. 2011年11月以来，维护金融市场稳定。2011年11月1日，意大利经济学家马里奥·德拉吉正式担任欧洲中央银行行长一职，接替任期届满的特里谢。德拉吉上任后，欧央行政策立场发生明显变化，从保持物价稳定为主转向维护金融稳定为主。这既与主权债务危机愈演愈烈

---

① 第一次操作时，银行吸收高达4420亿欧元资金，但后两次的吸贷规模均不及第一次的1/4。其中的主要原因是，当时市场上流动性已较为充足，欧央行的资金难以显现出优越性。

的背景有关,也与德拉吉的政策理念和个人经历有关。德拉吉行事大胆,不拘泥于程式。无论从个人风格还是从政策思路上看,德拉吉与其前任特里谢差异都较大,德拉吉更像美联储主席伯南克。在他早年任财政部高官期间,不仅彻底改变了意大利金融市场准则,而且使意大利1999年首批进入欧元区,被称为国际金融界最受人尊敬的意大利人,媒体称他为"超级马里奥"。2011年7月,德拉吉尚未接任行长一职时,就称:欧元区主权债务危机已经进入了一个新阶段,各国政策制定者必须作出"明确的"回应来阻止这场危机的蔓延。他指出,债务危机已对欧元造成了威胁。[①]

德拉吉在上任不到40天之内,连续两次降息,使欧元区政策性利率水平恢复到金融危机之后的状态。2012年7月5日,欧央行再度降息,将政策性利率降至0.75%。德拉吉虽然公开声明,欧盟条约禁止欧央行通过创造新的货币,来弥补成员国的资金缺口,无论法律上存在何种漏洞,他都不赞成寻找机会钻条约空子。但事实上,德拉吉领导下的欧央行通过隐蔽的方式实施量化宽松政策,向金融市场大规模注入流动性,维护了金融市场和主权债务市场的稳定,避免了由意大利和西班牙债务形势恶化而导致的整个欧元区内的流动性危机。

二 欧央行在债务危机中发挥关键性作用

在降息空间受到限制的情况下,欧央行更多地通过购买资产(证券市场购买计划,SMP)或者增加贷款(长期再融资操作,LTRO)来扩张资产负债规模,实施所谓隐蔽的数量宽松政策。欧央行通过上述两种方式向市场注入欧元,与美联储使用的量化宽松政策大体相近。欧盟财经总司在报告中就认为,欧央行较早地采取措施增强市场流动性,之后甚至求助于非常规的政策措施如量化宽松政策。[②]

无论SMP还是LTRO,都是欧央行采取的量化宽松政策。与SMP相比,LTRO是较为间接的量化宽松政策。欧央行通过LTRO,促使银行拿到钱后去购买政府债券,然后再把债券返还给欧央行作为贷款抵押,这些

[①] 德拉吉:《欧元区主权债务危机已经进入一个新阶段》,http://forex.hexun.com/2011-07-14/。

[②] DG ECFIN, EC, "Economic Crisis in Europe: Causes, Consequences and Responses", p. 62, *European Economy*, 7/2009.

债券最终还是回到欧央行账户上，只不过银行成了欧央行购买政府债券的"代理人"。① 欧央行的量化宽松政策虽然也屡屡遭到抵触（主要力量来自德国），但在债务危机步步深化、EFSF 和 ESM 等"防火墙"尚不完备的情况下，只有欧央行才能发挥稳定市场的作用。

1. 欧央行证券市场购买计划（SMP）及其效果

欧央行在债务危机中承受了巨大的负担和压力。早在 2009 年 5 月金融危机期间，为增强金融市场流动性，欧央行就尝试运用非常规政策措施来稳定金融市场，同意购买总额约 600 亿欧元的以欧元计价的债券。这种信用放松计划与英格兰银行 2009 年 3 月时引入的资产购买工具相类似。② 债务危机后，为确保其货币政策在资金和信用市场之间传导，欧央行从 2010 年 5 月开始实施 SMP 措施，在二级市场上购买欧元区主权债务，并同时在一级市场和二级市场购买合格的私人债务工具。截至 2011 年 12 月初，欧央行为抑制借款成本上升，通过 SMP 购买了 2170 亿欧元主权债券。③ 同时，欧央行每周会发行固定期限存款工具对冲掉 SMP 所提供的流动性。从规模上看，欧央行 SMP 计划的总额仅占 GDP 的近 3%，而美联储和英格兰银行的回购规模约为其各自 GDP 的 15% 以上，因此未来尚有较大的操作空间。

对于欧央行的 SMP，市场上有两种不同声音。支持的观点呼吁实施无限量的 SMP。鉴于债务危机已经危及欧元自身，索罗斯呼吁欧央行无限量地购买欧元区主权债券，不惜代价地阻止债市动荡。④ 其中一种方式就是对主权债券收益率强加上限，如将收益率定在 5%，然后在条件允许的情况下逐渐降低其借贷成本，ECB 无限量购买债券，直到市场确信其能够恢复到关键水平。另外，抵制的声音也很强烈。欧央行执委、德国央行行长魏德曼表示，欧央行大举购债将面临一系列法律、经济和政治约

---

① 在 LTRO 资金使用上，虽然 ECB 并未对其做出具体规定，但对银行来说，用这笔廉价贷款购买主权国家债券、赚取中间息差是简单易行的高回报套利手段。法国总统萨科齐就毫不避讳地直接敦促意大利和西班牙各大银行购买本国政府债券。

② DG ECFIN, EC, "Economic Crisis in Europe: Causes, Consequences and Responses", p. 66, *European Economy*, 7/2009.

③ "Euro Undermined as Draghi Undoes Trichet Rates", Dec. 12, 2011, *Bloomberg News*.

④ 《索罗斯呼吁欧洲央行无限量购买欧元区主权债》，乔治·索罗斯，2011 年 11 月 2 日，《华尔街日报》（中文版）。

束。欧央行无限量购债将违背欧盟法律，削弱成员国政府进行财政改革的动力，使财政亏空让货币联盟内的盈余国来负担。一旦欧央行大规模扩大购债规模，将混淆货币政策与财政政策的界限，自身将面临丧失独立性的危险。2011年9月9日，欧央行理事会成员斯塔克因反对收购国债计划而辞职，使欧央行内部意见分歧进一步显露。

对于上述两种争论，欧央行强调SMP是临时性的，不是为政府而进行融资。2011年8月29日在欧洲议会经济货币事务委员会举行的听证会上，特里谢指出，欧央行通过SMP恢复债券市场干预措施，目的是对一些功能紊乱的市场进行修正。干预没有改变欧央行货币政策立场。为了对SMP释放的流动性"消毒"，欧央行重新吸收了注入的流动性。特里谢解释说，欧央行的这些行动，完全符合货币融资规定和金融独立性要求。德拉吉也称，实施SMP的目的在于稳定市场，改善金融市场利率传导机制，并称该措施是暂时的和有限的。

欧央行的SMP政策，虽赢得了好评，但仍无法解决投资者对于欧元区各国政府减赤及还债能力的担忧，只是为避险投资者提供了从意大利和西班牙国债脱身的机会，使他们转而买入更安全的德国国债。而欧洲金融稳定工具（EFSF）是否能接过欧央行的担子，代替其发挥一线作用，仍存在许多不确定性因素。

2. 欧央行的长期再融资操作（LTRO）及其效果

2011年12月，欧央行向523家欧洲银行投放了总额为4890亿欧元的3年期再融资操作（LTRO）。[①] 无论从数量还是期限上看，这都是罕见的。这次LTRO将银行间拆借利率拉低了近0.5个百分点。LTRO释放的流动性，使主权债券和银行间拆借市场的压力得以缓解，使金融市场暂时得到稳定。同时，也消除了市场紧张情绪，缓解了欧元区主权债务市场的压力，有助于西班牙和意大利等国降低借贷成本。

[①] 危机之前，再融资操作一直作为ECB的常规政策工具存在。ECB每月进行常规再融资操作时，都会事先明确信贷投放量，通过浮息招标方式向银行体系提供为期3个月的流动性，银行需要向ECB提供合格的担保品。但随着危机的演进，ECB的再融资操作期限也逐渐延长，从3个月扩展到6个月、1年和3年，金融机构为获得长期再融资贷款所需提供的担保品范围也不断扩大，交易对手方的范围也在扩大。特别是，ECB近期推出的两轮LTRO期限长达3年，而且没有预设信贷投放量，由欧洲的银行提出需求量，ECB按照1%的固定利率，无限量提供流动性。

2012年2月29日，欧央行实施第二轮LTRO，以1%的固定利率向800多家金融机构提供5295亿欧元3年期贷款，这也是欧央行有史以来最大规模的再融资操作。与第一轮LTRO相比，第二轮LTRO政策不仅参与的金融机构数量明显增多，有更多中小企业参与其中，而且资金规模超过第一轮和市场普遍的预期。市场普遍认为，与第一轮相比，第二轮LTRO更像是一个保险政策，确保金融市场和主权债务市场在重要融资节点保持稳定。

两轮LTRO表明，欧央行的角色正在经历积极地调整。首先，ECB已经突破了《里斯本条约》限制。根据《里斯本条约》第123条的规定，ECB不得向陷入主权债务危机的成员国政府提供贷款，也不得从一级市场上购买其债券。尽管ECB在启动SMP时，规定ECB仅能在二级市场上购买主权债务，并且ECB每周会发行固定期限存款工具对冲掉SMP所提供的流动性，但改变不了ECB变相为政府债务融资的事实。其次，危机以来，ECB已经承担起了最终贷款人的角色。两次低成本、不限量的3年期LTRO，是ECB充当最后贷款人最好的例证。最后，ECB的目标重心出现了微妙的调整。2011年年底，为了应对愈演愈烈的欧债危机和黯淡的经济前景，ECB在调和消费者物价指数（HIPC）连续两个月处于3%的情况下，毅然决定两次降息。此外，ECB的资产负债规模持续攀升，也反映出ECB政策呈逐渐宽松之势，2011年7月至2012年5月初，ECB总资产已经从1.9万亿美元飙升至将近3万亿美元，增长幅度高达53%，超过美联储的2.9万亿美元。ECB似乎已经准备好一定程度上以牺牲物价稳定为代价，来维护金融稳定。①

两轮总量超过1万亿欧元的LTRO，收到了较好的效果：一是在很大程度上缓解了外围国家银行业融资困难问题。外围国家商业银行在市场融资受阻的情况下，高度依赖欧央行建立的紧急救援机制。摩根士丹利一份报告指出，② 意大利各大银行接受的欧央行资金总额超过500亿欧元，满足了其2012年融资需求的90%，成为欧央行2011年12月出台3年期

---

① 参见何帆、伍桂、邹晓梅《欧洲中央银行货币政策转变及其展望》，中国社会科学院世界经济与政治研究所国际金融研究中心（RCIF）工作论文，2012年6月，No. 2012W10。

② 参见《意大利各银行严重依赖欧洲央行资金》，2012年1月20日，《金融时报》（中文版），http://www.ftchinese.com。

LTRO 的最大受益者。① 二是进一步缓解了银行间拆借市场利率上升的压力。早在 2011 年 12 月时，货币市场主要指标——欧洲 3 个月银行间拆借市场利率（Euribor）在 1.4% 以上。经过欧央行以 1% 的低利率向市场注入 3 年期的 LTRO 之后，明显缓解了拆借市场资金紧张的局面，Euribor 降至略高于 1% 的水平。三是有助于改善市场信心。据推算，在欧央行 2011 年 12 月注入市场的 4890 亿欧元中，有 2000 亿—2500 亿欧元用于偿还银行自身债务，另外 2000 亿欧元用于偿还欧央行原有贷款，仅有 400 亿欧元被用于购买主权债券等资产。但债券市场收益率大幅下滑表明，这些资金的注入，明显改善了市场信心。②

三 欧央行量化宽松政策的风险和局限性

欧央行隐蔽的量化宽松政策，实际上是用其他风险来换取债务市场的稳定，不仅不可持续，而且正面临越来越多的反对声音。也有专家担心，LTRO 只是将危机风险再向后推迟了 3 年，这些总额 1 万多亿欧元的贷款 3 年后需要再融资，到 2015 年，欧元区可能面临空前集中的再融资风险。

一是长期通胀风险。欧央行以放弃物价稳定来换取金融稳定，面临较大压力。从 2010 年 12 月开始，截至 2012 年 6 月，欧元区年通货膨胀率已连续 19 个月超过 2% 的控制目标。智囊团 Open Europe 表示，欧央行在欧元区问题国家的风险敞口已达到 7050 亿欧元，较 2011 年夏天已提升近 60%。市场对其信用能力和独立性均持怀疑态度。作为中央银行，欧央行虽不会破产，但可能会使通货膨胀成为严重后患。历史经验证明，将债务货币化是央行犯下的最致命的错误之一。这不仅会使央行丧失独立性，还有引发通货膨胀的危险。

二是欧元汇率问题。欧央行的第二轮 LTRO 或将暂时提振欧元，但之后可能令其在较长期内下跌。这些旨在稳定欧元区的措施可能以欧元汇率稳定为代价。欧央行以牺牲货币稳定来取得市场稳定只能是短期应急之

---

① 这其中，意大利裕信银行（按资产计算最大的银行）通过该机制贷款 125 亿欧元，联合圣保罗银行和西雅那银行分别贷款 120 亿欧元和 100 亿欧元。摩根士丹利透露，欧央行 3 年期贷款的其他大客户还包括苏格兰皇家银行（RBS）和西班牙银行业。苏格兰皇家银行通过其荷兰子公司获得 50 亿欧元资金，相当于其 2012 年融资需求的 1/4，被德拉吉称为避免了"一次重大的信贷匮乏"。

② 《欧央行需再次注资以维持对债市支撑》，http://cn.reuters.com/article/。

举。欧元区量化宽松政策所导致的欧元弱势将比英美实施量化宽松后的美元和英镑弱势甚。美联储和英国央行可以随时停止货币宽松举措,但 ECB 必须持续采取这些措施,因为欧元区二线国家的银行事实上已被欧洲银行市场拒之门外。

三是政策效果问题。LTRO 虽有助于缓解债务形势,但无助于实体经济的改善。LTRO 释放的资金,很大程度上都是在欧央行和商业银行之间"空转"。一方面,经济低迷导致资金需求不足。欧洲银行业对欧央行的 LTRO 需求量明显下降;但另一方面,欧央行决策者仍希望商业银行积极借入资金,以帮助稳定欧元区。除口头鼓励外,欧央行还明显放松了贷款条件,让各国央行拥有更大自由来决定银行获取贷款时选择什么样的担保品。

四是改革意愿下降。在改革面临多重阻力情况下,金融环境趋于宽松使改革缺少紧迫感,倒逼机制失效。同时,使重债国对本国商业银行依赖加深,这些国家的商业银行对欧央行依赖进一步增加。例如,西班牙政府此前曾承诺将对国内银行业进行彻底改革,但该国 2012 年 1 月宣布的改革计划远不及此前承诺。一些西班牙政府官员甚至开始讨论放松财政目标。前欧央行执委比尼－斯玛吉称,欧央行的做法可能导致银行业对廉价融资上瘾,在危机结束后缺乏自力更生的动力。

四 欧央行未来的政策思路

2012 年 5 月以来,债务危机再度恶化。7 月下旬,西班牙国债收益率连续突破 7% 的警戒线,创出欧元诞生以来的新高,西班牙、意大利局势再度陷入危机边缘,欧元汇率大幅下挫,金融市场再度出现恐慌。另外,ESM 尚未投入运转,而 EFSF 资金不足。[①] 在此情况下,欧央行就成为遏制危机的最后一道防线。只有欧央行有能力采取足够快且规模足够大的行动,使局势不至于失控。

欧央行可能采取新一轮隐蔽性量化宽松政策。可能的选项包括:实施第三轮 LTRO、重启 SMP 或者对西班牙和意大利等国国债的收益率设定上

---

① 在为西班牙银行业救助行动划拨 1000 亿欧元之后,EFSF 只剩下 1480 亿欧元资金。而原本要接替 EFSF 发挥作用的 ESM 则需要等待德国宪法法院(German Constitutional Court)9 月的裁决结果。

限。一旦欧央行隐蔽的量化宽松政策失效，意大利、西班牙等国发生流动性危机，欧央行将发挥最后贷款人的作用，捍卫欧元。[①] 这其中，上述三种选项都具有一定的局限性。对于 LTRO，其政策效果可能不及前两轮；对于 SMP，欧央行已经持有了 2115 亿欧元的成员国国债，[②] 使欧央行资产质量恶化，因此并不情愿再次启动 SMP；对于为西班牙、意大利等国国债收益率设限，相当于对少数大国债务公共化，可能会在北欧成员国掀起政治风暴。然而，面对岌岌可危的债务形势，上述选项的局限性毕竟是第二位的。一旦金融市场形势继续恶化，欧央行可能会采取积极措施。市场似乎终于要试探欧央行真正的底线了。但与此同时，欧央行的量化宽松政策也需要相应的配套措施。一是要求重债国加大结构改革力度，向市场传递出积极的信号；二是在向财政一体化过渡中取得标志性进展，在欧元区范围内实现一定的主权让渡。

2012 年 7 月 26 日，德拉吉在伦敦表示，欧央行将竭尽全力保卫欧元。德拉吉称，主权债务危机影响到货币政策的传导通道，解决这个问题是欧央行的职责所在。[③] 受其讲话鼓舞，欧洲股市停止了长达四天的下跌而走高，美股期货和亚洲股市均上扬。欧元也大幅走高，西班牙和意大利国债也连续两日走强。

第四节　债务危机、经济危机与政治危机

欧洲债务危机和经济危机之所以愈演愈烈，除了两者间的恶性循环外，还有一个重要原因，就是其背后的政治危机。从一国范围看，政治危机挫伤了市场信心，拖延了危机治理的有利时机，政府更迭给各国带来新

[①] 《马斯特里赫特条约》中没有明确提及 ECB 的最后贷款人职能，这是 ECB 与 Fed 的一个重要区别。Fed 可以通过贴现窗口和其他创新工具向具备偿付能力但短期流动性不足的金融机构提供流动性，发挥最后贷款人的作用。参见何帆、伍桂、邹晓梅《欧洲中央银行货币政策转变及其展望》，中国社会科学院世界经济与政治研究所国际金融研究中心（RCIF）工作论文，2012 年 6 月，No. 2012W10。

[②] 《欧洲央行的惶恐之夏》，2012 年 7 月 25 日，多维新闻网，http://economics.dwnews.com/news。

[③] "U. S. Stocks Rise as ECB's Draghi Vows to Defend Euro", Jul 26, 2012, Bloomberg.

的不确定性;从欧盟范围看,政治危机加大了欧盟离心化倾向,提高了危机治理成本,使欧盟向政治和财政一体化迈进蒙上了阴影。

一 外围国家政府全面更迭

债务危机以来,欧洲政坛政府更迭频繁。不仅外围国家政府全面更迭(参见表 7-3),甚至核心国家也出现了政府更迭。自 2009 年 10 月希腊爆发债务危机以来,爱尔兰、葡萄牙、希腊、意大利、西班牙和荷兰等 6 个成员国的政府先后下台。除上述国家外,捷克也爆发了 23 年来最大规模的示威游行。捷克总理内恰斯领导的现政府也可能面临解散的命运。短短两年多的时间里,如此密集的政府更迭,使债务危机的阴霾愈加浓重。新政府上台,既给解决债务危机带来新的希望,同时也增加了新的不确定性因素。

表 7-3　　　　　　　债务危机导致外围国家政府更迭

国家	更迭时间	新首相	上台政府政治谱系	政府承诺
爱尔兰	2011.2.25	Enda Kenny	中右	承诺银行体系将分担成本,然而政府随后并未履行承诺
葡萄牙	2011.6.5	PedroPassos Coelho	中右	充分实施经济调整计划,尊重贷款协议的附加条件,出售更多国有企业
希腊	2011.11.11	LucasPapaademos	中,技术官僚(银行家)	帕帕季莫斯承诺实施 2011 年 10 月 26 日欧洲议会的决议,以及实施相应的经济政策。但帕帕季莫斯缺少足够的政治影响力,在经济改革和政府改革方面鲜有作为。在 2012 年 5 月大选前辞职
	2012.6.20	Antonis Samaras	中右,新民主党	继续实施财政紧缩计划,以争取欧盟资金援助
意大利	2011.11.16	MarioMonti	中,技术官僚	承诺政府的议程将构筑在严格财政纪律、经济增长与社会公正的基础上
西班牙	2011.11.20	MarianoRajoy	中右	通过紧缩开支(除养老金外)来稳定预算,降低中小企业税收与旅游税,改革劳动力市场

资料来源:参见有关资料及作者补充。张明、郑英、敬云川:《欧债危机的现状评估、政策选择与演进前景》,Jan.30,2012,中国社会科学院世界经济与政治研究所国际金融研究中心工作论文,No.2012W02。

导致这些国家政府更迭的一个重要原因,是由坚持紧缩和刺激增长的政策分歧引发的。削减预算和紧缩财政,不可避免地导致社会福利下降,失业率增加，经济复苏步伐放缓，从而也使抗议紧缩风潮席卷欧洲大陆。在这场风潮中，两股政治势力开始崛起，引人关注。一股是左翼势力，反对紧缩，主张通过经济增长来削减债务。这股势力以法国社会党和希腊左翼激进联盟党为代表。另一股是极端右翼势力。这股势力反对紧缩政策，排斥外来移民，进而对欧洲一体化持怀疑态度。法国、瑞典、芬兰、丹麦、比利时、希腊等国，极右势力也都不同程度地影响着政局发展。

诚然，债务危机是欧盟多年问题积累的结果，与现任政府并无太大的关系。但在欧洲民主政治生态下，公众对政府的要求是非常高的。同时，公众往往缺乏足够的耐心。一旦政府达不到其要求，就只好黯然下台。

政府更迭使债务危机的治理难度显著增加。各重债国既要在欧盟框架内强化经济治理和适度刺激经济发展，又要推行严格的财政紧缩政策，同时也需最大限度地维护国家主权和社会稳定。

二 希腊政治危机加剧了债务危机

2012年5月6日，希腊举行了债务危机以来的首次议会选举。选举中，支持实施紧缩措施的新民主党（New Democracy）和泛希腊社会运动党（PASOK）在议会300个席位中获得149席，未过半数。5月7日和8日，新民主党和得票率居第二位的左翼激进联盟党（Syrizaparty）组阁接连失败。5月11日，泛希社运步两党后尘，实现了三大政党组建联合政府的"三连败"。希腊政治危机由此爆发。

这次政治危机并非债务危机以来希腊首次政治危机。早在2011年10月31日晚，泛希社运党领导人、希腊首相帕潘德里欧突然宣布，希腊将就欧盟最新救援方案举行全民公投，以决定希腊是否留在欧元区，并在议会对他领导的政府举行信任投票。该提议在国内外引发强烈反弹，执政党内部也出现了严重分歧，直接导致帕潘德里欧辞职。11月5日，虽然希腊议会以微弱优势通过对帕潘德里欧政府的信任投票，但也使欧盟公开抨击希腊，出现了要求希腊退出欧元区的声音。

在2012年春季的这场政治危机中，左翼激进联盟强烈反对希腊应对债务危机的一系列紧缩措施，志在与其他政党筹组"反紧缩"内阁。该党党魁齐普拉斯称，新一届内阁应拒绝欧盟和IMF为希腊设定的所有紧缩措施，反对德国和欧盟强加的"野蛮援助"条款，并扬言援助协议已经无效。希腊政治危机引发市场对希腊局势的担忧，市场担心左翼联盟上台后可能不履行承诺，致使希腊退出欧元区。[①] 6月17日，希腊再次举行大选，新民主党成为议会第一大党，并于6月20日组成了以萨马拉斯为总理的新政府。希腊新政府承诺将履行救助协议，从而使政治危机暂时得到了平息。

尽管这场政治危机以新民主党成功组建联合政府而收场，但政治危机对债务危机的影响不容忽视。一是重挫市场信心，使欧洲经济和债务形势雪上加霜。受其影响，欧洲股市大幅下跌，经济景气指数下降，西班牙和意大利等国融资成本上升。二是致使希腊结构改革停滞，难以完成承诺的各项目标。原定于2012年4月举行的大选，直到6月17日才出现结果，20日新政府才组建完成。这前后两个多月时间内，希腊结构改革和紧缩政策陷入停滞，经济和债务形势继续恶化，完成各项承诺目标已经不可能。三是致使债权人对希腊失去耐心，希腊未来融资难度更加艰难。虽然政治危机显示了希腊民众对紧缩计划的抵触情绪，促使欧盟领导人出台经济刺激计划，但希腊屡次违反承诺，严重打击了债权人对希腊政府的信任，欧盟对希腊各大政党改革意愿的怀疑态度明显上升，不愿向希腊发放新的融资，使希腊融资难度陡增。

2012年7月，希腊再次面临数百亿欧元资金缺口，第二轮资金救助已经不足。7月28日，希腊再次面临115亿欧元新的资金缺口，但希腊政治领袖未能就新紧缩措施达成一致，难以得到德国及北欧国家的谅解，致使希腊融资再陷僵局。促使希腊退出欧元区的声音再度在市场上弥漫。

展望未来，由于希腊联合政府内部各政党意见不完全一致，三大政党在议会中席位又势均力敌，加之围绕着债务融资、救助、紧缩和改革等存在许多难以弥合的分歧，希腊新政府未来的道路充满曲折和坎坷，[②] 希腊陷入政治困境或发生新政治危机的可能性仍然很大。

三 德法轴心面临新考验

德法轴心是欧盟一体化的"发动机"和"火车头"。两国"二战"

[①] 美国银行家认为希腊可能在2012年内退出欧元区。2012年5月8日，彭博社报道，2012年6月希腊政府就将耗尽手头资金，届时欧盟和IMF都不会给予希腊更多贷款，希腊很可能被迫退出欧元区。

[②] 在2014年年底前，希腊仍将需要追加500亿—700亿欧元的救助资金，而每次注入资金前，都要重新审查希腊履行承诺情况。这成为对希腊的一次次重要考验。

后的和解有力地推动了欧洲一体化进程。欧洲治理模式就是德法两国相互妥协的产物。然而，两国的轴心作用在债务危机后，特别是在奥朗德当选为法国总统后，面临新的考验。

1. 从"法德轴心"到"德法轴心"

早在1962年7月8日，法国总统戴高乐与联邦德国总理阿登纳在兰斯签署第一个法德和解协定，这标志着"法德轴心"开始形成。50年来，法德轴心在大多数经济问题和欧盟一体化领域发挥了关键作用。但与此同时，法德两国在轴心中的作用经历了重要变化。在二战后较长时间内，法国充当轴心领导者的角色。法国将法德轴心比喻为拉动欧盟一体化的马车，法国充当车夫的角色，德国充当拉车的马。然而，1990年两德统一后，法国与德国经济实力对比发生了变化，法德轴心变成德法轴心。金融危机和债务危机以来，德国在德法轴心中的地位和作用得到进一步强化，在欧元区新的治理框架中不断显露出自身影响力。

债务危机以来，作为欧盟第一大国和欧盟救助机制的主要出资人，随着德国在轴心中的作用明显提升，其说话的分量也越来越重。在萨科奇担任总统期间，尽管两国立场不尽一致，但总体上合作较好，在应对金融危机和债务危机、缓解欧元压力，以及推进欧盟一体化方面均发挥了重要作用。欧洲媒体将萨科齐和默克尔两人的合作称为推动欧洲的"默克齐"。然而，自从奥朗德当选法国总统以来，德法轴心出现裂痕。在紧缩计划、财政契约和抵制欧元债券方面，德国有重要决策权和否决权。

2. 德法轴心的主要分歧

2012年5月，奥朗德当选法国总统后，德法轴心出现裂痕，分歧越来越公开化。两国分歧反映在化解债务危机方式上、欧央行作用上，以及是否发行欧元债券上。

在化解危机方式上，主要分歧在于：一是关于增长与紧缩问题。奥朗德主张通过刺激经济发展而不是紧缩政策来降低公共债务。奥朗德誓言，未来将重点发展经济，之后再谈紧缩，这暗示欧洲紧缩措施将在法国遭遇失败。奥朗德主张"提高欧洲投资银行的资金规模，以资助欧洲范围内的大型基建项目，并通过发行'项目债券'进行融资"。对此，默克尔坚决反对。二是就欧洲"财政契约"重新进行谈判问题。财政契约是2011年年底根据德国主张，由萨科齐和默克尔共同向欧盟提出的建议，并得到绝大部分国家支持，是欧盟应对危机的重要成果。奥朗德对此并不认同，提出要修改"财政契约",补充进有关促进经济增长的条款,否则法国拒绝批准这一条约。默克尔认为,奥朗德提出关于促进增长的办法只能使财政赤字和公共债务继续增加,这就彻底否定了欧盟的财政契约,而德国坚持通过结构调整和改革来寻求欧洲长远的经济增长。

在欧央行作用上,奥朗德为拯救法国银行业,坚持发挥欧央行的作用。他主张欧央行可以向各国政府直接贷款,用于政府刺激经济的计划。德国对此表示反对,认为这样可能会带来欧元危机,加剧欧元区的通货膨胀。

奥朗德主张发行欧元债券,默克尔则认为其条件不成熟,其前提条件是政治和财政一体化取得重要进展(参见第七章第二节)。

3. 德法轴心决定欧洲的未来

政治领导人的政治立场,主要由国家利益、党派利益决定的,并受到选民(国会)的制约。从未来看,德法两国在轴心中相互争夺主导权,其博弈过程有这样三个特点。

一是制衡因素增多。由于法国实力逊于德国,债务形势和银行业风险也比德国严重得多。奥朗德为防止德国在欧盟中独大,开始联合意大利和西班牙制衡德国。奥朗德强调,欧洲不能被法德"两家垄断",不能把其他国家忽略了。这一主张既打消了一些小国对自己在欧盟决策中被边缘化的担忧,又对德国形成制衡。

二是合作仍是主流。作为新一任法国总统,奥朗德在对德国关系问题上不可能背离法国半个世纪以来对法德关系采取的一贯立场。2012年1月26日,奥朗德在他公布的正式竞选政纲中指出,两国"有必要在欧洲启动一个新周期,一个法德两国之间经济、工业和能源合作的新周期"。从这个原则性表态上看,至少可以得出两点结论:第一是法国新政府将一如既往高度重视发展同德国的关系;第二是在全球面临新挑战和欧洲面临新威胁面前,法德两国需要适应新环境,对双方关系内容进行更新。他特别强调,法德之间存在的关系并不具有排他性,而是"均衡的和相互尊重的关系"。[1]

三是磨合期将延长。保证法德合作是建设欧洲的重要基石。两国关系破裂,对任何一方都没有好处。对奥朗德来说,要调整选战中的政策立

---

[1] 《奥朗德拒绝"两家垄断"的法德轴心》,2012年5月9日,中国网。

场，回到现实中来，既要对选民做好交代，又要服从于现实。对德国来说，既要讲原则，又要体现出一定的灵活性。一个重要例子就是，默克尔在财政契约和增长契约上，体现出"德国式"的灵活。针对奥朗德要求修改"财政契约"，默克尔就提出制定一项增长契约来求得相互妥协。①但无论如何，磨合期越长，对形势发展越不利。同时，磨合期越长，越容易使市场发现裂痕，进而打击本已脆弱的市场信心，增加欧盟危机治理成本。

第五节　对欧盟危机应对政策的反思

债务危机的不断深化和扩散，反映了欧盟在危机应对机制建设、危机的应对能力，以及危机应对思路上的欠缺和不足，值得深入反思。但另外，对危机应对政策的反思又不能脱离欧盟的实际情况，不能像主权国家那样苛求欧盟，不能脱离27个成员国的现实和一体化发展阶段。

一　危机防范和应对机制不完善

1. 监管和预警机制缺失。金融危机和债务危机发生前，欧盟没有建立起统一的金融监管机制及早期金融预警机制，以至于在美国次贷危机发生后，欧洲对本地银行业风险缺乏真正的了解。债务危机发生后，两次压力测试也未能真正掌握银行业风险，稳定住市场信心。除金融业外，危机前，欧元区在面对逐渐积累起来的房地产泡沫、内部竞争力差距、财政稳定性等方面的风险后，由于缺少早期预警机制，致使问题发生后难以有效应对。

2. 危机救助机制缺失。欧盟在一体化机制建设上，并未设计任何针对危机的救助安排。为了避免成员国出现道德风险，也没有明确赋予欧央行"最后贷款人"角色。因此，从法律上看，除自然灾害和不可控事件外，成员国间既不能相互提供救助，也不可擅自向国际机构求助。欧央行

---

① 奥朗德的要求立即遭到默克尔的断然拒绝。她认为"不能因为一国更换领导人就把此前达成的一切推倒重来，如果这样的话，欧盟就无法运转了"。不过，默克尔针对奥朗德的主张也做出了建设性的回应，她提出了在财政契约之外，欧盟可以制定一项有关促进经济增长的契约。该项新契约已在2012年夏季欧盟峰会上讨论通过。

不能向各国银行商业银行透支和直接提供救助，只能向欧央行申请短期流动性支持。在这些规定下，成员国一旦发生债务危机，只能向 IMF 申请支持，否则将不得不违约。但在向 IMF 寻求救助过程中，也需征得欧盟同意。这一规定虽对成员国有一定的威慑力，但是一旦遭遇危机，往往容易失去最佳救助时机，导致危机向欧元区其他成员国扩散。2009 年 10 月希腊债务危机发生之初，解决债务问题仅停留在自救层面上，欧盟、欧央行和 IMF 都在袖手旁观，直到第二年 5 月才建立相应的救助机制，出手相救，从而延误了危机最佳救助时机，给市场信心带来较大的负面影响，并最终引发了一场波及欧洲多国的主权债务危机。

3. 救助机制不完善。2010 年 5 月出台的只有临时性救助机制 EFSF，只是为应对欧元区小国的短期流动性危机。这一机制不仅资金量有限，而且还刻意要保持 AAA 评级。由此产生了两个缺陷：一是当一国主权使用评级低于 AAA 级后，EFSF 担保资金将相应地再重新分配给其他 AAA 评级国家，从而加重了这些国家的负担，必然遭到这些国家的强烈抵触；二是这种将 EFSF 与信用评级挂钩的机制，客观上把控制危机局势的主动权交到评级机构手中，以至于之后当评级机构下调一些国家的主权信用评级后，引发欧洲债券市场更大的恐慌。

二　危机应对能力不足

1. 政策时滞长、效果差。作为主权国家联盟，欧盟建立在一系列超国家机构基础之上，由欧洲理事会、欧盟委员会、欧洲议会、欧洲法院和欧洲中央银行等组成。这些超国家机构相互制约，决策效率非常低。债务危机后，欧盟各类峰会频繁召开，但多数会议往往流于形式、议而不决。从政策酝酿到峰会中各国政府达成一致，再到成员国议会批准，需要一个冗长的审批程序。正如欧委会主席巴罗佐所说，市场速度与民主决策间存在严重问题，市场变化是瞬间完成的、机会稍纵即逝，而民主决策又常常是非常缓慢的。[①] 等到新政策走完程序，正式生效后，市场又发生了新的变化，原有的措施已经失灵，市场上又面临政策

[①] "Speech by President Barroso to the European Parliament during the Debate on the Economic crises and the Euro", *European Parliament Plenary Session*, Strasbourg, 14 September 2011, SPEECH/11/572.

真空。正因欧盟决策时间太漫长、行动力太弱，国际社会越来越担心欧盟没有能力应对危机。范龙佩也承认，欧债危机暴露出欧盟缺乏快速应对危机的有效机制，欧盟内部，特别是欧元区内部，需要一个强大的经济政府来协调经济政策。①

2. 各方博弈导致救助成本显著上升。各成员国间（如法德间的博弈、重债国与出资国间）为了各自利益，在一些重大问题上，存在着严重的意见分歧，甚至出资国政府与本国议会间（如德国政府与议会间）也存在不同意见。由于这些分歧的存在，使得欧盟的危机应对政策，往往是各方相对妥协的结果。这就导致了所采取的措施，不是在短期内付出较大代价以扭转市场信心，也不是立足于事前防范，而是采取短期内代价较小的事后补救措施。但是，这种补救措施，处处陷入被动，反而把越来越多的国家拖入债务泥潭，使危机长期化。这样的救助措施，相对于短期内"下猛药"的办法，救助成本反而大幅增加。希腊发生债务危机以来，在每个节点上，欧盟都是采取能拖就拖的策略，所采取的措施只是尽量避免崩盘，而不是重塑市场信心。

3. 内部凝聚力明显削弱。债务危机以来，各成员国矛盾加深，各成员国对欧盟的不信任感也明显上升。与此同时，欧元区民众也缺乏欧洲公民意识，他们没有意识到，救助他国、帮助他们渡过难关也是符合自身利益的。Eurobarometer 所作的一项调查显示，欧盟获得的信任票已降至 31% 的历史低点，而有 51% 的受调查者称，受此次危机影响，他们对其他欧洲国家国民的亲近感没有进一步增强。② 意大利总理蒙蒂在 2012 年 8 月 5 日出版的德国《明镜周刊》中指出，欧元区 17 国内部的分歧使得欧盟的危机应对政策对于债务危机反应迟缓，并破坏了欧盟的未来。这些问题如果得不到解决，人们对于欧元区是否有能力克服危机将产生更多的怀疑。债务危机可能导致欧洲从心理上瓦解。《华尔街日报》亦称，③ 欧元区面临的真正风险是政治风险。已经疏远的欧元区国家之间国民亲近感很难发生转变，欧元区的命运还是掌握在政治家和选民手中。

---

① 参见 2010 年 6 月 2 日欧洲理事会主席范龙佩在法国西部城市拉博勒举行的世界投资会议上的演讲，2010 年 6 月 4 日，《欧盟"经济政府"呼之欲出，将从严监管评级机构》，中国网。

② 《欧元区面临的真正风险是政治风险》，2012 年 8 月 7 日，《华尔街日报》（中文版）。

③ 《欧元区面临的真正风险是政治风险》，2012 年 8 月 7 日，《华尔街日报》（中文版）。

三 危机应对思路存在失误

1. 过于强调财政紧缩。债务危机后，作为救助条件，欧盟为受援国制订了严厉的财政紧缩计划。这些计划，虽有助于防止其债务规模过快积累，但也使其陷入主权债务恶化与经济衰退的恶性循环中。从各受援国均未实现紧缩计划就可以看出，其目标不切实际。这表明，强行压低受援国工资和物价，通过对内降低成本的方式来提高重债国竞争力，其目的不仅没有实现，而且已经加剧了整个欧元区的经济收缩。为此，从2012年年初开始，欧盟调整了紧缩计划，将17个成员国分为三组：一组以希腊、葡萄牙等重债国为代表，这类成员国必须实施严格的紧缩计划；① 二组以荷兰、法国等债务较轻的国家为代表，实施较灵活的紧缩计划；三组以德国等预算赤字率已达标的国家为代表，实施经济刺激政策以扩大欧元区内部需求。

2. 对危机严重性认识不足。在欧债危机发生后的相当长时期内，欧盟并没有认识到希腊、爱尔兰和葡萄牙等国的债务危机是偿还能力危机，也没有意识到出现债务违约的可能性，只将其作为流动性不足问题来应付，缺少应对危机的长远规划。从援救措施看，仅向其提供短期流动性，而不迫使其加快改革和提高竞争力。《经济学家》认为，② 欧盟必须清楚哪些欧元区国家是缺乏流动性，哪些国家偿还能力不足，对有偿还能力的国家给予无限的支持，对失去偿还能力的国家进行债务重组。由于担心招致银行危机，欧元区尽量避免或推迟主权债务重组，这实际是以纳税人的资金保护持有债券的银行，在政治上是不可接受的。同时，由于缺少应对危机的长远规划，难以稳定市场信心，平息投资者的忧虑。IMF前总裁多米尼克·斯特劳斯－卡恩批评说，欧洲领导人需针对欧元区债务危机拟订更全面的解决方案。他表示，欧盟的危机应对措施过于零散，力度也不足，难以化解投资者的担忧。③

3. 不能从根本上解决问题。债务危机以来，受各方阻力的影响，欧盟习惯于采取"花钱买时间"的做法，而不是寻求危机根本的解决之道。

---

① IMF认为，希腊应优先进行结构性改革，并应以渐进方式削减支出，保护本国的经济。德国则认为，结构性改革应与旨在降低预算赤字的大规模紧缩政策同时实施。

② "How to save the euro", *The Economist*, September 17th, 2011.

③ 《IMF称欧元区国家应对债务危机措施不力》，2010年12月8日，《金融时报》。

这种做法导致小问题发展成大问题,致使各国债务问题越来越严重。例如,在西班牙和意大利长期债券收益率居高不下的情况下,为降低其债务融资成本,两国用短期债券替代长期债券来融资。西班牙国债平均期限降至6.3年,为2004年以来最短的。意大利国债平均期限为6.7年,是2005年以来期限最短的。[1] 这种把融资压力推向未来的做法,仍是一个"购买时间"的方案。随着经济衰退和银行业危机深化,这种方案无异于饮鸩止渴。

---

[1] ECB's Rescue Worsens Spain, Italy Maturity Crunch: Euro Credit, Aug. 8, 2012, Bloomberg.

第八章

解决危机的长效机制与一体化的重要机遇

金融危机和债务危机爆发以来，欧盟在采取应急措施稳定市场的同时，也在寻求从根本上解决危机的长效机制。这些措施包括，加强经济治理改革、加强金融监管、落实危机永久性救助机制，以及向着建立财政联盟和政治联盟等更高水平的一体化阶段迈进。可以说，经历了两场危机之后，欧盟已经找到了危机的根源。欧盟认为，继续推进一体化才是解决危机的根本之道，欧盟只有联合自强，才能在国际舞台中体现其自身价值，在全球发挥其影响力。

第一节 加强经济治理改革

欧盟加强经济治理改革的目的，就是修补欧元区先天缺陷，使欧洲经货联盟成为更健全的联盟，从而为经济一体化打下良好的基础。在制度层面上，为解决欧元区各成员国间在经济增长、通货膨胀率和竞争力等方面的差异，欧盟出台了"欧洲学期制度""升级版的欧元公约"等制度；在面向更高层次的一体化方面，欧盟提出了建立银行联盟的具体步骤，并明确了建立财政联盟和政治联盟的具体方向。截至2012年夏季，欧盟在制度层面上的经济治理改革基本如期完成。

一 对危机采取综合性的治理措施

欧盟危机既是主权债务危机，又是银行业危机和经济危机（增长危机）。从2011年11月开始，针对其复合性危机的特征，欧盟对危机治理在认识上已经深化。为打破主权债务、经济增长和金融稳定间的恶性循环，避免之前"单打一"和"越治越乱"的状况出现，欧盟开始同步化地采取综合性的应对措施（参见图8-1、表8-1）。这被认为是沿着正确方向前进的具体措施。

1. 为防止主权债务危机恶化和向核心国家扩散，欧盟强化财政纪律，并构筑起防止债务危机扩散的防火墙。在强化财政纪律方面，2012年3月2日，欧盟25国签署了"财政契约"，把加强财政纪律作为一项黄金法则写入各国宪法，一旦违反就会自动受到欧盟方面的制裁。该契约维护了《稳定与增长公约》的严肃性，给该条约装上了"牙齿"。在构筑危机防火墙方面，除已有的EFSF外，永久性救助机制ESM计划于2012年10月启动，届时将使其资金规模达到7000亿欧元左右。此外，欧盟还通过向IMF注资，带动其他国家一起增强IMF火力，以便IMF能够为欧盟提供新的救助。这是防止危机扩散的第二层防火墙。

2. 为防止经济不断收缩，欧盟在坚持推进结构改革的同时，采取差别化的财政整固措施，并推出"增长和就业公约"。欧盟强调，所有成员国都应推进结构改革，以便为长期经济增长奠定良好的基础。对于重债国来说，结构改革更是被作为其接受救助的前提条件之一，在各批救助资金到位前，重债国都要经得起由欧委会、欧央行和IMF等"三驾马车"的联合评估。在差别化财政整固措施方面，欧盟针对欧元区三类国家，分别处理：对于财政基础脆弱的国家，实施强制性的财政紧缩以控制债务规模，重树市场信心；对于财政基础较好、只是财赤率暂时超标的国家，下放财政整固措施的自主权，使其灵活掌握财政整固节奏；对于财政赤字率未超标的国家，督促其刺激经济增长，扩大欧盟内部需求，带动其他国家出口。在直接促进经济增长方面，2012年欧盟夏季峰会通过"增长与就业公约"，推出促进增长的"一揽子"计划。该计划包括：推出总额1200亿欧元的经济刺激计划，① 促进困境中的国家早日摆脱危机、支持中小企业发展和年轻人就业，以及加大对能源、交通和宽带等基础设施建设。同时，欧盟也指出，除资金投入外，还要通过改善单一市场体系、解决失业问题、促进贸易与创新等途径带动经济增长。

3. 在维护金融稳定方面，欧盟坚持向银行注资的同时，要求援助基

---

① 该计划中的资金，有一半来自欧洲投资银行（欧盟领导人已同意为其增加资本金100亿欧元，通过"杠杆效应"将其借贷能力增加至600亿欧元），另有550亿欧元来自为缩小欧盟各国贫富差距而设立的"结构基金"，剩余50亿欧元将来自即将发行的"项目债券"。

金直接向受困银行融资，以阻断银行业危机与主权债务危机间的恶性循环。经济和金融危机凸显出欧盟银行体系脆弱性的一面，而脆弱的银行体系又是导致金融市场动荡的重要原因。在向银行业注资方面，为确保金融机构健康运转，欧盟要求增加对银行业的注资，使其一级核心资本充足率提升至9%。在援助基金直接向受困银行业融资方面，在2012年欧盟夏季峰会上，欧元区就建立统一金融监管机构（银行业联盟）达成一致。各国目标是在欧央行的参与下于2013年完成统一监管机构的组建。一旦这一监管机构成立，欧盟就可切断欧洲银行业与成员国间的从属关系，ESM等援助基金就可获准直接对受困银行进行资本重组，而不是必须向相关政府发放贷款，从而阻断了主权债务与银行业间的恶性循环。在2012年7月9日的欧元区财长会议上，为落实峰会协议，欧元区财长同意在监管机构和ESM正式运行前，在欧央行主持下由EFSF直接向受困银行注资。EFSF对西班牙的首笔救助资金已通过这一渠道发放。[①] 此外，为稳定金融市场，欧盟夏季峰会还同意ESM可直接购重债国国债。范龙佩指出，那些严格遵守欧盟预算政策的国家，将能够通过EFSF及ESM来支持政府债券及国内金融市场。

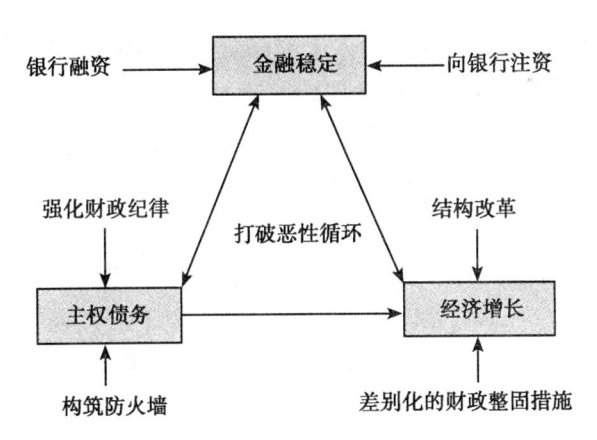

图片来源：Moreno BERTOLDI, Meeting with AMR/NDRC, 1st August 2012（内部交流）。

图 8-1 打破主权债务、经济增长和金融危机间的恶性循环

[①] 欧盟向西班牙银行业提供的1000亿欧元援助资金将分四次发放贷款，项目拨款时间从2012年7月开始，到2013年6月底终止。首批300亿欧元援助贷款在7月发放，主要满足西班牙银行业的"紧急需求"。

表 8-1　　　　　　　　欧盟经济治理改革措施及目的

改革措施	目的	提出时间	实施时间
泛欧金融监管制度	防止各成员国金融机构间竞争	2009 年 6 月	2011 年 1 月
欧洲学期制度	宏观经济政策协调	2010 年 9 月	2011 年 3 月
欧洲稳定机制（ESM）	永久性的危机援助机制	2010 年 12 月	2012 年 10 月（原定 2012 年 7 月）
升级版欧元公约	促进各成员国经济趋同	2011 年 3 月	2011 年 3 月
新的过度赤字程序（EDP）	监管各成员国预算赤字	2011 年 9 月	2011 年 12 月
银行业资本重组	增强市场对金融业信心，将核心一级资本充足率提高至 9%	2011 年 10 月	2013 年 1 月（原定 2012 年 7 月）
宏观经济不平衡程序（MIP）	预防经常账户过度失衡	2011 年 12 月	2012 年 2 月
财政契约	强化财政纪律	2012 年 3 月	2013 年 1 月
银行业联盟	稳定金融市场，阻断银行业与主权债务间的恶性循环	2012 年 5 月	2013 年 1 月
增长与就业公约	促进经济增长	2012 年 6 月	进行基础设施项目建设试点

资料来源：作者根据有关资料整理。

二　新的"过度赤字程序"与对预算赤字的监管

过度赤字程序（Excessive Deficit Procedure，EDP），作为防止成员国预算赤字过度增长的机制，是《稳定与增长公约》的重要组成部分。然而，由于该机制并未规定明确的处罚机制，加之德法等国带头违反其规定，导致其在债务危机前形同虚设，并未起到有效监管成员国过度预算赤字的作用。

债务危机后，欧盟对 EDP 进行了补充，增加了五项规定和一项指令（又称六项规则，"six-pack"）。2010 年 9 月 29 日，新的 EDP 由欧委会提出建议（IP/10/1199），欧洲理事会和欧洲议会于 2011 年 9 月 28 日批准（MEMO/11/647），并于 2011 年 12 月 13 日（MEMO/11/898）开始具备法律效力。EDP 的目的是修正过度财政赤字，防止其违背成员国健全的预算政策。根据相关规定，一旦成员国违反了《稳定与增长公约》对财政赤字率和债务的规定，EDP 将生效。一旦 EDP 生效，欧洲理事会将以欧委会对成员国的建议为基础，发布针对该成员国财政调整规模，以及在规定期限内必须修正过度赤字的建议。EDP 除了强化执行机制外，也增加了对不遵守规则的成员国的处罚机制，以便给 SGP 安装更多"牙齿"。新的处罚机制引入了所谓"逆向特定多数投票"程序。处罚一旦被采纳，除非大多数成员国投票反对，否则处罚将自动实行。按照规定，处罚仅限于欧元区成员国范围内，要求欧元区成员国事先交纳占本国GDP 0.2%的无利息存款，一旦该国未能按理事会提出的建议采取有效行动以修正过度预算赤字，这笔款项就作为罚款。

截至2012年5月底，27个欧盟成员国中，有23个国家适用于EDP，仅有爱沙尼亚、芬兰、卢森堡和瑞典4国除外。2012年5月30日，欧委会向理事会建议，根据《稳定与增长公约》第126款（12），废除保加利亚和德国的过度赤字程序（EDP），理由是两国2011年预算赤字率低于3%，并且在未来几年仍将下降。即便欧委会的建议被采纳，适用于EDP的欧盟成员国，仍高达21个。

三 "欧洲学期"制度与加强宏观经济政策协调

两场危机凸显出欧盟各成员国之间加强经济政策协调的必要性。早在2010年5月（IP/10/561）和6月（IP/10/859），欧委会就提出创建欧洲学期制度的建议。2010年9月，欧盟正式引入"欧洲学期"（European semester）制度。这是一项事前协调制度。"欧洲学期"每年1月"开学"，历时半年。其起点就是欧委会发布的《年度增长调查》（Annual Growth Survey）报告，该报告被认为是"欧洲学期"的"教学大纲"。欧委会为欧盟在公共金融、结构改革和其他促进增长措施方面制定优先行动，指出欧盟经济面临的主要问题和存在的风险，建议应采取的措施等。这些文件提交给每年3月召开的欧盟春季峰会审议。欧盟领导人以此为基础，正式确定欧盟面临的主要经济挑战，并提出战略性政策建议。欧盟各国须根据这些建议制订本国预算和经济改革方案，并于当年4月提交给欧委会评估。随后，欧盟部长理事会将根据欧委会的评估结论，在每年六七月间针对每个成员国发布政策建议，各国政府据此完成第二年的预算草案并提交本国议会批准。

2011年1月12日，欧委会公布了首份《年度增长调查》报告，揭开了欧盟历史上第一个"欧洲学期"的序幕。巴罗佐主席当日表示，《年度增长调查》报告的发布标志着欧洲融合新阶段的到来，也代表着欧盟加强经济治理进程的启动。在2011年版的《年度增长调查》中，欧盟基于调查结果提出2011年欧盟经济面临的主要挑战，以及各成员国为应对挑战需要优先采取的10项行动，为各国制订预算方案和经济改革计划提供统一的参考和指导。这 10 项优先行动主要涉及实现财政稳固和宏观经济稳定、进行结构性改革增加就业、采取措施刺激增长等方面。在 2011 年 3 月的欧盟春季峰会上，正式决定启动欧盟学期制度。

2011 年 11 月 23 日，欧委会发布第二份《年度增长调查》报告（IP/11/1381，MEMO/11/821），开始启动第二轮欧洲学期制度。2012 年 5 月 30 日，欧委会针对欧元区和各成员国提出政策建议。这些政策建议交由欧盟夏季峰会审议，并由理事会在 7 月批准。建议包括公共金融、结构改革（如税收、养老金、公共管理、服务、劳动力市场），以及青年人就业等一系列问题。这标志着第二轮欧洲学期进入收尾阶段。

2012 年 6 月 13 日，欧委会主席巴罗佐在欧洲议会演讲中指出，从成员国层面上看，在前两轮欧洲学期中，成员国认真、明确地采纳了国别建议，第二学期比第一年更加认真。各国对国别建议已付出了很大的努力，但仍需继续努力。[1]

除经济政策协调外，作为欧洲学期的一部分，还有欧委会针对欧盟各成员国宏观经济不平衡所提出的国别建议。该建议也由欧盟峰会通过，并由理事会采纳，旨在加强各国的宏观经济不平衡治理。宏观经济不平衡程序（Macroeconomic Imbalance Procedure，MIP）是由欧委会于 2011 年 12 月作为"六项规则"之一引入的。2012 年 2 月 14 日，欧盟根据"警告机制报告（Alert Mechanism Report，AMR）"（IP/12/132，MEMO/12/104）筛选出 12 个宏观经济不平衡的成员国，对其进行深入评估，分析其经济不平衡的来源、特征及严重程度。[2] 欧委会对建议执行情况进行密切监

---

[1] José Manuel Durão Barroso, "Joint European Parliament Debate on the forthcoming European Council meeting and the Multiannual financial framework", 13 June 2012.

[2] 欧委会对 AMR 提供的 10 项指标进行分析，以区别欧盟各成员国的内部和外部不平衡，重点关注的是出口绩效、竞争力、负债和资产价格等方面。欧盟在分析时也考虑其他相关信息和经济指标，以便给出一个全景图画。这 12 个国家是比利时、保加利亚、塞浦路斯、丹麦、芬兰、法国、意大利、匈牙利、斯洛文尼亚、西班牙、瑞典和英国（爱尔兰、希腊、葡萄牙和罗马尼亚四国由于已经处于强化经济监管之下，因此未经 AMR 筛选）。评估结果表明，欧盟宏观经济不平衡的调整已经取得进展。这主要反映在经常账户逆差缩小、单位劳动力成本趋近、房地产价格向下修正等方面。然而，从 12 个成员国的情况看，各国间存在较大差异。从不平衡的严重程度上看，这 12 个国家又分为三类：比利时、保加利亚、丹麦、芬兰、瑞典、英国等 6 国的不平衡不太严重，但需引起重视；法国、意大利、匈牙利、斯洛文尼亚等 4 国的不平衡比较严重，需要引起重视；西班牙和塞浦路斯正处于非常严重的失衡状态，需要立即引起重视。

控。在过度失衡程序下，如果成员国没有按理事会建议修正的行动去做，将对其进行最多占 GDP 0.1% 的处罚。

"欧洲学期"制度，作为一项经济政策协调机制，重在及早发现问题，防患于未然。该制度带来的最大改变就是欧盟成员国的预算方案和改革计划不再是自己说了算，而要提交给欧委会审议。这也开启了欧盟经济治理改革和欧洲融合的新阶段。而另一方面，欧委会虽然可以对成员国的预算进行监督，并提出政策建议，但预算最终决定权仍在各国议会手中。这意味着，各成员国仍可根据自身利益，在特定情况下使用主权力量选择走"自己的路"。事实上，"欧洲学期"制度并不涉及决策权的让渡和转移。欧盟作为"办学方"更多地扮演着指导者的角色，而非真正的领导者和决策者。

四 "升级版欧元公约"与促进各成员国经济趋同[①]

欧元启动以来，各成员国间始终面临着经济结构性差异。欧元区的内部不平衡是这一问题的自然反应。债务危机后，欧元区希望引入一个较为完善的经济和财政治理结构以补充汇率机制丧失后的不足。在此背景下，"升级版的欧元公约"应时而生。

"升级版欧元公约"（Euro Plus Pact）是以"欧元公约"为基础，修订而成的。[②] 其核心是通过经济治理改革，促进成员国经济趋同，以便更好地相互融合。2011 年 3 月 12 日凌晨，欧元区 17 国领导人非正式峰会讨论了应对主权债务危机的综合方案，提出"欧元公约"的改革建议。2011 年 3 月 24—25 日，欧盟领导人春季峰会通过了"升级版的欧元公约"，丹麦、波兰、保加利亚、罗马尼亚、立陶宛和拉脱维亚等 6 个非欧元区的欧盟成员国也加入这一公约。欧洲理事会主席范龙佩在会后的新闻发布会上表示，之所以将其称为"升级版的欧元公约"，主要有两个原

---

① 本部分参考了 Euro Pact Plus（http://www.consilium.europa.eu/），以及 Euro Plus Pact - Wikipedia。

② "欧元公约"与颇有争议的德法两国早前提出的"竞争力公约"相比，其内容打了很多折扣，这实际上是各方妥协退让的产物。德法提出的"竞争力公约"，旨在通过紧密协调各成员国经济政策，提高欧元区经济竞争力。其主要内容包括，废除工资指数、建立共同计税基础、职业资格互认以及确保退休年龄符合人口发展需要等。该公约受到比利时、卢森堡和爱尔兰等国的抵制。

因：一是欧元区成员国希望为进一步加强经济融合而作出更多的努力。德国、法国、西班牙和比利时等国已经作出了有关落实"欧元公约"的承诺。二是"欧元公约"对欧盟其他成员国开放，欢迎其加入。

"升级版欧元公约"规定了四个广义的战略目标和一个特殊战略目标。四个目标是：提高竞争力、促进就业、巩固公共财政的可持续性，以及维护金融稳定。一个特殊战略目标是税收政策协调。① 公约指出，所有成员国都应重视这些目标，除非"表明其不需要在这一领域采取行动"。至于实现这些目标的具体措施，则由各国自己来决定，但要接受欧盟的监督。

在竞争力方面，用单位劳动力成本来进行量化评价。公约强调废除指数化工资，降低劳动力成本和提高劳动效率。通过改革劳动力"集中化的议价过程""指数化机制"，以及降低公共部门工资等来降低劳动成本；通过减少对各行业的管制，以及改进基础设施和教育来提高劳动生产率。

在就业方面，用长期失业率、青年失业率，以及劳动参与率来进行量化评价。通过提升"弹性保障"（flexicurity）模型、"降低来自劳动方面的税收"，以及"采取措施为劳动力再就业提供便利化"等措施来促进就业。

在公共财政方面，公约强调增加"养老金、公共医疗和社会福利的可持续性"、实施"国别财政规则"。前者意味着要将政府部门负债限制在可持续的水平，这就需要"限制提前退休"，实行"激励老年劳动力就业的计划"，以减少养老金负担。对于后者，公约规定了最严厉的条件，"各签约国有义务将欧盟实施《稳定与增长公约》的财政规则转化为各国的法律条文"。公约建议在宪法修正案或法律框架中明确表达诸如"债务刹车、与基本平衡相关的规则或支出规则"等法律条文。此外，应"在成员国和成员国地方政府两个层面，确保财政纪律"，以免其随意发债或增加其他负债。

在金融稳定方面，以"私人部门（住户和非金融企业）对银行的负债水平"来进行量化评价。在欧洲系统风险委员会（ESRB）的指导下，各成员国应实施"国别立法"以免其私人负债率超过基准水平。

---

① 该项目标在2011年3月25日由欧洲理事会确定，并在同年4月26日得到进一步的确认。

在税收政策协调方面，建议开发一个共同的企业税税基，在不使收入变化的同时，确保各成员国税收体制的一致性。公约认为，这无论对各国税收战略，还是对各国财政可持续性和企业的竞争力来说，都将发挥积极的作用。税收政策协调也能做到经验共享，共同反欺诈和反逃税。

根据2011年11月15日由德国Berenberg银行出版的《升级版欧元公约监测报告2011》显示，大多数欧元区成员国正着手改革以提高其竞争力。报告认为，"许多国家已经在恢复财政平衡和外部竞争力方面取得了很大进展"。希腊、爱尔兰、马耳他和西班牙是欧元区17国中改革领先的五个国家。①

"升级版的欧元公约"是欧元区自救的一个必然选择，是向外界表明其向经济联盟迈出坚定步伐的重要尝试。然而，与德法两国早先提出的"竞争力公约"相比，公约在许多关键领域已经明显"退缩"，放宽或取消了其中重要的硬性规定。按照德法两国最初设想，欧元区成员国必须强制性限制政府债务水平、提高退休年龄至67岁、控制工资上涨幅度和统一公司税率。然而，最终达成的妥协方案虽然设定了经济改革的共同目标，并提出相关建议，却没有提出实施这些目标的硬性规定和相应的处罚措施，因而只具有政治约束力而缺乏法律约束力。有鉴于此，随着其他经济治理措施的不断完善，公约中一些目标已被更有法律约束力的其他措施所取代。例如，一年后出台的"财政契约"，对强化公共财政措施提出了更明确的要求。

五 建立真正的经货联盟与强化经济治理

早在2008年5月，欧委会在纪念经货联盟10周年的立场文件（IP/08/716）中，欧委会就指出，欧盟正处在欧洲一体化建设的关键时刻。该文件提出，要提高欧元区治理水平，使欧洲经货联盟（EMU）成为更健全的联盟。② 两场危机的教训使欧盟认识到，进一步推进一体化，实现财政联盟和政治联盟是完善经货联盟不可或缺的步骤。财政联盟是确保经货联盟运转的重要组成部分。一个更成熟的经货联盟需要在

---

① Berenberg Bank, "The 2011 Euro Plus Monitor: Progress amid the turmoil".
② Fiscal Union, European Commission, MEMO/12/483 Date: 25/06/2012.

欧盟层面上拥有更多的决策权，包括更多公共支出、收入和借款支配权，这就需要更高程度的政治一体化。这又是与确保民主合法性和责任原则相称的步骤。

2012年6月26日，欧洲理事会发布了由欧洲理事会主席范龙佩、欧央行行长德拉吉、欧委会主席巴罗佐，以及欧元集团主席容克共同起草的报告。报告题目为"迈向一个真正的经济与货币联盟"。[①] 报告认为，经货联盟是欧盟的基石，为欧洲带来繁荣与稳定，但经货联盟也面临着挑战，需要进一步强化。其主要挑战有：各国决策独立性与货币联盟共性间的挑战，要维持适当的竞争力、协调和趋同以确保可持续增长和不出现大的经济失衡。

报告为强化EMU提出四个框架：一是一体化的金融框架，以确保金融稳定，尤其是欧元区稳定，使银行倒闭对欧洲公民的影响最小化，同时提供一个解决银行业和为储户担保的机制；二是一体化的预算框架，以确保在成员国和欧盟层面上健全财政政策；三是一体化的经济政策框架，建立足够的机制以确保各成员国和欧盟整体的可持续增长、促进就业和提高竞争力；四是决定过程的民主合法性和责任原则。这四个框架提供了一个连贯和完整的建筑，是EMU稳定和繁荣的必要因素。

这一报告并非最终蓝图。根据峰会授权，范龙佩领导下的经济治理小组将制定"更紧密经贸联盟路线图"，提出分阶段的具体建议。"路线图"经成员国同意后，将成为未来深入一体化的操作指南，成为从根本上解决债务危机的长效机制。"路线图"的核心内容是建立一体化的"四大支柱"，即银行联盟、财政联盟、经济联盟和政治联盟。其中，近期将重点推进银行联盟和财政联盟。"路线图"计划于2012年10月初完稿，10月中旬提交欧盟秋季峰会讨论修改，最终报告将在12月欧盟冬季峰会时出台。欧盟希望借这份报告向市场传递信心，显示出欧盟坚决维护欧元的决心。然而，由于"路线图"还需要找出绕过修改《里斯本条约》的办法，其中的细节还需经过各方讨论，并要提交各国议会通过，这意味着仍将面临各种不可预知的阻力。

[①] *Towards a Genuine Economic and Monetary Union*, Report by President of the European Council, Herman Van Rompuy, 26 June 2012, EUCO 120/12.

专栏 8-1　欧元区经济治理的结构性问题

欧元区经济治理主要有三根支柱：一是欧洲中央银行负责的单一货币政策；二是作为财政政策硬约束的《稳定与增长公约》；三是《里斯本战略》下增长导向的经济政策协调，即与《稳定与增长公约》相配套的政策。

长期以来，这三根支柱发挥的作用是不均衡的。第一支柱的成功无可争议，但另外两个支柱却饱受批评。欧洲中央银行在价格稳定上发挥的作用受到广泛赞誉。相比之下，《稳定与增长公约》对各成员国的财政约束并未真正落实，正是由于"有令不行"，导致财政赤字高企，并触发了债务危机。与此同时，欧元区在支持经济增长和促进结构改革方面，也未能取得较大的进步。

《稳定与增长公约》的问题包括：第一，仅仅将重点放在财政方面，并没有考虑长期目标和深层次的经济因素；第二，没有建立对存在财政问题和财政风险国家的早期监测机制；第三，公约没有被严格执行，没有落实早期警告，预防措施也没有写入成员国的法律并得到严格执行；第四，当整体治理结构缺乏公信力时，基本的不救援原则难以实现；第五，紧急情况发生时，没有可选择的制度化方案。

与《稳定与增长公约》相配套的经济政策协调问题包括：第一，没有对内部竞争力差距进行监测，也没有解决该问题的具体措施，爱尔兰、西班牙、希腊、葡萄牙、意大利等国竞争力不足问题，直到危机暴露后才被提出来；第二，欧元区各国间缺少经济政策协调的框架和措施，一些规定流于形式。

欧洲经济治理结构的这些缺陷导致了一个尴尬局面：充分尊重成员国的自主权和严格监管下的协调合作可以产生双赢的局面，同时脱离联盟和拒绝接受严格批评和建议也是成员国有利的选择，这两种选择对成员国都是可取的。这是国际协调领域经常出现的尴尬局面，必须利用一种聪明的治理结构解决。这种治理结构可以增加透明度和加大成员国脱离联盟的成本。

第二节　建立统一的金融监管框架

鉴于欧洲金融体系内部的相互关联性，为确保金融稳定，欧洲亟须制定一个综合性的（而非成员国各自为政的）解决方案。金融危机后，欧盟建立了具有宏观审慎的、泛欧洲的金融监管制度，即欧洲系统风险委员会（ESRC）和欧洲金融监管系统（ESFS）。这两个机构分别从宏观和微观两个方面进行审慎的金融监督活动。与此同时，为确保金融稳定，保护广大储户和纳税人的利益，阻断银行业危机与主权债务危机间的联系，欧盟正在积极筹划建立银行联盟。

一 建立泛欧金融监管体系

金融监管的目的是寻求金融监管与市场行为间的平衡，建立一个全面的宏观审慎监管框架，以便更好地化解系统性风险。而在金融危机前，受金融深化理论的影响，一些监管者错误地认为，金融市场能够进行有效的自我监督，没有必要引入金融监管机构。两场危机加快了欧洲金融业的监管步伐。

2009年6月19日，欧洲理事会通过了《欧盟金融监管体系改革》(Reform of EU's Supervisory Framework for Financial Services)，提出将宏观审慎监管与微观审慎监管相结合，建立泛欧监管体系的方案。该方案的主要内容包括：新建欧洲系统风险委员会（ESRB），履行宏观审慎监管职责，监测并评估影响整体金融稳定的风险；组建欧洲金融监管体系（ESFS），强化微观审慎监管；全面加强金融机构风险管理，实行分业监管。

2011年新年伊始，由金融危机催生的新的欧盟金融监管体系已基本建立，并开始履行职责。新的金融监管体系包括三大金融监管机构，欧洲银行业监管局、欧洲保险与职业养老金监管局、欧洲证券与市场监管局，以及欧洲系统风险委员会（ESRB），分别对银行业、保险业、证券业和其中宏观经济金融体系的监管。新体系旨在"防患于未然"，为欧洲金融业的有序复苏提供更优良的监管环境，以避免金融危机再度发生。

从监管业务上看，欧盟加强了对对冲基金和影子银行等的监管。在对冲基金监管方面，2010年11月11日，欧洲议会正式通过欧盟对冲基金监管法案，为将对冲基金首次置于泛欧监管体系扫除了最后障碍。对冲基金的监管活动由欧盟证券与市场管理局（European Securities and Markets Authority）负责。根据该法案，凡是要在欧盟金融市场上运营的对冲基金必须先向监管机构注册，以取得护照，并接受监管。此外，新立法还提高了对冲基金运营的透明度，加大了对投资者的保护力度。新立法已于

2011年年初生效，并由欧盟成员国在2013年年底前实施。该立法同时适用于私募基金等另类投资工具。

二 新金融监管体系的主要特征

长期以来，以德国为代表的欧洲大陆国家一直强调要加强金融监管，但因美国的反对和英国的抵制而始终未能展开讨论。金融危机后，包括英美在内的世界各国重新审视金融创新，对金融市场系统性风险的监管必要性有了新的认识，从而使得欧洲大陆国家重视金融市场稳定、强化监管的理念和主张得以付诸实践，欧盟新金融监管方案得以出台，全面的金融改革得以拉开序幕。

对于欧盟成员国来说，新监管体系的确立对欧洲经济一体化进程具有里程碑意义。它标志着成员国部分金融监管权限开始向欧盟转移，各成员国在此领域长期各自为政、难以协调的局面开始发生实质性转变。新监管体系的特征主要有：

第一，新体系的监管层次和监管对象更加全面。除了专门设置履行宏观监管职能的欧洲系统风险委员会（ESRB）外，更将欧盟层面的直接监管权限由原来仅限于证券市场，扩展至包括银行、保险、职业养老金在内的几乎整个金融服务领域。

第二，欧洲中央银行在金融监管体系中的职能和地位明显加强。欧央行除了为ESRB提供包括信息搜集分析和行政执行管理等多方面支持，以便对欧盟整个金融系统履行宏观审慎的金融监管外，还直接参与银行业的监管。根据银行联盟方案，欧央行将与欧洲银行管理局（EBA）分担银行业监管机构的职责。其中，欧央行将对欧元区内的银行业进行监管，EBA将负责对欧盟范围内的银行进行监管。[①]

第三，欧盟层面金融监管机构地位大大提升，并拥有了一定的超国家权力。在以往的监管体系中，欧盟名义上的金融监管委员会只是负责协调成员国的金融监管政策、促进成员国金融监管部门的合作等，并没有直接的监管权和实际执行权。新成立的三大金融监管机构在某些领域和某些特殊情况下可拥有超国家的权力，如对欧盟境内注册的评级机构进行直接监

---

① 参见2012年7月11日，欧委会副主席阿尔穆尼亚接受比利时商报（De Tijd）采访内容。

管，在紧急状态下可临时禁止或限制某项金融交易活动等。

第四，新监管体系并非一成不变的，而是在不断变化和完善过程中。这方面比较突出的例子是，建立银行联盟。按原来的设想，由 EBA 对欧洲银行业实施自上而下、标准更加统一的监管，以防止各成员国间再次出现因监管竞争而出现的毁灭性结果。[①] 但随着银行业危机不断暴露，欧盟进一步从制度上完善了对银行业的监管，建立银行联盟。从 2013 年起，欧盟银行业监管制度将出现新的变化。

然而，也应看到，此次金融监管体系改革是对之前金融过度自由化的一种矫正。新的监管体系在增强整个金融体系抗风险能力的同时，必然会在一定程度上限制市场的活力。如何在规范市场与增强市场活力之间找到恰当的平衡点，是新金融监管体系能否取得成效的最大挑战。

三 筹划建立银行联盟

两场危机暴露出欧洲银行体系的脆弱性。在危机面前，一个银行的问题可能迅速扩散到其他银行，影响储蓄者、投资者，甚至整个经济。金融危机以来，对银行业的持续救助导致公共债务显著增加，并使纳税人背负沉重的负担。作为摆脱危机的重要措施，欧盟决定在银行业统一监管的基础上，建立银行联盟。[②] 2012 年 6 月 6 日，欧委会网站公布了关于创设银行业联盟的备忘录。该备忘录指出，2012 年 5 月 23 日，在欧洲理事会非正式会议期间，欧委会主席巴罗佐提出了银行联盟的设想。该提议得到了欧洲理事会、欧央行，以及 IMF 等的支持。

建立银行联盟是货币联盟的有益补充。据 *EuRActiv* 报道，[③] 欧委会拟于 2012 年 9 月 11 日推出银行联盟方案。其方案包括：建立统一的银行监管体系、共同存款保险制度，以及由金融机构出资成立的银行清算基金。根据该方案，将在欧央行下设立新的监管机构，负责监管欧元区国家银行。这些银行将不再受 EBA 的监管。该方案的具体细节可能于 2012 年秋季出炉，并可望于欧盟冬季峰会通过，最终可望在 2013 年 1 月开始运行。

建立银行业联盟的意义主要有：一是打破银行债务与主权债务间的恶

---

① 参见 2011 年 2 月 15 日，欧洲银行管理局主席安德烈·恩瑞亚（Andrea Enria）上任后首次受访内容，《金融时报》。

② A banking union for Europe – 26/06/2012, http://ec.europa.eu/news/.

③ 参见 http://www.euractiv.com/。

性循环。建立银行业联盟后，ESM 能够直接救助银行，承担共同存款保险责任，从而避免由困难银行拖累整个国家财政的这一问题出现。二是确立由股东和债权人共同承担银行业的责任。据欧盟市场事务专员巴尼耶（Michel Barnier）提供的银行业解决方案框架，计划的目标是确保银行业危机的"损失由银行股东和债权人分担"，同时"将纳税人的负担最小化"。[1] 这可避免诸如西班牙等国银行业危机对该国造成的压力。三是保护储户利益。这主要通过建立破产银行清算基金、推行存款保险担保制度来体现。

然而，也有分析认为，上述计划恐难于在 2013 年年初实现，其过程可能并非一帆风顺，会经历一个较长的博弈过程。理由主要有：一是建立银行联盟可能涉及修改《里斯本条约》等问题。欧盟现行条约可能会修改，成员国也可能要大幅修订本国法律。由于内容复杂、程序烦琐且大范围内的共识难以达成，短期内很难取得明显进展。[2] 二是德国为建立银行联盟设定前提条件。德国央行表示，银行联盟唯有与财政联盟同时存在，方能发挥积极作用，缺乏财政联盟的银行联盟将为融资成本较高的问题国家银行打开更大的方便之门和造成更多的混乱。德国总理默克尔强调，银行联盟需要欧元集团提升整体财政和金融监管水平才可能实现。[3] 但事实上，部分成员国在落实更高水平的统一监管方面进展缓慢。三是银行联盟涵盖的地域范围可能仅限于欧元区内。英国由于不愿放弃对本国主权银行的监管权，不愿看到伦敦世界金融中心地位受到任何削弱，更不愿为其他国家银行的资本重组埋单，因此表示不会加入该联盟。四是银行联盟包括的银行范围仍不确定。一种说法是，银行业联盟将监督欧元区 6000 家银行。巴尼耶表示，未来的银行联盟将作为银行管理机构，在欧央行监督下对欧元区 6000 家银行实施监管。巴尼耶希望银行业联盟 2014 年正式运转。[4]

---

[1] http://www.meigu18.com/news/detail/11/334532.

[2] 也有欧盟内部官员认为，他们正在寻求新的建立银行联盟的道路，以避免对《里斯本条约》的修改。但即便如此，也难以保证不会与各成员国的法律相抵触，难以保证成员国不会修改本国法律。

[3] 2012 年 7 月 16 日，德国联邦宪法法院表示，将在 9 月 12 日对反对党关于 ESM 的抗诉进行裁决。

[4] 参见 2012 年 8 月 3 日，欧委会内部市场与服务委员巴尼耶在接受法国媒体的访谈。

四 建立金融交易税的构想

2011年9月28日,欧盟委员会正式向欧洲议会提交了征收金融交易税的建议。欧委会建议对欧盟境内金融机构参与的所有金融交易征收交易税。对于股票与债券交易,其税率为0.1%;对金融衍生品交易的税率为0.01%。据估算,该税种将为欧盟每年带来至少550亿欧元的收入。根据该建议,税收所得将在欧盟与成员国之间进行分配。作为欧盟《2014—2020财政框架计划》规划的未来收入来源之一,该税种将有助于降低成员国财政负担,弥补欧盟自身财力的不足。欧委会认为,由于金融体系是经济危机源头的一部分,在欧盟财政一体化进程中理应作出合理贡献。而相对于其他行业,金融业正在执行的税率相对较低,征收交易税也存在一定的空间。按照欧委会计划,金融交易税法案将在2014年1月1日正式实施。

然而,推行金融交易税也遇到明显的阻力:该提案虽已得到欧盟最大成员国德国和法国的支持,但英国对此提出反对,致使该税种难以在欧盟内统一实施。根据相关法律,该建议必须得到欧盟27个成员国的一致同意,并在听取欧洲会议意见后方可通过。由于担心本国金融服务业受到该税种的冲击,致使一些金融交易转到英国以外的市场进行,英国接受金融交易税的前提条件是美日等国也接受该税种,使其能在全球内实行。有报道称,[1] 英国商业及金融集团对欧盟征收金融交易税的提案予以谴责,称其是对伦敦金融城和金融企业的突袭。英国工业联合会(Confederation of British Industry)抨击该税收计划为"粗暴手段",将迫使交易活动转移到纽约和香港。与此同时,外汇远期和期权、股票以及场内和场外交易衍生品等金融工具的一些最大使用者也对此项提议提出批评。

欧盟各成员就金融交易税达成妥协。据《欧洲新闻》2012年3月31日报道,[2] 欧盟各成员财政部部长已打破在金融交易税问题上长达数月的僵局,就该议题达成妥协,同意寻求金融交易税的替代方案,并按照原定计划继续对金融交易税进行"技术性讨论"。德国、法国等9个成员对征

---

[1] 《伦敦金融业反对欧盟对金融交易征税》,2011年9月29日,《金融时报》(www.ftchinese.com)。

[2] 参见http://www.euronews.net。

收金融交易税持坚决支持的态度,而英国、瑞典的财政部部长称,尽管其有意见分歧,但愿意作出建设性的努力。丹麦财政部部长作为此次会议的主席,称欧盟已经就此议题取得了良好进展,这是朝一个正确方向迈出的重要一步。

专栏 8-2 欧盟主要大国开征银行税

欧盟委员会提议各成员国对银行开征新税种,利用所收税款成立一只基金,用于确保困境中的金融机构有序破产。预计银行税总额约 500 亿欧元。欧盟各成员国财政部部长已在原则上就开征银行税达成一致,主要大国已开始征收。

2010 年 6 月 8 日,欧盟成员国财政部部长在月度例会上支持开征银行税,并将为此继续寻求在国际层面上达成协议。虽然在韩国釜山召开的 G20 财长和央行行长会议未能就征收银行税达成共识,但欧盟仍将主动、坚决地推进此项改革。欧盟各国财长正谋求在如何向银行业征税,以此建立一项"危机基金",用以防范未来的财务危机。该计划拟在 2011 年正式立法。计划一旦实施,可能将筹资数十亿欧元,这笔资金将用于防止未来银行的倒闭,进而危及金融体系的稳定。例如,这些资金可用于提供过桥融资、担保,或在危机中临时购买不良资产等。通过征收银行税设立清算基金,以应对今后可能再度出现的银行破产危机,将可以避免让纳税人为金融业自身的错误"埋单"。欧盟委员会将会在欧盟内部以及全球层面继续捍卫这一改革建议。

2010 年 6 月 22 日,英国在新公布的财政预算中率先提出对本国银行征税。德国、法国也相继宣布,将在下一财年预算中提出银行税计划。英国将从 2011 年 1 月起对银行课以 0.04% 的银行税,所有的英国银行以及在英运营的外资银行都在征税范围内,预计将带来 11.5 亿英镑的收入。从 2012—2013 财年开始,银行税率将提高到 0.07%,税收收入也将增加到 23 亿英镑以上。英国的做法得到欧盟一些国家的呼应。德国将在 2010 年夏季敲定征税草案;法国政府也将在 2010 年秋季把征税草案递交至议会,并将在 2011 年的预算中写入银行税征细节。

第三节 建立永久性危机救助机制

2011年3月24至25日,欧盟领导人春季峰会决定,在2013年欧盟临时性的金融稳定计划EFSM(EFSF)到期后,成立永久性的"欧洲稳定机制"(ESM)。ESM制度的建立,标志着欧盟建立起应对危机的长效机制,同时也彰显了欧盟在危机面前的凝聚力,对欧盟推进一体化进程也具有重要意义。

一 永久性危机救助机制及其出台的背景

鉴于债务危机不断恶化,为维护欧元区金融市场长期稳定,欧盟决定建立永久性的危机救助机制。2010年10月28日,欧盟领导人原则上同意对《里斯本条约》进行"有限"的修改,以建立一套永久性的危机解决机制。2010年12月,在当年最后一次欧盟峰会上,欧盟领导人同意修补《里斯本条约》,在2013年打造永久性的债务危机救助机制——欧洲稳定机制(European Stability Mechanism, ESM),并责成欧盟财长负责制定该机制的具体细节。[①] 2011年6月24日,欧洲理事会宣布将ESM提前至2012年7月开始运作,以此来取代作为临时性救助机制的EFSF。然而,由于意大利和德国国内审批程序上的原因,ESM要推迟到2012年10月才能正式运转。[②]

2011年3月21日召开的欧元区财长会议就ESM的融资细节达成一

[①] 按原计划,ESM将在总额为4400亿欧元的EFSF于2013年到期后生效,并且每两年对该机制至少进行一次评估。

[②] 作为欧元区第一经济体和ESM出资大户,德国的批准是ESM生效的前提条件。原定7月1日生效的ESM需要占出资额90%以上的国家批准。此前,意大利众议院按计划将在2012年7月30日投票批准。德国为尊重ESM的合法性,定于2012年9月12日在宪法法院听证会上审议。2012年7月9日,在欧元区财长会议上,会议同意EFSF首席执行官克劳泽·雷格林作为即将诞生的ESM的行政总裁候选人。雷格林介绍了ESM的筹备情况,他表示,已完成几乎全部筹备工作,包括技术性准备与人员招募等。在成员国完成各自程序后,ESM就可以开始运作。但另据彭博新闻社2012年8月13日报道,德国最高法院可能会要求选民们更多地参与到决策中来,因此德国有可能进行一场全民公投,已有民意调查显示,德国民众对于欧债危机所造成的负担上升越来越不满。

致。会议决定，ESM 的认缴资本为 7000 亿欧元，有效融资能力为 5000 亿欧元，并保持 AAA 评级（参见表 8-2）。在 7000 亿欧元的认缴资本中，800 亿欧元为实际到位款项，余下的 6200 亿欧元将包括欧元区国家承诺可随时支付的款项和担保。ESM 贷款的利率为融资成本加上 2 个百分点，贷款期限在三年以上的，利率将再提高 1 个百分点。新达成的协议要求欧元区成员国根据各自在欧央行的出资比例提供资金，但暂时允许 GDP 不到欧元区 GDP 平均水平 75% 的国家以低于其在欧央行的出资比例提供资金，以此平息来自那些财务实力较弱成员国的不满。紧接着，3 月 24—25 日召开的欧盟领导人峰会决定，这 800 亿欧元实际款项将在 ESM 正式启动后的 5 年内支付，每年支付 160 亿欧元。①

表 8-2　　　　　　　　　债务危机的解决机制

	规模（能力）	融资渠道	融资工具
希腊贷款工具	800 亿欧元，已支付 529 亿欧元	通过欧盟的双边贷款池	项目贷款
EFSF	4400 亿欧元资金担保，有效贷款能力为 2500 亿欧元	发行 EFSF 债券	项目贷款
新 EFSF	7800 亿欧元资金担保，有效贷款能力为 4400 亿欧元	发行 EFSF 债券	（1）项目贷款；（2）预防性工具；（3）向金融机构注资；（4）在一级和二级市场上购买债券
ESM	7000 亿欧元认缴资本，有效贷款能力 5000 亿欧元	发行 ESM 债券	（1）项目贷款；（2）预防性工具；（3）向金融机构注资；（4）在一级和二级市场上购买债券

资料来源：Klaus Regling（CEO of EFSF），*The Euro and the Future of Europe*，16 August 2012（内部资料）。

二　欧盟推出 ESM 的动机

欧盟推出 ESM，背后有着多方面的考量。

一是增强危机应对能力，为结构改革赢得更多时间。已实施的临时性欧洲金融稳定工具（EFSF），将于 2013 年 6 月到期，资金总额为 4400 亿

---

① 根据 Klaus Regling 提供的资料，800 亿欧元实际款项的支出有所调整，计划分五期，到 2014 年年初支付完毕（参见图 8-2）。

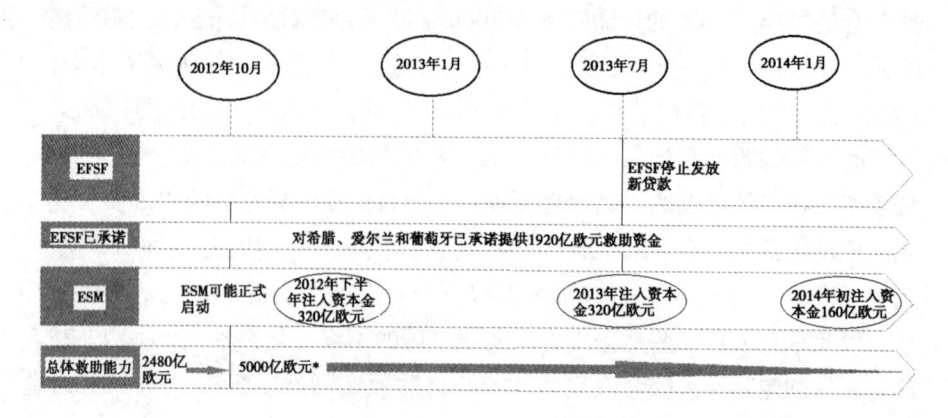

注：从 2012 年 7 月至 2013 年 7 月，EFSF 可能会实施新的融资计划，以确保拥有 5000 亿欧元的贷款能力。5000 亿欧元贷款能力也可在必要的情况下，通过加速注资来实现。

资料来源：Klaus Regling（CEO of EFSF），*The Euro and the Future of Europe*, 16 August 2012（内部资料）。

图 8-2　危机救助机制的救助能力

欧元。但随着救助额的不断增加，截至 2012 年年中，仅有 2480 亿欧元的信贷额度可供发放（参见图 8-2）。ESM 资金规模的扩大有助于缓解外界对救助工具救助能力不足的忧虑。

二是可直接向问题银行注资，防止银行业危机演变为主权债务危机。欧央行一再警告，一旦发生主权债务违约，欧洲金融体系将遭受灾难性后果。新的援助机制在银行联盟的参与下，可直接对问题银行实施救助，以便阻断银行业与主权债务间的联系，使银行业危机不至于发展成为主权债务危机，从而为问题银行争取时间进行债务重组。

三是适应债务形势恶化，创新救助机制的需要。随着债务形势恶化，单纯依靠临时性的救助机制已经不能满足救助的需要，亟须进行机制创新。与 EFSF 不同，ESM 在功能上有许多创新之处，在特定条件下可直接救助问题银行和购买重债国的国债（参见本节第二部分）。同时，作为国际组织，ESM 在国际信誉和融资能力上更优于 EFSF，可在更大程度上适应形势恶化的需要，有助于重树市场信心。

三　ESM 与 EFSF 的作用比较

ESM 与 EFSF 的作用相同，均为危机救助机制。但前者在存续期限、最大借贷能力、资金结构与债权人地位等方面均优于后者（参见表

8-3）。总体看，前者在市场信誉、国际知名度、资金使用灵活性、融资能力等方面，显示出其优势。更重要的是，欧盟赋予了 ESM 更多的特殊功能。

表 8-3　　　　　　　　　　ESM 与 EFSF 作用比较

	EFSF	ESM
性质	依据卢森堡公司法注册的私人公司	依据国际法设立的国际组织
期限	2010.6—2013.6	永久性机制，从 2012 年 10 月开始运作
最大借贷能力	4400 亿欧元	5000 亿欧元
资金结构	没有资金，但政府最高承诺担保为 7800 亿欧元	欧元区国家的认购资本为 7000 亿欧元，其中 800 亿欧元为预付资本，6200 亿欧元为可赎回资本与抵押品
功能	（1）为所需资金发行债券；（2）干预一级、二级债券市场；（3）提供预防性贷款；（4）通过向政府贷款来为银行注资	与 EFSF 相同
债权人地位	与其他私人投资者一样	有优先债权人地位
杠杆化选择	（1）为新发债券提供担保（本金的 20%—30%）；（2）通过"共同投资基金"（CoInvestment Fund）吸引外部资金，扩充资金池	未来 ESM 也可能采取如 EFSF 的杠杆化方式扩大再融资

资料来源：Klaus Regling, CEO of EFSF, "The Euro and the Future of Europe", 16 August 2012（内部讲稿）。张明、郑英、敬云川：《欧债危机的现状评估、政策选择与演进前景》，Jan. 30, 2012, 中国社会科学院世界经济与政治研究所国际金融研究中心工作论文, No. 2012W02。

作为永久性危机救助机制，ESM 除直接提供资金救助外，还担负着很多重任：一是直接向受困银行注资。根据 2012 年 7 月 9 日欧盟财长会议的决定，欧委会在银行联盟建立后，ESM 可在其监管下直接向受困银行注资。而在过渡期间，将由欧央行代行银行联盟的职能。这一机制将有效切断主权债务与银行业危机间的恶性循环。二是可直接购买成员国国债。2012 年欧盟夏季峰会上，各国领导人同意意大利和法国等国的提议，ESM 可有条件地直接购买成员国国债。不过，这方面的细则还未出台。三是可获银行牌照。给予 ESM 银行牌照，将方便其从欧央行获得贷款，增大其"防火"能力。但截至 2012 年 8 月底，这一作用仍停留在建议上。对此，各方分歧明显。2012 年 8 月 1 日，德国否决了有关向欧元区 ESM 发放银行牌照的提议。德副总理菲利普·罗斯勒（Philipp Roesler）表示，这一提议将提高通胀率，还会减少部分危机国的改革压力。罗斯勒认为，由于欧央行不能直接援助一国政府，因此上述举动是否符合欧盟的相关条例也值得商榷。但与这种观点相反，意大利总理蒙蒂同日表示，ESM 最终会获银行执照。他坚称，使 ESM 获得银行执照，可以有足够火力对抗区域的债务危机。

四 对 ESM 的不同看法

对于 ESM，外界褒贬不一。《华尔街日报》称，[1] 因其产生道德风险，导致今后救助更容易发生，欧盟将不可避免地更多卷入协调甚至规定成员国的财政政策，而德国纳税人也将成为最终贷款人。但也有专家表示，ESM 设计的初衷是迫使成员国改革税收或监管政策，这使欧元区在通往财政联盟道路上又进了一步。

ESM 这一新机制本身仍面临诸多难题。首先，该方案要求基金主要以贷款形式为陷入债务危机的欧元区国家提供财政援助，且需保持 AAA 信用评级。这实质上意味着，如果欧盟想将该方案落到实处，则离不开德国主权信誉的支撑。但德国政府面临民众的反对压力，"勤劳"的德国民众不愿为"懒惰"的希腊人埋单。德国在欧元区内的政治离心倾向越来越明显。其次，新方案仍未解决高贷款利率问题。2010 年救助希腊和爱尔兰的计划，就存在贷款利率过高和贷款期限过长的问题。希腊和爱尔兰政府已正式要求与欧盟就贷款利率和期限重新谈判。经过一番讨价还价，欧元区领导人才正式决定，下调希腊贷款利率 100 个基点，并将贷款期限延长一倍至 7.5 年。再者，缺乏硬性约束的新机制走向仍然不明。新方案只要求各国朝着统一的政策目标迈进，具体的政策工具由成员国自主选择。方案有关目标的落实和执行也只是靠彼此间的政治监督，并无真正约束力。失去约束力的新机制对出资国的吸引力已大打折扣，出资国的民众反对政府"无原则地"救助的情绪可能越来越高涨。

第四节 向财政联盟过渡迈出重要一步

债务危机显示出欧盟缺少统一财政框架的不足。随着危机的深化和扩

---

[1] 2010 年 12 月 20 日《华尔街日报》。

散,欧洲一体化又处在十字路口上,欧盟正面临着两个艰难的抉择:或者建立财政和政治联盟,从而沿着一体化的道路继续前行,或者面临欧元区解体的危险。除此之外,再没有第三条道路可走。建立财政联盟是解决债务危机的根本途径。同时,建立财政联盟、实行共同的财政政策,也是诸如发行欧元区统一债券,解决诸多欧元区发展难题的重要条件。

一 向财政联盟过渡的必要性

早在欧元区建立之初,就有观点认为没有财政联盟支撑的单一货币联盟将不可避免地走向崩溃。[1] 这个观点一直为欧盟领导人所诟病。欧债危机爆发后,欧盟各成员国认识到,单纯的救助行动不能彻底解决问题。要想真正摆脱债务危机,还需要进一步加强财政一体化和政治一体化,更加严格地执行加入欧元的有关规定和标准。向财政联盟过渡的必要性主要有:

1. 可有效调节欧元区内部发展不平衡问题。由于欧元区内部发展不平衡,一些国家财政盈余较多,一些国家则出现大规模赤字。对于这种不平衡状况,在单纯的货币联盟下缺乏有效的干预手段。仅靠统一的监督机制可能会导致财政赤字国面临更严重的紧缩。根本的解决方式还是建立"财政联盟",通过转移支付机制,给赤字国一定的财政补贴,促进其经济增长。

2. 可有助于控制财政风险、增强欧元的稳定性。欧元区仅是一个松散的货币联盟,其应对危机的资源动员能力不能与美国与日本等主权国家相比。建立财政联盟后,成员国通过向欧盟让渡主权,可在欧元区范围内实现资源的共享。这既可防止未来发生新的财政危机,同时也有利于维护欧元的稳定。

3. 可促进各成员国间的经济政策协调。欧元区各国政策难以有效协调的主要障碍是:各国决策独立性与共同货币政策间的冲突,以及经济调节手段的多样性与单一货币的限制。建立财政联盟后,通过实施共同的财政、货币和汇率政策,各国经济政策可实现协调,经济周期也可望实现同

---

[1] 这其中,最著名的是米尔顿·弗里德曼。他在1999年欧元启用时做出了欧元将在10年内崩溃的著名论断。虽然他预测错了事件发生的时点,但他很可能说对了事实。参见 Gerald P. O'Driscoll Jr《欧元将怎样终结?》,Cato 研究所,2012年7月13日,http://www.1think.com.cn/crisis/。

步波动。

4. 可消除各成员国主权债券的风险溢价。由于缺少联邦财政框架,一些成员国主权债券与德国债券间存在较大的收益差。这些收益差扩大,致使"欧元主权债券市场"更加脆弱。建立财政联盟后,各国主权债券将由欧元区共同债券所取代,不但各国主权债券风险溢价将消除,而且欧元区将建立起统一的债券市场。

二 建立财政联盟已成为欧洲的普遍共识

债务危机对财政一体化产生了明显的"倒逼机制"。2011年下半年以来,建立财政联盟已成为欧洲领导人的普遍共识(参见专栏8-3),欧盟各国对建立财政联盟的观点趋于一致。这其中,德国的推动作用尤其重要。德国总理默克尔竭力推动建立财政联盟,包括建立一家中央机构以管理欧元区各国的财政,并赋予欧盟执委会、欧洲议会和欧洲法院新的重大权力。同时,德国把其他成员国家同意向欧盟让渡更多权力作为同意发行欧元债券,甚至加大对欧元区银行业支持的前提条件。① 相应地,作为对德国要求的回应,西班牙表示愿意让渡部分财政主权。②

2012年6月26日,范龙佩等共同起草的《走向一个真正的经济与货币联盟》报告,③ 成为欧洲迈向银行联盟和财政联盟的重要阶段性文件。关于一体化的财政框架,该报告指出:年度预算平衡和政府债务水平的上限是各成员国一致同意的。在这些规则下,政府债券的发行应采取一致同意的原则。发行共同债券是财政联盟和财政一体化的重要因素,是中期探讨的目标。要以预算纪律和竞争力为前提,避免道德风险,培育责任和服从。一个成熟的财政联盟意味着在欧洲层面有较强的发展能力,有能力管理相互依赖的经济,最终发展成欧元层次上的财政实体,如财政部。

根据安排,范龙佩领导的经济治理小组正在起草"更紧密经贸联盟路线图"。12月出台的最终报告,将为财政联盟描绘出路线图。下一步,

---

① 《德国表态或有条件同意发行欧元债券》,《华尔街日报》2012年6月4日。
② 《金融时报》报道,西班牙首相拉霍伊呼吁,应对欧元区成员国财政预算进行集中控制,成立"欧元区财政当局"对欧元区财政策略提供指引非常必要,这有助于17个欧元区成员国的财政政策整合,从而实现欧元区"对各国财政实施集中控制"。
③ *Towards a Genuine Economic and Monetary Union*, Report by President of the European Council, Herman Van Rompuy, 26 June 2012, EUCO 120/12.

将遵照成员国的意愿,逐渐从向欧盟让渡监管权转向移交部分财政主权。相应地,欧盟将提出"超国家预算"的设想,由各国共同出资设立一笔预算,承担某些特殊任务,如作为泛欧失业保险、直接补贴各国失业者等。而随着这方面的共识不断增加,"超国家预算"所涵盖的范围可能进一步扩大,财政联盟的框架也将更加清晰。

三 财政联盟与"财政契约"

在 2011 年 12 月 10 日结束的欧盟峰会上,除英国之外的欧盟 26 个成员国同意就加强财政纪律缔结"财政契约"(Fiscal Compact)。这标志着欧盟财政一体化开始从构想进入初步共识阶段,因为如果没有具有约束力的财政纪律,就无法建成财政联盟。

1. 德法推动建立"财政契约"。2011 年年初以来,欧盟领导人提出扩大临时性救助机制规模和使用效率、减记希腊等重债国债务以及对银行进行新一轮压力测试等举措,同时提出深化经济治理和改革、建立欧元区永久性救助机制和借助创新推动经济复苏等长效措施。但这些努力难以在短期内发挥作用。在债务危机持续恶化并不断危及意大利和法国等欧元区核心国家的背景下,德法两国均认识到:建立财政联盟是解决危机的根本途径。德法两国领导人在峰会召开前统一了立场,提出加强财政纪律的共同方案,要求明确对财政赤字占 GDP 比例超过 3% 的国家实施自动处罚措施,并建议将欧元区永久性救助机制提前一年于 2012 年启动。

德法方案成为峰会的主导议题。在两国推动下,2011 年 12 月 9 日召开的欧盟冬季峰会上,除英国外的其余 26 个成员国决定建立新的"财政契约"。该条约得到了欧元区 17 国一致同意。欧盟制定这项条约是针对持续两年的欧洲主权债务危机而进行的一项结构性改革,即通过严格执行欧洲《稳定与增长公约》中提出的财政预算纪律,确保欧元的稳定。2012 年 1 月 30 日,在欧盟特别峰会上,讨论并就"财政契约"的大量细节问题达成协议,为新条约的签署铺平了道路。2012 年 3 月 2 日,除英国和捷克外,欧盟其余 25 国政府均表示接受该条约,但 9 个非欧元区成员国表示将交由议会审议决定。新条约名为《欧洲经济货币联盟稳定、协调与治理公约》(又称"财政契约")。[①]"财政契约"的签署,被认为

---

① 该契约英文全称为:Fiscal Treaty, Treaty on Stability, Coordination and Governance.

是各成员国向财政联盟迈进的重要一步。

财政契约从提出到签署，只有3个月的时间。这是在非常时期的非常举措，罕见的高效，体现了欧盟迈向财政一体化的决心。如果按照正常程序，就有关法律框架进行讨论，对现有条约进行修改，最后再交由成员国议会表决，最快也需要一年的时间。为提高决策效率，财政契约改革了以往欧盟始终坚持的"一致同意"规则，以"多数表决机制"来代替。在欧元区17国中，只要有12个签约国（占欧元区成员国数量的2/3强）批准上述条约，该条约即可生效。截至2012年7月底，"财政契约"已得到希腊、塞浦路斯、斯洛文尼亚、葡萄牙、爱尔兰、奥地利、意大利和西班牙等8国的批准，丹麦、瑞典、拉脱维亚、立陶宛和罗马尼亚等5个非欧元区国家也批准了该条约，预计该条约在2012年年底前再由4个欧元区成员国批准几无悬念，条约有望按原计划于2013年1月正式执行。然而，由于德国联邦宪法法院推迟表决，法国亦等待宪法法院的裁决结果，① 这也给该契约蒙上了一层阴影。

2. "财政契约"的主要内容。"财政契约"将欧盟财政监管框架联系起来。该契约要求把财政纪律作为一项黄金法则写入各国宪法，一旦违反就要自动受到欧盟的制裁。如果一国没有遵守新的预算规则，没有遵守欧盟法院（ECJ）要求的规则，欧洲法院将对其进行金融制裁。财政契约的主要内容如下。②

（1）引入所谓的"黄金规则"。所谓"黄金规则"，即条约签署国均承诺平衡自己的预算，最理想的状态是在经济周期各阶段预算始终处于结余状态。条约规定，政府基本预算应实现平衡或盈余，年度结构性赤字（即不计偿还债务和经济周期特殊阶段等暂时性因素的赤字率）不得超过名义GDP的0.5%。而那些债务与GDP比率明显低于60%，长期公共财政具有可持续性的国家，其结构性赤字率最高可达到1.0%。一旦上述赤字目标被超过且达到一定程度，就会触发"自动修正机制"，即各成员国

---

① 据《欧盟观察家》报道，法国宪法法院将于2012年8月9日、10日裁决欧盟财政新约条款是否涉及修宪或需将其纳入普通法。如需纳入普通法，新约有望在9月底由议会通过。如果涉及修宪，新约批准将推迟到12月或需要公投。分析认为，如法国推迟批准新约，可能加剧市场的不安情绪。

② European Council, *Statement by the Euro Area Heads of State or Government*, Brussels, 9 December 2011.

要对赤字超标采取紧急刹车措施,同时必须在确定的时间内采取修正行动。

(2) 将强化财政管理纳入法制化轨道。新条约要求各国最好将新的财政管理规定写入各自宪法。但是,这没有强制性,各国对新规则做出其他形式的法律保证也是可以接受的。欧洲法院有权监督和裁决各国对这项规则的执行情况,并将负责确定各签约国是否在国家层面上提供了遵守新规则的法律保证,同时确定各国赤字率是否低于新条约所设定的标准。如果某国没有达标,其他国家可将未达标国告上欧洲法院,最终该国将遭到制裁,面临欧盟开出的相当于GDP的0.1%的罚单。如果是欧元区国家受到处罚,该款项将上缴给ESM;如果是非欧元区的欧盟成员国受到处罚,该款项将上缴作为欧盟共同预算。

(3) 引入"过度赤字程序"。成员国应在欧盟委员会规定的日期达到各自的目标水平,否则将启动"过度赤字程序(EDP)"。一旦成员国预算赤字超过欧委会设定的3%赤字上限,将会自动引入该程序,除非有效多数欧元区成员国反对。欧委会将对违反赤字上限的成员国进行制裁,除非有效多数欧元区成员国反对。债务比率超过60%的国家,其债务削减数量指标的细则必须依据新的规定执行。这意味着成员国必须自愿接受欧委会和理事会的处罚——"经济伙伴计划"将详细列举必要的经济结构改革措施,以保证其对赤字进行持久有效的纠正。欧委会和理事会将监督该计划的实施,以及有关的年度财政计划的制订。

(4) 建立并落实各成员国政府债券发行计划事先报告制度。

(5) 加速落实有关机制。条约呼吁各成员国加速批准ESM,使其尽快发挥效力。此外,还包括:监督和评估预算方案草案以及欧元区债务的改进状况。加强对在金融稳定性方面遭遇严重困境或受到威胁的欧元区成员国的经济和预算监督。呼吁欧洲理事会和欧洲议会尽快审视这些新规定,以便使其能在下个预算编制周期生效。在新的法律框架下,欧委会将特别审视预算案草案中涉及财政状况的关键条款,如有必要,将对方案给出建议。如果欧委会认为某些条款与《稳定和增长协定》相违,欧盟委员会将要求修正预算方案草案。

(6) 加强政策行动和协调。各成员国同意在培育竞争力、促进就业、提高公共财政的可持续性,以及强化金融稳定等方面,采取必要的行动和措施,促进欧元区更好地运转。同时,各成员国也要确保所有事前讨论的大多数经济改革按计划实施，在欧元区和欧盟层面积极协调。"财政契约"规定，欧元区国家每年至少举行两次纯欧元区成员国参加的峰会，非欧元区的签约国每年"至少将被邀请参加一次"这样的峰会，以便就有关事项加强协调。

（7）继续致力于加强财政一体化以更好地反映各成员国间相互依赖的程度。这方面的工作将体现在欧洲理事会主席、欧盟委员会主席与欧元集团主席联合发布的工作报告中（参见本节第三部分）。

四 财政联盟未来需要解决的问题

按照从易到难的顺序，欧洲财政一体化进程可分为几个步骤：一是建立"超国家预算"，由各国共同出资设立一笔共同基金，承担欧元区内一些急需的支出。随着预算规模的不断扩大，"超国家预算"将成为共同预算。二是扩大欧盟机构的监督审批权限。各国已在"欧洲学期"制度下，向欧委会提交预算草案并听取其建议，未来欧盟机构可能拥有更多实质性的审批权和监管权，甚至可能拥有部分否决权。三是实施共同的财政政策规划，如统一税收制度、支出制度。据报道，欧元区国家正在考虑加速区内财政一体化进程。①成员国政府可能采取双边协议方式加强财政一体化，以避免漫长的修改欧盟条约之路。四是实现财政统收统支。EFSM、EFSF 和 ESM 实际上是财政资金集中的重大尝试，未来资金集中的范围和规模可能以不同形式进一步扩大，直至建立财政联盟，成立统一的财政机构，实行统收统支。尽管如此，财政联盟建设也面临一些棘手的问题，其进程充满了艰辛和阻力，其路途可能是相当漫长的。这其中，涉及的主要问题有：

1. 主权让渡问题。财权即主权。对于财权的监管和让渡问题，存在许多障碍。虽然对重债国实施一定的监管不存在太大的障碍，但要把监管权进入深化，并扩展至所有成员国，就会存在较大困难。同样，各成员国对不涉及核心利益的财权，也许较容易让渡，但一旦涉及核心利益，让渡就存在较大的阻力。

---

① 《欧元区正考虑采取双边协议方式加快财政一体化进程》，《华尔街日报》（中文版）2011 年 11 月 27 日。该文称，申根协定是可供参考的先例。在此协定下，仅有部分欧盟成员国取消共同边界控制。欧盟条约中规定，如果有 9 个以上国家同意"加强合作"，则这些国家可以共同采取行动，从而避免了要求 27 个成员一致同意的困境。

2. 税收统一问题。建立财政联盟需要各国以相同的税收体系（税制）和大体相近的税率为基础。然而，欧盟各成员国税率差异非常明显，这给建立财政联盟增加了很多障碍（参见专栏 8-4）。一是先入盟的成员国实施高税收、高福利的体制，后入盟的东欧国家税率普遍较低；二是即便在先入盟的成员国中，也存在像爱尔兰这样只有 12.5% 公司税率的国家；三是作为盟内重要国家，英国则强烈反对在欧盟 27 个成员国中实施税制一体化的政策。虽然德法两国力推欧元区统一公司税率，[①] 但即便在欧元区，推动税制一体化也是极具争议性的提议。

3. 劳动力流动问题。劳动力自由流动是消除各国竞争力差异和内部失衡的重要动力，也是实施共同税收的基础。然而，由于存在国别的就业保护措施、国别的工资议价机制、国别的退休制度和社保制度等问题，限制了劳动力的自由流动。消除各成员国上述制度的差异，是在盟内或欧元区内促进劳动力自由流动的前提条件，但其难度也是非常大的。

4. 转移支付问题。建立转移支付制度是财政联盟的重要内容。转移支付制度不是"奖懒罚勤"，而是缩小各国财政赤字率和经济发展水平差距的重要手段，是消除各成员国财政风险，增强欧盟或欧元区凝聚力的重要保障。然而，转移支付制度的建立，既要以充分发挥各国竞争优势、充分提高各国经济增长潜力为基础，也要以树立欧委会的权威，以及主要大国纳税人的意愿为前提条件。显然，无论是欧盟还是欧元区，在这方面还有很长的路要走。

有鉴于此，在"财政联盟"建立之前，为防止欧元危机进一步恶化，欧盟可能采取"混合方案"。一方面，短期内欧盟将不得不依靠欧央行采取必要的干预行动，甚至不惜运用债务货币化等措施；另一方面，加快推进财政联盟的相关谈判，通过坚定财政联盟目标，增强欧盟凝聚力，稳定市场信心。

专栏 8-3 欧洲知名人士谈建立财政联盟

默克尔呼吁建立财政联盟。2011 年 11 月 14 日，德国总理默克尔在莱比锡基民盟年度大会讲话中称，欧洲的前景是政治联盟。要提振欧元区国债投资者信心，欧元区必须"建立财政联盟，并且逐步进

[①] BBC 中文网，《德法领袖力推欧元区统一公司税率》，2011 年 12 月 7 日。

入政治联盟","这是危机留给我们的教训,而且现在仍须努力。"默克尔称,要推动更紧密的政治联系,以及更紧密的预算规则。她认为,"我们这一代人现在的任务是完成经济和货币联盟,并逐步创建政治联盟","目前是面向新欧洲取得突破的时候了"。

巴罗佐强调欧元区要实现真正的一体化。2011年9月28日,欧委会主席巴罗佐在欧洲议会上发表的"2011年盟情咨文"中,在谈到经济治理时强调指出,以成员国经济和预算政策支撑共同货币和市场,或通过政府间合作方式推进共同货币和市场,均为不切实际的幻想。而须采用"共同体方案",即推动欧元区实现真正的一体化,通过真正的经济联盟完善货币联盟。这不仅是加强欧元区信誉的需要,也是市场发出的需求。巴罗佐同时强调,建设经济联盟不需要另设机构。根据共同体职能划分,欧委会即为欧盟的经济政府,是盟内公平的"保障人",欧委会需要更多独立权限。

特里谢称欧洲的目标是建立"欧盟财政部"。欧央行前任行长特里谢多次撰文呼吁建立"欧盟财政部"。《欧盟观察家》报道,2010年11月30日,时任欧央行行长的特里谢在欧洲议会呼吁,各国应进一步协调整合预算机制,在货币联盟的基础上,建立"准预算联邦"。2011年6月2日,特里谢在获得查理曼大帝奖章而发表获奖感言时呼吁各国政府让渡一些主权,以避免地区性金融动荡重演。2011年岁末,特里谢在《集权化的欧洲就是全球化的欧洲》一文中,畅谈欧洲一体化未来发展方向。特里谢认为,欧洲要走出危机,根本之道在于不断加深一体化,加强内部经济治理,适时考虑组建"欧盟财政部"。特指出,强化一体化,是由全新的国际政治和经济格局,以及欧盟现时困境决定的,是应对亚洲和拉美群体性崛起,以及自身繁荣的必然选择。

荷兰首相吕特呼吁强化欧盟财政纪律。荷兰首相马克·吕特(Mark Rutte)表示,欧盟应新设一位"预算沙皇",统管欧元区国家的税收和开支,并最终将有权决定把哪些国家驱逐出欧元区。吕特和荷兰财政大臣扬·凯斯·德亚赫(Jan Kees de Jager)在《金融时报》上联合撰文表示,这位新设的"预算纪律专员"应有权对挥霍成性的欧元区国家加以严惩,包括扣发欧盟发展基金。如果有些国家不遵从这位专员的裁决,欧元区应强制这些国家退出该货币联盟。

伏思达认为欧洲要建立真正的"经济政府"。比利时前首相伏思达认为，必须在欧洲建立一个真正的"经济政府"，负责管理经济和财政政策。应从欧委会中挑选一位高级成员出任泛欧财政部部长，负责制定欧元区经济政策，并主持欧元集团的定期会议——而不仅仅是一年举办两三次峰会。伏思达指出，一个更具凝聚力的欧元区可以建立一套共同发债（共同承担债务）体系，采取渐进、局部的方式，发债规模最高不超过 GDP 的 60%，在此区间内实行差异化利率。这一体系将确保纪律得到加强，并有利于增进团结。

法国欧盟事务部长称愿意为应对危机进一步让渡主权。2012 年 7 月中旬，法国欧盟事务部长伯纳德接受媒体采访时表示，如果进一步让渡主权能促进欧元区国家共担统一货币的财政责任，法国将愿意和伙伴国家一起放弃部分主权。伯纳德称"我们注意到，团结的欧洲需要更深的一体化，也需要我们放弃部分主权"。

欧洲知名银行家乔治·乌热在法国《世界报》上撰文称，欧元前 10 年完成了统一货币和市场，下一个 10 年欧元将整合欧洲的财政政策，从而真正向着欧洲联邦的方向前进。

参考资料：

1. EU Must Embrace "Political Union": Merkel, By Tony Czuczka and Brian Parkin – Nov. 14, 2011, *Bloomberg News*.

2. José Manuel Durão Barroso, European renewal – State of the Union Address 2011, European Parliament, Strasbourg, 28 September 2011, SPEECH/11/607.

3. Trichet Communes with Charlemagne Before Exorcising Lehman Ghost, Jul. 8, 2011, http：//www.bloomberg.com.

4.《特里谢畅谈"欧盟财政部"构想及欧洲未来方向》，2011 - 12 - 31，驻欧盟使团经商处，http：//eu.mofcom.gov.cn/.

5.《荷兰首相呼吁欧盟设"预算沙皇"》，彼得·施皮格尔，马特·斯坦格拉斯，英国《金融时报》2011 年 9 月 8 日。

6. 伏思达（欧洲议会自由与民主党团主席，比利时前首相）：《欧洲财政谁来管?》，2011 年 9 月 30 日《金融时报》（中文版）。

7.《法国愿意为应对欧债危机进一步让渡主权》，2012 年 7 月 17 日，驻欧盟使团经商处，http：//eu.mofcom.gov.cn/。

专栏 8-4 欧盟各成员国税率差异明显

欧盟 27 国总体税率（总体税收占 GDP 比重）接近 40%。与世界上其他主要经济体相比，欧盟税率仍然较高。欧盟 27 国总体税率约比美国和日本高出 1/3 以上。与此同时，各成员国间的税率也呈现明显差异。以 2009 年为例，如下表所示，总体税率低于 30% 的拉脱维亚（26.6%）、罗马尼亚（27.0%）、爱尔兰（28.2%）、斯洛伐克（28.8%）、保加利亚（28.9%）和立陶宛（29.3%）等，除爱尔兰外，主要是后加入欧盟的东欧国家。超过 45% 的主要是丹麦（48.1%）和瑞典（46.9%）两个北欧国家。

从 2000 年到 2009 年，总体税率降幅最大的是斯洛伐克（从 2000 年的 34.1% 降至 2009 年的 28.8%）、瑞典（从 51.5% 降至 46.9%）、希腊（从 34.6% 降至 30.3%）、芬兰（从 47.2% 降至 43.1%），其中增税的主要有马耳他（从 28.2% 增至 34.2%）、塞浦路斯（从 30.0% 到 35.1%）和爱沙尼亚（从 31.0% 到 35.9%）。

表专 8-1 欧盟各国税收收入与不同经济活动的隐性税率 *

	税收占 GDP 比重（%）			各类活动隐性税率（%）								
				劳动			消费			资本		
	2000年	2008年	2009年	2000年	2008年	2009年	2000年	2008年	2009年	2000年	2008年	2009年
欧盟 **	40.5	39.3	38.4	35.7	33.8	32.9	20.8	21.4	20.9	25	25.3	24.6
欧元区 **	41.1	39.7	39.1	34.6	34.0	33.5	20.4	20.7	20.4	25.1	25.2	24.7
比利时	45.2	44.4	43.5	43.6	42.5	41.5	21.8	21.2	20.9	29.6	32.6	30.9
保加利亚	31.5	32.3	28.9	38.1	27.4	25.5	18.5	24.9	21.4	n.a.	n.a.	n.a.
捷克	33.8	35.5	34.5	40.7	39.2	36.4	19.4	21.1	21.6	20.9	19.8	19.3
丹麦	49.4	48.1	48.1	41.0	36.2	35	33.4	32.6	31.5	36.0	43.4	43.8
德国	41.9	39.4	39.7	40.7	39.2	38.8	18.9	19.7	19.8	28.4	23.0	22.1
爱沙尼亚	31.0	32.1	35.9	37.8	33.7	35.0	19.5	21.0	27.6	6.0	10.5	14.0
爱尔兰	31.5	29.7	28.2	28.5	25.3	25.5	25.5	23.3	21.8	n.a.	16.3	14.9
希腊	34.6	31.7	30.3	34.5	32.2	29.7	16.5	14.8	14.0	19.9	n.a.	n.a.
西班牙	33.9	33.2	30.4	30.5	33.1	31.8	15.7	14.1	12.3	29.9	31.7	27.2
法国	44.1	42.9	41.6	42	41.5	41.1	20.9	19.1	18.5	38.4	38.1	35.7
意大利	41.8	42.9	43.1	42.2	43.0	42.6	17.9	16.5	16.3	29.5	35.6	39.1
塞浦路斯	30.0	39.1	35.1	21.5	24.7	26.1	12.7	20.8	17.9	n.a.	n.a.	n.a.

续表

	税收占GDP比重（%）			各类活动隐性税率（%）								
				劳动			消费			资本		
	2000年	2008年	2009年	2000年	2008年	2009年	2000年	2008年	2009年	2000年	2008年	2009年
拉脱维亚	29.5	29.1	26.6	36.6	28.5	28.7	18.7	17.4	16.9	11.2	17	10.3
立陶宛	30.1	30.2	29.3	41.2	32.7	33.1	17.9	17.6	16.5	7.2	12.7	10.9
卢森堡	39.1	35.3	37.1	29.9	31.7	31.7	23.0	27.3	27.3	n.a.	n.a.	n.a.
匈牙利	39.0	40.0	39.5	41.4	42.1	41.0	27.5	26.6	28.2	17.1	18.6	18.8
马耳他	28.2	33.9	34.2	20.6	19.6	20.2	15.9	19.3	19.5	n.a.	n.a.	n.a.
荷兰	39.9	39.1	38.2	34.5	36.2	35.5	23.8	26.9	26.2	20.7	16.6	15.4
奥地利	43.2	42.6	42.7	40.1	41.3	40.3	22.1	21.6	21.7	27.7	26.5	27.0
波兰	32.6	34.3	31.8	33.5	32.6	30.7	17.8	21.1	19.0	20.5	22.8	20.5
葡萄牙	31.1	32.8	31.0	22.3	23.3	23.1	18.2	18.0	16.2	31.3	37.5	33.8
罗马尼亚	30.2	28.0	27.0	33.5	27.3	24.3	17.0	17.7	16.9	n.a.	n.a.	n.a.
斯洛文尼亚	37.5	37.2	37.6	37.7	35.9	34.9	23.5	23.9	24.2	15.7	21.7	21.0
斯洛伐克	34.1	29.2	28.8	36.3	33.1	31.2	21.7	18.7	17.3	22.9	16.9	17.1
芬兰	47.2	43.1	43.1	44.0	41.4	40.4	28.5	26.0	25.7	36.4	28.0	29.9
瑞典	51.5	46.5	46.9	46.8	41.2	39.4	26.3	27.8	27.6	42.8	26.2	33.5
英国	36.7	37.5	34.9	25.6	26.4	25.1	18.9	17.5	16.8	44	44.7	38.9

注*：所谓隐性税（implicit tax rate，ITR），用以衡量不同收入类型或活动的平均税收负担，如劳动、消费和资本等的隐性税。ITR以平均税收收入与各领域潜在税基的百分比来表示。注：**为算术平均数。

资料来源：Eurostat，Newsrelease，100/2011 – 1 July 2011。

表专 8-2　　　　　欧盟各成员国增值税率　　　　　单位：%

	2000年	2008年	2009年	2010年	2011年	2008—2011年差值
欧盟27国*	19.2	19.4	19.8	20.4	20.7	1.3
比利时	21	21	21	21	21	0
保加利亚	20	20	20	20	20	0
捷克	22	19	19	20	20	1
丹麦	25	25	25	25	25	0
德国	16	19	19	19	19	0
爱沙尼亚	18	18	20	20	20	2
爱尔兰	21	21	21.5	21	21	0

	2000 年	2008 年	2009 年	2010 年	2011 年	2008—2011 年差值
希腊	18	19	19	23	23	4
西班牙	16	16	16	18	18	2
法国	19.6	19.6	19.6	19.6	19.6	0
意大利	20	20	20	20	20	0
塞浦路斯	10	15	15	15	15	0
拉脱维亚	18	18	21	21	22	4
立陶宛	18	18	19	21	21	3
卢森堡	15	15	15	15	15	0
匈牙利	25	20	25	25	25	5
马耳他	15	18	18	18	18	0
荷兰	17.5	19	19	19	19	0
奥地利	20	20	20	20	20	0
波兰	22	22	22	22	23	1
葡萄牙	17	20	20	21	23	3
罗马尼亚	19	19	19	24	24	5
斯洛文尼亚	19	20	20	20	20	0
斯洛伐克	23	19	19	19	20	1
芬兰	22	22	22	23	23	1
瑞典	25	25	25	25	25	0
英国	17.5	17.5	15	17.5	20	2.5

注：* 为算术平均数。

资料来源：Eurostat，Newsrelease，100/2011-1 July 2011。

表专 8-3　　　欧盟各国最高法定所得税税率　　　单位:%

	个人所得税				公司所得税			
	2000 年	2010 年	2011 年	2000—2011 年之差	2000 年	2010 年	2011 年	2000—2011 年之差
欧盟*	44.7	37.6	37.1	-7.6	31.9	23.3	23.2	-8.7
欧元区*	47	41.4	41.8	-5.3	34.4	25.6	25.5	-8.9
比利时	60.6	53.7	53.7	-6.9	40.2	34	34	-6.2
保加利亚	40	10	10	-30	32.5	10	10	-22.5
捷克	32	15	15	-17	31	19	19	-12
丹麦	59.7	51.5	51.5	-8.2	32	25	25	-7

续表

	个人所得税				公司所得税			
	2000年	2010年	2011年	2000—2011年之差	2000年	2010年	2011年	2000—2011年之差
德国	53.8	47.5	47.5	-6.3	51.6	29.8	29.8	-21.8
爱沙尼亚	26	21	21	-5	26	21	21	-5
爱尔兰	44	41	41	-3	24	12.5	12.5	-11.5
希腊	45	45	45	0	40	24	23	-17
西班牙	48	43	45	-3	35	30	30	-5
法国	59	45.8	46.7	-12.3	37.8	34.4	34.4	-3.4
意大利	45.9	45.2	45.6	-0.3	41.3	31.4	31.4	-9.9
塞浦路斯	40	30	30	-10	29	10	10	-19
拉脱维亚	25	26	25	0	25	15	15	-10
立陶宛	33	15	15	-18	24	15	15	-9
卢森堡	47.2	39	42.1	-5	37.5	28.6	28.8	-8.7
匈牙利	44	40.6	20.3	-23.7	19.6	20.6	20.6	1
马耳他	35	35	35	0	35	35	35	0
荷兰	60	52	52	-8	35	25.5	25	-10
奥地利	50	50	50	0	34	25	25	-9
波兰	40	32	32	-8	30	19	19	-11
葡萄牙	40	45.9	46.5	6.5	35.2	29	29	-6.2
罗马尼亚	40	16	16	-24	25	16	16	-9
斯洛文尼亚	50	41	41	-9	25	20	20	-5
斯洛伐克	42	19	19	-23	29	19	19	-10
芬兰	54	49	49.2	-4.8	29	26	26	-3
瑞典	51.5	56.4	56.4	4.9	28	26.3	26.3	-1.7
英国	40	50	50	10	30	28	27	-3

注：＊为算术平均数。

资料来源：Eurostat, Newsrelease, 100/2011–1 July 2011。

第五节 欧盟政治一体化的前景

实现欧洲的统一是许多历史人物梦寐以求的夙愿。拿破仑的理想是，"欧洲应该联合成一体，人们有共同的祖国。这是大势所趋，总有一天会实现"①。现如今，经历了主权债务危机的冲击后，欧盟及成员国的政治家们大都意识到欧洲政治一体化滞后于经济一体化是欧洲债务危机的制度根源。

如果欧洲人希望保住欧元，必须建立政治联盟；如若不然，欧元和欧洲一体化的成果就将付之东流。欧洲也将失去半个多世纪来超越民族主义所取得的一切收获。在新的世界秩序正逐步形成的背景下，这对欧洲人而言无疑是一场悲剧。

一 政治一体化滞后带来的挑战

从一定意义上来说，金融危机和主权债务危机实质上是政治危机。各国领导人在面临欧洲生死存亡的事情上，存在着严重的国家利己主义，在重大决策上犹豫不决，迟迟不能采取行动。化解危机的核心问题是：如果不实现欧洲政治联盟，欧元和作为整体的欧盟就无法继续存在。德国前副总理约施卡·费希尔指出，②《马斯特里赫特条约》虽然诞生了货币联盟，但其必不可少的先决条件——政治联盟至今仍处于空谈阶段。因为政治一体化滞后，欧元区各国正在为此付出代价。当危机袭来时，欧元区这种使用共同货币又保留财政主权的机制，其弊端明显显现。欧元区已经成为基础不稳定的国家联盟。有经济学家指出，如果欧洲在政治上成为一个联邦国家，那么单一货币将是自然而然的事情；当17个不同国家决定在没有政治联盟时先创造欧元，那是它们弄错了顺序。③

在历史上，由于主权问题（以及随之而来的权力和立法问题）得不到解决，国家联盟没有成功的先例。美国就是一个很好的例子。独立战争后，美国各殖民地在13州宪法下组成了一个松散的邦联，但这一安排在财政和经济上破产了，④ 此后不久，美国转型为完全的联邦——一个统一

---

① ［德］埃米尔·路德维希：《拿破仑传》，郑志勇译，陕西师范大学出版社2009年版，第279页。

② 《欧洲基石堪忧》，约施卡·费希尔，德国前外交部部长，1998—2005年为德国副总理，曾领导德国绿党将近20年，2011年8月30日，www.project-syndicate.org。

③ 参见 Gerald P. O'Driscoll Jr《欧元将怎样终结？》，Cato 研究所，2012年7月13日，http://www.1think.com.cn/。

④ 1783年摆脱英国独立后，美国各州拒绝偿还独立战争时的欠债。当时美国是一个松散的邦联，没有共同的税收，无法解决一些州出现的财政和债务问题。经过一再的违约之后，最终，这些问题催生了1787年费城会议，并创造了一个崭新的美国。

的主权国家。

从现实看，欧元区与当时的美国面临着几乎一样的情景。唯一不同的是，欧洲进一步一体化的历史条件比独立后的美国更复杂，也更困难。欧洲只有两个选择：结束货币联盟意味着欧洲一体化的终结，还会引起不可收拾的混乱。如往常一样得过且过只能加剧和延长危机，一体化同样面临终结的命运。而另一个选择，也是最好的出路是，欧洲各国知难而进，实现真正的经济和政治一体化。

早在2003年，欧洲的政治联盟进程已明显陷入停滞阶段，经过接连的扩大之后，欧盟已成为一个过于庞大、松散的俱乐部。债务危机以来，欧盟政治一体化进程之所以举步维艰，主要表现在五个方面上。

第一，欧盟领导层及各重要机构以及各成员国的主要精力都放在应对债务危机、削减开支、控制失业、促进复苏等紧迫经济问题上，政治一体化问题被"边缘化"。

第二，《里斯本条约》确定的"欧盟总统"与欧委会主席、轮值主席国领导人之间，欧洲议会与欧委会、欧洲理事会之间，欧盟及其下属机构与各成员国政府之间，权力再分配仍处于初始阶段，相互关系远未理顺；领导岗位和机构职责不清、分工不明影响了欧盟工作效率。

第三，在处理债务危机、金融改革和解决族群矛盾等重大问题上，德国、法国、英国等欧盟大国坚持本国利益优先、"主权让渡"有限，甚至与欧盟高官公开发生"口水战"，这在一定程度上毒化了欧盟政治一体化的氛围。

第四，欧盟力图"用一个声音说话"以提高其国际地位的努力没有取得明显成效。在G20、G8及其他一系列国际多边外交场合，英国、法国、德国等欧洲大国的地位和话语权仍高于欧盟；美欧峰会一拖再拖，俄欧峰会虚多于实，热点外交进展鲜见。

第五，更重要的是，政治一体化缺乏足够的民意基础，政治一体化的目标也有违一些成员国加入欧盟的初衷。受此影响，各国领导人也缺乏向政治联盟迈进的信心，因为他们认为不可能得到足够的国内公众支持。例如，英国只愿作为共同的关税同盟和统一大市场的一员，不愿为经济联盟和政治联盟而让渡主权。

二　建立政治联盟的不利和有利条件

建立政治联盟既面临一些不利的条件，但也有有利的一面。从不利条件看，主要有：

一是内在动力缺失。欧盟成立的初衷，并非为经济条件考虑，而是为了避免战争。在一体化进程中，最积极的是德法两国。它们不希望战争，希望能生活在一个共同体之下，在经济上越来越密切，年轻人能够到不同的国家去工作、结婚。然而，在经历了苏联解体和两德统一等重要事件之后，建立政治联盟的内在动力缺失，政治一体化停滞不前。

二是疑欧主义抬头。欧洲一体化进程的每一次重要进展，无不是欧洲联邦主义者与欧洲怀疑论者既斗争又妥协的结果。对欧洲联邦主义者来说，其目标就是建立美国式的联邦制。但从现实看，至少在较长时间内，这种思想还只能停留在理想层面上。即使在一体化程度最高的欧元区，关键决策仍是各成员国做出的，协调起来异常艰难。与此同时，随着危机不断深化，德国、芬兰和荷兰等疑欧主义政党力量上升，并且助推国家主义和民粹主义思潮。疑欧论者不看好欧元前景，鼓动成员国政府无视单一市场规则，抵制对重债国的救助。值得注意的是，这种思潮不仅在欧盟内部存在，而且也影响到欧盟的候选国。多年来一直申请加入欧盟的土耳其，受危机影响，民众对加入欧盟支持率也大幅下降。[①]

三是欧元区吸引力下降。在欧盟内部，无论是瑞典、丹麦和英国等老成员国，还是东欧的新成员国，对加入欧元区的意愿都明显下降。匈牙利和捷克，对加入欧元区缺少官方的时间表，波兰原定于2012—2013年加入欧元区，但债务危机后，进度放慢，仍未提出一个可信的计划进入欧洲汇率机制第二阶段。欧元区是欧洲一体化的核心，对加入欧元区的意愿下降，意味着对欧盟的前景有不同看法，包括对财政联盟和政治联盟的前景并不完全认同。

四是德法对政治联盟态度不一。欧洲一体化的关键取决于德国和法国对政治联盟的态度。过去是这样，未来也将是这样。奠定欧盟建立基础的《马斯特里赫特条约》就是在德法两国领导人的推动下产生的。只有这两个大国齐心协力，才能促成政治联盟最终实现。德国是欧洲政治联盟的坚定支持者。德总理默克尔表示欧盟通往财政联盟的道路"不可逆转"，欧

---

① 据 New Europe 报道，2012年8月，德国—土耳其教育和科学研究基金会（TAVAK）就土耳其民众支持土耳其加入欧盟问题进行民意调查。结果显示，土耳其民众支持入盟率大幅下滑，从2011年的34.8%跌至17%，而高达78%的土耳其民众反对土耳其入盟。

洲政治家必须抓住这次机会，承担起自己的历史使命。2012年6月14日，默克尔再度表示，结束欧债危机的关键，是将欧洲货币联盟转变成全面的政治联盟。① 她要求欧洲国家逐步接受"政治联盟"，在这一过程中不断让渡部分国家权力。与德国不同，早在2005年，法国和荷兰就在全民公投中，否决了欧盟宪法，对政治一体化进程造成较大影响。法国现任总统奥朗德也不像其前任萨科齐那样热衷于政治联盟。

但另一方面，债务危机产生的"倒逼机制"，也给一体化进程的深入发展，带来难得的机遇。在危机的应对措施中，也蕴含了推动一体化的有利因素。问题的关键是政治家能否因势利导，积极抓住时机，化不利条件为有利条件，推动一体化进程更快速地发展。推动一体化的有利因素主要表现在几个方面。

第一，欧盟已经有了让渡部分主权的基础。多年来，欧盟各成员国已经向联盟让渡了外交、安全和防务等权力，② 现在各成员国并非拥有充分主权的国家。通过这些权利让渡，主权让渡思想已经在欧盟内部有了一定基础，为未来让渡更多主权做好了思想准备、舆论准备。

第二，欧盟在经济一体化方面打下坚实基础。欧盟成立20多年来，欧洲经济一体化迅速发展，为向政治一体化过渡打下了良好的基础。债务危机后，一体化进程进一步加快。欧盟强化了经济治理，建立了危机救助的永久机制，通过了"财政契约"，明确了一体化的"路线图"并着手建立银行联盟和财政联盟，这些措施扩大了欧盟权限，加强了权力集中，也为一体化建设指明了方向，推动成员国主权让渡向深层次发展。

第三，欧洲一体化进程"不进则退"。债务危机表明，只有更深入地进行一体化，才能根除债务危机。如果一体化进程只停留在经货联盟阶段，欧元区内在的矛盾将无法避免，并且可能还会以其他危机的形式表现出来。这可能导致欧元区崩溃和欧盟解体。在这一背景下，绝大多数成员国不愿看到欧元区解体，权衡利弊，终会成为一体化的推动者。

第四，欧盟仍有相当的政治经济影响力。尽管全球化时代，各国经贸联系更加紧密，各国可通过包括建立自由贸易区（FTA）等多种渠道发展

---

① 《默克尔呼吁建立欧洲政治联盟》，《金融时报》中文网，2012年6月15日。

② 1991年12月，经过一年的谈判，欧盟12国在马斯特里赫特召开的首脑会议上通过了政治联盟条约。其主要内容是12国将实行共同的外交和安全政策，并将最终实行共同的防务政策。

经贸关系。但是，对于一些地理位置和经贸往来与欧盟更密切的欧洲小国来说，入盟仍将给其带来政治安全感和巨大的经济利益，特别是统一大市场，以及欧盟针对落后地区的凝聚基金，对经济相对落后的小国仍有很大诱惑力。因此，尽管深受债务危机影响，但欧盟一直没有停止扩大的步伐，欧盟成员国数量仍在扩大。①

总之，债务危机使欧洲一体化进程面临自欧盟成立以来最严峻的考验，但各成员国的利益已紧密地捆绑在一起，一体化尽管会遇到这样、那样的困难，但根基不会动摇。

三 政治一体化的前景仍然可以期待

欧洲政治一体化，尽管只是一种意愿。未来的路还很长，但前景可期。

1. 政治一体化的时间表。欧盟官方并未给出政治一体化的时间表，但欧盟官员以个人名义提出过一些建议。2012年2月，欧委会副主席雷丁提出建立欧洲政治联盟的时间表，②即：

2013—2014年，打牢民意基础阶段。在这一阶段，要展开广泛的辩论，使建立政治联盟的目标深入人心。2013年是"欧洲公民年"，各国政府开始启动公开辩论，让各自的议会、政党以及公众讨论这样一个问题，即希望欧洲到2020年变成什么样子。在2014年的欧洲议会选举中开展更广泛的辩论。辩论内容包括是否应该完成欧洲大厦的建设并向全面政治联盟进军；是否能够在全欧盟成员国范围内这么做，还是仅在欧元区国家内。欧洲政党应该提出不同愿景，并提名下一届欧盟委员会主席候选人。在欧洲议会选举前，欧洲领导人应该同意，欧洲议会选出的下届委员会主席也将成为欧洲理事会主席，这符合现有条约精神。欧洲领导人应该同意，理事会新任主席将召集会议，起草欧洲政治联盟条约。这样一项条约

---

① 在2011年冬季欧盟峰会上，欧盟与克罗地亚领导人签署克罗地亚入盟条约，克罗地亚将尽快完成国内审批程序，于2013年7月作为第28个成员国正式入盟。峰会同时宣布，将于2012年6月启动与黑山的入盟谈判，要求塞尔维亚继续改善同科索沃的关系，将最早于2012年春季峰会决定是否赋予塞尔维亚入盟候选国地位。峰会认为，保加利亚和罗马尼亚已满足申根协定的有关条件，应尽快批准两国申请。

② Viviane Reding（欧委会副主席兼司法、人权及公民事务委员）：《欧洲的后危机时代愿景》，《华尔街日报》（中文版）2012年2月8日。

将确保欧洲议会成为名副其实的欧洲立法机构，有权制定法律，并独立拥有选举欧盟委员会的权力。政治联盟条约还应该确保欧盟委员会主席有权在必要时解散欧洲议会。

2016—2019 年，公投及批约阶段。在这一阶段，所有成员国将对政治联盟条约进行公投并予以批准。一旦获得三分之二成员国的批准，该条约就将生效。欧洲各国人民应该有两个选择：接受新条约，或者否决条约并继续维持近乎联盟的形式，尤其是在继续参与单一市场方面。

雷丁认为，欧洲有机会发展为一个更强大的政治联盟。通过从强大的欧元及世界最大内部市场地位中获益，到 2020 年欧洲大陆将能够成为国际舞台上一支重要的政治力量。

2. 政治一体化的路径。从历史上来看，欧洲一体化基本上遵循"拼图式"和"波浪式"两个规律发展。从 1952 年煤钢共同体开始，欧洲一体化一直呈分领域、分步骤推进的特征。从领域看，是成熟一块、发展一块。从煤炭、钢铁等产业逐步向能源、贸易、农业和货币等宏观政策层面推进，历经半个多世纪后，基本实现资本、货物自由流动，部分实现服务、劳动力自由流动。从步骤来看，由于凝聚政治和社会共识需要时间，一体化从来不是直线式发展，而是"进两步、退一步"，在曲折中艰难前进。

第九章

欧洲 2020 战略与一体化发展前景

"欧洲 2020 战略"是继"里斯本战略"之后，欧盟出台的另一个十年规划。该战略恰逢在金融危机和债务危机肆虐，以及能源资源、生态环境、气候变暖等问题和挑战日益迫切的背景下出台的，该战略不仅要解决近期欧盟面临的最紧要问题，更要解决其深层结构性问题，并且还着眼于为各项全球性挑战提出长远目标和应对措施。该战略提出的灵巧增长、可持续增长和包容性增长，对欧盟未来十年的发展，以及欧洲一体化的推进将具有重要意义。

第一节 欧洲 2020 战略及其前景

2010 年欧盟夏季峰会正式审议通过了"欧洲 2020 战略"。"欧洲 2020 战略"是金融危机后，欧盟提出的未来十年（2011—2020 年）经济发展中长期规划。该战略汲取了"里斯本战略"的教训，提出欧盟未来十年的发展重点、具体目标和主要计划，对欧盟摆脱金融危机和债务危机，促进增长和提高就业，均具有积极的作用。然而，囿于对债务危机的长期性和复杂性的认识不足，该战略有些脱离实际，战略中提出的部分目标恐难以实现。

一 "欧洲 2020 战略"及其背景

"欧洲 2020 战略"是 21 世纪欧洲社会市场经济的构想，其核心是转变传统的经济增长方式，实现灵巧增长（smart growth）、可持续增长（sustainable growth）和包容性增长（inclusive growth），增加就业、提高劳动生产率和增强社会凝聚力。

所谓"灵巧增长",又称智能化增长,其含义是建立一个在知识与创新基础上的经济体。要实现这一目标,需要提高整体教育质量、加强科研绩效、促进创新与知识在整个欧盟范围内的流动,从而确保创新思想转变为经济增长和高质量的就业机会。为此,欧盟在未来十年内要提高科研投入,特别是鼓励私营部门的投资;改善教育;改变欧洲在高速互联网方面的落后状况,创建数字社会。

所谓"可持续增长",就是要建立一个资源效率更高、更加环保和竞争力更强的经济。这就要求欧洲利用其技术优势大力开发清洁与高效能源,通过开发新工艺和新技术,加强企业竞争力,保持欧洲在绿色技术市场上的领先地位。这将使得欧洲在一个资源受限的世界上保持快速发展,同时避免环境恶化、生物多样性受损,以及资源的无限制耗用。可持续增长不仅会给欧洲带来新的经济活力,而且可以确保能源安全,促进其在新领域创造更多的就业机会。

所谓"包容性增长",其目的是实现高就业和促进社会融合。经济增长的成果应当使欧盟所有地区受益,包括最边远的地区在内,从而使欧盟的凝聚力得到加强。欧洲需要充分利用其劳动力潜力,以应对不断老龄化的人口和日益加剧的全球挑战。欧洲需要制订促进男女平等的政策,以实现社会的全面参与。现阶段,欧盟内部有贫困化风险的人口为8000万,其中1900万是儿童,就业人口中8%依然处于贫困状态。消除贫困也是欧盟面临的紧迫问题。欧盟需要通过增加技能培训投入、使劳动市场现代化、减少结构性失业、加强工商界的社会责任感、建立完善的社会保障体系,以及开展扶贫行动等,来建设一个具有凝聚力的社会。

"欧洲2020战略"是欧盟颁布的第二部十年发展规划,用以替代已于2010年到期的"里斯本战略"。"里斯本战略"的目标是在2010年前把欧盟建成世界上最具竞争力的知识经济体(见专栏9-1)。然而,由于这一规划过于庞大、目标过于宽泛,因而在实施和规模落实过程中困难重重。2005年,欧盟对"里斯本战略"进行调整并重新启动,放弃了原来的宏伟目标,把经济增长和促进就业作为优先目标。然而,在席卷全球的国际金融危机冲击下,欧洲经济和就业不仅没有得到提升,反而出现了倒退,"里斯本战略"最终成为一纸空文。

"欧洲2020战略"正是基于对"里斯本战略"教训进行反思的基础上,面临国际金融危机的强大冲击,以及自身陷入前所未有的主权债务危机背景下产生的。同时,该战略也是欧盟为应对能源资源、生态环境、气候变暖等问题和挑战而采取的应对政策。正因如此,"欧洲 2020 战略"不仅要解决欧盟面临的近期问题,更要为解决欧盟的深层结构性问题和针对各项全球性新挑战提出长远目标和应对措施。

二 "欧洲 2020 战略"的核心目标与"七项行动计划"[①]

"欧洲 2020 战略"包括五项核心目标与七项行动计划。

表 9-1　　　　　　　　五项核心目标及其完成情况

量化指标	2000 年	2005 年	2010 年	2020 年目标
20—64 岁人口就业率(%)				
EU	66.6	68.1	68.6	75
EA（17 国）	65.5	68	68.4	
研发经费占 GDP 比重(%)				
EU	1.86	1.83	2	3
EA（17 国）	1.84	1.84	2.06	
温室气体排放（1990 = 100）				
EU	91	92	83（2009）	80
可再生能源所占比重(%)				
EU		9（2006）	11.7（2009）	20
能源强度（油当量千克/1000 欧元）				
EU	187.29	181	165.20（2009）	
EA（17 国）	177.11	174.9	160.98（2009）	
青年辍学*数占同龄人数比(%)				
EU	17.6	15.8	14.1	10
EA（17 国）	19.6	17.6	15.6	
大学学历**数占同龄人数比(%)				
EU	22.4	28	33.6	40
EA（17 国）	23.3	29	33.3	

[①] European Commission (2010), 3.3.2010, COM (2010), *2020 Europe 2020-A strategy for smart, sustainable and inclusive growth*.

续表

量化指标	2000 年	2005 年	2010 年	2020 年目标
贫困化或被社会排斥人数（千人）				
（下述三项指标综合）				
EU		124330	115479	
EA（17 国）		68230	69901	
低就业家庭人口数＊＊＊（千人）				
EU		39207	37377	至少使2000万人口摆脱贫困或社会排斥
EA（17 国）		23687	24596	
获转移支付后贫困化人口数＊＊＊＊（千人）				
EU		79546	80018	
EA（17 国）		48825	51591	
物质生活严重不足人数＊＊＊＊＊（千人）				
EU		51729	40096	
EA（17 国）		17740	18071	

注：＊指18—24岁未接受中等教育或相关培训；＊＊指30—34岁完成大学教育；＊＊＊有贫困化风险指经转移支付后的可支配收入不足中等水平60％；＊＊＊＊低就业家庭人口数指年龄在0—59岁人口中，过去一年生活在成年人工作不足20％家庭中的人数；＊＊＊＊＊物质生活严重不足指因缺少物质生活使生存条件受到严重限制，以下9项中至少有4项不能支付即被视为物质生活严重不足：(1) 房租或水电气费；(2) 房间适度保暖；(3) 无法预期的支出；(4) 每两天吃一次肉、鱼或相应的高蛋白食品；(5) 外出休一周假期；(6) 一辆小汽车；(7) 洗衣机；(8) 彩色电视机；(9) 电话。

资料来源：欧洲统计局，http：//epp. eurostat. ec. europa. eu/portal/。

1. 五项核心目标。新战略在五大核心领域提出了具有代表性的、相互关联的量化指标（见表9－1）。

一是20—64岁人口的就业率应从该战略制定时的69％提高到75％以上。要推动妇女和年龄较大的劳动力更大范围地参与就业，帮助移民进一步融入劳动力市场。

二是把欧盟占GDP不足2％的科研发展经费提高到3％。要实现这一目标，尤其需要鼓励私营部门的资金投入。

三是实现"三个20％"的气候—能源目标。即到2020年，将温室气体排放量在1990年的基础上至少降低20％，将可再生能源占能源消耗总量的比重提高到20％，将煤、石油、天然气等一次性能源使用效率提高20%。

四是青年辍学人数所占比例应低于10%，年轻一代人中至少有40%应具备大学学历。

五是将生活在贫困线以下的欧洲人口数量减少25%，使2000万以上的人口脱贫。

2. 七项行动计划。为实现新战略提出的三种增长和五项核心目标，欧盟委员会提出了七项行动计划，又称"七大旗舰计划"。这主要包括：改善对科研和创新资助的"创新欧盟"计划，提高教育体系绩效、帮助年轻人进入劳动力市场的"不断进取的年轻人"计划，加速推动高速互联网的"欧洲数字战略计划"，促使实现低碳经济的"资源行动计划"，支持中小企业的"全球化时代产业政策"计划，促进劳动力市场现代化的"新技能与就业岗位计划"，以及帮助贫困与遭受社会排斥群体的"欧洲扶贫平台"计划等。

七项行动计划是欧盟向智能化、可持续性和包容性经济转型的具体行动。每项计划都关注一个特定领域，具有明确的问题意识和行动导向，并强调在欧盟层面和成员国层面上采取协调、合作的政策行动。这其中，"创新欧盟"计划、"不断进取的年轻人"计划和"数字战略"计划主要服务于智能型增长目标；"资源行动计划""全球时代的产业政策"计划主要针对可持续增长目标；"新技能与就业岗位计划"和"消除贫困平台"计划主要针对包容性增长目标（见专栏9-2）。

三 "欧洲2020战略"的作用

"欧洲2020战略"反映了以下几个重要的战略指向。

第一，调整财政和金融政策，努力摆脱危机。该战略指出，一旦经济回升趋于稳定，就应当开始取消财政刺激行动，应及早并逐步取消对经济部门的援助计划。在财政政策方面，需要制定一项全面的退出战略，逐步取消短期危机救助措施，实施面向中长期的改革。这些改革将有助于促进政府财政的可持续性，巩固经济增长的潜力。对大多数国家来说，财政整固的工作应在2011年启动，把赤字降低到占GDP 3%以下的目标应在2013年年前完成。在金融政策方面，短期内的一项关键点是恢复能够为实体经济提供融资的牢靠、稳固和健康的金融部门。这要求加强对金融部门的监管；提高金融体系的透明度、稳定性和问责性；加强执行有关会计和消费者保护方面的规则,采取统一的欧盟规则体系,使其以适当的方式覆盖所有金融行为体和市场;启动一项雄心勃勃的政策,以便更好地避免并应对可能出现的金融危机。

第二,加强研发与创新,提高整体竞争力。欧洲的研发开支不足GDP的2%,明显低于美国的2.6%和日本的3.4%。创新不足,是导致欧盟整体竞争力下降和经济增长乏力的重要原因。为此,该战略将提升欧盟各国的经济竞争力、保持和扩大欧盟在国际经济事务中的影响力,从而确保欧洲社会经济模式的可持续性作为核心,将创新作为欧盟未来经济增长的驱动力,大力强化研发与创新。以此为基础,该战略强调实现智能化增长,要求提高教育质量、加强研究绩效、促进创新与知识在整个欧盟范围内的转移,从而充分利用信息和通信技术,确保创新性的思想能够转变成创造经济增长和高质量的就业机会、帮助应对欧盟和全球范围社会挑战的新产品与服务。与此同时,该战略要求把创新活动与企业家精神和金融工作相结合,并注重用户需要和市场机遇,将欧洲的创新能力释放出来。

第三,推行结构性改革,促进经济增长。僵化的劳动力市场造成劳动生产率增长缓慢,经济在高税收、高福利体制下缺乏活力,科研投入相对不足导致产业竞争力下降。这些都是欧盟经济近年来表现平庸的原因。而上述欧盟经济的通病在希腊等国表现得尤为突出。新战略将通过提高欧盟的经济竞争力、生产率、增长潜力、社会融合和经济趋同,帮助欧盟经济走出危机并变得更强大。根据该战略,欧盟经济未来的发展方向将是实现以知识和创新为基础的"灵巧增长",以提高资源效应、增进"绿色"、强化竞争力为内容的"可持续增长",以扩大就业、促进社会融合为目标的"包容性增长"。为此,欧盟在创造就业、增加科研投入、减少温室气体排放、提高教育普及率和消除贫困五个核心领域确立了量化指标。为实现这些目标,新战略重在推动结构性改革,消除制约欧盟经济增长的瓶颈,充分挖掘增长潜力,让欧盟经济重归可持续增长的轨道。

第四,加强经济治理,堵防体制漏洞。债务危机暴露出欧盟,尤其是欧元区经济治理方面的缺陷:财政纪律形同虚设、成员国间缺乏经济政策协调、危机处理能力明显不足等问题。这些都是酿成或加剧危机的因素。要避免类似的债务危机重演,就必须堵住这些体制性漏洞。由此,加强欧盟经济治理就成为该战略的重要内容。这包括三大议题:一是强化欧盟财政纪律。为此,欧盟已经制定"财政新约",对成员国的预算方案展开评议并对违反欧盟财政纪律的成员国实施必要的惩罚，试图从事先预防和事后纠正两方面入手，确保欧盟财政纪律得到遵守。二是解决欧盟内部经济失衡问题。欧盟领导人要求拟定一套评判体系，及时发现欧盟成员国之间的竞争力差距和经济失衡状况，防患于未然。为此，欧盟已经制定了"升级版欧元公约"。三是加强多层治理问题。这是在欧洲一体化进程中形成的一种新型区域合作协调机制。在多层治理模式中，超国家、国家和次国家、非政府组织等行为体共同参与政策的制定和执行，其目的在于实现各参与方的利益。该战略特别强调指出：只有加强欧盟经济多层治理，"欧洲2020战略"才能获得成功。

四 "欧洲2020战略"的前景

为保证"欧洲2020战略"的顺利实施，欧盟汲取"里斯本战略"的教训，采取许多预防性政策。这主要体现在原则的坚定性和目标的灵活性两个方面。为从制度上保证实现新战略目标，欧委会要求各成员国定期呈交"欧洲2020战略"及《稳定与增长公约》进展报告，同时提交年度稳定和聚合计划、各国结构改革计划。与此同时，新战略也体现了一定的灵活性。既强调各成员国之间相互依赖，以及欧盟与各成员国之间的协调和配合，同时又允许成员国提出适合本国情况的具体目标，在欧盟层面和成员国层面上共同推动核心目标的实现。

尽管如此，由于该战略成文于两次危机之间，当时金融危机虽近尾声，但债务危机尚未呈现出大规模扩散之势，从而导致该战略对债务危机的长期性和复杂性认识不足，影响了对形势的判断。该战略中提出的一些措施，不得不随着形势的发展进行修正，而战略中提出的一些目标，由于形势的恶化恐难以实现。总之，该战略的实施仍面临许多制约因素，前景并不乐观。

1. 债务危机致使欧洲经济增长明显放缓。"欧洲2020战略"提出灵巧增长、可持续增长和包容增长三大核心理念，其主题是增长。而债务危机恰恰对欧洲的长期增长带来严重影响。债务危机以来，欧盟经济整体上陷入低增长的区间。这其中，外围国家受财政紧缩的影响，经济持续大幅度衰退；核心国家受欧盟内部需求萎缩影响，经济也明显放缓。2012年后，虽然欧盟在"紧缩"与"增长"的关系上采取了更加灵活的态度，但高债务将降低经济增长潜力，强化财政纪律约束将继续抑制公共支出，银行债务重组和结构改革也将导致内需长期低迷。因此，低增长将是债务危机后欧洲经济的主要特征。由于主题受到影响，转变增长方式这条主线也将明显受到削弱。

2. 债务危机致使一些社会目标难以实现。"欧洲2020战略"五大核心指标中，有三个是就业、教育和减贫等方面的社会目标，事关包容性增长。相对于研发和节能减排指标，受债务危机影响，社会指标更难实现。这主要表现在三个方面：一是导致整个欧洲的失业率重返20世纪90年代以来的最高点，长期失业和结构性失业问题更为突出，一些成员国的青年失业率超过了40%，从而难以实现将20岁到64岁人口的就业率提高到75%以上的目标。二是导致战略中提出的教育发展目标难以实现。债务危机给欧洲年轻人造成严重影响，青年失业率大幅上升，反过来也会增加其辍学比率，降低接受高等教育的意愿。而教育发展指标落后的国家，又恰恰是受危机影响最严重的国家。2010年，葡萄牙和西班牙的辍学率在盟内分别排在第二和第三位，高出平均水平10个百分点以上。三是导致贫困化人口继续增加。工资下降、失业和社会福利下降，将导致生活水平下降，更多人口处于贫困线以下，从而使该战略中提出的2000万以上人口脱贫的目标难以实现。

3. 债务危机致使战略的权威性受到削弱。实现"欧洲2020战略"，需要依托欧盟、成员国和地区等多个层面的共同行动。正因如此，该战略也要求欧盟层面上的共同目标与成员国或地区层面上的特定目标之间相互配合、相得益彰。然而，受债务危机影响，欧盟多数成员国"自保""自顾"倾向增强，加之危机使各国间的差异进一步放大，各成员国可能更多地强调结合本国实际情况灵活调整各自目标，致使"欧洲2020战略"失去规划的权威性和指导意义。受此影响，欧盟总体目标在实践过程中将大打折扣。

专栏9-1 欧盟的"里斯本战略"

2000年3月，欧盟15国领导人在葡萄牙首都里斯本举行特别首脑会议。会议通过了一项关于欧盟十年经济发展的规划，即"里斯本战略"。该战略希望通过鼓励创新、大力推动信息通信技术的应用与发展，探索面向知识经济的下一代创新，即创新2.0，从而使欧盟在2010年前成为"以知识为基础的、世界上最有竞争力的经济体"。

"里斯本战略"围绕经济发展、就业、科研、教育、社会福利、社会稳定等多方面问题，总共制定了28个主目标和120个次目标。其中，最重要的两个目标是就业率和科研投入。该战略被称为"事关欧盟男女老幼"的"真实的革命"。该战略称，欧洲要成为世界经济最强大的区域；失业人员要低于美国；发明创造要超过日本；雇员工作要比中国人更勤奋。

"里斯本战略"提出，以加速经济发展推动就业增长，在中长期内创造3000万个就业机会，争取在2010年把欧洲的平均就业率从2000年的61%提高到70%。为达到这一目标，欧盟积极探索以Living Lab为代表的创新2.0模式，并计划向知识经济全面过渡，把年经济增长速度提高到3%。在科研投入方面，该战略提出，欧盟各国2010年将把科研投入所占国内生产总值的比例从2000年的1.9%提高到3%。

欧盟希望通过实施"里斯本战略"，以创新2.0模式为平台，致力于推动面向知识经济的下一代创新，以便在知识经济领域赶超美国。然而，"里斯本战略"在实施过程中遇到重重困难，进展缓慢。几年来，欧盟虽在逐步缩小与美国的创新差距，但在许多方面仍没有达到预期目标。2005年年初，欧盟不得不放弃了当初的目标，以更加务实的态度重启"里斯本战略"。当年2月，欧盟委员会提出新的"增长与就业伙伴计划"，对"里斯本战略"目标进行了调整，确定以经济增长和就业为优先目标，到2010年将欧盟的经济增长率提高到3%，并新增600万个就业机会，就业率提高到70%。

2008年以来，一场突如其来的金融和经济危机横扫全球，使"里斯本战略"的实施受到严重影响。该战略确立的经济增长和就业等指标不仅没有提升，反而出现了倒退，从而宣告该战略彻底失败。

参考资料：
百度百科：里斯本战略，http：//baike.baidu.com/。

专栏9-2　"欧洲2020战略"中的"七大旗舰计划"

Ⅰ.创新欧盟计划（Innovation Union）。该计划旨在改进研究框架条件，让研究和创新活动获得更多资金支持，以确保创新的创意可以转化为创造经济增长和就业的产品及服务。

在欧盟层面，欧委会将履行以下工作：(1) 完成"欧洲研究领域"计划，制订以应对重大挑战（如能源安全、运输、气候变化和资源使用效率、健康和老龄化、环境友好型的生产方法、土地管理等）为重心的战略研究议程，并强化与成员国和地区一同实施的共同计划。(2) 改善企业创新的框架条件（即创建单一的欧盟专利和专门的专利法院，使版权和商标的框架现代化，让更多中小企业获得知识产权保护，加速制定互通标准，改善融资状况，充分利用需求方政策，如政府采购和智能管理等），消除创新障碍。(3) 推出欧盟和成员国间的"欧洲创新合作伙伴"（Innovation Partnerships）计划，以加速开发和部署那些应对挑战所需的技术。第一批项目计划将包括"面向2020年打造生物经济""决定欧洲产业未来发展的关键促成技术""让老年人可独立生活并参与社会的技术"等。(4) 促进知识合作，强化教育、商业、研究和创新间的联系，包括通过欧洲投资银行提供融资，并通过支持青年创新性公司来促进企业家精神。

在成员国层面，各成员国将需要：(1) 改革国家（和地区的）研发和创新体系，强化大学、研究机构和企业的合作，实施联合计划，加强那些可为欧洲创造增加值的领域内的跨国境合作，并对国家的资助程序进行相应的调整，确保技术能在欧盟内通畅地传播；(2) 确保科学、数学和工程专业毕业生数量充足，在所教授的课程中重点突出有关创造性、创新和企业家精神的课程；(3) 将知识支出放在优先位置，包括通过使用税收激励和其他财政工具促进私营部门增加研发投资。

Ⅱ. 不断进取的年轻人计划（Youth on the move）。该计划于2010年9月发布，旨在提高教育系统效能，促进年轻人进入劳动力市场。为实现新战略目标，采取以下行动。

在欧盟层面，欧委会将履行以下工作：(1) 整合和增强欧盟内人才的流动性，以及大学和研究人员项目计划［如伊拉斯谟计划（Erasmus Programme）、伊拉斯谟合作计划、全欧大学合作研究计划、玛丽亚居里计划等］，并将其与国家研究计划和资源联系起来。(2) 设定高等教育现代化改革议程（课程、治理和资助），包括在全球背景下设定大学业绩和教育成果的基准。(3) 通过年轻专业人员的流动计划，探索激励企业家精神的方式。(4) 促进对非正式学习和非正规学习的认可。(5)推出一个青年就业框架,汇集旨在降低青年失业率的政策。通过和成员国及社会合作伙伴的共同努力,使该框架促进年轻人通过学徒、实习或其他工作经历进入劳动力市场,包括推出一个旨在通过促进盟内的流动性来为年轻人提供更多就业机会的"你的第一份EURES(欧洲就业服务中心)工作"计划。

在成员国层面,各成员国将需要:(1)确保对所有层次的教育和培训系统(从学前教育到高等教育)的有效投资;(2)改善教育结果,在一个整合性的方法框架内治理教育系统的每个组成部分,增强学生的关键能力,减少辍学学生的数量;(3)通过建立国家学历文凭框架并让学习结果以劳动力市场的需求为导向,增强教育体系的开放性和实用性。

此外,为降低青年辍学率,欧委会发布了"减少青年人辍学的行动计划"。该计划包括预防、干预和弥补三项具体措施。为减少青年人失业和改善青年人就业前景,欧盟提出了青年人就业框架。2010年,欧委会还发布了包括针对青年人的跨国培训流动等在内的促进青年人在盟内流动计划。

Ⅲ. 欧洲数字战略计划(Digital agenda for Europe)。欧委会提出,在2014—2020年,通过支出近92亿欧元的泛欧项目,帮助欧洲公民和企业接入高速宽带网络和服务。在2013年前,让所有人都实现宽带接入,在2020年前让所有人的上网速度都大幅提升(每秒30兆字节或以上),同时让50%以上的欧洲家庭都能以每秒100兆字节的速度高速上网。

该计划通过公共基金、欧盟的结构基金和凝聚基金等带动500—1000亿欧元的公共和私人投资,通过债券融资和政府补贴等两种途径融资。为此,拟实施一些项目如:连接公共管理机构的泛欧高速主干网;跨境电子政府和电子医疗服务传递;授权接入公共部门信息和多语言服务;供盟内公民和企业接入数字服务的泛欧电子身份认证(eID)系统;电子采购;方便在其他成员国建立企业的网上行政登记系统;加强打击网上非法内容(如儿童色情产品)方面的合作;对抗网络威胁方面的合作;接入欧洲文化遗产;加强信息调度和技术交流,提供智能网络和智能能源服务解决方案。

为实现该计划,欧委会将履行以下工作:(1)提供有助于向开放的和竞争性的高速互联网基础设施及相关服务领域投资的稳定法律框架。(2) 制定有效率的频谱政策。(3) 创建互联网内容和服务的真正单一市场，即无国界的和安全的欧盟互联网服务和数字内容市场，使其具有很高的可靠性和可信性，具有清楚的权利制度平衡性的监管框架，促进多国许可，充分保护和补偿知识产权所有人，积极支持将欧洲丰富的文化传统数字化，加强互联网的全球治理。(4) 改革研究和创新资助，增加对信息和通信技术领域的支持，强化欧洲在关键战略领域的技术优势，创造适当条件，使调节增长的中小企业引领市场，激励所有产业部门内的信息和通信技术创新。(5) 让所有欧洲公民都能实现互联网接入和使用互联网，采取行动支持数字素养培训和无障碍上网。

在成员国层面，各成员国将需要：(1) 制定可操作的高速互联网战略，动员公共资金（包括结构性资金）投入私营部门投资未能完全满足需求的领域；(2) 建立协调公共工程的法律框架，以降低全面普及网络的成本；(3) 促进部署和使用可访问的现代网上服务（如电子政府、网上医疗服务、智能化家庭、数字技能、网络安全等）。

Ⅳ. 资源行动计划（Resource efficient Europe）。提高资源效率是保证经济增长和增长就业的关键。早在新战略正式推出前，欧盟就已经在开发低碳能源技术领域采取了多项政策行动。2009 年 3 月，欧盟宣布，在 2013 年前出资 1050 亿欧元支持"绿色经济"，促进就业和经济增长，保持欧盟在低碳产业的世界领先地位。同年 10 月，欧盟委员会又建议欧盟在未来 10 年内增加 500 亿欧元专门用于发展低碳技术。根据欧盟发展低碳技术"路线图"，未来将在风能、太阳能、生物能、碳捕获与储存、电网、可持续核能这 6 大具有发展潜力的领域推动低碳能源技术开发与应用。依靠这些技术，欧盟争取到 2020 年完成向低碳经济转型。资源行动计划，旨在支持转向高效率地使用资源和发展低碳经济，让经济增长不再仅依赖于资源和能源的使用，减少二氧化碳排放量，增强竞争力和维护能源安全。

为实现该计划，欧委会将履行以下工作：(1) 动员欧盟的财务工具（如农村开发、结构性基金、研发框架计划、跨欧洲网络、欧洲投资银行等），作为持续资助战略的一部分，汇聚欧盟和各成员国国内公共部门和私营部门的资金。(2) 强化使用基于市场机制的政策工具框架（如排放交易、能源税的修订、国家补助框架、鼓励更为广泛的使用绿色政府采购等）。(3) 提出让交通运输业现代化和低碳化方案，为提高竞争力作出贡献。为此，可出台和实施一系列措施，如基础设施措施（尽快部署智能电网基础设施），智能交通管理，改进物流，降低机动车及航空业和海运业的二氧化碳排放量，包括推出一个欧洲"绿色"汽车计划，通过科研、设定共同标准和支持必要的基础设施，促进新技术（包括电动汽车和混合燃料汽车技术）的开发和使用。(4) 加速实施具有更高增加值的战略项目，以消除重大瓶颈，尤其是跨境和国内交通运输节点（城市、港口、物流平台）的瓶颈。(5) 完成内部能源市场建设，实施战略能源技术计划，促进单一市场上可再生能源的发展。(6) 提出升级欧洲网络计划，包括跨欧洲能源网络，以建立跨欧洲的特大功率电网、"智能电网"，让可再生能源发电量接入电网（由结构性基金和欧洲投资银行提供资金支持）。这包括促进在波罗的海、巴尔干、地中海和欧亚地区实施对欧盟具有战略重要性的基础设施项目。(7) 制定在2050年前让欧洲转向低碳的、资源使用高效率的和对气候变化有适应力的经济所需的结构性和技术变革远景规划。这将有助于让欧盟实现减排和生物多样性目标。这包括灾害预防和应对，促进农业和农村发展，实施海洋政策，以应对气候变化，重点是实施基于对资源更有效率的适应性措施，这还将为提高全球食品安全作出贡献。

在成员国层面，各成员国将需要：(1) 停止对不环保的产业提供补贴，限制向其"开绿灯"。(2) 运用基于市场机制的政策工具，如财务激励和政府采购等，改变企业和消费者的生产和消费方式。(3) 充分使用信息和通信技术，建设智能化的、升级的和全面互联的运输和能源基础设施。(4) 确保在欧盟核心网络内实施基础设施项目，为实现全欧盟运输系统的有效性作出重要贡献。(5) 侧重于处理存在严重拥堵和高碳排放量问题的城市交通运输。(6) 使用法规、建筑性能标准和基于市场机制的政策工具（如税收、补贴和政府采购等），降低能源和资源的使用量，使用结构性基金投资于公共建筑能效项目和循环经济项目。(7) 积极实施可提高能源密集型产业能效的政策措施，如基于使用信息和通信技术等。

V. 全球化时代产业政策计划（An industrial policy for the globalization era）。产业界（尤其是中小企业）在本次经济危机中遭受重创，所有产业部门都面临着全球化的挑战，需要调整生产工艺和产品以适应低碳经济。这些挑战对各产业部门的影响各有不同，一些产业部门可能不得不重造，而对另一些产业部门来说，这些挑战将带来新的商业机会。欧委会将与不同产业部门内的利益相关方（企业、工会、学术界、非政府组织和消费者组织等）密切合作，并将制定现代产业政策的框架，以激励企业家精神，引导和帮助产业界应对这些挑战，促进提高欧洲第一产业、制造业和服务业的竞争力，帮助它们抓住全球化和绿色经济的机会。这一产业政策框架将覆盖不断升级的国际价值链的全部环节（从获得原料到售后服务）。

作为欧洲2020战略的一部分，欧委会在2010年发布了一个雄心勃勃的产业政策，以强化欧洲作为投资和生产目的地的吸引力，并承诺监督成员国的竞争性政策。为此，欧委会将履行以下工作：(1) 制定产业政策，创造最佳的商业环境，以维持和发展欧洲强大的、具有竞争力的和多元化的产业基础，支持制造业转型，以提高能源和资源使用效率。(2) 发展横向的产业政策制定方式，结合不同的政策工具（如"智能"监管、改革政府采购、竞争规则和标准设定等）。(3) 改善商业环境，尤其是中小企业的商业环境，包括降低在欧洲做生意的交易成本、促进产业聚集和改善融资的可获得性等。(4) 促进陷于困境的产业部门面向未来发展需要的重组，包括加速让人才流入新兴的高增长产业部门和市场，利用欧盟的国家补助制度和（或）全球化适应基金对新兴产业部门提供支持。(5) 促进技术和生产方式转变，降低对自然资源的使用，并提高对欧盟现有自然资源资产的投资。(6) 促进中小企业的国际化。(7) 确保运输和物流网络，以促使全欧盟内的产业部门能有效地进入欧盟单一市场和国际市场。(8) 制定有效的空间政策，为应对一些重大全球性挑战提供政策工具，并实施"伽利略计划"和全球环境与安全监测计划。(9) 增强欧洲旅游业的竞争力。(10) 对相关法规进行评估以支持服务业和制造业提高能效（包括更为有效的能源循环使用），改进欧洲标准的设定方式，以利用欧洲和国际标准提高欧洲产业的长期竞争力。这将推动关键促成技术的商业化和广泛使用。(11) 更新欧盟促进企业社会责任的战略,将之作为确保获得长期雇员和消费者信任的关键要素。

在成员国层面,各成员国将需要:(1)改善商业环境,尤其是创新型中小企业的商业环境,包括通过公共部门采购来支持创新。(2)改善知识产权执法条件。(3)减轻企业行政负担,提高商业立法的质量。(4)与不同产业部门内的利益相关方(企业、工会、学术界、非政府组织、消费者组织)密切合作,以消除发展瓶颈,共同分析如何维持强大的产业和知识基础、如何让欧盟成为全球可持续发展的引领者。

Ⅵ.新技能与就业岗位计划(Agenda for new skills and jobs)。该计划旨在创造让劳动力市场现代化的条件,以提高就业水平和确保欧洲社会发展模式的可持续性。这意味着通过让人们学习和获得新技能来增加他们的就业能力,以让欧洲当前和未来的劳动力人口不断适应新形势和转换职业生涯,减少失业并提高生产率。

为实现该计划,欧委会将履行以下工作:(1)与欧洲的社会合作伙伴一道制订和实施就业灵活保障议程的第二阶段计划,以找到更好地管理经济转型、减少失业和提高就业参与率的途径。(2)依据"智能"管理原则,调整立法框架,以变革工作模式(如工作时间、工人的岗位设置等),应对工作场所新的健康和安全风险。(3)利用结构性基金(尤其是欧洲社会基金)提供财务支持,促进欧盟内部的劳动力流动,让劳动力供给和需求更好地匹配,促进实施可对劳动力市场的需求做出灵活反应的前瞻性和综合性的劳动力流动政策。(4)强化社会合作伙伴能力,充分利用所有层级的社会对话(欧盟、国家/地区、行业、企业)所具有的解决问题的潜力,加强劳动力市场机构(包括成员国的公共就业服务中心)间的合作。(5)大力推动所有利益相关方都参与的教育和培训合作战略框架。这应该能促成终身学习原则的实施(与成员国、社会合作伙伴、专家合作),包括针对不同的教育培训领域和程度,实施灵活的学习途径,强化职业教育和培训吸引力。为此,应咨询欧洲的社会合作伙伴,请他们提出在这一领域的计划。(6)确保不断学习和进入劳动力市场所需的能力,可通过普通教育、职业教育、高等教育和成人教育等方式获得和承认:为教育—培训和就业制定一个通用框架和具有操作性的政策工具，即"能力和职业框架"。

在成员国层面，各成员国将需要：（1）实施各国经欧洲理事会同意的就业灵活保障行动方案，以减轻劳动力市场的碎片化，促进劳动力市场转型，保持工作与家庭生活之间的平衡。（2）评估和定期监测税收和社会福利体系的效率，重视解决低技能人员的就业问题，同时废除那些阻碍自我雇用的政策措施。（3）促进实现新形式的工作—生活平衡，实施促进老龄化人群积极参与社会的政策，促进男女平等。（4）促进有效地实施社会对话达成的结果，并对实施情况进行监测。（5）通过建立国家学习文凭框架，有力地推动"欧洲学历文凭框架"计划的实施。（6）确保进一步学习和进入劳动力市场所需的能力，可通过普通教育、职业教育、高等教育和成人教育等方式获得和承认，包括非正规的和正规的学习。（7）发展教育—培训界和提供就业岗位的企业界间合作伙伴关系，尤其是要让社会合作伙伴参与教育和培训规划。

Ⅶ. 欧洲消除贫困和社会排斥平台计划（the European Platform against Poverty and Social Exclusion）。在欧盟，超过8000万人口有陷入贫困化的危险（包括2000万儿童，以及占8%的劳动人口）。欧洲扶贫平台计划，旨在确保经济、社会和国家的凝聚力，通过欧洲消除贫困和社会排斥主题年活动，让大众关注遭受贫困和社会排斥的人群，并承认他们的基本权利，让他们都能活得有尊严，积极融入社会，以便达到2020年的减贫目标。

为实现该计划，欧委会将履行以下工作：（1）将调和社会排斥和社会保障的公开方法转化为一个合作平台，可在这个平台上进行同行评审和交流最佳做法，同时让这个平台成为促进公共部门和私营部门为消除社会排斥所做努力的政策工具，包括通过结构性基金尤其是欧洲社会基金，提供定向支持。（2）设计和实施针对弱势群体的社会创新计划，特别是要为弱势群体提供创新性教育、培训和就业机会，消除歧视（如对残疾人的歧视），并制定一个让移民融入社会的新议程，消除歧视（如对残疾人的歧视）。（3）评估社会保障和养老金体系的适应性和可持续性，找出让人们能更好地享有医疗保健系统服务的方式。

在成员国层面，各成员国将需要：（1）促进集体和个人共同承担的消除贫困和社会排斥的责任。(2) 制定和实施解决遭遇特定风险的特定人群（如单亲家庭、老年妇女、未成年人、少数民族、残疾人和无家可归者）所面临具体问题的措施。(3) 全面普及社会保障和养老金体系，确保人们能得到充足的收入支持和享有医疗保健服务。

参考资料：

1. European Commission, European Employment Observatory Review—Youth employment measures, 2010.

2. EC, 31 January 2011, Commission Launches Action Plan to Reduce early School Leaving, IP/11/109.

3. European Commission, Youth on the Move – promoting the Learning Mobility of Young People 15.9.2010, COM (2010) 478final.

4. European Commission, Brussels, 14.10.2011, COM (2011) 642 final, Industrial Policy: Reinforcing competitiveness.

5. An Integrated Industrial Policy for the Globalisation Era. Putting Competitiveness and Sustainability at Centre Stage, COM (2010) 614.

6. European Commission, An Agenda for new skills and jobs: A European Contribution Towards full Employment, COM (2010) 682 final, 23.11.2010.

第二节　统一大市场与基础设施建设

统一大市场是欧洲经货联盟的基础，是欧洲经济一体化的重要起点。提高单一市场功能和运行效率是"欧洲2020战略"的内在要求，也是欧盟体现其凝聚力和吸引力的重要方面。在"欧洲2020战略"难以实现其目标的背景下，欧盟更加重视统一大市场和基础设施建设，重视其对经济增长和一体化的长期促进作用。

一　单一市场的进展与不足

2012年，欧盟迎来统一大市场初步建成20周年。从1987年7月1日《单一欧洲文件》生效，到1992年欧共体统一大市场初步建成，再到

2011年4月,欧委会内部市场总司出台《单一市场法案》(the Single Market Act),这些法律文件的出台,推动欧盟统一大市场不断迈上新的台阶。统一大市场对欧洲一体化的发展,对提高欧盟在国际贸易谈判中的筹码,以及提升其国际地位,都发挥了极其重要的作用。可以说,没有统一大市场,就没有欧盟的今天。

然而,统一大市场仍是不完善的,仍然存在着种种障碍。除了货物可在盟内自由流动外,资本、服务和人员的自由流动在各成员国之间还存在着很多障碍和壁垒。正如"欧洲2020战略"报告指出的那样,每一天,欧洲企业和公民都面临着一种现实,就是尽管单一市场合法地存在着,但阻碍跨境活动的瓶颈依然存在。由于网络相互连接不足,单一市场规则的实施程度是不均匀的。企业和公民常常需要在同一交易中应付27项不同的法律体系。欧盟企业面临着"分裂和不同的规则"这一现实,但作为竞争对手,来自中国、美国或日本等国的企业却能够获得本国庞大市场的充分支持。[①]

受金融危机影响,欧洲金融市场再度呈现分割之势,阻碍了统一大市场的建设进程。2008年金融危机爆发时,为使银行系统免受冲击,欧盟不少成员国动用公共财政,对本国银行业大量注资,导致金融市场人为地被严重分割。由于担心银行倒闭会带来更坏的后果,欧委会不得不两度放宽有关"国家援助"(STATE AID)的规定,任由成员国对本国金融业进行支持。

从整个服务业看,受各成员国间各种障碍和壁垒的影响,欧盟内部服务贸易仅占盟内贸易总量的1/5,缺少活力。相比之下,2004年以来,欧盟与其他国家的服务贸易明显快于盟内贸易。旨在实现欧盟服务市场一体化的《欧盟服务指令》(the Services Directive),虽然艰难地通过了成员国的审批,却又因金融危机为其实施前景增加了新的不确定性。

欧盟内部劳动力流动仍然受到多重阻碍。虽然根据法律,自1995年以来,欧盟成员国公民在当时15个成员国均享有平等申请就业的权利,然而,实际上欧盟只有3个国家允许欧盟10个新成员国(多为东欧国家)的工人前往打工。

---

① European Commission (2010), *Europe 2020: A European Strategy for Smart, Sustainable and Inclusive Growth Brussels*, 3.3.2010, COM (2010) 2020.

即便是在货物市场,仍有改进的余地。欧委会工业企业总司的一份研究报告称,尽管欧盟单一市场实施多年,但相同产品在不同地区销售价格依然存在较大差异。① 电子电器产品在欧盟市场上销售价格差异明显。报告重点比较的10种最具代表性电子电器产品,包括平板电视机、数码相机、媒体播放机、笔记本电脑、电冰箱、洗衣机、微波炉、咖啡机、电熨斗、吸尘器等。数据显示,这些产品在成员国市场上销售价格最大差异达35%。此外,借助互联网在线销售的产品,价格落差虽然较小,但使用网络销售平台的产品占所有商品总量的比例很小;受规模经济效应影响,零售商集中的地区销售价格较低。

二 强化单一市场的途径

为促进经济增长,尽快摆脱债务危机,使经济走上持续复苏的轨道,欧盟强调要继续发挥统一大市场的潜力,强化单一市场建设。2011年4月,欧委会内部市场总司出台了涵盖12个行业领域的《单一市场法案》。该法案旨在为欧盟消费者和企业消除障碍,增强活力,抵制各种形式的保护主义,使单一市场成为促进欧盟经济增长、增加就业和提升竞争力的强大动力。欧委会内部市场委员巴尼耶表示,未来两年内该法案将逐步付诸实施,创造机制健全、税收合理和监管得力的市场环境,促进创新、投资和贸易,并增进民众对单一市场的认同度。欧盟认为,如果欧洲的立法能够按照"单一市场法案"所要求的那样发挥效力,结束目前市场碎片化的状态,消除对商品、服务、创新和创造力的各种壁垒,统一大市场将为欧洲经济增长作出更多贡献。② 为此,欧盟采取以下主要途径强化单一市场。

1. 完善法律法规和竞争政策

一是通过五个方面的行动,将重点解决单一市场的瓶颈问题:(1)及时、准确地强化单一市场措施,包括完善网络方面的法规、服务方面的指导性意见,以及金融市场立法和监管方面的一揽子举措,对出现的问题迅速予以解决;(2)推行智能化法规计划,包括考虑在更大范围

---

① Study on the Competitiveness of EU electrical and electronics goods markets, http://ec.europa.eu/enterprise/.

② Single Market Act. Twelve levers to boost growth and strengthen confidence – "Working together to create new growth", COM (2011) 206 final, 13.4.2011.

采用法规，而不是指导性意见，启动对现有立法的评估，实行市场监督，减少行政管理方面的负担，消除税收方面的障碍，改善商业环境（尤其中小企业的商业环境），支持创业精神；（3）调整欧盟及各国立法，以适应数字时代的需要，在得到消费者和企业高度信任的情况下促进信息内容的传播，更新有关负债、担保、送货以及争端解决规则；（4）使企业和消费者在付出较小代价的情况下，与盟内其他国家的合作伙伴签订合同，尤其是提供有关消费合同、符合欧盟模式合同条款的协调一致的解决办法，并在欧洲选择性的合同法方面取得进展；（5）使企业和消费者在付出较小代价的情况下，履行合同并承认盟内其他国家的法庭裁决和文件。

二是通过实施竞争政策，使单一市场继续成为一个开放的市场。强化竞争政策有助于维护企业公平竞争的环境，抵制各成员国形形色色的保护主义。这一点对于维护统一大市场尤其重要。通过确保专利权与产权不受侵犯，为创新提供适宜的环境；通过促进竞争以避免各企业间达成反竞争协定，防止市场公平受到损害；通过政府投资支持、完善风险资本投资机制，以及使研发融资机制便利化，激励创新型和高效型环保技术大规模产业化。

2. 建立单一欧元支付区

欧洲理事会2011年12月20日宣布，欧盟将于2014年2月建成单一欧元支付区。该支付区是欧盟范围内的跨境欧元支付系统。届时，将彻底拆除欧盟区域内非现金欧元支付方面的跨国界壁垒，欧盟成员国所有银行客户届时将享受到同国内支付同等便捷的贷记转账、直接借记等跨境服务，从而为欧洲金融市场一体化建设提供基础条件。

单一欧元支付区建成后，欧洲民众和跨国企业均能从中受益。对欧洲民众来说，他们将能够使用一个国家的银行账号在另一个国家进行账单结算，而不用支付隐性的跨国支付收费。对于在盟内运营的跨国公司来说，可以选择更多的支付方式，结算过程也会更加迅速、便捷。由于消除了跨国支付障碍和跨国直接汇款手续费，单一欧元支付区将能够在建成六年内节省银行客户多达1230亿欧元，将涵盖27个欧盟成员国和冰岛、挪威、列支敦士登、摩纳哥、瑞士共32个国家。

3. 加强统一专利体系与标准建设

欧盟计划尽快实行统一的"欧盟专利"，不断完善欧盟标准框架，推动统一大市场成为创新型市场。

欧盟拟建立统一专利体系。专利是知识产权的核心。欧盟各国专利自成一体、成本高昂、手续复杂，并且费时费力，严重抑制了专利申请人的积极性。① 而实行统一专利后，发明人只需在欧盟任意一个成员国获得某项专利许可，便可拥有整个欧盟范围内的专利权。这不仅可以节省专利申请费用的80%，② 而且还可以大大节省专利申请时间，同时还将使申请人的专利更容易得到保护。欧盟专利体系的建立既可鼓励欧洲内部科研创新，还能吸引更多的发明家到欧洲进行创新，从而有利于维护欧盟在创新领域的主导地位。2012年6月底，欧盟已就欧洲统一专利法庭的选址问题达成一致。至此，欧洲统一专利体系的最后一个议题已有了共识。预计经欧洲议会批准后，第一批欧盟统一专利将于2014年4月问世。

除统一专利体系外，欧盟还承诺加速标准制定的现代化，修改标准框架。2012年3月22日，欧洲议会投票表决通过了由欧委会提交的欧盟标准化新规提案。新规更加注重标准起草阶段鼓励消费者及中小企业的积极参与，同时已发布的标准也将对中小企业提供更多服务便利。尽管采纳各类标准在欧盟是完全自愿行为，但由于标准可带来的便利及存在的优势，正在被欧盟企业和个人广泛接受。欧盟标准的现代化有利于降低企业生产成本、支持技术创新、扩大兼容性、提高欧盟产品及服务的国际竞争力。

4. 加强基础设施建设

根据2012年欧盟夏季峰会达成的协议，欧盟计划投资500亿欧元，建设智能化交通网络、可持续能源网络和高速宽带互连互通数字网络，推动欧洲统一大市场建设。③ 预计通过这一计划将促进更清洁的交通模式、高速宽带网络和更便捷地使用可再生能源，以实现更绿色的经济增长，创造更多的就业岗位，提高欧洲整体竞争力。按照计划，三大基础设施建设期将分为两个阶段：2012—2013年为试点阶段，2014—2020年为全面铺开阶段。

（1）交通网络建设。功能良好的交通网络对建设统一大市场和提高

---

① 发明人在欧盟申请专利有两种途径：一是在欧盟成员国直接申请；二是先向欧洲专利局申请，获准后再到各成员国申请生效。

② 参见《欧盟"2020远景规划"资助创新》，驻欧盟使团经商处，2012年5月13日，http://eu.mofcom.gov.cn/。

③ European Commission-Press Release, 19 October 2011, Connecting Europe Facility: Commission adopts plan for 50 billion boost to European networks.

竞争力将起到重要的促进作用。欧洲的交通运输系统是世界上最发达的交通系统之一。交通运输业产值约占欧盟GDP的7%，占就业人口的7%，占欧盟能源消费量的30%。从整个欧盟看，公路运输是主要的客运和货运方式，但具体到各国，运输方式差别较大。例如，比利时拥有最密集的铁路和高速公路网。德国的高速公路网几乎占欧盟的1/3。希腊、葡萄牙、西班牙和爱尔兰的公路网和铁路网相对落后。荷兰大约有2/3的货物运输是由内河航运承担的。欧盟正在准备规划泛欧高速铁路网，覆盖整个西欧和中欧。欧盟的民航市场自由化虽然取得了一些进展，但距离"开放蓝天"的目标还相去甚远。

泛欧交通网络包括核心网络和综合网络。核心网络包括四个内容：一是83个主要欧洲港口实现铁路、公路双连接；二是37个枢纽机场要有铁路通向主要城市；三是将15000公里的铁路线升级为高速铁路；四是新建35个跨境项目以打破瓶颈制约。在此基础上，欧盟按照附加值要高、对交通可持续发展贡献大的标准，选择了30个项目作为泛欧交通网络的优先投资领域。在这30个重点项目中，有18个铁路项目、3个铁路公路混合项目，以及1个跨海高速公路项目。

在交通网络建设分工方面，欧洲交通运输系统由各成员国建设，欧盟在协调成员国规划、管理和对跨境项目融资方面起着关键作用。预计到2020年，将实现真正的欧洲网络建设。

（2）能源网络建设。欧盟是世界上最大的区域能源市场和最大的能源进口方。统一的欧洲能源市场将通过更好的网络互连，保障能源供给安全，在整个欧盟中以低成本完成可再生能源的输送。未来10年，预计欧盟将投资1万亿欧元用于完善能源设施及开发新能源。[①]

根据泛欧能源网络规划蓝图，能源网络建设的重要领域包括两个方面：一是电力、天然气和石油走廊。包括4个电网（北海—北欧—中欧电网，西南欧—北非风、水、太阳能电网互联，中东欧—东南欧电网联

---

① 建立完整的统一内部能源市场，依然需要不断整合东欧新成员国过时的基础设施，以及其陈旧的能源工业。为了建设跨边界的能源网络，欧盟成员国需要努力改善各个成员国的基础设施。2011年2月初欧盟能源峰会提出，未来10年，欧盟要拿出2000亿欧元对各成员国的电力网络进行基础设施升级和合并，以便电力能够在各成员国之间自由流通，同时把风能、太阳能等可再生能源发电并入整体电网。而在2010年11月发表的欧洲2020—2030年基础建设蓝图显示，要建立一个整合的欧洲能源网络至少需要5000亿欧元。

网、波罗的海能源市场互联计划)、3个天然气网(多个天然气来源的互联：连接里海、中亚中东的南部走廊，连接波罗的海、黑海和爱琴海的南北走廊，贯通西欧南北的走廊)和1个石油管道网和智能电网的推广项目。

如同20世纪50年代煤钢共同体成为欧洲共同体的前奏一样，建立统一的能源市场已成为欧盟推动一体化的切入点。建立统一的能源市场，实现基础设施互联互通，是统一能源政策的两大重要任务。在2011年欧盟春季首脑会议上，欧盟决定在2014年前通过立法和加强合作等手段，建立一体化能源市场。在2011年冬季峰会上，欧盟重申2014年建成欧盟统一能源市场的目标，强调2015年实现所有成员国能源管线跨境连接，确保天然气和电力在盟内自由输送和供应，要求成员国尽早就提高能效措施达成一致，以实现至2020年提高能效20%的目标。

(3)数字网络建设。信息和通信技术(ICT)领域占欧盟GDP的6%，提供800万个工作岗位。欧委会的2012年度"欧洲数字议程"评估报告认为，[①]从积极方面看：95%的欧洲人可接入固定宽带连接；移动互联网商机快速增长；2011年有1500万欧洲人第一次连接网络；希腊、葡萄牙和爱尔兰通过发展电子政务来保证高质量的公共服务，从而证明了电子政务在结构改革中的价值。尽管如此，欧洲在数字网络方面仍有进一步开拓的潜力，其存在的问题主要有：仍有1/4的欧洲人从未使用过互联网；几乎半数欧洲劳动力ICT技能不足；在线购物仍然局限于国内市场，只有1/10网上购物者从其他欧盟成员国购买过商品；中小企业对电子商务运用停滞不前；研发投入落后于欧盟竞争者；电信公司继续征收相当于国内电话费3.5倍的漫游费等。

"欧洲数字议程"(The Digital Agenda for Europe)提出，到2020年将使宽带互联网接入速度至少在30Mbps，至少有50%的居民接入速度在100Mbps以上。首批数字服务的补贴资金将用于建设电子认证，电子采购、电子医疗、电子司法和关税服务等基础设施项目。

---

① Digital Agenda: Annual Scoreboard Confirms Need for Structural Economic Reform Across Europe and Surplus of ICT Jobs; Big Trend towards Mobile Services and Technology, 18 June 2012, http://europa.eu/rapid/.

三 基础设施建设中的投资创新

根据欧盟估计,三大基础设施建设需要巨额资金(见表9-2)。这就需要在融资过程中进行投资创新。欧盟基础设施建设的资金来源主要有三:欧盟预算(包括结构基金、融合基金)、成员国公共投资和私人投资。除传统的贷款、担保和交通领域的贷款担保便利(Loan Guarantee Facility for TEN Transport, LGTT)、"公私伙伴关系"外,欧盟又提出了两项融资创意:"联欧融资工具"CEF(Connecting Europe Facility, CEF)和项目债券(the Project Bond Initiative)。

CEF是欧盟为三大基础设施专门设立的共同融资平台。2012年6月7日,欧委会交通理事会通过了CEF的动议。CEF是跨欧洲网络纲要讨论的关键,将在欧盟基础设施建设计划中起到基础性融资功能,完成能源、交通和数字主干网建设。同时,CEF将起到动员私人融资,带动私人和公共部门进一步融资的催化剂作用。CEF将着力于高附加值项目,并资助建设欧洲能源、交通和数字主干网当中仍然缺少的环节,以消除瓶颈。按照欧盟2014—2020年预算框架规定,这期间CEF将有500亿欧元的预算资金,除了分配给融合基金下的基础设施100亿欧元外,还有400亿欧元用作三大基础设施的种子基金。其中,能源基础设施91亿欧元,交通基础设施217亿欧元,数字化议程基础设施92亿欧元。根据欧元委估算,1亿欧元的欧盟预算资金可以撬动5亿欧元的成员国公共投资和20亿欧元的私人投资,400亿欧元预算资金可撬动2000亿欧元公共投资和8000亿欧元私人投资。CEF主要通过两类工具参与基础设施项目:一是在股权投资基金中参股,为项目提供风险资本;二是通过风险分担工具为项目获取贷款或担保提供便利,包括用于为长期银行贷款和项目债券进行信用增级。

表9-2 欧盟基础设施领域的资金需求状况

类型	2010—2020年	备注
泛欧交通网络建设	5000亿欧元	2030年要建成涵盖所有成员国的交通网络,预计总投资为1.5万亿欧元
能源网络建设	10000亿欧元	关键性的电网和天然气网络建设需要2000亿欧元,其中1000亿欧元来自市场融资,另外1000亿欧元来自公共投资撬动
超高速宽带网络建设	2700亿欧元	需要大量公共投资介入

资料来源:作者根据有关资料整理。

为配合"欧洲 2020 战略",2010 年 9 月,欧委会提出为泛欧基础设施建设发行项目债券的建议。2012 年欧盟夏季峰会,提出加快实施项目债券的计划。项目债券不同于"欧元债券",属于私人债券,由项目公司发行。欧盟与项目债券的关系是:欧盟确定项目,并向欧洲投资银行提供部分资本金,欧洲投资银行为项目公司发行项目债券进行信用增级并分担风险,项目债券相关事宜主要由欧洲投资银行管理。2012 年 7 月 5 日,欧洲议会通过了试发行 2.3 亿欧元由欧盟担保项目债券的决议。该项目债券将由私营公司发行,欧盟担保,主要用于交通运输、能源、信息技术等基础设施建设。该试发行计划可提高债券的安全性,增大其对资本市场内的投资者(如养老保险和投资基金)等的吸引力。鉴于担保债券的"乘数效应"约为 15—20 倍,该项试发行计划可望拉动 46 亿欧元的私人投资。

与此同时,欧盟正考虑充分调动公共与私有基金,为其参与基础设施建设提供便利。2012 年 2 月 24 日,欧盟重要咨询机构——经济与社会理事会发布研究报告,[①] 对欧盟完善包括能源、数字通信及交通等在内的基础设施建设及投资安排提出以下建议:在能源方面,建立覆盖欧盟的高压电网及天然气高压运输网络,建成跨境联络站点及更好的储备设施,消除供应瓶颈、稳定能源运送流转、保障供给安全;在数字通信网路建设方面,报告赞同欧委会当前投资预算的做法,同时提醒项目建设应重点关注跨区域互联与兼容功能,并提议欧委会定期发布项目进展及资金使用情况报告。为确保上述基础设施建设具备充足资金,报告提议在已有 500 亿欧元经费预算的基础上发放欧盟债券,通过杠杆效应吸引来自公共与私有资金的支持,最终实现筹集 1 万亿欧元投资基金的目标。

第三节 提高欧盟国家长期竞争力的途径

"欧洲 2020 战略"的核心关键词是提升竞争力。债务危机从一定意义上说,也是竞争力危机。提高欧盟长期竞争力,进而增强其偿债能力,

---

① "Connecting Europe: The Right Direction but Still A Long Way to Go", 24 February 2012, European Economic and Social Committee.

是防止债务危机再度发生的根本措施。为此,欧委会在有关文件中强调,要通过大力推进结构改革、改善商业和投资环境,以及积极促进科技创新等途径提高长期竞争力水平。

一 大力推行结构改革

欧洲需要加快经济改革步伐。变革能否成功取决于欧洲是否能够充分利用自身的现有优势和强项。欧洲具有极富创新、创造意识的人力资源优势,依托雄厚的工业基础、充满活力的现代服务业,单一市场和统一货币,欧洲还是世界上最大的贸易集团和外国直接投资的主要目的地。一些成员国还跻身世界最具创新性和最为发达国家的行列。

提升竞争力,需要大力推进结构性改革。对此,欧委会在 2010 年 10 月 28 日发布的有关提高竞争力立场文件中,[1] 曾对其提出过政策建议,主要包括:

在产业结构方面,为提高竞争力,进一步推动创新和以知识为基础的部门,改善对产品的市场调节,支持创新、教育和培训投资。

在提升制造业和服务业竞争力方面:一是提升生产型服务业在企业价值链中的重要性。通过创新使生产型服务业通过中间消费、知识性产品和技术流动等加快与其他价值链的一体化。二是促进内部市场进一步一体化。结束内部市场碎片化状态,消除对商品、服务、创新和创造力的各种壁垒,发挥单一市场的潜力,在产品市场之外拓展新的收入来源。

在中小企业方面,要解除对中小企业的束缚,需要欧盟层面按照"中小企业法案"采取统一行动。[2] 在融资问题上,通过诸如增加贷款担保能力、设立投资性证券基金、开展小额信贷服务、方便银行通过有利的贷款条件或信贷中介对中小企业提供贷款等,加大对中小企业的支持;在支持其国际化方面,通过提高金融和信息服务,为其在市场准入和法规方面提供支持等。

在劳动力市场,需要采取有效措施进行应对,通过劳动力市场改革,促使一些成员国劳动力成本下降、竞争力提高。一是促进劳动力市场竞

---

[1] Europen Commission: An Integrated Industrial Policy for the Globalisation Era Putting Competitiveness and Sustainability at Centre Stage, 28. 10. 2010, COM (2010) 614.

[2] Review of the "Small Business Act" for Europe, COM (2011) 78/3, 23. 02. 2011.

争，消除各社会团体在劳动用工上的特权，减少对服务业等的过度保护；二是减少对最低工资水平的过度管制，增强用工制度的灵活性；三是大力加强教育和培训，满足劳动力市场对用工的需求。

二 改善商业和投资环境

建立一个开放、有效、竞争的商业和投资环境，对提高企业竞争力是非常重要的。世界银行在2011年年初曾对183个国家和地区的商业和投资环境进行了比较，主要针对"创办企业""建筑许可""通电""财产登记""取得信用""保护投资者""税收支付""跨境贸易""合同执行""破产执行"等10项内容。研究发现，爱尔兰商业和投资环境位居全球第10（见表9－3），不仅明显优于其他外围国家，而且也优于一些核心国家。相比之下，意大利和希腊分别排在第87位和第100位，排名甚至低于许多发展中国家。[①] 爱尔兰与其他外围国家商业和投资环境的差异，是爱尔兰在金融和债务危机中比其他外围国家更快复苏的重要原因。

改善商业和投资环境，是希腊和意大利等外围国家实现经济复苏的重要前提条件。世界银行的这项研究表明，如果外围国家的商业和投资环境得不到改善，在中期内，经济增长率将继续放慢，这些国家很难实现从低成本到高附加值经济的跨越。然而，令人担心的是，这些国家的政治家对此方面的改革并不关心。

表9－3　　　　　　　　部分国家或地区商业环境排名

排名	经济体	排名	经济体	排名	经济体
1	新加坡	21	拉脱维亚	…	…
2	中国香港	…	…	99	也门
3	新西兰	28	比利时	100	希腊
4	美国	29	法国	101	巴布亚新几内亚
5	丹麦	30	葡萄牙	…	…
6	挪威	31	荷兰	119	佛得角
7	英国	…	…	120	俄罗斯
8	韩国	43	波多黎各	121	哥斯达黎加
9	冰岛	44	西班牙	…	…
10	爱尔兰	45	卢旺达	125	波黑

---

① Torsten Slok, Growth Solutions: What Greece and Italy would Learn from Ireland, from Deutsche Bank (2011), *The Markets in* 2012: *Foresight with Insight*, pp. 20–21.

续表

排名	经济体	排名	经济体	排名	经济体
11	芬兰	…	…	126	巴西
12	沙特	86	蒙古	127	坦桑尼亚
13	加拿大	87	意大利	…	…
14	瑞典	88	牙买加	131	约旦河西岸和加沙地带
…	…	…	…	132	印度
18	马来西亚	90	乌拉圭	133	尼日利亚
19	德国	91	中国	…	…
20	日本	92	塞尔维亚		

资料来源：Tom Joyce and Ram Nayak, Ten Key Risks to Watch out for, from Deutsche Bank (2011), *The Markets in* 2012: *Foresight with Insight*, p. 20.

2010年10月28日，欧委会在其发布的一体化产业政策中，[1] 针对改善企业环境时强调，其宗旨就是削减企业行政负担（reducing administrative）。其主要内容包括：改进基础设施、缩短为创办企业提供许可的时间、为企业提供现代公共管理服务，以及简化税收等一系列政策。在现代公共管理服务上，要运用电子政府、电子采购等现代技术手段，为企业提供一站式的、高效率和高质量的公共服务。在企业税收政策上，在保证适当税率水平的同时，对劳动与资源所征收的税种也要平衡，同时也要增加税收的透明度、减少税收种类复杂性和合法避税的可能性、简化税收支付程序、确保税收法规的稳定等。

三 积极促进科技创新

欧盟仍有较雄厚的创新实力和较明显的创新优势。2012年5月29日，欧委会发布的备忘录称，[2] 欧盟在深处经济、社会危机之时，应抓住工业技术领域变革所提供的机遇，适时出台政策，确保拥有一个现代的、节约资源的、有竞争力的、强大的工业。该备忘录提出，新工业革命意味着使用碳氢化合物的替代品作为主要能源，同时资源得到更有效率和可持续的使用。从更广的范围看，整个经济将经历重大转型，新的生产技术将

---

[1] European Commission: *An Integrated Industrial Policy for the Globalisation Era Putting Competitiveness and Sustainability at Centre Stage*, 28.10.2010, COM (2010) 614.

[2] 参见 Mission Growth: Europe at the Lead of the New Industrial Revolution, MEMO/12/383, 29/05/2012, http://europa.eu/rapid/。

基于数码技术、先进材料、关键使能技术（key enabling technologies）、①航天技术、机器人技术、可再生能源、原材料回收和再利用等技术。该备忘录认为，在新工业革命的主要领域，欧盟仍居于世界领先地位。

在绿色技术领域，欧洲生态技术领先世界，全球绿色技术市场将为欧盟企业提供巨大的机遇。欧洲在污染管理与控制、废弃物收集与处理、可再生能源与回收等"核心环境产业"的年营业额超过3000亿欧元，提供超过300万个就业岗位，约占全球份额的1/3。

在关键使能技术领域，欧盟是全球关键使能技术研发的领头羊，在全球专利申请中占比超过30%。即便如此，欧盟未能将其所拥有的研发优势转化为促进增长和就业的基础，需要在未来不断挖掘这方面的潜力。据预计，该领域的全球市场规模将从2008年的6460亿欧元增长至2015年的1万亿欧元以上，增幅高达54%，为欧盟GDP的8%以上，所提供的就业岗位也将随之快速增长。

在航天技术领域，欧洲导航和地球观测服务业是一个拥有巨大增长和就业潜力的新兴行业，主要由中小企业和新生企业组成。据估计，西方国家GDP的6%—7%依赖卫星导航服务，在欧盟约为8000亿欧元。全球导航卫星系统和全球环境与安全监视基础设施的利用很快将为欧洲产业开启新机遇。未来20年，伽利略计划和欧盟新导航系统预计将产生600亿—900亿欧元的经济社会收益。

2012年6月26日，欧委会通过一份报告，旨在推动现有关键技术的成果转化，借此优势带动经济增长和提高就业。②该报告虽以关键使能技术为例，但探讨了将这一领域的研发成果有效转化为现实生产力，以实现促经济、增就业目的的政策建议，具有一定的代表性。该报告建议将五个方面列为长期战略：一是建立覆盖从研发到工业生产全部价值链的财政扶持计划；二是建立技术创新资助战略，以提高欧盟整体工业现代化水平；三是带动欧盟及成员国各层面协调发展，充分发挥互补优势及公共资源；四是科学调整贸易措施，营造全球市场公平竞争的环境；五是建立恰当的监管体系，确保相关政策顺利、协调实施。

---

① 关键使能技术主要包括微电子和纳米电子技术、先进材料、工业生物技术、光子技术、纳米技术和先进制造系统。

② Key Enabling Technologies – A bridge to growth and jobs, MEMO/12/484, 26/06/2012, http://europa.eu/rapid/.

第十章

欧洲一体化与中欧经贸合作

欧洲一体化的深化和不断发展，在提高欧洲 5 亿多人口福利的同时，也为中欧全面合作提供了重要机遇。中欧经济合作是世界上最大的发达经济体与最大的新兴经济体间的合作，两大经济体覆盖了地球上 1/4 人口，两大经济体 GDP（按购买力平价计算）约占全球 GDP 的 1/4。与两大经济体人口总量和经济规模相比较，中欧经济合作仍具有很大的潜力。

自双方建交以来，中国一直是欧洲一体化的坚定支持者。金融危机和主权债务危机后，中国支持欧盟应对危机的各种努力，维护市场对欧元的信心，为一些重债国提供力所能及的帮助。中国企业也加大对欧投资。以此为标志，中欧经济合作面临新的机遇，中欧经济关系将迈向新的发展阶段。

第一节 中欧各领域的合作不断深化

自建交以来，特别是建立全面战略伙伴关系 10 年来，中欧关系全面发展，政治关系日益密切，经济依存度不断加大，各领域合作成果丰硕。中国是欧洲一体化的坚定支持者。金融危机和债务危机后，中国政府把发展中欧关系提升到一个新的战略高度来认识。截至 2012 年，中欧之间已经形成了政治、经贸和人文交流三大支柱，为中欧关系的深入发展提供了合作框架。

一 中欧政治关系的"三级跳"

自 1975 年中欧建立外交关系以来，双方关系取得了长足的发展。1975 年 5 月 6 日，中国与欧洲经济共同体建立外交关系。1983 年 10 月，中国与欧洲煤钢共同体和欧洲原子能共同体分别建立外交关系。同年 11

月1日，中国与欧洲共同体正式宣布全面建交。1998年，中欧建立面向21世纪的长期稳定的建设性伙伴关系。同年，中欧领导人建立了年度会晤机制。2001年中欧建立了全面伙伴关系。2003年双方建立了全面战略伙伴关系。1998年以来，双方关系连续迈上了建设性伙伴关系、全面伙伴关系，以及全面战略伙伴关系三个台阶，形成了全方位、宽领域、多层次的合作格局，体现了战略性、互利性、稳定性和成长性的特征。

建交以来，欧盟先后制定了《欧中关系长期政策》（1995年）、《欧盟对华新战略》（1996年）、《与中国建立全面伙伴关系》（1998年）、《欧盟对华战略——1998年文件实施情况及进一步加强欧盟政策的措施》（2001年）、《走向成熟的伙伴关系——欧中关系之共同利益和挑战》（2003年）、《欧盟与中国：更紧密的伙伴、承担更多责任》（2006年）等对华政策文件。这些文件认为，"欧洲同中国的关系必然成为欧洲对外关系，包括亚洲和全球关系中的一块基石"，主张同中国建立全面的伙伴关系。与此同时，中国也一再重申，中国与欧盟都是当今世界舞台上维护和平、促进发展的重要力量，全面发展同欧盟及其成员国长期稳定的互利合作关系，也是中国对外政策的重要组成部分。

中欧建立全面战略伙伴关系10年来，在领导人会晤机制的战略引领下，在中欧各界人士的精心呵护下，中欧全面战略伙伴关系日臻成熟，内涵不断丰富，在广泛领域开展交流合作，取得了丰硕成果。双边关系的深入发展，不仅给双方带来巨大利益，也促进了全球可持续发展和东西方文明的包容互鉴，产生了积极而深远的影响。[①] 10年来，在双方共同努力下，中欧关系全面发展，政治关系日益密切，经济依存度不断加大，各领域合作成果丰硕。双方携手应对国际金融危机和欧洲主权债务危机，维护共同利益。中欧关系10年来的发展历程表明，无论是在各自发展还是在国际事务上，中欧都是彼此不可或缺的重要合作伙伴。

二 发展中欧关系的重要意义

发展同欧盟的关系，是中国最重要的对外关系之一。欧盟是中国和平发展可以借重的战略力量，是中国提升软实力和塑造国家形象必须用好话语权的重要资源，是维护中国国家主权安全必须争取的重要对象，是

---

① 参见《温家宝出席第十五次中欧领导人会晤》，2012年9月20日，新华网。

"十二五"规划重要的合作伙伴。正因为如此,发展中欧关系具有十分重要的战略意义。

2012年9月,温家宝总理在第八届中欧工商峰会上的演讲中指出,中欧关系是世界上最重要的伙伴关系之一,也是中国对外关系的战略重点,中国致力于将中欧关系打造成21世纪国际合作的典范。温总理在总结中欧关系10年来的发展后,特别指出他对发展中欧关系的五点体会,即:[①]

第一,中欧关系的核心在于战略性。这种战略性主要体现在中欧合作具有长期性、稳定性和全局性,它不受意识形态和社会制度差异的影响,不计较一时一事上的利弊得失,不因暂时的困难和挫折而丧失合作的信心。这10年,中欧关系有过大踏步的前进,也出现过短暂的波折,之所以能够经受住国际风云变幻的考验,沿着正确的轨道前进,最重要的就是我们始终坚持中欧关系战略方向不动摇。

第二,中欧关系发展能够给双方带来实实在在的利益。这10年,中国是欧盟增长最快的主要出口市场;在中国投资兴业的数万家欧盟企业获得了丰厚的回报;中国对欧洲产品的进口快速增长和对欧洲的投资蓬勃发展,为欧盟国家创造了大量就业岗位;物美价廉的中国商品,不仅丰富了欧洲的市场,也为欧洲家庭节省了不少开支。欧洲企业则给中国带来了先进的技术、设备、管理经验和大量深受消费者喜爱的名牌产品。中欧关系越发展,双方人民得到的实惠就越多。

第三,中欧关系已经超越了双边范畴,具有越来越重要的全球影响。中欧都奉行多边主义,积极推动国际关系民主化,维护世界和平与稳定。双方都奉行自由、开放的经贸政策,反对贸易保护主义,促进经济全球化;双方都主张维护文明多样性,积极推动不同文明对话与交流;作为21世纪国际格局中的两支重要力量,中欧都是国际体系的积极参与者和建设者,在应对能源安全、粮食安全、气候变化等全球性挑战上发挥着重要作用。

第四,中欧可以通过对话磋商妥善处理各种分歧。中欧社会制度不同,文化背景不同,发展阶段也不同,所遇到的问题和困难不一样,在一些问题上存在不同看法是正常的。彼此尊重、坦诚沟通、增进理解,显得至关重要。2003年以来,双方先后建立起高级别战略对话、经贸高层对

---

① 温家宝:《做21世纪国际合作的典范——在第八届中欧工商峰会上的演讲》,2012年9月21日,中国网。

话和高级别人文交流对话三大机制，各领域对话与磋商机制也从 19 个增加到 60 多个。无论遇到什么问题，只要坚持平等对话和协商，都可以扩大共识，减少分歧，实现共赢。

第五，面向未来的中欧关系有着光明前景。中欧双方没有历史遗留问题，没有根本的利害冲突，在重大国际问题上拥有广泛的共同利益，这是中欧关系坚实的政治基础。中欧经济互补性远大于竞争性，国际金融危机不仅没有改变这种互补性，而且加深了中欧经济的依存度。这种基于优势互补和共同利益上的合作是最稳定、最持久的。

基于上述认识，他还对推动中欧关系更加全面、深入和平衡发展提出了扩大双边贸易规模、大力促进双向投资、拓展基础设施建设合作、深化科技创新合作、挖掘城镇化合作潜力、加强中欧人文交流等合作重点。

中方的积极表态，得到了欧方积极回应。2012 年 10 月 19 日，欧洲理事会主席范龙佩在欧盟秋季领导人峰会后发表声明称，9 月的中欧领导人峰会取得了积极成果。中国作为欧洲的重要伙伴，正在经历 10 年一次的领导人更换。欧盟内部对于如何与新的中国领导层建立建设性关系交换了意见。从长远来看，中国的成功符合欧洲的核心利益。在 2013 年春季的欧盟领导人峰会上，将继续讨论如何为 2013 年在中国举行的中欧领导人峰会做好充分准备。范龙佩的声明除重申中国的成功符合欧洲的核心利益外，还显示出对与新的中国领导人会晤的重视和期待。欧方计划在 2013 年春季峰会上讨论中欧领导人峰会的内容，这在欧盟峰会上是不多见的。

三 中欧之间多领域、全方位的务实合作

中欧之间有着广泛的合作基础。政治、经贸和人文交流机制，是中欧关系的三大支柱。

1. 政治交流机制。中欧政治交流对中欧关系的顺利发展，起着战略指向性、规划性等重要作用。密切中欧双方在政治领域的合作，使中欧关系建立在相互理解、相互尊重、平等互利基础上，有助于增强战略互信，促进中欧关系长期健康发展。双方在政治领域建立了领导人年度会晤机制、高级别战略对话机制、外长年度会晤等机制，以及政党交往和议会交流机制（见表 10-1）。此外，双方在人权、打击非法移民、军控、外交政策，以及亚太、非洲和中亚等地域还建立了司局级对话和磋商机制。

2. 经贸交流机制。经贸合作是中欧关系中最活跃、最有成效的部分，

在中欧关系全局中,起着发动机和稳定器的作用。双方在该领域建立了近30个部长级以上的对话交流机制(见表10-1)。双方在经贸领域的交流与合作,呈现出宽领域、跨行业和深层次合作的特征。

一是其交流与合作框架涵盖宏观经济、贸易投资、能源交通、财政金融、城镇化和区域发展、环保和气候变化、农业和农村发展、工业和信息技术、劳动就业、食品安全、海关和林业执法、海洋管理、建筑节能等众多领域。

二是除各领域合作外,城镇化伙伴关系合作体现了城镇化与节能环保、建筑交通等的结合,体现出跨行业的合作特征。

三是一些重点领域的合作还在不断深化、细化。在贸易投资领域,包括贸易平衡、知识产权、市场经济地位、服务贸易等领域合作。在航运领域,包括海运和内河航运领域。这些都是中欧之间深层次合作的具体体现。

中欧经贸关系的发展,在政府相关部门的大力推动下,"以官促民",收到了显著成效。2003年,中欧贸易额突破1000亿美元,2011年已达到5672亿美元,年均增长20.8%。欧盟连续8年一直是中国最大的贸易伙伴,中国则是欧盟第二大贸易伙伴。欧盟企业对中国累计投资达800多亿美元。中国企业对欧投资也方兴未艾,从2003年的1亿多美元增加到2011年的43亿美元。欧盟还是中国最大技术引进来源地,累计签订技术引进合同1500亿美元。双方人员往来日益频繁。2011年赴欧旅游和学习的中国公民接近200万人次,是2003年的5倍。

3. 人文科技交流机制。"国之交在于民相亲"。2012年,中欧正式启动高级人文交流对话机制。连同以往中欧在教育、科技、文化和青年等领域政策对话框架,构成了继政治和经贸关系外,中欧合作关系中的第三支柱(见表10-1)。中欧高级人文交流机制的启动,是中欧深化全面战略伙伴关系的重要体现。加强人文交流,对中欧双方民众缩小认知差异、增进相互理解和尊重,培育中欧关系的民意基础具有重要作用。中欧高级人文交流对话机制启动后,中欧人文科技交流将在以往成果的基础上,在教育和语言多样性、文化、研究人员流动和青年等四个方面进行了商讨,并将采取一系列后续行动。[①]

---

① 具体内容参见《教育部有关负责人就中英、中欧人文交流机制答问》,2012年5月11日,www.gov.cn。

表 10-1　　　　中欧各领域主要对话机制（部长级以上）

领域	机　制	国内主管部门	起始年份
政治领域	中欧领导人年度会晤机制（总理级）	国务院	1998 年
	中欧高级别战略对话（国务委员级）	国务院	2010 年
	中欧外长年度会晤	外交部	1994 年
	中国外长与欧盟成员国驻华使节会晤	外交部	半年一次
	中欧伙伴合作协定（PCA）谈判机制	外交部	2007 年
	欧盟轮值主席国外长与中国驻该国大使会晤	外交部	
	中欧议会定期交流机制	全国人大	1980 年
	中国经社理事会与欧盟经社委员会交流机制	全国政协	2006 年
	中欧政党高层论坛	中联部	2010 年（半年/次）
经贸领域	中欧经贸高层对话（副总理级）	国务院	2008 年
	中欧宏观经济政策对话	发改委	2006 年
	中欧区域政策对话	发改委	2006 年
	中欧工业政策对话	发改委	2003 年
	中欧气候变化对话	发改委	2005 年
	中欧交通战略对话	发改委	2006 年
	中欧城镇化高层论坛	发改委	2012 年
	中欧能源战略对话	能源局	2006 年
	中欧财经金融对话	财政部	2005 年
	中欧央行工作组对话机制	人民银行	2008 年
	中欧经贸混委会	商务部	1979 年
	中欧贸易与投资政策对话	商务部	2004 年
	中欧竞争政策对话	商务部	2004 年
	中欧农业和农村发展对话	农业部	2005 年
	中欧环境政策部长级对话	环保部	2001 年
	中欧信息技术、电信和信息化对话机制	工信部	2008 年
	中欧工业领域对话磋商机制	工信部	2010 年
	中欧邮政改革和快递服务研讨会	工信部	2009 年
	中欧劳动、就业和社会事务对话机制	人社部	2005 年
	中欧民航峰会	交通部	2005 年
	中欧工业品安全和 WTO/TBT 磋商合作机制	质检总局	2002 年
	中欧海关领导人年度会晤机制（JCCC）	海关总署	2005 年
	中欧地理标志合作对话机制	质检总局	2005 年
	中欧食品安全和消费品安全联合工作委员会磋商合作机制	质检总局	2006 年
	中欧森林执法和行政管理双边协调机制	林业局	2009 年
	中欧海洋综合管理高层对话机制	国土部	2010 年
	中欧建筑节能对话	住建部	2009 年

续表

领域	机 制	国内主管部门	起始年份
人文领域	中欧高级别人文交流对话机制（国务委员）	国务院	2012 年
	中欧科技合作指导委员会（中欧科研工作组）	科技部	1991 年
	中欧信息科技合作对话机制	科技部	2009 年
	中欧和平利用核能研发合作指导委员会	科技部	2011 年
	中欧伽利略计划合作联合指导委员会（暂停）	科技部	2004 年
	中欧空间科技合作对话会	科技部	2012 年
	中欧旅游目的地委员会	旅游局	2004 年
	中欧教育政策对话	教育部	2008 年
	中欧语言合作研讨会	教育部	2009 年
	中欧文化事务框架性政策对话	文化部	2007 年
	中欧卫生对话机制	卫生部	2009 年
	中欧易制毒化学品管制合作联合后续小组	公安部	2009 年
	中欧职业安全与健康对话	安全生产总局	2009 年
	中欧青年政策对话	团中央	2011 年
	中欧网络工作小组会议	外交部	2012 年

资料来源：驻欧盟使团《欧盟及中欧关系基础知识手册》（内部资料），2012 年 9 月。

专栏 10-1 中欧主要的经贸交流合作机制

宏观经济政策合作。2006 年，中欧双边举行首届宏观经济政策对话。此后，双方分别在 2009 年、2010 年和 2012 年成功举行了三次对话。中欧宏观经济政策对话机制的建立，使双方相关机构定期交流有关经济形势和宏观经济政策等方面的信息和看法，对增进中欧两大经济体的相互了解，加强双方在经济政策领域的协调与合作，具有重要意义。

经贸合作。中欧双方在经贸领域建有经贸高层对话、经贸混委会、贸易与投资政策、贸易平衡及经贸工作组、知识产权、竞争政策等各级别对话机制。这些机制的建立，保证了中欧经贸关系快速发展。在中欧双方均处于转型发展阶段的大背景下，进一步深化欧中经贸合作对双方都具有重要的战略意义。中欧双方的经贸合作也还大有潜力可挖。按欧方预计，未来 90% 的全球经济增长将来自欧盟以外的其他地区，而中国将贡献其中 30% 的经济增长动力。与中欧贸易总量和潜力相比，中欧经贸关系中遇到的只是个别问题，需要有针对性地解决，不宜将个别问题扩大化和复杂化。未来一段时间内，中欧双方工作重点将放在商签中欧双边投资协定、出口信贷和 WTO 下服务业进一步开放问题，双方将在上述三方面开展长期、积极的交流与合作。

能源合作。中欧同为世界能源消费市场的重要力量，双方在保障全球能源安全、维护世界能源市场稳定等方面都肩负着重要责任。1997 年，双方建立能源工作组会议机制。2004 年双方签署和平利用核能研发合作协定，2005 年签署《中欧能源交通战略对话谅解备忘录》。2009 年双方先后签署《中欧清洁能源中心财政协议》和《中欧清洁能源中心联合声明》。截至 2011 年年底，双方已成功举办五届中欧能源对话。2012 年双方在布鲁塞尔召开首届"高层能源会议"。此外，双方还建立了中欧清洁能源中心、清洁与可再生能源学院项目等交流机制。中欧能源合作为双方带来了实实在在的好处，创造了大量的就业机会，分享了市场和技术，促进了经济增长和共同发展。在 2012 年中欧"高层能源会议"上签署的《中欧能源安全联合声明》，标志着中欧能源消费国战略伙伴关系的正式建立。

科技合作。中欧科技合作始于 1981 年，是中欧之间最早建立的合作领域之一。1998 年，双方签署《中欧科技合作协定》，2004 年续签。2003 年，中国同欧盟签署"伽利略计划"合作协定，成为第一个参加该计划的非欧盟国家。2009 年，双方签署《中欧科技伙伴计划》。欧盟是中国累计第一大技术供应方。截至 2009 年，中国累计从欧盟引进技术 32401 项，累计合同金额 1270.5 亿美元。中国已参加欧盟科技框架下逾 300 个项目，涉及能源、生物技术、农业、健康医学、自然资源、环境等诸多领域。双边建立了中欧科技合作联委会会议，截至 2011 年已成功举行九次。围绕中国实施"十二五"规划和欧盟 2020 战略及即将实施"2020 地平线"框架计划，加强中欧创新合作。2012 年，第十四届中欧领导人峰会决定建立"中欧创新合作对话"机制。该机制将搭建创新对话与合作平台，充分发挥双方企业特别是创新型中小企业的主体创新作用，鼓励和支持科研与创新活动，促进成果转化，推动创新与市场的结合，携手应对人类社会面临的共同挑战。

气候变化合作。2005年，中欧发表了《中国和欧盟气候变化联合宣言》，建立了气候变化双边伙伴关系，并建立了双边磋商机制。2006年，中欧气候变化工作组启动。同年，双方达成气候变化合作滚动工作计划，提出了气候变化影响与适应、清洁技术等诸多合作领域。2009年，双方发表联合声明，同意通过加强协调与合作进一步落实《联合宣言》，并加强气候变化伙伴关系。2010年4月，双方建立气候变化部长级对话机制。此后，在双边伙伴关系框架下在各种不同场合就气候变化国际谈判、国内政策、相关合作等保持了良好的对话和沟通。

环保合作。中欧建有部长级环境政策对话机制。双方通过确立具体合作项目、研讨、人员交流互访和建立信息交换机制等方式，在可持续生产与消费、生物多样性保护、流域综合治理、空气污染防治、气候变化、环境污染事故应急等方面开展多项合作。

中小企业合作。2007年，首届亚欧会议中小企业部长级会议通过的《北京宣言》，中国国际中小企业博览会自2008年开始设立亚欧中小企业合作交流馆。2010年11月，欧盟中小企业中心在北京正式成立。该中心旨在为欧盟中小企业在华投资和发展提供支持和服务，帮助它们熟悉中国的法律、法规、政策、标准和市场准入条件，提供一个与中国企业交流与合作的平台。

工业政策合作。2003年，中欧签署了《关于成立工业政策对话机制框架协议》。该机制最初下设汽车、纺织和冶金三个工作组。2007年11月，第四次全体会议。2009年11月，中欧确定了工业对话机制。2011年，中欧工业对话磋商机制举行第一次全体会议。双方回顾评议了中欧工业对话磋商机制下原材料、工业能效与节能减排、汽车、造船和中小企业等五个工作组的合作进展情况，商定了各工作组下一步工作计划，并就中国"十二五"规划、"欧洲2020战略"、中欧工业合作发展方向等深入交换了意见。2009年5月，双方签署了《中欧中小企业合作共识文件》，推动中欧中小企业在技术创新、管理创新、聚集发展方面开展合作。2011年举行"第3次中欧中小企业政策对话"会议。

区域政策合作。中欧区域政策合作开始于2003年。2006年，双方建立了"中欧区域政策对话机制"，交流双方区域治理成就与经验，探讨区域发展中重大理论和实际问题，谋划未来合作的领域与途径。在双方共同努力下，中欧区域政策合作不断深入，取得了一系列丰硕成果。主要包括：一是围绕区域发展的重大政策问题，截至2011年年底，中欧双方已轮流成功承办六次区域政策高层对话会和研讨会，及时开展讨论研究，形成了一系列共识；二是针对区域发展基础与前瞻性问题，组织双方专家联合开展研究，推出了"中欧区域政策合作研究"等一批高水平的研究报告；三是为提高区域管理的水平，中欧双方组织实施区域发展管理人员能力培训项目，截至2011年年底，已在欧盟成功举办了三期培训班；四是在中国和欧盟各选择一些地区，联合开展实地调研，深入分析区域协调发展的典型案例，不断增进相互了解与认知。总的来看，中欧区域政策合作机制已成为中欧众多合作领域与机制中的一个典范，对于双方推进区域治理，促进区域协调发展，以及密切双方的政治经济关系都起到了积极的促进作用。

城镇化伙伴关系。2012年2月，第十四次中欧峰会决定建立中欧城镇化伙伴关系，重点推动在城镇可持续发展等领域的交流与合作。同年5月3日，中国国务院副总理李克强与欧盟委员会主席巴罗佐共同签署了《中欧城镇化伙伴关系共同宣言》，开启了中欧城镇化战略合作新进程。欧洲的城市独具特色，注重空间合理布局，重视公共服务和人居环境，崇尚保护自然和历史风貌，致力于城市体系协调发展。近年来，欧洲城市更加注重智能、绿色、低碳，努力探索现代城市发展的新方向。城镇化对经济、社会、文化都有巨大而深远的影响。面向未来，中国致力于推动科学发展，加快转变经济发展方式，把城镇化作为现代化建设的重大战略。城镇化是中国经济增长持久的内生动力。中欧在城镇化领域的合作由来已久，成效显著。目前，中国与欧洲城市间已结成400多对友好城市。许多欧盟国家的企业都在中国城市有投资，一些欧洲企业和机构参与了中国城市发展战略咨询、规划设计制定和基础设施运营。一些大城市里的若干地标性建筑，就是中欧合作的成果。[①]

[①] 摘自李克强副总理在中欧城镇化伙伴关系高层会议上的讲话，原文为《使广大居民共享发展成果和城市文明》，2012年5月4日，新华网。

中欧交通合作。2005年,中欧签署了《中国—欧盟能源交通战略对话谅解备忘录》。2006年,双方举行了首次中欧交通能源战略对话会议。从2008年起,第二次中欧交通与能源战略对话分别召开。双方在2008年、2009年、2011年和2012年分别举行了四次对话会议。该对话机制的建立,加深了对彼此交通发展政策的了解,为实现共同发展和交流合作奠定了良好基础。

金融合作。中欧双方建立起多层次的货币与金融政策协调与对话机制,为双方金融机构创造了良好的合作环境。国际金融危机发生以来,中欧领导人频繁会晤商讨危机应对大计。中国政府派出贸易投资促进团赴欧采购,签署了一系列重要的贸易投资合同,涉及航空、核能、金融和环保等众多领域。中国领导人多次向欧盟和欧洲国家领导人表示,中国坚定支持欧盟和国际货币基金组织采取的措施,明确宣布不减持欧元债券,支持欧元保持稳定。加强政策协调,中欧金融合作有助于促进全球治理结构改革。欧盟是世界上最大的发达经济体,中国是快速增长的最大发展中国家。加强中欧双方宏观经济和金融政策的协调,有利于维护中欧乃至世界经济和金融的稳定,促进全球治理结构改革。国际金融危机爆发以来,在二十国集团这一全球经济治理最重要的平台上,中欧双方加强协调与对话,共同推动在全球建立"强劲、可持续、平衡增长"的框架,推进国际机构、金融部门和国际货币体系改革。在国际机构改革问题上,欧盟为国际货币基金组织份额与治理结构改革作出了切实贡献,促进了新兴市场和发展中经济体代表性和发言权的提高。在金融部门改革上,中方与欧方共同参与制定了金融部门核心改革的政策和金融监管、金融基础设施建设的关键标准。在国际货币体系改革问题上,中方愿与欧方一道加强研究和讨论,共同致力于完善国际货币体系,从根本上维护全球经济金融稳定。近年来,中欧双方金融机构合作的深度和广度不断扩大,中欧货币当局和监管部门也建立了良好的合作关系。

第二节 中国支持欧盟战胜金融和债务危机

欧盟是中国最大的贸易伙伴,重要的技术和投资来源地。一个团结、稳定、繁荣的欧洲符合中国的利益。中国是欧洲经济稳定的利益相关者。欧盟能否克服危机不仅与世界,而且与中国息息相关。金融危机和欧洲主权债务危机发生以来,中国坚持从欧洲发展的大方向和经济社会的基本面看待欧洲形势,始终从战略高度和长远角度重视欧洲和中欧关系,积极传递对欧洲和欧洲一体化的信心,并通过双边和多边渠道,力所能及地向欧方提供帮助。

一 在金融和债务危机最艰难的时期,中国给予欧方重要支持

在金融危机肆虐和债务危机蔓延的紧要关头,中国没有"唱衰"欧盟,而是继续看好欧盟及欧盟一体化的未来,积极支持欧盟摆脱困境。中国领导人多次向欧方传达善意,与欧洲领导人深入探讨应对危机、深化合作之策,及时传递出中欧同舟共济、守望相助的真诚意愿。

2009年1月,在国际金融危机不断恶化时,温家宝总理对欧洲展开"信心之旅",从瑞士达沃斯到达德国、欧盟总部,再到伦敦,并对欧洲各界表示,"信心比黄金更宝贵"。这对中欧合作应对金融危机、对稳定市场信心发挥了重要作用。

2011年6月25日,在欧洲债务危机面临进一步扩散风险时,温家宝总理访问匈牙利、英国和德国。中欧各方签署了价值数十亿欧元的贸易和投资协议,并承诺将继续对陷入困境的欧元区外围国家给予帮助。这次访问向欧方传递了中国仍是"欧洲主权债券市场长期投资者"的重要信息。

2012年2月2日,温家宝总理与来访的德国总理默克尔会谈后,针对记者提问表示,中方有关部门正对中国通过IMF出资的具体方式,以及通过EFSF和ESM等渠道,更多参与解决欧债问题进行研究和评估。温家宝表示,中方愿意与德方通过现有的双边财经合作机制加强沟通,也愿意与其他有关各方保持密切联系,希望欧方为中欧加强金融合作、携手应对欧债问题营造客观积极的环境并提供合适的投资产品。2月14日,在北京举行的第十四次中欧领导人峰会上,温家宝总理表示,中方已经做好了加大参与解决欧债问题力度的准备,愿与欧方密切沟通与协作。[1] 温家宝总理强调,中国支持欧方应对债务问题的意愿是真诚坚定的,对欧元和欧洲经济抱有信心。

---

[1] 温家宝:《中方已做好加大参与解决欧债问题力度的准备》,2012年2月14日,新华网。

2012年5月3日,时任国务院副总理的李克强谈到中欧合作时说,"当'欧洲设计'遇上'中国制造','欧洲技术'遇上'中国市场',就会产生显著效应。"

2012年9月20日,温家宝总理同欧洲理事会主席范龙佩、欧盟委员会主席巴罗佐共同主持第十五次中欧领导人会晤时一致表示,要继往开来,制定面向未来的中欧一揽子合作规划,推动中欧关系达到更高水平。针对债务危机,温家宝总理强调,中方一如既往支持欧方解决欧债问题的努力,将加强同欧盟机构、欧央行和国际货币基金组织(IMF)的沟通与合作。中国作为负责任的长期投资者,将继续通过适当渠道参与解决欧债问题。[1]

二 中国市场需求增长,带动欧洲出口增长

两场危机使欧洲经济复苏更加依赖出口与投资,中国成为欧洲经济增长的最大依托。2008年11月,在国际金融危机全面爆发时,中国政府推出了总额约4万亿元人民币的经济刺激计划,这是中国为应对全球经济危机所作出的最大动作。该计划所需的约4万亿元人民币投资,带动了欧盟对中国出口。据欧方统计,受金融危机影响,2009年欧盟与中国贸易额比上年收缩了9.1%,其中从中国进口收缩了13.6%,而对中国出口则增长了5.2%(见表10-1)。2010年,欧盟对中国出口速度并未受上年较高基数的影响,而是继续快于进口增速。2011年,即使受债务危机影响,欧盟对中国出口增速为20.3%,分别比进口和进出口增速高出16.8个和12个百分点。

欧盟对中国出口增速大幅上升,以及与中国贸易平衡状况的显著改善,不仅使欧盟对外贸易快于其他经济指标迅速恢复,而且也带动了欧盟经济复苏的步伐。受对中国出口的快速拉动下,欧盟经济自2010年下半年开始复苏。这其中,德国成为欧盟对华出口增长的最大受益者。意大利裕信银行(Unicredit)经济师Andreas Rees说,2010年德国机械设备、汽车和化工产品对华出口大幅跃升,市场份额不断提高。[2]除德国外,法国

---

[1] 《温家宝出席第十五次中欧领导人会晤》,《人民日报》2012年9月21日。
[2] 参见《欧媒关注欧对华出口快速增长,驻欧盟使团经商参处》,2011年2月14日,http://eu.mofcom.gov.cn/。

电子工程类产品和西班牙的塑料制品也从中国经济增长中受益。

表 10-2　　　　　　　　2008 年以来中欧贸易额与增速

年份	贸易额（亿欧元）			增长率（%）		
	进出口	对中国出口	自中国进口	进出口	出口	进口
2008	3261	782.5	2478.6	7.1	9	6.5
2009	2964.7	823.1	2141.6	-9.1	5.2	-13.6
2010	3958.1	1132.8	2825.3	33.5	37.6	31.9
2011	4285.3	1362.4	2922.9	8.3	20.3	3.5

资料来源：欧洲统计局网站（http://epp.eurostat.ec.europa.eu）。

在欧盟深受债务危机困扰时，中国成为欧元区出口增长最快的市场。意大利裕信银行（Unicredit 银行）和德国慕尼黑 Ifo 研究所的联合报告指出，[1] 金融危机和债务危机以来，在欧元区对外出口中，中国已迅速超过瑞士，已成为仅次于美国、英国的欧元区第三大出口市场。报告认为，中国对欧元区未来经济复苏越来越重要。Ifo 研究所经济学家 Steffen Elstner 表示，鉴于英国和美国的经济表现均欠佳，中国有可能很快坐上欧元区最大出口市场的头把交椅。

三　中国购买债券和向 IMF 注资，支持欧盟应对债务危机

中国是欧洲外围国家主权债券的重要投资者。中国积极买入西班牙、希腊和匈牙利等国国债。虽然媒体对有多少中国资金流入欧元区外围国家主权债券市场都是猜测，但对冲基金公司 SLJ Macro Partners 的 Stephen Jen 认为，中国可能像欧央行一样购买问题国家的主权债券。一些人士认为，中国为分散外汇储备风险，可能通过主权财富基金等形式，将 1/5 左右的外汇储备转化为欧元资产。据英国《金融时报》2011 年 1 月 27 日称，债务缠身的希腊正在向中国"推销"250 亿欧元国债。该报道还称，希腊政府正委托美国投资银行高盛当"说客"，由后者负责向中国政府以及外汇管理局推销希腊国债。而此前，高盛曾提出中国银行入股希腊国民银行，对中投公司也提出过类似建议。中国银行在公布 2009 年度业绩时称，中行持有葡萄牙、爱尔兰、意大利、希腊、西班牙等五国债券逾 70 亿元人

---

[1]　参见《欧媒关注欧对华出口快速增长，驻欧盟使团经商参处》，2011 年 2 月 14 日，http://eu.mofcom.gov.cn/。

民币。

中国已将 EFSF 作为对欧投资组合的一部分，并通过购入一些欧盟成员国的主权债券，以及参与欧盟稳定机制等方式参与解决欧债问题。法国 Natixis 银行认为，中国拥有 7% 的欧洲公债，约为 6300 亿欧元。2012 年 2 月 14 日，中国总理温家宝在出席第七届中欧工商峰会时表示，中国支持国际金融机构在解决欧债危机中发挥重要作用，中国对增加 IMF 资源持开放和积极态度，也在考虑通过 EFSF 和 ESM 等渠道更多地参与解决欧债问题。中国央行行长周小川表示，中国将继续投资欧洲政府债，并通过一切可能渠道包括 IMF、EFSF 和 ESM，更多参与解决欧债的问题。[1]

中国同国际社会一起，支持欧洲克服债务危机。为提振全球金融体系，中国与其他主要新兴经济体联合向 IMF 注资。2012 年 6 月 18 日，中国政府提出向 IMF 危机应对基金注资 430 亿美元。[2]

对于中国购买欧洲主权债券，欧方给予积极评论。有媒体指出，在欧元区外围国家遭遇信用危机，无法从市场融资的时候，正是中国雪中送炭、出手相助，多次购买西班牙和葡萄牙政府债券，极大地提振了投资者信心，避免了更糟糕情况的发生。也有专家指出，由于中国对欧投资和购买主权债券所占比重仍然较低，尤其是与对美国国债的投资相比，购买额仍较小，因此其作用不能高估。[3] 然而，如果将此看做是穷国对富国的援助时，援助多少并不重要，重要的是中国对欧洲出手相救。而包括世界银行前任行长佐立克（Robert Zoellick）就曾认为，中国不会出手救助欧洲，也不应该出手相助。他称，人均年收入约 4 万美元的欧洲伸手向人均年收入约 4000 美元的中国求助，这种想法是说不通的，中国国内的政治局势不允许它提供救助。[4]

四 中国积极参与欧方企业并购，支持欧洲企业战胜危机

中国加大对欧投资有助于中欧之间实现"双赢"。对中国而言，企业

---

[1] 周小川：《中国将继续投资欧洲债或通过 IMF/EFSF》，2012 年 2 月 15 日，新浪财经。

[2] 详见第二章第五节有关内容。

[3] 乔纳森·霍尔斯拉格（布鲁塞尔当代中国研究所研究员）：《中国当不了欧洲"救星"》，2011 年 6 月 29 日，《金融时报》（中文版）。

[4] 世行佐立克：《中国不会也不该救欧洲》，2011 年 11 月 18 日，《华尔街日报》（中文版）。

能够获得高端技术,向产业链高端转移,实现本土品牌国际化,拓展海外市场。对欧洲而言,中国对欧投资能够部分解决欧方企业所需的大量资金,而且中国企业的直接投资能够给当地带来就业、增加税收、帮助欧洲企业进入中国市场。

1. 中国企业扩大对欧直接投资。欧洲主权债务危机为中国企业扩大对欧直接投资提供了良机。中国对欧直接投资在一定程度上可弥补欧洲企业资金不足。普华永道出版的《2011年中国企业并购回顾与前瞻》报告指出,债务危机以来,欧洲开始成为中国大陆企业海外并购的重要目的地之一。除并购数量最多的是北美洲外(从2010年时的52宗增加到57宗),欧洲并购数量从25宗激增至44宗,占海外并购数量的1/5以上。[①] 普华永道在2012年的中国企业并购报告中称,2012年前三个季度,中国企业在欧洲的并购数量及并购金额首次超过欧洲公司在华并购。这期间,中国对欧洲实施了32宗并购投资,金额达110亿欧元;而欧洲对华并购投资为26宗,金额为70亿欧元。与此同时,毕马威会计师事务所也发布类似报告称,中国国企虽然仍是中国海外并购的主力军,但一些在前期取得良好发展且资金实力较强的民营企业,其并购热情也正在逐步升温。[②]

2. 中国企业积极并购外围国家资产。这其中,比较成功的案例主要有两个:一是中国向希腊港口和铁路进行大笔投资。2010年7月,中国远洋运输(集团)总公司(COSCO)以42亿美元租下希腊比雷埃夫斯港,租期为35年。中方扩大比港吞吐能力,将其建成中国对欧洲出口货物集散地和转运中心。二是中国三峡公司成功收购葡萄牙电力公司(EDP)。2011年12月22日,葡萄牙政府批准中国三峡公司以26.9亿欧元价格收购葡萄牙电力公司21.35%的股权,成为该公司最大股东。葡萄牙政府认为,三峡公司虽然是中国国有企业,但不影响其参与葡萄牙国企私有化竞标。对葡萄牙政府而言,选择三峡公司不仅是技术上正确的决定,更是政治上相当勇敢的决策。葡萄牙国民对三峡集团中标的反应也较正面。

3. 中国企业参与并购德国等核心国企业。中国投资者非常青睐德国在汽车和机械制造方面的技术和质量优势以及品牌,想借助在德国的投资学

[①] 参见《我国去年海外并购达429亿美元,近半转至欧美》,《京华时报》2012年1月14日。

[②] 《中国在欧洲并购数量首次超过欧在华并购数量》,2012年11月21日,人民网。

习德国高科技并借助德国品牌打入欧洲市场。债务危机以来，中国加快了对德国企业的并购交易，并收购了德国数家企业。德国已经超过英国成为最受中国投资者青睐的欧洲国家。德国联邦外贸与投资署（GTAI）表示，中国是德国最重要的投资者。2011年，共有158家中国企业在德国推出了投资项目，而美国企业为110家、瑞士为91家、法国为53家。这其中，三一重工收购德国企业普茨迈斯特（Putzmeister）尤为引人关注。为打造国际品牌，2011年三一重工在德国科隆近郊开设了欧洲生产研发中心，并于2012年1月出资5.25亿欧元收购德国混凝土泵制造商普茨迈斯特，成为中国机械企业进军德国的标志性项目。这次收购使三一重工获得了超过竞争对手的技术优势，显示出中国投资者在收购外国企业方面，不仅仅是为了获得原材料或专利，更主要是为了获取业务增长的源泉。除三一重工外，中国企业还并购了德国机械制造商施维营（Schwing）、汽车零部件制造商凯毅德（Kiekert）和太阳能企业森韦斯（Sunways）。除德国外，中国民营汽车企业吉利公司成功收购了瑞典沃尔沃汽车公司，不仅使吉利挤进了高端车市场，而且也使中国本土成为沃尔沃的第二大市场。①

4. 中国金融业积极深化与欧洲银行业的合作。经过金融危机的冲击和考验后，中国银行业的资产质量和抗风险能力在不断地改善，部分银行开始主动寻求与外国金融机构合作。中国非金融企业对欧投资的不断增加，也需要中资银行业随之跟进。2011年，中国工商银行在巴黎、阿姆斯特丹、布鲁塞尔、米兰及马德里五个城市新设了分行，并已获得了欧盟及各个国家监管部门的批准。除商业银行外，中国的主权财富基金和非银行金融机构也开始深化与欧洲金融业的合作。中国银行业与葡萄牙圣灵银行（BES）、葡萄牙商业银行（BCP）都建立了合作关系。根据德国央行的统计数据，包括股票、信贷和其他证券投资在内，在2010年德国930亿欧元的总计净资本投资中，中国投资者贡献了155亿欧元。

第三节 中欧经贸合作面临新的发展机遇

21世纪初以来，中欧贸易和投资额快速增长，相互依赖程度不断提

---

① China investment in Europe: Streaks of red, *The Economist*, July 2nd 2011.

高。中欧双方从这种日趋紧密的经贸联系中获得了巨大利益。金融危机和债务危机后,中欧贸易和投资的发展面临新的历史机遇。只要不断扫清制约中欧经贸发展的一些法律和制度障碍,中国经贸合作一定会跃上更高的台阶。

一 中欧贸易、投资发展状况

金融危机和债务危机后,中欧贸易和投资向着更加均衡的方向发展。中国对欧贸易入超额相对下降,贸易不平衡状况有较明显的改观,中欧投资也从以欧洲对中国单边投资为主向中欧间相互投资方向转变。

1. 中欧贸易不平衡状况明显改善

自1975年中欧建立外交关系以来,双边贸易额迅速增加。1978年,中欧贸易额只有40亿欧元,但到2011年达到5672亿欧元,增长了140倍!以2001年中国加入WTO为标志,此后中欧贸易更为迅猛地发展。2001—2011年,中欧货物贸易年均增长20%以上,超过同期中国对外贸易总体增速近1个百分点。

中欧贸易迅速发展,使双方相互成为重要的贸易伙伴。据中国海关统计,2004年,随着欧盟第五次扩张,中国与欧盟25国的双边贸易总额为1772.8亿美元,欧盟上升为中国第一大贸易伙伴。[①] 从2006年起,欧盟成为中国第二大进口来源地,并于2011年3月起开始超过日本成为中国第一大进口来源地。从2007年起,欧盟成为中国第一大出口市场。2009年以来,尽管受到国际金融危机严重影响,导致当年中欧贸易额同比下降14.5%,但欧盟仍连续保持中国第一大贸易伙伴地位(见表10-2)。虽然对欧盟来说,美国仍是其第一大贸易伙伴,[②] 但欧中贸易额与欧美贸易额的差距在逐渐缩小,至2010年,两者相差仅为165亿欧元。

金融危机后,中欧贸易平衡状况持续改善。长期以来,欧盟是除美国

[①] 中美双边贸易总额为1696.2亿美元,中日双边贸易总额为1678.7亿美元,分别位居第二和第三。

[②] 据欧洲统计局统计,尽管近年来美国在欧盟贸易总额中占比有所下降,但无论是货物贸易还是服务贸易,美国仍是欧盟的第一大贸易伙伴。在货物贸易方面,2011年上半年,欧盟27国对美出口由上年同期的1140亿欧元增加至1290亿欧元,自美国进口由上年同期的830亿欧元上升至940亿欧元。这其中,德国占欧盟与美国贸易总额的比重最大,达27%;英国居次为16%。

之外的中国第二大贸易顺差来源地。但金融危机以来，受中国扩大内需政策不断取得实效，以及欧盟内需持续放缓的双重影响，中欧贸易平衡状况明显改善。据中方统计，2011年中欧贸易顺差为1448.3亿美元，约占双方贸易额的25.5%。据欧洲统计局统计，2011年欧对华贸易逆差为1560亿欧元，同比下降8%，贸易逆差额占双边贸易额的比重已由2007年的52.9%降至36.4%（见表10-3）。2012年前10个月进一步降至33.7%。①

表10-3　　　　　　　　　中欧双方贸易额及增速

时间	中方统计		欧方统计	
	绝对量（亿美元）	增长率（%）	绝对量（亿欧元）	增长率（%）
2008年	4255.8	19.5	3261	7.1
2009年	3640.9	-14.5	2964.7	-9.1
2010年	4797.1	31.8	3958.1	33.5
2011年	5672.1	18.3	4285.3	8.3
2012年				
1月	426.8	-7.1	367	5.8
1—2月	798	4.7	728.1	7
1—3月	1268.7	2.6	1058	1.8
1—4月	1705.3	0.3	1390	2
1—5月	2208.2	1.3	1759.6	2.4
1—6月	2678.2	0.7	2131.7	3.2
1—7月	3157.5	-0.9	2519	4
1—8月	3650.5	-1.9	2895	3.3
1—9月	4109.9	-2.7	3252.1	2.2
1—10月	4528.3	-3	3637.1	2

资料来源：中国海关总署网站（http://www.customs.gov.cn/）、欧洲统计局网站（http://epp.eurostat.ec.europa.eu）。

2. 中欧投资向着更加均衡的方向发展

欧盟是中国重要的外资来源地。截至2011年年底，欧盟对华直接投资达816.7亿美元，涉及工业制造、金融、物流等多个领域，不少企业还建立了研发中心。按实际投资金额排序，欧盟是中国第四大外资来

---

① 根据欧洲统计局数据，2012年前10个月欧盟累计从中国进口2431.3亿欧元，出口为1205.8亿欧元。

源地。① 2008年以来，受金融危机和债务危机影响，欧盟在总体对外投资大幅下滑的情况下，对华投资仍保持相对稳定。欧盟27国对外直接投资从2007年的5544亿欧元下降至2010年的1456亿欧元，2011年回升至3699亿欧元。② 相比之下，其对华投资仍稳中有升，2009年、2010年和2011年对华投资分别为65亿欧元、71亿欧元和175亿欧元（见表10-3）。

与欧盟对华投资保持较高存量的同时，债务危机以来，中国对欧盟投资增势迅猛。中欧相互投资向着更加均衡的方向发展。据中方统计，截至2010年年底，中国对欧盟直接投资存量为124.97亿美元，占中国对欧洲投资存量的近80%。对欧盟的投资覆盖了27个成员国，直接投资企业近1600家，带动当地就业3.77万人。据欧洲统计局统计，中国对欧投资由2010年的7亿欧元增至2011年的32亿欧元，同比分别增长146.5%和357.1%。2011年，中国对欧投资占欧盟吸收外资的1.4%。

中国对欧投资形式多以并购欧洲当地企业为主，主要集中在能源、金融、通信和高端制造等领域，且重点分布在德国、法国、英国等主要大国。中国对欧投资，主要是为了获得技术、销售网络和产品品牌。中国对欧投资，有利于获得当地高新技术和专有独门技术，③ 有利于加快企业技术创新步伐，有利于更好地利用当地企业的营销渠道，推动本土企业充分融入全球产业链中，进一步走向世界。

表10-4　　　　　欧盟对中国直接投资（非金融类）流量

年份	中方统计		欧方统计	
	绝对量（亿美元）	增长率（%）	绝对量（亿欧元）	增长率（%）
2007			72.19	7.3
2008			65.36	-9.5

---

① 前三位分别是中国香港、英属维尔京群岛和日本。参见吕鸿《推动中欧经贸合作再上新台阶》，《人民日报》2012年5月3日。

② 据统计，2011年欧盟对外投资总额达3699亿欧元，环比增长153.4%，主要投资目的地为：美国（1100亿欧元）、自由港（590亿欧元）、瑞士（320亿欧元）、巴西（280亿欧元）、中国（180亿欧元）、加拿大（120亿欧元）、印度（120亿欧元）。当年，欧盟吸收外资2250亿欧元，环比增长116.3%，主要对欧投资经济体分别为：美国（1150亿欧元）、瑞士（340亿欧元）、自由港（160亿欧元）、加拿大（70亿欧元）、中国香港（60亿欧元）、日本（50亿欧元）、巴西（50亿欧元）。

③ 欧洲制造业、医药和高科技领域技术一直受到中国企业青睐。同时，欧洲有为数众多的家族式企业，尽管其规模不大，但拥有独特的技术。

续表

年份	中方统计		欧方统计	
	绝对量（亿美元）	增长率（%）	绝对量（亿欧元）	增长率（%）
2009	59.52	-8.76	65.21	-0.2
2010	65.89	10.71	71.28	9.3
2011	63.48	-3.65	174.89	145.4

资料来源：中国商务部网站（http://www.mofcom.gov.cn）、欧洲统计局网站（http://epp.eurostat.ec.europa.eu）。

3. 中欧贸易与投资发展前景广阔

展望未来，中欧贸易与投资仍有较大的发展潜力。这主要是因为：一是欧盟作为全球开放大市场和中国作为全球潜在大市场的地位不会改变。中国与欧盟拥有约占全球1/4的人口，欧盟是拥有5亿多人口的成熟市场，中国是一个正在兴起的拥有13亿人口的潜在大市场。随着欧盟扩大以及对中国产品需求的增加，欧盟作为中国最大出口市场的地位将难以撼动；另外，随着中国政府提振内需效果的不断显现，中国成为欧盟最大出口市场的可能性也在不断上升。预计"十二五"期间中国将进口超过8万亿美元的商品，到2015年中国社会消费品零售总额有望达到31万亿元人民币。[①]

二是未来中欧服务贸易潜力巨大。中国加入WTO，为中欧货物贸易大发展提供了良机。与之相比，中欧服务贸易基数小、不平衡、发展潜力大。2010年，中国服务贸易对欧盟出口164亿欧元，从欧盟进口224亿欧元，中欧服务贸易额仅占欧盟服务贸易总额的4%。一方面，随着欧盟各成员国服务市场进一步开放，阻碍服务贸易发展的各种壁垒将大幅减少、市场准入门槛将明显降低，这将促使服务贸易进一步发展；另一方面，随着金融、物流、教育、医疗、体育等领域逐步开放，中国服务业的国际化水平将进一步提高。运输、旅游、建筑等具有比较优势的行业将获得更多的市场准入机会。这两方面的市场开放将为中欧服务贸易大发展提供广阔的空间。

三是中国对欧投资前景广阔。从GDP总量与对外投资的关联关系看，中国GDP已占全球GDP总量的10%，而其吸收外资存量和对外投资存量

---

① 习近平：《预计未来5年中国将进口超过8万亿美元商品》，新华网，2011年8月19日。

仅分别相当于全球的3%和1.5%。从欧方吸引外资比例看，中国对欧盟投资仅占欧盟吸引外资的3.5%，而美国对欧盟投资占欧盟引资比重的20%。以中德间相互投资为例，2010年德国在中国的投资额为220亿欧元，而同期中国在德国投资额仅为7.75亿欧元，前者是后者的近30倍。然而，国际金融危机发生后，中国企业已经历了对外投资的早期阶段，即将迎来快速发展阶段。受债务危机困扰的欧洲将是最有吸引力的市场之一。一项调查预计，[①] 到2020年中国企业在欧洲的投资额将达到2500亿到5000亿美元。这期间，对欧投资增量约占中国对外投资增量的1/4左右。

二 欧盟对中国经贸政策的关切度上升

自加入WTO以来，日益开放的中国市场与国际市场快速接轨，促进了各国对中国出口的增长。以服务业为例，中国在150多项服务业领域中已经开放110多项，是发展中国家开放程度最高的市场（见专栏10-2）。尽管如此，作为重要的经贸合作伙伴，欧方对中国贸易政策的关切度上升，并多有抱怨。欧方普遍认为，中国已从多边贸易体系中获得了巨大利益，应为此承担更大的责任，在遵守国际规则方面，也应起到表率作用。

欧方对中国的抱怨主要集中在外商投资环境、知识产权保护、出口补贴、对稀土等原材料出口管制，以及政府采购等方面。此外，欧洲企业认为，执法不严和地方保护主义等问题在中国也比较常见。2012年6月12日，欧盟驻WTO大使潘格拉提斯（Angelos Pangratis）在第四次中国贸易政策审议会上列举了欧盟对华五大主要关切，其主要内容包括：[②]

一是贸易和投资政策缺乏透明度。正如WTO报告中描述的那样，中国的贸易和投资政策是"晦涩难懂"（opaque and complex）的。中国在立法和制定政策时，应更多体现WTO的主要原则，包括透明度和非歧视性原则等。欧盟同时呼吁中国兑现其入世承诺，特别是在补贴方面的承诺。

---

① 《2011年中国对欧直接投资猛增2倍》，《金融时报》2012年6月7日，转引自腾讯财经。

② "The EU Calls upon China to Open up Further to Trade", 12 June 2012, http://trade.ec.europa.eu/doclib/press/.

二是政府干预导致竞争扭曲。WTO秘书处的报告指出，尽管中国采取多项改革措施，但国有企业仍可获得低成本优势，并更加便利地进入资本市场，进而获取利益。这种优势是其他非国有企业所不具备的。欧盟对WTO秘书处的上述判断深表赞同。有鉴于此，欧盟认为中国应为所有市场经营主体营造更加公平的竞争环境，无论其是国企还是非国企，是中企还是外企。

三是在货物贸易、服务贸易、投资、政府采购等领域实施大量技术性壁垒。根据WTO统计，在中国实施的超过20000项国家标准中，仅46%符合国际标准和发达国家标准。在一些领域，外国企业或外商投资企业仍被限制参与该领域的标准制定工作。

四是知识产权保护和执行。尽管中国在保护知识产权方面做出努力，但仍存在严重的问题，特别是盗版、侵犯商标权和专利权、盗取商业秘密等行为仍屡禁不止。

五是原材料问题。全球各国相互依存，均需要充足的原材料供应。有鉴于此，欧盟呼吁中国取消所有原材料出口限制措施。

此外，欧方认为中国尚未完全开放政府采购市场，加入《政府采购协议》决心不足。外国品牌及中外合资公司在华制造的外国品牌车型未被列入《党政机构公务用车选用车型目录（征求意见稿）》。欧方引用欧盟在华商会测算数据称，中国政府采购市场总值高达8300亿欧元，其中仅有一小部分对外企开放，特别是基础设施领域的政府采购项目基本都由中国的国有企业获得。

三 欧盟对华贸易政策中的三个重要问题

金融危机和债务危机后，随着欧盟经济复苏对出口依赖度的上升，以及欧盟对中国贸易政策关切程度的增加，欧盟对中国的贸易政策中也存在一些重要问题。这突出地表现在以下三个方面。

一是"自由贸易"与"公平贸易"之争。金融危机以来，欧盟内部主张"自由贸易"与"公平贸易"的成员国之间尖锐对立，欧盟在协调两者间关系方面力不从心。在欧盟三大国中，对华贸易政策就有很大差别：英国一直主张实施自由贸易政策，认为维持统一、开放和透明的欧洲大市场，是欧盟的重要特征；德国作为盟内最大的出口国和既有贸易政策的受益国，一直持实用主义态度；法国则鼓吹"公平贸易"，力主把"对等开放"的概念纳入欧盟贸易政策之中。① 三大国的立场,充分反映在对新政府采购建议的争执上。2012年3月21日,欧委会提出新的政府采购建议,拟对来自未对等开放国家的企业关闭政府采购市场。该法案虽然需要欧洲议会批准和成员国政府有效多数通过后才能实施,但在这一阶段就在欧盟内部引起激烈的争论。英国认为这发出了错误信号,打开了保护主义之门,导致各国关闭而非开放市场。德国对新建议并不积极,担心这将招致亚洲国家对其汽车、化工产品和工业机械出口的报复。而在法国,无论左翼政党还是右翼政党,均倾向于采取保护主义措施,在经贸政策上持强硬立场。法国前总统萨科齐一直声称贸易应当"互惠"。法国企业抱怨中国对本土企业进行补贴、窃取知识产权和操制汇率,并要求欧盟对进口产品严格执行与本土产品同样的安全技术标准。法国前外长朱佩接受《金融时报》采访时称,② 如果第三国限制欧盟企业进入其市场,而欧盟却仍对其敞开市场大门,比如在公共采购领域,这将是"无法接受的"。

二是针对中国商品的贸易争端明显增多。这其中,最为典型的案例是欧盟对中国光伏产品的"双反(反倾销、反补贴)"调查。该案是中欧贸易史上涉案金额最大的贸易争端,案值约210亿欧元(2011年数据),占中国对欧出口的7%左右,事关中国光伏产业中40万个就业岗位(见专栏10-2)。除光伏案外,另一个重要的案例是欧盟拟对华为和中兴的调查。2012年12月17日,欧委会贸易委员德古赫特在接受《华尔街日报》采访时表示,欧盟将在未来几周或几个月内决定是否对中国网络设备制造商华为和中兴公司展开贸易救济调查。欧盟的质疑集中在中国政府的补贴或将导致中国企业获得不公平竞争优势。欧委会一份报告称,华为和中兴公司借助于来自中国政府的补贴以低于市场公平价格的低价在欧洲市场倾销其产品。如果展开调查,欧盟可能对这两家中国网络设备制造商生产的无线网络设备征收高额关税。在上述两个案例中,欧方均质疑中国企业获得中国政府补贴,对欧倾销产品。这些案例之所以频繁发生,一个重要的客观事实是,随着中国产业结构和贸易结构不断升级,只要欧洲产业结构和贸易结构升级迟缓,中欧双方结构性摩擦和冲突增加的势头就在所难免。在这种情况下,欧盟对中国商品的大规模进入就更加敏感,也就更倾

---

① 《欧盟内部"自由贸易"与"公平贸易"激烈交锋》,2012年4月2日,路透社。
② 《法国将敦促欧盟采取更加强硬的对外经贸政策》,2012年4月7日,商务部网站。

向于采取各种贸易保护措施。

三是出口管制仍是欧方对华贸易的重要政策工具。与其他贸易产品相比，中欧之间在信息与通信、纳米技术、高新材料技术等领域的合作项目较为有限，而在受欧盟严格管控的航空航天领域，合作项目更少。半个多世纪以来，从冷战时期的"巴黎统筹委员会"，到1996年"瓦森纳协议"，再到2000年欧盟通过的"1334号法令"，以及各国自行规定的技术出口管理法规等，欧盟对中国高技术产品和军工产品的出口管制政策就从未间断过。金融危机发生后，中欧高技术贸易合作虽然面临着难得的机遇，但欧盟对华放宽出口管制政策仍然没有实质性进展。这已成为中欧领导人会谈的主要议题之一。2012年2月14日，温家宝总理与欧洲理事会主席范龙佩、欧盟委员会主席巴罗佐共同出席第七届中欧工商峰会时重申，[①] 中方愿进口更多欧方产品，希望欧方放宽出口管制，克制使用贸易救济措施，为双边贸易稳定发展营造良好环境。如果欧方仍将出口管制作为对华贸易的重要政策工具，势必会影响中欧贸易的健康发展。

四 欧方对中国大规模投资心态复杂

金融危机和债务危机后，由于短时期内中国企业对欧投资迅猛增长，且多集中在能源、金融、通信和高端制造等敏感行业，因此引起欧方的恐慌和警惕。相当一部分欧洲人士，既不愿失去中国资金带给欧洲市场的活力，又对中国投资的快速增长感到担忧。欧方对中国的大规模投资存在着矛盾的心态。

一方面，在金融危机和债务危机后，欧盟各成员国进一步坚定了投资自由化的决心，欧盟企业的总体并购环境正在得到改善，并购成本普遍降低，政治阻力明显减少。为鼓励外来投资，2012年6月21日，欧委会建议为"投资者解决争端"设立一个法律和金融框架，以保证欧盟继续成为外国公司投资的"安全且具吸引力的"目的地。[②] 该建议一旦付诸实施，将为有效实施国际投资条例、解决外国投资者和欧盟成员国之间的争

[①] 温家宝：《望欧方放宽出口管制、少用贸易救济措施》，2012年2月14日，国际在线。

[②] European Commission, Proposal for a reglation of the European Parliament and of the council: establishing a framework for managing financial responsibility linked to investor – state dispute settlement tribunals established by international agreements to which the European Union is party, 2012/0163 (COD).

端提供必要的法律保障。欧盟之所以对外来投资前所未有地持更加积极的态度，主要是因为，加快吸收外资可解决其面临的资金流匮乏问题、有助于其提高竞争力，增加就业岗位。正是在这一大的背景下，尽管欧洲议员们多对中国投资有争议，但企业家欢迎中国投资，政治家们倾向于引进来自中国的投资。

另一方面，欧方对中国大规模投资仍存有疑虑，中国对欧投资常常遇到"玻璃门""弹簧门"现象。欧盟对中国参与重大工程建设，以及对国有企业投资等仍存有顾虑。欧方主要存在三种担心：一是担心中国会夺走欧洲的技术和就业机遇。中国企业收购欧洲企业之后，将获得的技术优势运用到中国企业中，推动中国企业占领包括欧洲在内的国外市场，从而夺走欧洲的就业机会。二是中国以低价购买欧洲资产，这一点并未看到明显的证据。事实上，中国企业的出价可能更高。三是对于能源和移动技术等资产的收购，以及意识形态和价值观上的差异，可能危及欧洲自身的安全。

一些欧方人士甚至建议，要把中国更大程度地开放本国市场作为向中国出售技术和企业的前提条件，以此与中国进行利益交换。欧委会贸易委员德古赫特称，欧方将向中方充分阐述中国企业赴欧投资出现的包括国有企业身份和政府补贴等问题，一旦欧洲经济安全面临威胁，将充分使用现有的贸易救济措施，尽力保护欧洲企业和产业界的根本利益。[①] 而为限制中国企业更多收购在重要领域拥有关键技术的欧洲企业，欧盟委员会工业委员塔亚尼建议成立一个机构，专门审查和控制外国资金对欧盟企业的介入，特别是要警惕来自中国的资金。塔亚尼称，新机构的任务是确认外国私营或国有企业对某一欧洲技术的收购是否构成一种危险。[②]

五 加强中欧经贸关系健康发展的对策

进一步发展中欧经贸关系，对中国实现全面建设小康社会的宏伟目

---

① 2012年7月9日，欧委会贸易委员德古赫特在英国出席中英商会年度午餐会时就欧中经贸关系发表主旨演讲时阐述了这种观点。

② 《德国之声》报道，面对外国企业尤其是中国企业的收购潮，欧盟工业委员塔亚尼（Antonio Tajani）要求保护具有战略意义的欧洲产业。2011年12月27日德国《商报》发表的采访中，塔亚尼表示，欧盟应以美国的外国投资委员会为模式，建立自己的机构，审核在欧洲的外来投资。

标，对中国经济社会的长远发展，具有重要的战略意义和现实意义。从面向2020年的中欧经贸关系出发，针对中欧经贸领域中存在的一些问题，笔者特提出以下对策建议。

1. 增强战略和政治互信。中欧双方在贸易领域的摩擦和在投资领域的猜疑，在很大程度上是缺乏战略和政治上互信的表现。欧盟对中国的政治体制、国有企业一直持不同看法、怀有戒备心理，认为中国国有企业受政府控制，企业通过投资行为达到某种战略目的，并且可能会对欧盟长久竞争力造成实质性损害等。这些疑虑随着中国对欧贸易顺差大幅增长、投资额迅速增加而不断升温。一些外部势力也借此不断蛊惑、推波助澜。这些因素对中欧经贸关系的健康发展起着明显的阻碍作用。有鉴于此，一是加强与欧盟的政治对话，发挥其对中欧经贸关系的引领作用，通过深化高层交往和政治对话，强调相互学习借鉴，分享发展经验，视彼此发展为重要机遇。二是共同制定面向长期的战略合作规划，为未来中欧经贸关系的发展提供战略指导，并使之始终沿着正确方向前进，不为一时的困难和阻碍所左右。三是多进行换位思考，深入理解欧盟的关切，尽量避免触动欧方敏感神经，多做增信释疑的工作。加强双方在知识产权保护、原材料出口、政府采购、贸易救济等敏感领域的对话和合作。同时，要求欧方尊重中方的核心利益。四是根据成员国、次区域和欧盟机构的不同职能和特点，利用好现有的合作和对话机制，探索中欧合作的新方式、新渠道，以相互补充、齐头并进。

2. 加强务实合作，实现互利共赢。通过务实合作实现互利共赢，惠及中欧民众。这是发展中欧经贸关系的最终目的。为此：一是企业应树立法律意识和责任意识。在欧投资的中国企业，应遵守当地法律制度和各类规则，培养社会责任意识，不断加强与当地社会的融合。二是企业应树立投资风险意识。要善于把握好适当的时机，除了传统意义上的法律、文化以及市场等风险之外，要更加重视政治风险。同时，注意提高企业国际化经营能力、吸引国际化人才、熟悉国外的法律环境和经营环境，注重防范当地的社会风险。三是企业应树立负责任的长期投资者意识。中国企业应放眼长远，综合发挥好欧洲比较优势，培育欧洲在企业全球化经营中的战略定位，不急功近利和急于求成。四是扎实推进一些具体领域的合作。如在促进金融服务便利化方面，推动本币在贸易结算、银行卡、项目融资和贸易融资等方面发挥重要作用，继续加强双方在支付系统、银联卡、出口信用保险、贸易和项目融资等方面的合作，促进双方征信部门、邮政部门间的交流。在共同应对挑战方面，加强宏观经济和金融形势交流，加强在系统重要性金融机构、场外衍生品市场和影子银行监管等方面的交流与合作。

3. 管控和处理好各种分歧。这是将各种经贸摩擦和争端遏制在萌芽状态和初级阶段，以免危害中欧关系大局的最好方式。为此：一是不将各种摩擦和争端政治化。彼此要认识到随着中欧经贸水平的提升和规模的不断增加，相互竞争，甚至摩擦和争端在所难免。但要客观对待摩擦和争端，不将其上纲上线，不做过分解读。二是要为摩擦和争端找到更好的解决方式。中欧双方应遵照国际规则和国际惯例，以友好协商的方式解决摩擦和争端，尽量避免诉诸国际机构。三是摩擦和争端不应影响彼此的合作。中欧双方应历史地、全面地处理摩擦和争端，政府应积极引导摩擦和争端的合理解决，避免对中欧关系大局造成冲击。

4. 力争早日签署投资协定。无论是欧盟对中国投资还是中国对欧投资，都有非常大的发展潜力。建立良好的投资规则，无疑是推动中欧投资健康发展的重要保证。为此，要尽早完成投资协定谈判，使之成为促进中欧经贸合作深化的契机。[①] 通过双边投资协定，实行对等开放，使相互投资符合相关社会、环境标准，投资项目切实履行企业社会责任。同时，也要加强双方投资的风险提示和预警，促进双方企业理性、审慎地做出投资决策，尽量使风险最小化。

5. 加强在国际领域上的合作。加强在国际领域上的合作，是中欧合作领域的自然延伸，是深化政治和经贸合作的具体体现。这方面：一是利用好现有的各种国际合作平台，共同应对汇率大幅波动、跨境资本无序流动、全球流动性大起大落等共同面临的各种挑战，监测和管理资本的大规模无序流动。二是建立包括储备、双边货币互换、区域性融资安排和IMF贷款工具在内的全球金融安全网，为全球金融市场稳定作出贡献。三是中欧之间加强在非洲和拉美等问题上的相互理解和对话，为发展中非和中拉合作关系减少阻力。

---

① 欧方对新投资协定非常积极，一个重要原因是出于内部考虑，整合欧盟25国与中国签署的双边投资保护协定，其中包括市场准入和投资保护等问题，以扩大欧盟的权力。另一个重要原因是促进中国投资市场准入和建立更公平的竞争环境。

专栏10-2 中欧光伏产品贸易摩擦升温

2012年7月25日，由德国多家企业组成的名为 EU Prosun 的组织代表欧盟光伏产业向欧委会提起申诉，称中国光伏产品对欧倾销，并在价格水平、市场份额等方面对欧产业造成实质性损害。9月6日，欧盟正式对中国光伏产品启动反倾销调查，涉案产品包括光伏面板、光伏电池和晶体硅光伏晶片。9月25日，欧盟针对中国的法律行动进一步升级。EU Prosun 指控中国制造商获得非法政府补贴，请求欧盟对从中国进口的太阳能产品征收关税。根据欧盟法律，立案后，欧委会将对中国产品是否存在倾销、是否对欧盟产业造成损害，以及是否有违欧盟利益等展开为期15个月的调查。欧委会可根据初步调查结果，自立案之日起9个月内开始实施临时反倾销措施。同时，针对反补贴诉讼，欧盟将自递交申请之日起45天内决定是否正式立案调查。而根据以往经验，无论是反倾销还是反补贴，一旦立案，出口就会大幅停滞。

欧盟针对中国光伏产品的"双反（反倾销、反补贴）"调查，意味着中欧贸易史上涉案金额最大的贸易争端就此拉开帷幕。据统计，该案涉及210亿欧元（2011年数据），占中国对欧出口的7%左右，事关中国40万个就业岗位。而早在2012年5月，美国决定对中国光伏产品征收250%的高额惩罚性关税。美欧相继对中国光伏企业的"双反"调查，给主要市场在欧美的中国光伏产业造成毁灭性打击。但与美国相比，由于欧盟拥有全球最大的太阳能市场，每年消费量占全球的六成左右，八成份额由中国占领，因此，欧盟的"双反"调查，对中国光伏企业的影响更大。

中欧光伏产品"双反"案之所以发生，有着深刻的背景：一是债务危机导致欧洲各国政府补贴下降。近年来，尽管欧洲各国政府鼓励发展可再生能源，但由于太阳能补贴太过昂贵，欧洲可再生能源市场的快速发展，已成为政府沉重的财政负担。为此，各国政府正考虑逐渐取消补贴。二是太阳能产业已成为高度国际化的产业。中欧已在光伏产业链条上形成了优势互补、互利共赢的分工合作关系。欧洲在太阳能板原材料（多晶硅）和技术设备方面具有竞争优势，但在光伏面板和光伏电池等劳动密集型产品生产方面，竞争力不足，在中国的竞争压力下，数十家生产这类产品的欧洲企业破产。三是全球太阳能板供需扭曲。一方面，全球太阳能产能大部分集中在中国，中国的生产能力严重过剩，一些企业为了维持现金流不得不以低于成本价进行销售（2012年以来，多晶硅价格下降了26%，太阳能板价格则下降了18%）；另一方面，大部分需求来自欧洲。欧洲国家减少补贴导致需求疲软，使得全球太阳能板生产企业销售收入锐减。

该"双反"案发生以来，为了避免可能对双边经贸关系产生负面影响，中方呼吁通过对话磋商解决问题。德国总理默克尔希望通过"政治手段"解决这场贸易争端。但是，欧洲业界人士的看法并不完全一致。多数观点认为，中国制造商破坏了商业规则，没有与其他国家保持相同的出口信贷水平。除信贷补贴外，中国政府还在电力、土地、增值税和信贷担保等方面提供了补贴。为此，欧洲企业呼吁欧盟对中国企业采取法律行动。然而，也有评论指出，利用贸易政策干预更为复杂的全球产业链存在问题。2012年9月2日《金融时报》题为《避免冲撞全球贸易》的评论文章就指出，用所谓的"贸易救济机制"来处理全球经济中复杂的供应链问题时就显得非常笨拙。美国对光伏产品采取的贸易救济措施就是典型例证，一方面，美国的措施招致中国"威胁"对美国多晶硅产品采取进口限制措施；另一方面，中国厂商把重要生产环节放在台湾以规避美国的措施。

业内人士分析，欧方如果执意采取法律行动，可能引发中欧光伏产业全面的贸易战，最终将推高终端太阳能产品价格。据英国《金融时报》、路透社等2012年11月1日报道，中国商务部已经采取相应的报复性措施，启动针对欧盟太阳能电池板组件多晶硅的进口贸易调查（欧盟多晶硅、光伏技术设备等每年对中国有数百亿美元的出口）。如果双方贸易战一旦扩大，可能两败俱伤，对中欧贸易、投资和技术等全面合作将产生不利影响，对在债务危机中苦苦挣扎的欧盟，影响将更大。

中欧光伏案发生后，也给中国带来深刻的反思，推动中国相关政策调整。一是直接推动了内需市场的启动。2012年9月14日，国家能源局提出在各省建立500MW分布式光伏示范区，这标志着国内最大的光伏项目已开始启动。10月26日，国家电网公司承诺，10千伏及以下电压、单个项目容量不超过6MW的分布式光伏发电项目可免费入网，富余电量也将全额收购。二是对低碳行业的补贴政策可能发生变化。2012年11月18日，国家发改委官员表示，鉴于对新能源企业的补贴屡屡导致贸易纠纷，以及间接导致财政支出不断增长，中国对低碳能源的补贴政策将有所调整。未来节能减排的工作重点将"不在于怎样鼓励低碳，而在于惩罚高碳"。

专栏10-3　中国市场经济环境

英国《经济学家》认为，中国市场环境其实并没有那么糟糕。在货物贸易方面，各国消费者都从物美价廉的中国产品中获益匪浅。在贸易壁垒方面，中国的问题经常被夸大。中国开放度超过了同一发展阶段时的日本；中国外资开放度超过了1990年前的韩国；中国平均关税不到10%，远低于巴西的30%；在中国，你可以到沃尔玛超市购物，而在印度却不可能。外国公司确实在中国碰到了问题。但与中国相比，其他发展中国家的市场环境可能更差。现在，外商抱怨的嗓门大了，是因为他们在中国的利益比以前更多了，他们获得的市场份额可能比心理预期的要少。中国这块大蛋糕增长之快，超过了任何人的想象。如果中国退出WTO，那谁也没好果子吃。WTO仍是各方与中国在争吵中合作的最好平台。在人民币汇率问题上，美国国会大可不必向中国严正提出最后通牒。各方仍可通过WTO处理与中国的贸易争端。未来国际贸易体系更需要中国，这一点毋庸置疑。今后，在多边贸易体系中，中国必须要发挥主导作用。

与中国相比，另一个发展中大国印度在开放市场方面远远走在了中国后面。据报道，2012年12月上旬，印度议会刚刚通过了辛格政府推出的零售业改革方案。这意味着外资投资印度多品牌零售企业刚刚获得最高可持股51%的许可，为其大规模进入印度零售市场创造了法律条件。而中国早在2001年加入WTO之初，零售市场就已全面开放。

资料来源：All change：China's economy and the WTO，*The Economist*，December 10th 2011.

熊爱宗：《姗姗来迟的印度零售业开放》，中国外部经济环境监测（CEEM）财经评论12047，中国社会科学院世界经济与政治研究所。

专栏 10-4　欧盟与其他主要贸易伙伴的经贸关系

除中国外，欧盟也非常重视与其他贸易伙伴发展经贸关系。如果以是否签署自由贸易协定为标志，与其他贸易伙伴的经贸关系似更加深化。

欧盟与韩国的经贸关系。韩国是欧盟第一个签署自由贸易协定的亚洲国家，欧韩自贸协定已于2011年7月1日起正式生效。该协定涵盖政府采购、知识产权、环保等领域。根据协定，双方削减98%的关税，以及取消大宗商品、农产品和服务业等领域的经贸壁垒，从而为各自商品和服务找到新的销路。另外，双方还设立了监督委员会，防止出现以新技术壁垒为主要形式的变相保护主义。据分析，该协定最大的受益者是与汽车业相关的中小企业、电子产品零售商和纺织业。

欧盟与日本的经贸关系。日本是欧盟在亚洲的第二大贸易伙伴。2012年11月29日，欧洲理事会批准欧委会与日本展开自由贸易协定的谈判，同时授权欧委会同日本讨论框架协议。这将是世界上规模最大的双边贸易协定。如谈判成功，它将把占全球经济产出1/3的两个经济体联合起来。欧盟估计，双边贸易协定将增加超过40万份工作岗位，尤其是在医药、商业服务、化工和饮食行业，同时将GDP提高0.8%，欧盟向日本的出口额将增长32.7%，而日本向欧盟的出口将增长23.5%。欧方的关切是，日本须在打破非关税壁垒方面取得突破，而日本产业界则期待欧盟能撤销或大幅减让关税。

欧盟与东盟的经贸关系。近年来，欧盟与东盟经贸关系快速发展。双方年货物贸易额达1600亿欧元，欧盟对东盟货物贸易占东盟货物贸易总额的比重超过10%，对东盟的服务贸易占东盟服务贸易总额的13%。2010年，双边投资存量达2600亿欧元，流量达310亿欧元，欧盟对东盟投资占东盟吸引外资总额的25%。欧盟计划与东盟达成一个全方位的、面向21世纪的自由贸易协议，从而有助于消除各种壁垒措施，实现双方货物、服务和投资的自由流动。此外，双方还计划对阻碍双边贸易的法规进行修订、加强知识产权保护、确保政府采购市场相互开放。欧盟称，将充分考虑到东盟各个成员发展水平与能力的差异，与不同成员国分别达成双边自贸区协定。2012年12月16日，欧盟与新加坡已结束自贸区谈判。这是欧盟在欧韩自由贸易区之后，与亚洲贸易伙伴达成的又一协议。欧盟与马来西亚的谈判也取得进展，与越南的谈判也已启动。此外，欧盟将继续与印度尼西亚、菲律宾和泰国保持接触。

欧盟与印度的经贸关系。欧盟是印度最大的出口市场，印度是欧盟第九大出口市场。2010年双边贸易额为840亿欧元，欧盟在印度对外出口中占比达20%以上，在印度进口中占比约为15%。欧盟还是印度最大的外资来源地，2000年以来累计对印度投资达200亿欧元。欧印双方自贸协定谈判始于2007年，目标是消除90%贸易产品的关税。2012年2月10日，欧印领导人会晤后，欧方表示，双方自贸协定谈判已取得重大进展，在所有领域的立场都更加接近，最终协定的轮廓正在成形。印方也表示，双方在解决市场争端方面取得显著进展，尽管还有一些复杂问题有待解决，但双方都同意尽快完成谈判。印方对在2012年年底前达成协议感到乐观。欧印自贸协定的达成，预计将使双方贸易额翻番，对印度的纺织服装业、软件产业，以及欧盟的服务业和汽车业将带来机遇。

欧盟与拉美的经贸关系。2012年6月26日，欧盟与哥伦比亚、秘鲁已签署全面贸易协定。2012年6月29日，欧盟网站称，欧盟与中美洲六国（哥斯达黎加、萨尔瓦多、危地马拉、洪都拉斯、尼加拉瓜、巴拿马）当日在洪都拉斯签署一项包括政治对话、合作及贸易三大领域的全面协议。欧洲议会已于12月11日批准了欧盟与上述八个拉丁美洲国家的自由贸易协定。这些协定将于2013年2月1日起生效。根据协定，欧盟与拉美各方将取消所有工业及渔产品关税，减少农产品、汽车、化学品、纺织品、药品及通信产品关税，大幅提高彼此产品的市场准入机会。同时，在解决货物贸易方面的其他障碍，改善政府采购及服务领域的市场准入，强调公平竞争、保护知识产权、提高补贴透明度，以及设立有效的争端解决机制等方面也将取得重要进展。其贸易环境的稳定性和可预见性将进一步提高。而有关人权保护、法治、劳工权益以及环境保护等内容也已包含在内。欧委会预计，协定完全实施后，中美洲国家将向欧盟开放69%的制造业和渔业贸易，大幅削减制造业、渔业和农业领域的关税，消除技术性贸易壁垒，增进市场采购、服务业和投资领域的政府准入。作为回报，中美洲国家可在若干部门进入欧洲市场，由此带来的整体国民收入将达到 26 亿欧元，并有助于中美洲国家减少贫困，促进其在工业和渔业领域向价值链高端升级。此外，欧盟还可能与安第斯共同体的玻利维亚和厄瓜多尔开展自贸谈判。

欧盟与美国、加拿大、墨西哥经贸关系。欧美跨大西洋关系仍然是全球最重要的经贸关系。欧美 GDP 和贸易分别占全球 GDP 的 50%；全球贸易的近 1/3。而全面的 FTA 将为双方带来最大的利益，有助于解决贸易和投资领域诸多问题。鉴于欧美跨大西洋经济关系的重要性，以及面对新兴经济体的崛起，欧方呼吁美国需更加重视欧洲和欧美经贸关系，为跨大西洋经贸关系重新注入活力。预计欧美将于 2013 年年初启动欧美自贸区谈判，涉及领域包括服务、投资、法律法规合作、政府采购和贸易便利化等重要内容。但要达成自贸协定，将需要较长时间。与此同时，欧盟与加拿大正在进行建立自贸区的谈判。欧盟是加第二大贸易伙伴（仅次于美国），加拿大是欧盟第十一大贸易伙伴。有研究称，签署自贸区协定将使欧加贸易增加 257 亿欧元。此外，欧墨虽然于 2000 年签署自贸协定，但欧方建议全面提升欧墨协定内容，以涵盖双方关注的农业、服务业、投资、技术性贸易壁垒、政府采购等内容。欧盟是墨第三大贸易伙伴，年双边货物和服务贸易额近 500 亿欧元，欧对墨投资超 800 亿欧元。

总　　结

欧盟应对债务危机的基本思路与主要做法

欧洲主权债务危机既是债务危机，也是财政危机、银行危机和增长危机，更是一体化的制度危机。欧盟从危机初期被动采取措施到后期的主动应对，特别是一些应对机制的设计，虽然有些过于技术化，但总体上弥补了危机应对能力的不足，取得了较好的成效。2013年以来，随着欧盟层面和成员国层面结构改革力度的不断加大，以及国际金融形势逐渐好转，危机得到了有效控制。

一　基本思路

1. 从应对危机的优先顺序上看，在金融风险和债务风险并存的情况下，面对如果不化解金融风险可能出现银行业危机、不化解债务风险可能出现债务危机的战略决断，欧盟选择了先化解银行业危机，再化解债务危机的思路。这样的救助顺序，体现了欧盟把解决金融风险放在更优先的目标上。这主要有三个考虑：一是防止因银行危机导致信贷紧缩和冻结，进而引发大规模传染和扩散效应；二是防止信贷紧缩和冻结导致经济大幅度衰退；三是基于欧盟银行业融资占社会融资主体的考虑（相对股市和债市）。相比之下，债务风险涉及的只是少数成员国，而且相对于金融危机，债务危机是一种慢性危机，其对实体经济的传导过程相对较慢、影响相对较小。为此，一些成员国通过直接向商业银行注资、担保，以及通过欧央行和救助基金向其提供贷款等方式，花巨资救助银行业，不惜使风险从金融机构转移到政府部门。当然，欧盟这样做，也未能完全防止银行业危机的发生，一些成员国为此也付出了沉重的代价。

2. 在处理财政紧缩与经济增长的关系上，面对内部强大压力和外部各种批评，欧盟坚持把严格的财政紧缩政策作为应对债务危机的首要对策，并为此制定了"财政契约"。这种危机应对思路的好处：一是危机国潜在增长率较低，不足以通过刺激经济增长来大幅度提高偿债能力，使之与不断增长的债务相抵消。二是能够及时把握遏制债务规模扩大的最佳时机，避免高债务与高财政赤字形成恶性循环。经过严苛的财政紧缩后，各成员国财政状况有明显改善，债务规模快速增长的势头得到了明显遏制。三是更便于重债国认真履行 IMF 和欧盟的救助条件，有助于重树投资者对重债国的信心；四是一些重债国仍具有较高的社会福利水平，具备进一步实施紧缩政策的空间。正是基于这些考虑，欧盟格外重视财政紧缩，不仅将其作为强化宏观经济治理的重要举措，而且推动各国将财政平衡原则（所谓的"黄金规则"）写入宪法。当然，严格的紧缩措施也使各国牺牲了经济增长速度。有鉴于此，在危机后期，欧盟在紧财政与促增长间艰难地寻求平衡。一方面，2012 年春季欧盟 25 国签署了《经济货币联盟稳定、协调与治理协议》（即"财政契约"），为长期实施财政整固政策提供了制度保障；另一方面，为促进经济增长和就业，2012 年欧盟夏季峰会推出了《经济增长和就业契约》。

3. 在救助资金来源上，欧盟委员会、欧央行与国际货币基金组织（IMF）一道，对危机国联合施救，创造了 IMF 历史上救助规模的最高纪录，从而有效弥补了成员国救助资金不足问题。虽然欧洲主权债务危机是富国的危机，IMF 本不该施救，也没有那么多的资金来施救，但考虑到国际金融体系的脆弱性和危机的传染性，以及与欧盟的特殊关系（欧盟是 IMF 的最大股东），IMF 积极出手，与欧盟创建了临时性的欧洲金融稳定机制（EFSM）。IMF 仅在 EFSM 中单独出资就达 3100 亿欧元，还不包括在欧洲金融稳定工具（EFSF）中与欧元区各成员国共同出资的部分。这大大弥补了欧元区国家救助资金不足问题。这是 IMF 迄今对外开展的规模最大的救助行动。此后，随着危机向大国扩散，为了带动其他国家一起增强 IMF 的火力，以便对欧盟实行更大规模的救助，欧盟以构建全球防火墙，防止危机蔓延的名义向 IMF 注资，从而使 IMF 能够为欧盟提供新的、更多的救助。虽然 IMF 最终没有向欧盟提供新的救助，但这一机制的建立，稳定了市场信心。

4. 在处理主权债务、经济增长和金融危机间的关系上，欧盟着力斩断主权债务、经济增长与金融风险之间的恶性循环。在债务危机发生后的两年多时间里，欧盟并没有建立起防范危机的有效防火墙。一方面，经济衰退和债务危机凸显出银行体系脆弱性的一面，并成为金融市场动荡的重要诱因。另一方面，随着重债国主权债券收益率不断上升，一些持有这些债券的商业银行风险敞口扩大，金融风险上升。此外，主权债务风险上升，也加重了重债国经济衰退的程度。在这样的情形下，为打破三者间的恶性循环，欧盟"三管齐下"，采取了以下措施：一是为防止经济不断收缩，欧盟在坚持推进结构改革的同时，采取了差别化的财政整固措施，推出"增长和就业契约"，赋予财政紧缩政策更大的灵活性；二是为维护金融稳定，欧盟在坚持向银行注资，使其一级核心资本充足率提升至9%的同时，推动欧央行向商业银行进行长期再融资操作（LTRO）；三是为抑制主权债务规模扩大，欧盟在强化财政纪律的同时，要求 ESM 等救助机制能够直接救助商业银行，以阻断银行业危机与主权债务危机间的恶性循环。

5. 从危机与一体化的关系上，欧盟在强化经济治理的同时，以推动一体化建设为目标，致力于建立真正的经货联盟。两场危机使欧盟意识到，一体化制度的缺陷只能通过加速推进一体化才能最终得到解决，任何成员国都承受不起欧盟或欧元解体的代价。而在完善一体化制度的具体步骤上，欧盟认为实现财政联盟和政治联盟是完善经货联盟的前提。2012年6月，欧洲理事会发布了《迈向一个真正的经济与货币联盟》报告。该报告提出一体化的四个框架：一是金融框架，旨在确保金融稳定，使银行倒闭对欧洲公民的影响最小化，并建议建立破产银行清算基金和推行存款保险担保制度；二是预算框架，旨在确保在成员国和欧盟层面上健全财政政策；三是经济政策框架，旨在建立足够的机制以确保各成员国和整个欧盟实现可持续增长、促进就业和提高竞争力；四是决策过程的民主合法性和责任原则，这是实现政治一体化的重要步骤。为此，欧洲理事会主席范龙佩领导下的经济治理小组负责制定"路线图"，提出分阶段的具体建议。先期将重点推进银行业联盟和财政联盟。欧盟希望借这份报告向市场传递信心，显示出欧盟坚决维护欧元的决心。在 2012 年夏季欧盟峰会上，欧元区就建立统一金融监管机构（银行业联盟）达成一致。各国目标是在欧央行的参与下于2013年完成组建统一监管机构（真正的进展大大迟于预期）。一旦这一监管机构成立，欧盟就可切断银行业与成员国间的从属关系，ESM 等援助基金就可获准直接对受困银行进行资本重组。2012年3月，25 国签署的"财政契约"，标志着欧盟财政一体化从构想进入初步共识阶段。

6. 在稳定物价与稳定金融市场的关系上，随着危机深化，欧央行不断突破传统定位，变相使债务货币化，从而为稳定金融市场和避免危机向大国扩散起了重要作用。2011年12月和2012年2月，欧央行分两次向欧洲银行业提供了总额在1万亿欧元以上的三年期再融资贷款（LTRO），从而使资产负债规模持续攀升。从2011年7月至2012年5月初，欧央行总资产已经从1.9万亿飙升至将近3万亿，增长幅度高达53%，超过美联储的2.9万亿美元。两次LTRO，在很大程度上缓解了意大利等欧元区大国银行业融资困难问题，抑制了银行间拆借市场利率上行的压力，使债券市场收益率大幅下滑。以此为标志，欧央行为维护金融稳定，不断突破传统定位，甚至不惜在一定程度上以牺牲物价稳定为代价：一是突破了《里斯本条约》限制。根据《里斯本条约》第123条的规定，欧央行不得向陷入主权债务危机的成员国政府提供贷款，也不得从一级市场上购买其债券。欧央行在启动证券市场计划（SMP）时，只是在二级市场上购买主权债务，并且每周会发行固定期限存款工具对冲掉SMP所产生的流动性。二是在这两次LTRO中，欧央行实际上承担了最后贷款人的角色。三是欧央行的政策目标出现了微妙的变化。2011年年底，欧央行在调和消费者物价指数（HIPC）连续两个月处于3%的情况下，毅然决定两次降息。

二 主要做法

1. 从临时性EFSM到永久性的ESM

"欧洲金融稳定机制"（EFSM）是债务危机爆发初期建立起来的临时性救助机制。它由两部分组成，一部分是由欧元区成员国和IMF共同出资4400亿欧元（提供救助的上限）建立的"欧洲金融稳定工具"（EFSF），另一部分是IMF出资3100亿欧元建立的救助机制。两部分机制按比例提供救助资金。2011年年底以前，EFSM向希腊、爱尔兰和葡萄牙提供了总额2730亿欧元的救助资金，帮助三国偿还到期债务。2012年3月，EFSM又向希腊提供1300亿欧元的第二轮救助贷款。但是，2011年夏季之后，随着意大利和西班牙等欧元区大国债务风险不断上升，EFSF救助能力不足问题凸显，更没有能力进行预防性干预。为此，EFSF尝试通过三种方式加强"火力"：一是提高资金使用效率；二是通过杠杆化扩大救助能力；三是直接对EFSF进行扩容。最后真正付诸实施的，是第一种方式。当年6月，欧盟调整了EFSF基金结构，将法德等国担保的有效救助规模从 2600 亿欧元增至 4400 亿欧元，从而使 EFSF 资金可 100%用于救助。

EFSF 是通过发债来募集资金的，并无实收资本为依托，其偿债能力依靠欧元区若干 AAA 评级国家的政府担保，从而影响其信用评级。一旦 AAA 评级国家的信用评级被下调，EFSF 以低成本发债融资的能力就会受到损害。为此，2011 年 6 月欧洲理事会决定，在临时性的金融稳定计划 EFSM (EFSF) 到期后，成立永久性的"欧洲稳定机制 (ESM)"，借以建立起应对危机的长效机制。

ESM 的认缴资本为 7000 亿欧元，有效融资能力为 5000 亿欧元，并保持 AAA 评级。在认缴资本中，800 亿欧元为实际到位款项，在 ESM 正式启动后的 5 年内支付。余下的 6200 亿欧元包括欧元区国家承诺可随时支付的款项和担保。ESM 的贷款利率为融资成本加上 2 个百分点。贷款期限在三年以上的，利率再提高 1 个百分点。各成员国根据各自在欧央行的出资比例提供资金。与 EFSF 相比，ESM 在功能上有许多创新之处：一是 ESM 具有资本金，受到欧元区成员国评级变化的影响较小；二是 ESM 在特定条件下可直接救助问题银行；三是 ESM 可有条件地直接购买成员国国债；四是 ESM 作为国际组织，在国际信誉和融资能力上更优于 EFSF（EFSF 是依据卢森堡公司法注册的私人公司）。

2. 强化成员国的预算监管

为强化预算管理，欧盟引入了"黄金规则"和"过度赤字程序"（EDP）。所谓"黄金规则"，即条约签署国均承诺平衡自己的预算，最理想的状态是在经济周期各阶段预算始终处于结余状态。条约规定，政府基本预算应实现平衡或盈余，年度结构性赤字（即不计偿还债务和经济周期特殊阶段等暂时性因素的赤字率）不得超过名义 GDP 的 0.5%。而那些债务与 GDP 比率明显低于 60%，长期公共财政具有可持续性的国家，其结构性赤字率最高可达到 1.0%。一旦上述赤字目标被超过且达到一定程度，就会触发自动修正机制，各成员国要对赤字超标采取紧急刹车措施，同时必须在确定的时间内采取修正行动。

对于财政赤字超过 3% 上限的国家，欧盟提出采取"过度赤字程序"（EDP）来惩罚，以防止其违背成员国健全的预算管理政策。一旦成员国预算赤字超过欧委会设定的 3% 赤字上限，将会自动引入 EDP。一旦 EDP 生效，欧洲理事会将以欧委会对成员国的建议为基础，发布针对该国的财政调整规模，以及在规定期限内必须修正过度赤字的建议。EDP 除了强化执行机制外，也增加了对不遵守规则的成员国的处罚机制。新的处罚机制引入了所谓"逆向特定多数投票"程序。处罚一旦被采纳，除非大多数成员国投票反对，否则处罚将自动实行。按照规定，处罚仅限于欧元区成员国范围内，要求欧元区成员国事先交纳占本国 GDP 0.2% 的无利息存款，一旦该国未能按理事会提出的建议采取有效行动以修正过度预算赤字，这笔款项就作为罚款。

3. 欧央行稳定市场的重要政策工具

在债务危机步步深化，EFSF 和 ESM 等"防火墙"尚不完备的情况下，欧央行成为遏制危机的最后一道防线。除降息等措施外，欧央行通过 SMP、LTRO 和 OMT（直接货币交易）等直接或间接手段缓解了市场压力。

SMP 是欧央行在危机爆发初期采取的政策工具，后来随着内部争议增加（被认为是欧洲版的量化宽松政策），未能如预期那样大规模地实施（从规模上看，SMP 总额仅占 GDP 的近 3%，而美联储和英格兰银行的回购规模约为其各自 GDP 的 15% 以上）。后来，随着特里谢退休和德拉吉上任，该计划被 LTRO 所取代。与 SMP 相比，LTRO 既可以降低主权债券收益率，又可弥补商业银行流动性的不足。在 2011 年 12 月意大利、西班牙主权债券收益率不断上升和债务危机一触即发的关键时刻，欧央行以 LTRO 形式，向商业银行提供 4980 亿欧元三年期流动性贷款，同时放宽了条件，同意接受由高风险的债券和证券作为抵押，从而稳定了金融和主权债券市场。2012 年 1 月，再次实施 LTRO，又平息了市场恐慌。

2012 年 9 月 6 日，欧央行推出 OMT 计划。这对稳定金融市场发挥了的关键性作用。根据 OMT 计划，一旦相关政府债券的发行国申请救助计划，欧央行将无限量地购买其剩余期限在 1—3 年的政府债券。同时，欧央行将放弃所购债券的优先债权人地位，并将再次接受所有由欧元区成员国政府发行或担保的债券作为抵押品。与 SMP 相比，OMT 救助力度更大、条件更加宽松。虽然没有一个债券发行国申请该计划，但 OMT 的推出，对市场投机行为起到了一定的威慑作力。

4. 希腊债务重组方案

根据重组方式的不同，债务重组可分为硬重组和软重组。硬重组意味着立即违约，表明债权人的资产负债表会立即恶化。软重组意味着债务虽然暂时出现违约，但在未来一定期限或条件内，债权债务关系仍可保留。相对于硬重组，软重组对债权人和市场的冲击要小得多。

2011 年，希腊国债总额接近 3500 亿欧元，国债与 GDP 比率已突破 150%，违约已成为希腊的唯一选择。为避免希腊无序违约和其他国家竞相违约，2011 年 7 月欧元区领导人特别峰会原则上同意对希腊违约问题做出特殊处理。2012 年 3 月，各方就希腊债务违约问题最终达成协定，私人部门投资者持有的 2060 亿欧元债务被减记 53.5%。该协定使希腊暂时避免了无序违约风险。

希腊债务违约问题是欧元区主权债券的首起违约问题。针对违约的相关规定主要有：一是希腊可采取债务展期和折价兑现两种方式减轻还债压力；二是相关方式需在私营部门"自愿"的前提下进行；三是相关违约安排只限于希腊，不适用于其他国家。鉴于私人债券持有人必须被迫承受大量损失，单纯依靠"自愿性"重组很难实现债务减负目标，希腊通过立法，对希国债强制实施"集体行动条款"。该条款规定，在某些情况下，希可以强迫所有债券持有人接受债务重组方案。虽然这一条款有助于希实现减负目标，但也迫使信用违约掉期（CDS）的卖方向买方支付赔偿。2012 年 3 月 9 日，希腊历史性的 2060 亿欧元债务重组终于尘埃落定，暂时解除了希腊的燃眉之急。希腊债务减记自愿参与率至少已超过 80%，没有发生无序违约。债务重组为希腊减记约 1000 亿欧元债务，使该国危机暂时得到了缓和。在符合条件的 2060 亿欧元债券中，有 1970 亿欧元债券将被置换成新债券，而这其中既有自愿参与置换的，也有因所谓的集体行动条款而被迫参与的。

与此同时，希腊也为债务重组付出了一定代价：一是将执行更严格的救助条款，除落实大幅削减养老金、工资，裁减公务员等举措外，还拟通过修宪将债务偿付列为财政优选项目，力求在 2020 年将其债务降至 GDP 的 120%。二是希腊银行业和退休基金将承担数十亿欧元的损失。前者需要资本重组，后者则需要补充资本。三是债务重组也使希腊债权人结构从此前以私人投资者持有为主，转变为主要由欧元区其他成员国、欧央行及国际机构（约占债务总额的 70% 以上）为主，从而使希腊与其他欧元区国家捆绑在一起，希腊债务问题也因此成为欧元区各国共同面临的问题。

5. 欧盟化解银行业风险的方法

在历史上，化解银行业风险不外乎有三种主要的方式：一是拖延时间，等待收益率和银行健康状况逐渐好转。这种方式主要是银行通过保持盈利或吸引外部资本的方式实现"自我"资产重组，其费时较长，而且需要一个强劲复苏的经济大环境。二是资本重组，主要适用于银行业损失过大或经济复苏比较脆弱的条件下。采取这种方式应防止银行业风险扩散至整个经济体系，形成系统性风险。三是将公共资本直接注入银行，对其进行部分国有化。这主要是在资本重组进程过于缓慢，而若是银行倒闭对市场冲击又太大时采取的措施。这种方式可防止银行遭遇挤兑，但也会推高政府债务水平。

在债务危机中，欧盟根据各国不同情况，综合采取以上三种治理措施来解决银行业危机。2010年爱尔兰对银行业的救助就是采取国有化的措施，并由此导致爱尔兰债务风险急剧增加。西班牙对银行业危机的处理，是采取政府注资与推动银行业重组相结合的方式进行的，包括对Bankia实行国有化。但同时，由于西班牙政府财政能力不足，不得不申请欧盟救助。在欧盟为西班牙银行业提供的1000亿欧元救助资金中，包括银行业重组所需的资本金以及其他备用资金。而对于化解德法等核心国银行业风险来说，由于这些国家具有较强的政府担保能力，经济增长前景也好于外围国家，因此采取了第一种方式，在经济复苏中逐渐化解银行业风险。

6. 金融监管与建立银行业联盟

两场危机后，欧盟从化解系统性风险的目的出发，加强金融监管。鉴于欧洲金融体系内部的相互关联性，为确保金融稳定，欧盟成立了欧洲系统风险委员会（ESRC）和欧洲金融监管系统（ESFS），分别从宏观和微观两个方面进行审慎的金融监管。2009年6月，欧洲理事会通过了《欧盟金融监管体系改革》，提出将宏观审慎监管与微观审慎监管相结合，建立泛欧监管体系的方案，分别对银行业、保险业、证券业进行分业监管。2011年新年伊始，欧盟新的金融监管体系已基本建立，并开始履行职责。

新监管体系体现了这样一些特点：一是新监管体系扩大了监管范围，将直接监管权限由原来仅限于证券市场，扩展至包括银行、保险、职业养老金在内的几乎整个金融服务领域；二是欧央行在金融监管体系中的职能和地位明显加强，直接参与了银行业的监管；三是金融监管机构的地位大大提升，并拥有了一定的超国家权力（如对欧盟境内注册的评级机构进行直接监管，在紧急状态下可临时禁止或限制某项金融交易活动等）。

从监管业务上看，欧盟重点加强了对对冲基金和影子银行等的监管。

在对冲基金监管方面，2010年11月，欧洲议会正式通过欧盟对冲基金监管法案，并责成欧盟证券与市场管理局（ESAM）负责监管。根据该法案，凡是要在欧盟金融市场上运营的对冲基金必须先向监管机构注册，以取得执照，并接受监管。此外，新立法还提高了对冲基金运营的透明度，加大了对投资者的保护力度。新立法已于2011年年初生效。该法同时适用于私募基金等另类投资工具。

随着债务危机深化和银行业危机不断暴露，欧盟对监管体系进行了新的调整。2012年9月，欧委会公布了建立银行联盟的一系列提案，决定在银行业统一监管的基础上，建立银行业联盟。银行联盟包括建立统一的银行监管体系、共同存款保险制度，以及由金融机构出资成立的银行清算基金。2012年12月，欧盟达成银行业单一监管协议，决定自2014年3月1日起，统一监管欧元区银行业。根据该协议，至少150家银行将被纳入到统一监管体系中，欧央行还将监管资产不少于300亿欧元或占参与国GDP 20%以上的银行。2013年7月，欧盟又提出了建立"单一清算机制"的立法草案。至此，欧洲银行联盟"三大支柱"中两大支柱已基本定型。

建立银行业联盟的意义主要有三：一是打破银行债务与主权债务间的恶性循环。建立银行业联盟后，ESM能够直接救助银行，承担共同存款保险责任，从而避免由困难银行拖累整个国家财政的这一问题出现。二是确立由股东和债权人共同承担银行业的责任，同时"将纳税人的负担最小化"。这可避免诸如西班牙等国银行业危机对该国造成的压力。三是保护储户利益。这主要通过建立破产银行清算基金、推行存款保险担保制度来体现。

7. 欧盟对信用评级机构的认识

债务危机以来，标普、穆迪和惠誉这三大国际信用评级机构频繁下调外围国家主权债务和金融机构信用评级。每次下调均引起市场震动。债务危机的每一次恶化，都与信用评级机构（CRA）发布的负面评级直接有关。CRA因此被认为是危机恶化的幕后推手。

2011年以来，面对评级机构频繁调降欧元区国家的信用评级，欧委会批评其"不客观"，质疑其动机。欧委会认为，三大CRA远非其所标榜的那样，秉承"公正、独立、客观、科学"的立场。CRA在债务危机中暴露出以下问题：一是市场垄断问题，标普、穆迪和惠誉三家机构垄断了全球92%的信用评级；二是"利益冲突"问题，评级机构并非超脱的非营利性机构，而是以向要求评级的客户收取评估服务费为主要盈利模式；三是其对市场波动往往起到顺周期的作用，加剧市场动荡，因而受到市场调控者的质疑；四是其执行标准不一，在美国次贷危机评级时过于放松，而在欧债危机中则表现强硬。

但另一方面，欧盟注意到CRA的作用仍难以被取代。长期以来，在欧盟经济法规、买卖合同以及投资委托书中，信用评级都占据重要位置。一旦被CRA降级，市场将按照行业惯例或政府法规，大规模抛售其债务，这种严重后果是任何政治势力都难以左右的。次贷危机后，包括美国在内的发达经济体，都试图减少对CRA的依赖，但均没有成功。2011年6月，欧洲议会要求欧委会研究创建全新的、独立的欧洲信用评级机构，欧委会建议不建立由公众发起的新CRA。欧委会认为，即便是在评级市场舆论多样化的情况下，即便成立公共机构，也难免存在利益冲突，特别是如果这样的机构在评估主权债务的时候，将对其可信性产生负面影响。市场担心，由公共资金建立的CRA可能在做出评级时会面临政治压力，从而会得出不同的结论。即便是IMF或ECB成立的评级机构，也存在利益冲突问题，因为IMF和ECB都是有利益诉求的机构。

鉴于CRA在债务危机中所承担的角色，欧盟正寻求打破三大美国国际评级机构的垄断，促进新的私人进入者提供多样化的评估，使评级分析方法更加公正、透明，减少投资者对CRA的过度依赖。其采取的措施主要有两方面：一是加强对CRA的监管。2009年9月，欧盟出台了《信用评级机构监管条例》；2010年6月，欧盟又设立了欧洲证券和市场管理局（ESMA），要求在欧盟范围内开展业务的CRA，必须在ESMA登记注册，并接受ESMA监管。2012年7月2日，ESMA提出对标普、惠誉和穆迪三家美国信用评级机构的"投资者服务"展开为期半年的调查，以确定其对全球银行业的评级过程是否严格、透明。二是要求CRA增加透明度。CRA大范围降级使人们担忧其是否有足够的分析资源，以及有没有足够的资源和专业知识来应对额外的工作。ESMA并不是要影响实际的评级，也不是要对评级方法施加限制，只是要求评级机构的结论在经济上有道理，而且合乎逻辑。此外，欧盟还表示要出台更具体的措施，禁止国际评级机构就接受救助的欧盟国家发布主权评级报告，尤其要求对正在同国际救援组织谈判或已经接受国际援助项目的国家给予特殊对待。欧盟官员提议立法，将目前监管法规中可能引发对评级"机械性依赖"的条款删除，同时要求成员国金融机构采用公开招标方式，定期更换评级机构。然而，由于种种原因，这些措施中的大部分并没有得到落实。

参考文献

Key figures 2009 – Belgium and the European Union, http://statbel.fgov.be/en/.

José ManuelDurão Barroso, European renewal – State of the Union Address 2011, European Parliament, Strasbourg, 28 September 2011, SPEECH/11/607.

Andrew Bosomworth, Plan B, January 2011, PIMCO, European Perspectives.

Bruegel, Europe's economic priorities 2010 – 2015, Memos to the new Commission, 2009.

Deutsche Bank (2011), The Markets in 2012: Foresight with Insight.

DG ECFIN, EC (2008), A European Economic Recovery Plan, Quarterly Report on the Euro Area, Volume 7, No.4.

DG ECFIN, EC (2009), Quarterly Report on the Euro Area, Volume 8, No.1.

DG ECFIN, EC (2009), Economic Forecast, Spring 2009, European Economy 3/2009.

DG ECFIN, EC (2009), Economic Crisis in Europe: Causes, Consequences and Responses, European Economy, 7/2009.

DG ECOFIN, EC (2010), European Economic Forecast, Autumn 2010, European Economy 7/2010.

DG ECOFIN, EC (2011), European Economic Forecast—Autumn 2011, European Economy 6, 2011 (provisional version).

DG ECFIN, EC (2012), European Economic Forecast, Spring 2012, European Economy 1/2012.

European Commission (2009a), Excessive Deficit Procedure steps: the Stability and Growth Pact as the anchor for fiscal exit strategies, Brussels, 11 November 2009, IP/09/1694.

European Commission (2009c), The EU's response to support the real economy during the economic crisis: an overview of Member States "recovery measures", European Economy-Occasional Papers 51, Directorate – General for Economic and Financial Affairs.

European Commission (2010), The impact of fiscal consolidation on Europe's economic outlook, Autumn 2010, European Economy 7/2010.

European Commission (2010), EUROPE 2020: A European strategy for smart, sustainable and inclusive growth Brussels, 3.3.2010, COM (2010) 2020.

European Commission (2011), 14.10.2011, COM (2011) 642 final, Industrial Policy: Reinforcing competitiveness.

European Commission (2012), Proposal for a regulation of the European Parliamient and of the council: establishing a framework for managing financial responsibility linked to investor – state dispute settlement tribunals established by international agreements to which the European Union is party, 2012/0163 (COD).

ECFIN, EU (2008), EMU@10: Successes and challenges after ten years of Economic and Monetary Union, European Economy 2/2008.

Ernst& Young, European Non – Performing Loan Report 2011.

ECB (2011), The current recovery from a historical perspective, ECB monthly Bulletin, August 2011.

ECB (2012), Monthly Bulletin June, 06/2012.

European Commission (2012), February 2012, Interim Forecast, Directorate – General for Economic and Financial Affairs, EC.

Rating Agencies: an Information Privilege Whose Time Has Passed, Nicolas-Veron, Bruegel Policy Contribution, 2009/01.

Ratings Agencies and Sovereign Credit Risk Assessment, NicolasVeron and Guntram B. Wolff, December 2011, Bruegel Policy Contribution, Issue 2011/17.

陈新、熊厚、秦爱华、孙彦红:《欧洲经济研究十年述评: 2001—2010》, 中国社会科学院欧洲研究所, http://ies.cass.cn/Article/。

但丁:《论世界帝国》, 商务印书馆 1985 年版。

F. 梅里安·斯塔维尔:《国际思想的发展》(F. Melian Stawell, The Growth of International Thought), 纽约和伦敦。

何帆:《中国对外投资的特征与风险》, 2012 年 12 月 12 日, 中国社会科学院世界经济与政治研究所,《专题报告系列》2012.008。

何帆、伍桂、邹晓梅:《欧洲中央银行货币政策转变及其展望》, 中国社会科学院世界经济与政治研究所国际金融研究中心 (RCIF) 工作论文, 2012 年 6 月, No.2012W10。

何帆、倪蔚丹:《西班牙会成为欧洲不可承受之重吗?》, 中国社会科学院世界经济与政治研究所, 2012 年 6 月 18 日,《财经评论》12022。

G. F. 穆尔:《基督教会史》, 商务印书馆 1981 年版。

计秋枫:《论欧洲一体化的文化与思想渊源》, http://www.lw23.com/。

汤柳:《欧盟金融监管一体化的演变与发展——兼评危机后欧盟监管改革》,《上海金融》2010 年第 3 期。

肖立晟:《欧元区终将走向分裂》, 中国社会科学院世界经济与政治研究所国际金融研究中心 (RCIF) 政策简评, 2012 年 6 月 15 日, No.2012.042。

肖立晟:《欧央行的政策空间越走越窄》, 中国社会科学院世界经济与政治研究所国际金融研究中心 (RCIF) 中国外部经济环境监测, 2012 年 8 月 6 日,《财经评论》12030。

肖立晟:《欧央行 OMT 货币政策: 机制、特点与潜在影响》, 中国社会科学院世界经济与政治研究所国际金融研究中心 (RCIF) 中国外部经济环境监测, 2012 年 9 月 11 日,《财经评论》12033。

熊爱宗:《姗姗来迟的印度零售业开放》, 中国社会科学院世界经济与政治研究所国际金融研究中心 (RCIF) 中国外部经济环境监测, 2012 年 12 月 11 日,《财经评论》12047。

许兵、何乐:《金融危机下欧洲的应对与监管改革》,《中国金融》2008 年第 23 期。

杨莹:《中欧高技术贸易合作与欧盟出口管制政策》, 2012 年 10 月 19 日, http://www.jingji.com.cn/。

杨炳君、张鸿钧主编：《当代资本主义》，大连理工大学出版社 1997 年 9 月第 1 版。

约翰·梅杰（英国前首相）：《英国为什么拒绝欧元》，2011 年 10 月 31 日，《金融时报》中文版（www.ftchinese.com）。

R. R. Palmer 等：《现代世界史》（中译本）上、下册，世界图书出版公司 2009 年版。

朱青主编：《欧元与欧洲经货联盟——欧洲货币统一的理论与实践》，中国人民大学出版社 1999 年版。

张明、郑英、敬云川：《欧债危机的现状评估、政策选择与演进前景》，中国社会科学院世界经济与政治研究所国际金融研究中心工作论文，2012 年 1 月，No. 2012W02。

赵怀普：《当前中欧关系的特点及其前景》，《国际问题论坛》2008 年冬季号。

郑联盛：《美欧债务危机的比较》，2011 年 8 月 26 日，中国社会科学院世界经济与政治研究所国际金融研究中心，政策简报，No. 2011.055。

郑联盛：《警惕欧债危机演化为银行危机》，2011 年 9 月 23 日，中国社会科学院世界经济与政治研究所国际金融研究中心，《欧洲主权债务危机》No. 002。

郑联盛：《希腊会退出欧元区吗?》，2011 年 11 月 25 日，中国社会科学院世界经济与政治研究所国际金融研究中心，《欧洲主权债务危机》No. 009。

驻欧盟使团：《欧盟及中欧关系基础知识手册》（内部资料），2012 年 9 月。

附　录

欧洲应对两场危机大事记（2008—2013年）

2008年

塞浦路斯和马耳他加入欧元区。1月1日，欧盟小国塞浦路斯和马耳他加入欧元区，欧元区成员国数量扩大至15个。

德国2007年预算赤字实现零增长。1月15日，德国联邦统计局公布的最新数据表明，2007年德国政府首次实现了自1990年两德统一以来的国家预算赤字零增长。

欧洲金融市场出现动荡的迹象。2月20日，德国宣布州立银行陷入次贷危机。3月27日，受美国次贷危机影响，欧洲货币市场流动性再度告急，英国央行和瑞士央行联袂注资。

英国议会同意对北岩银行实行国有化。2月21日，英国议会通过了将陷入全球信贷危机的英国第五大抵押贷款机构北岩银行（又译诺森罗克银行）国有化的议案，授权该国政府将北岩银行的所有股份暂时归入其名下，并由独立的审计机构来计算股东的收益。这成为了21世纪70年代以来英国的首起企业国有化案例。

欧洲多国央行干预金融市场。4月22日，瑞士央行向市场投放60亿美元，欧洲央行向银行出借150亿美元为期28天的美元资金，从而拉开了欧洲央行干预金融市场的序幕。

瑞士瑞银集团计划大规模裁员。4月23日，受次贷危机影响，欧洲资产最大银行——瑞士瑞银集团（UBS）第一季度资产减值53亿瑞士法郎，净亏损达到21.5亿瑞士法郎。4月27日，瑞银集团计划大规模削减其投行业务和管理部门，拟裁员8000人。

欧委会批准德国地方政府对银行的施救方案。4月30日，欧盟委员会决定，批准德国地方政府提出的总额约50亿欧元的施救方案，以帮助遭受次贷危机重创的西德意志银行走出困境。

爱尔兰否决《里斯本条约》。6月12日，爱尔兰在全民公投中否决了《里斯本条约》，引发欧盟扩大分歧。7月15日，欧盟轮值主席国、法国总统萨科齐表示，爱尔兰应该就欧盟《里斯本条约》再次举行全民公决，以便在2009年欧洲议会选举前完成欧盟机构改革。

欧盟召开夏季峰会。6月19日，欧盟夏季首脑会议在布鲁塞尔召开。本次峰会就食品价格上涨、联合国千年发展目标以及欧盟和西巴尔干国家的关系等进行讨论。欧盟领导人当日在会议上决定，同意斯洛伐克于2009年1月1日正式加入欧元区；确定将正式取消对古巴的制裁。

欧洲央行开始向商业银行注资。7月2日，欧洲央行宣布向商业银行系统共注资300亿欧元，期限为一天，平均利率为4.39%，高于欧洲央行主导利率4.25%的水平。这是欧洲央行自2007年夏季全球金融市场出现危机以来首次采取这种干预方式。

欧元兑美元汇率达到历史最高点。7月15日，由于全球金融危机压低了美元，欧元对美元汇率达到创纪录的1：1.6038。另据认为，2008年4月22日，纽约汇市欧元对美元比价创下历史最高纪录，报收于1：1.6，成为欧元问世以来兑美元汇率的最高点。

欧委会批准保时捷公司收购大众公司。7月23日，欧盟委员会决定，批准德国保时捷汽车控股股份公司收购德国大众汽车集团。

法国《经济现代化法》正式实施。8月5日，有关法国经济改革的《经济现代化法》正式付诸实施。该法案旨在通过多项经济改革，推动法国经济增长、促进就业和提高居民购买力。该法案在4月28日由内阁会议正式提出，被认为对法国经济改革有着重要意义。

英国承认遭遇严重经济危机。8月29日，英国财政大臣达林表示，英国正面临着60年来最严重的经济危机。

欧盟强调各成员国应执行已出台的各项经济政策。9月24日，欧盟委员会负责经济和货币事务的委员阿尔穆尼亚强调，要有效应对经济减速，欧盟各国必须采取共同行动，充分执行业已出台的各项经济政策。

欧洲大国拒绝参与美国金融救援计划。9月24日，德国财政部部长施泰因布吕克在与西方七国集团财政部部长和中央银行行长电话磋商后表示，西方七国集团其他成员国拒绝参与美国金融救援计划。

法英领导人呼吁重建国际金融货币体系。9月25日，德国财长施泰因布吕克表示，美国将失去世界金融系统中的霸主地位，同时必须与盟友合作，促成更强国际规范来约束市场行为。同日，法国总统萨科齐呼吁重建国际金融货币体系，对经济与贸易全球化作出必要的"国际规范"。26日，英国首相布朗在联大一般性辩论中发言，呼吁建立全球金融新秩序。

欧洲三大央行联手向市场注资。9月26日，欧央行联合英格兰银行和瑞士中央银行，根据与美联储达成的货币互惠协议，向隔夜市场注入短期美元贷款，以保证流动性需求。为进一步缓解美元流动性紧张局面，时隔3天，欧央行应美联储要求，决定将临时货币互惠协议额从1200亿美元提升到2400亿美元，并将期限延长至2009年4月30日。

英国无意采取美国式的救援计划救助银行业。9月26日，英国首相布朗表示，英国无意推出美国式的金融救援计划来救助英国银行业。布朗说，英格兰银行（英国中央银行）已经为信贷机构注资超过1000亿英镑（约合1800亿美元）。此外，英国政府还准备采取更多措施来稳定金融市场。

比荷卢三国联合救助富通银行。9月28日，比利时、荷兰与卢森堡三国政府宣布联合为比利时最大银行富通集团注入112亿欧元，将它部分业务国有化。

英国最大房贷银行被国有化。9月29日，英国财政部宣布将接管英国主要房贷机构布拉德福—宾利银行的抵押贷款业务，并由西班牙最大银行西班牙国际银行收购其零售储蓄等业务。至此，英国最大房贷银行布拉德福—宾利银行成为2008年第二家被国有化的英国银行。英国政府宣布将布拉德福德—宾利银行的最佳资产存款业务以6.12亿英镑出售给西班牙的桑坦德银行，其余价值500亿英镑的房贷抵押业务则被国有化。

欧洲央行和瑞士央行采取新的救市措施。9月29日，欧洲中央银行在一份声明中说，欧洲央行和美国联储局决定，将临时货币互换协定增加一倍至2400亿美元。同日，瑞士央行拨出300亿美元，注入金融市场，使银根松动。

法国、比利时、卢森堡联合救助德克夏银行。9月30日，法国总统府发表公报称，经与比利时和卢森堡政府协商，法国政府做出向法国比利时两国合资的德克夏银行注入10亿欧元资金的决定。除了法国政府投入的10亿欧元资金外，法国国有金融机构信托投资局也将向该行投资20亿欧元，法方在注资后将持有德克夏超过25%的股权。公报还证实了早些时候比利时政府做出的将向该行注资30亿欧元的决定。除此之外，卢森堡政府将通过其他方式注资近 4 亿欧元。

欧元区经济增长增速大幅放缓。10 月 1 日，欧元集团主席容克表示，由于几个主要成员国的经济增速大幅放缓，2009 年欧元区的经济增长可能低于预期，预计约为 1%。

欧盟四大国召开小型峰会应对危机。10 月 5 日，法国、德国、英国和意大利的领导人在巴黎召开小型会议，以寻求共同应对愈演愈烈的金融危机的对策。峰会呼吁印度、中国等新兴国家参加一次有关重建世界金融体系的"紧急全球峰会"。欧盟轮值主席国法国的总统萨科齐说，他希望所有主要经济体能齐心协力，共同建立一个"如 60 年前的布雷顿森林体系那样的新的全球金融体系"。

欧盟 27 国财长商讨储蓄保险资金额度。10 月 7 日，欧盟 27 国财政部长在卢森堡举行峰会，试图对欧盟内倒闭银行的账户储蓄金额的保险额度达成一致，将原先 2 万欧元的赔偿上限提高到 5 万欧元，以便让欧盟的银行储户放心。而这项措施至少维持一年。不过，与会的荷兰、西班牙、希腊、奥地利、比利时等五国则认为 5 万欧元还不够稳定民心，在当日陆续向国民宣布储户保险额度提到 10 万欧元。

欧央行加大对金融市场救助力度。10 月 7 日，欧央行表示，由于金融市场不稳定，该行加大了对金融系统的注资力度，当天向商业银行出借资金 2500 亿欧元，并提供为期一天的 500 亿美元紧急资金。

冰岛政府寻求其他国家救助。10 月 7 日，冰岛政府宣布，将寻求从俄罗斯借债 40 亿欧元以渡过难关。冰岛总理哈尔德表示，冰岛也曾向其他国家求助，但只有北欧邻国给了了帮助。受金融危机影响，冰岛银行业受到严重冲击，面临"国家破产"危险，冰岛成为第一个被金融风暴刮倒的主权国家。此前，冰岛总理与北欧各国央行及退休基金机构商讨向银行系统注资不超过 100 亿欧元。

欧央行联合全球主要央行降息。10 月 8 日，为应对国际金融危机，全球主要央行史无前例地联合行动，为金融市场提供流动性以减少资金紧张局面。欧央行与加拿大央行、英国央行、美联储、瑞典央行和瑞士央行一起，宣布降息。日本央行也对这一政策表示支持。当日，欧央行将政策性利率从 4.25% 降至 3.75%，一次性调低利率 50 个基点。此后，欧央行分别于 11 月 6 日和 12 月 4 日，分两次将政策性利率降低 125 个基点，至 2.50%。欧央行短时间内密集、大幅度降息，还是欧元问世以来的第一次。

IMF呼吁各国协调行动以恢复金融稳定。10月8日，国际货币基金组织（IMF）发表《全球金融稳定报告》，指出只有主要西方工业国家和主要门槛国家协调行动才能重新恢复金融市场的稳定，各国各自为政单独行动的时代已经过去了，各国必须要在国际协调下采取行动，德国和爱尔兰等国家的担保政策"操之过急"。

英国政府公布救助银行计划。10月8日，英国政府公布救助银行计划，至少动用500亿英镑，计划将包括各主要银行，如巴克莱、莱斯、汇丰及渣打。英国政府表示，英格兰银行将提供2000亿英镑的短期信贷额，增加各银行的资金流动性。

英国因冰岛拒绝归还存款而交恶。10月9日，英国首相布朗宣布与冰岛进行外交战，他对冰岛"非法拒绝"归还英国投资者存在冰岛破产银行的数十亿英镑提出了严厉的批评。由于担心英国大笔现金将遭损失，布朗动用了反恐法权力以冻结冰岛资产。同日，冰岛全国最大银行被政府接管，以保护银行体系，该行的国内存款得到完全保护。10月11日，陷入严重金融困境的冰岛分别与英国及荷兰政府达成协议，同意通过相应形式确保两国个人储户能够取回在遭政府接管的冰岛银行的存款。

欧元区15国首脑寻求危机解决方案。10月12日，欧元区15国首脑在法国巴黎召开欧元区首次峰会，寻求解决方案以共同应对当前的金融危机并采取联合行动。会议上通过了一项行动计划。

葡萄牙政府向金融机构提供资金担保。10月12日，葡萄牙政府宣布，将向受到全球金融危机冲击的银行等金融机构提供200亿欧元的资金担保，以加强金融体系。

欧盟公布成员国金融救助指导条例。10月13日，欧盟委员会公布欧盟成员国金融救助指导条例，以确保各国采取的救市措施尊重欧盟竞争法中的"国家援助"原则，避免过度扭曲金融领域的竞争格局。

冰岛正式向IMF求助。10月13日，国际货币基金组织（IMF）官员称，冰岛已经正式向该组织求助，旨在助其应对金融危机。当日，冰岛外长吉斯拉多蒂尔表示，从短期看，冰岛需要与IMF合作；而从长期看，冰岛必须考虑加入欧盟、接受欧元，以得到欧洲央行支持。

欧央行放宽抵押贷款条件。10月15日，欧央行进一步扩大商业银行抵押贷款范围，以增强流动性。

法政府与银行业签署中小企业融资协议。10月21日，法国政府与相关银行代表签署支持中小企业融资协议，总额220亿欧元的专项资金24日前将全部拨到各银行。

瑞典议会批准一揽子金融救助计划。10月29日，为拯救在全球金融危机中摇摇欲坠的国家金融体系，瑞典议会批准通过一项金额高达1.5万亿瑞典克朗（约合2000亿美元）的一揽子拯救计划。根据该计划，政府将为各银行以及抵押放贷者们提供高达1.5万亿瑞典克朗的信贷担保，以提振在此次全球金融动荡中滞缓的货币流通。此外，根据计划还将建立150亿瑞典克朗（约合20亿美元）的"稳定基金"，为那些陷入偿付危机的瑞属银行纾困。

欧盟领导人同意扩大对非欧元区成员国的援助规模。11月7日，欧盟成员国领导人同意，将欧盟为非欧元区成员国提供的"危机基金"规模扩大一倍多，以帮助因金融危机而陷入经济困境的中东欧国家。同时欧盟中期财政援助基金总额将由目前的120亿欧元增加至250亿欧元。

欧委会批准荷兰向ING注资。11月13日，欧盟委员会宣布，已批准荷兰政府向陷入困境的本国银行及保险巨头荷兰国际集团（ING）紧急注资100亿欧元。

欧元区进入严重衰退。11月13日，欧洲最大经济体德国步入12年来最严重经济衰退。该国联邦统计局当日称，第三季度国内生产总值倒退0.5%，收缩幅度大过预期，加上第二季度0.4%的负增长，令该国继2003年后再次陷入衰退，且为12年来最严重衰退。11月14日，欧元区宣布正式陷入60年来最严重的衰退。

欧委会批准意大利、芬兰两国金融救市计划。11月14日，欧盟委员会宣布，已批准意大利和芬兰两国的金融救市计划，以应对当前的金融危机。

G20华盛顿峰会闭幕。11月15日，二十国集团领导人金融市场和世界经济峰会在华盛顿闭幕。二十国集团金融峰会通过行动计划，承诺加强合作，对国际金融体系实施改革。

瑞士加入申根区。11月27日，欧盟内政和司法部长在布鲁塞尔召开会议，一致认为瑞士已经达到加入申根区的相关安全要求，正式批准瑞士从12月12日起加入申根区。

德国决定自2009年起不再对中国进行发展援助。11月27日，德国发展援助部一名女发言人证实，原定 2009 年联邦发展援助部给中国的 4700 万欧元发展援助款没有再纳入德联邦预算。

意大利通过刺激经济一揽子计划。11 月 28 日，意大利内阁会议通过一项总额达 800 亿欧元的刺激经济一揽子计划，以应对金融危机给本国经济带来的影响。

欧委会发布"东部伙伴关系"报告。12 月 3 日，欧盟委员会发布有关"东部伙伴关系"计划的报告，呼吁加强同东部邻国的关系，尤其是双方在移民和能源领域的合作。同日，波兰外长西科尔斯基表示，欧委会接受"东部伙伴关系"计划这一"宏伟"建议是波兰在欧洲取得的巨大成就。

欧委会批准比卢荷的银行救助方案。12 月 3 日，欧盟委员会批准比利时、卢森堡和荷兰政府联合提出的 112 亿欧元支持方案，该方案旨在救助富通银行和富通银行卢森堡子公司避免陷入破产。

欧委会出台新的金融救助计划审批规则。12 月 8 日，为了应对已经波及实体经济的金融危机，欧盟委员会宣布出台新的金融救助计划审批规则，放宽对成员国救助金融机构的补贴限制。欧盟委员会依据新的审批规则，批准了法国政府一项总额为 105 亿欧元的金融救助计划。

法国财长呼吁帮助汽车业渡过难关。12 月 15 日，法国经济、财政与就业部长拉加德在法国斯特拉斯堡向欧洲议会发表讲话时说，欧盟必须尽快考虑采取行动，帮助汽车业渡过金融危机这一难关。

2009 年

斯洛伐克加入欧元区。1 月 1 日，斯洛伐克加入欧元区，欧元区成员国扩大至 16 个。

冰岛指责英国的做法加剧了危机对冰岛的影响。1 月 6 日，冰岛总理哈尔德称英国政府在冰岛国家银行破产后采取"不合法且不公正的"反恐法律冻结其资产，加剧了金融危机对冰岛的影响。哈尔德还表示要采取"任何可行性手段"要求英国政府赔偿损失。

英国公布失业救助计划。1 月 12 日，英国首相布朗公布一项 5 亿英镑的失业救助计划。计划通过补助那些为长期失业人员提供录取和培训机会的企业，来帮助失业人员重回工作岗位。

德国就新的经济刺激计划达成一致。1 月 12 日，德国执政联盟就一项新的经济刺激计划达成一致，该计划规模高达 500 亿欧元，主要用于公共基础设施建设和减税。德国财政部长施泰因布吕克表示，新的经济刺激计划与第一个经济刺激计划相加总计金额达到 800 亿欧元，这是德国有史以来最大的经济刺激行动。

欧央行 2009 年首度降息。1 月 15 日，欧央行将政策性利率再次下调 50 个基点至 2.00%。此后，欧央行分别于 3 月 5 日、4 月 2 日和 5 月 7 日三次降息，下调政策性利率 100 个基点至 1.00% 的历史最低。其中，第一次下调 50 个基点，后两次分别下调 25 个基点。

德国预计全年经济增速将大幅萎缩。1 月 21 日，德国政府通过了 2009 年经济报告，预计全年经济增长率将由上年的 1.3% 转为 -2.25%。德国经济部部长格洛斯当天表示，受全球金融和经济危机影响，2009 年德国经济将面临两德统一以来最为严峻的挑战，短期经济前景暗淡。

英国正式进入衰退期。1 月 23 日，英国国家统计局当日公布的统计数据显示，上年第四季度英国经济增长率比第三季度下滑 1.5%。至此，英国经济已经连续 2 个季度出现负增长，从而正式进入衰退期。

捷克劳动部部长呼吁放宽盟内就业市场限制。1 月 23 日，欧盟轮值主席国捷克劳动和社会事务部部长内恰斯在欧盟劳动部长非正式会议上要求进一步消除障碍，放宽欧盟内部自由的劳动就业市场的限制。

法国工会举行全国大罢工。1 月 29 日，法国八大工会联合倡议发起了旨在反对萨科齐总统处理危机政策的全国性大罢工。法国公共服务领域、交通企业、机场以及在医院和学校就职的职工共有 250 万人参加了罢工。示威者们要求政府采取措施保障就业、提高工资和购买力水平，反对政府有关邮局、电力等公营企业"私有化"的计划，也反对政府日前在国营广电部门推出的一些改革措施。

欧委会批准德国、英国、法国等国经济刺激措施。2 月 5 日，欧盟委员会批准了德国、英国和法国的经济刺激措施，以减少金融危机对这些国家实体经济的影响。

爱尔兰政府向国内两家大银行注资。2 月 11 日，爱尔兰政府宣布向国内第一大银行爱尔兰联合银行和第二大银行爱尔兰银行分别注资 35 亿欧元，以帮助它们抵御金融风险。

匈牙利政府宣布一揽子改革计划。2 月 16 日，匈牙利总理久尔恰尼宣布了政府的一揽子改革计划，主要涉及税收、福利和养老制度等方面。

捷克政府通过一揽子经济刺激计划。2月16日，捷克政府通过了总额超过700亿克朗（1美元约合23.1克朗）的一揽子计划，以防止经济衰退。

德国政府允许银行国有化。2月18日，德国政府签署一道政令，内容是允许政府将受全球金融危机影响的银行收归国有，避免金融系统的崩溃。

法国公布减税及社会福利建议。2月18日，法国总统萨科齐公布总值26.5亿欧元的减税及社会福利建议，以协助法国家庭应付经济危机。他又表示支持工会建议成立30亿欧元基金，作为职业再培训之用，其中一半资金由国家资助。

欧盟领导人就国际金融监管达成共识。2月23日，应德国总理默克尔邀请，来自英国、法国、德国、意大利、卢森堡、西班牙、荷兰和捷克的领导人，以及欧盟委员会主席聚首德国首都柏林，经密切磋商，达成强化国际金融监管七点共识：拟定制裁机制以加强打击"避税天堂"；对所有金融市场、金融产品、市场参与者、对冲基金及私人投资公司采取相应的监督或管理；让银行在自有资本的基础上建立额外的缓冲资源，以备不时之需；不采取贸易保护措施；增加给予国际货币基金组织的资金，让该组织扮演更有效的角色。

世界银行等机构宣布助东欧银行业摆脱困境。2月27日，世界银行、欧洲复兴开发银行和欧洲投资银行宣布向东欧银行及其客户提供245亿欧元为期两年的融资，以此帮助陷入困境的银行，阻止东欧经济滑坡。

欧盟成员国领导人强调反对单边贸易保护主义。3月1日，欧洲联盟特别首脑会议在布鲁塞尔召开。欧盟成员国领导人一致同意，严守欧盟单一市场规则，团结应对当前的金融和经济危机。欧盟委员会主席巴罗佐表示，本次峰会达成一致共识，即欧盟将反对任何形式的单边贸易保护主义行为。

法德财长呼吁停止与"避税天堂"国家的金融合作。3月3日，法国和德国财政部长表示，希望二十国集团成员终止与"不合作"的"避税天堂"国家在金融领域的双边协议。

欧委会支持欧盟在"绿色技术"领域的领先地位。3月9日，欧盟委员会宣布，欧盟将在2013年之前投资1050亿欧元支持欧盟地区的"绿色经济"，促进就业和经济增长，保持欧盟在"绿色技术"领域的世界领先地位。

德国拒绝采取新一轮经济刺激措施。3月14日，德国总理默克尔在和英国首相布朗会谈时拒绝立即采取新一轮经济刺激措施，她明确指出，是否继续刺激德国经济的决定应由柏林，而不是二十国集团做出。

瑞士联邦主席重申坚持银行保密制度。3月16日，面临国际声讨"逃税天堂"的压力，瑞士联邦主席兼财政部长默茨发表视频讲话，重申瑞士联邦政府坚持银行保密制度。3月13日，瑞士宣布提供给外国政府的银行客户信息，将从目前的仅限于涉税务诈欺案件，扩及一般逃漏税。

英国失业人口突破200万。3月18日，英国官方公布统计数字显示，英国失业人口截至2009年1月已达203万，为1997年以来首次突破200万。

法国总统拒绝放松危机应对措施。3月20日，法国总统萨科齐拒绝为应对经济危机采取新的缓冲措施，并认为他的政策并没有错。而就在此前一天，法国再度爆发全国性抗议示威浪潮，抗议政府忽视劳工权益和社会福利。这次名为"三一九总动员"的示威游行由法国各行业工会发起，除首都巴黎，全法各地超过200个城镇加入到示威行列，约300万法国人走上街头。

西班牙一家储蓄银行被国有化。3月29日，西班牙央行紧急接管了该国一家储蓄银行（Caja de Ahorros de Castilla – La Mancha），并为这家银行多达20亿欧元的负资产提供担保。这是自金融危机以来，西班牙国内首家被国有化的银行。

20国集团伦敦峰会召开。4月2日，20国集团领导人在伦敦举行为期一天的金融峰会，重点商讨如何携手应对金融和经济危机，并推进国际金融改革以避免金融危机重演。此次峰会着重讨论六大议题：复苏全球经济，增资国际货币基金组织，恢复放贷，加强金融监管，反对保护主义，帮助发展中国家。与会领导人就国际货币基金组织增资和加强金融监管等携手应对金融经济危机议题达成多项共识。当天也是法国、德国等国为瑞士等几个被称为"避税天堂"的欧洲国家设定的最后期限，以令其改变银行保密制度。

欧洲经济形势进一步恶化。5月4日，欧盟委员会发布的最新一期春季经济预测报告显示，2009年和2010年欧元区和欧盟经济预计将持续衰退，而就业形势也将显著恶化。欧元区和欧盟经济2009年将分别萎缩

4%，衰退程度进一步加深，而 2010 年仍将出现 0.1% 的负增长。欧委会表示，金融危机加剧、全球贸易萎缩以及部分成员国房地产市场降温是造成欧元区和欧盟经济衰退的最主要原因。

欧盟正式启动"东部伙伴关系"计划。5 月 7 日，欧盟 27 国与 6 个欧亚国家的政府首脑或部长在布拉格举行会议，正式启动旨在增进双方合作的"东部伙伴关系"计划。该计划涉及的 6 个欧亚国家分别是乌克兰、白俄罗斯、格鲁吉亚、摩尔多瓦、亚美尼亚和阿塞拜疆。欧委会表示，"东部伙伴关系"计划的内容将包括建立自由贸易区、在能源供应和安全方面进行合作以及取消人员跨境流动限制等。

欧央行降息并实施证券市场购买计划。5 月 7 日，欧央行宣布降息 25 个基点，将欧元区主导利率从 1.25% 下调至 1.00%。欧央行同日表示，将向银行提供为期 12 个月的长期贷款，并决定购买欧元区债券。其具体政策细节将在 6 月公布。

欧委会出台金融监管方案。5 月 27 日，欧盟委员会出台欧洲金融监管改革方案，提出一系列雄心勃勃的金融改革目标，要求欧洲中央银行和各成员国中央银行充分发挥其金融监管职能，以确保地区金融稳定。

欧盟各成员国出台大规模银行拯救计划。6 月 12 日，根据欧盟公布一份报告显示，欧盟各国已经批准了高达 3.3 万亿欧元的银行拯救计划。在这一揽子大规模拯救计划中，包括 3114 亿欧元的资本注入，2.92 万亿欧元的银行债务担保，此外还有对银行流动性和融资的支持。数据显示，英国政府的银行拯救计划总额为 7810 亿欧元，是 27 个欧盟成员国中最多的。丹麦和德国分列第二位和第三位，拯救金额高达 5939 亿欧元和 5542 亿欧元。而斯洛伐克、捷克、爱沙尼亚、立陶宛等东欧国家未提出银行拯救计划。

欧盟召开夏季峰会。6 月 19 日，为期两天的欧盟成员国首脑会议当日在布鲁塞尔结束。会议讨论了欧盟委员会新主席人选、为爱尔兰批准《里斯本条约》提供担保、促进就业、金融改革方案等议题，并就这些重大问题达成了一致。化解欧盟制宪危机、为《里斯本条约》扫除障碍，以及强化欧洲金融监管，被视为会议的重点。峰会原则上同意巴罗佐连任欧盟委员会主席。

波兰表示在 2014 年正式加入欧元区。7 月 10 日，波兰财政部副部长拉齐维尔表示，波兰将于 2012 年达到欧盟规定的财政赤字水平，并于

2014 年正式加入欧元区。

冰岛政府正式递交加入欧盟申请。7 月 17 日，冰岛政府向欧盟轮值主席国瑞典正式递交加入欧盟的申请书。此前一天，冰岛议会投票同意政府向欧洲联盟提交入盟申请。

德国 22 年来首次出现通缩状况。7 月 30 日，欧洲最大的经济体德国，22 年来首次出现了通货紧缩的状况。官方数字显示 7 月物价比去年同月下跌 0.6%。

欧央行维持主导利率不变。8 月 6 日，欧洲中央银行行长特里谢宣布，继续把主导利率维持在 1% 的水平，并预计欧元区经济明年之前不会出现正增长。

罗马尼亚陷入"严重衰退"。8 月 10 日，国际货币基金组织官员在布加勒斯特表示，罗马尼亚经济目前正处于"严重衰退"中，为此该组织同意上调罗马尼亚财政预算赤字在国内生产总值（GDP）中的比重。

法国总统宣布限制银行高管薪酬。8 月 25 日，针对银行业的高额分红，法国总统萨科齐宣布了新的限制措施，并呼吁 20 国集团采取与巴黎相同的"限薪令"。萨科齐当日召见法国主要金融机构负责人，要求他们接受对属下交易员的奖金发放限令。早在 8 月 15 日，英国财政大臣达林也警告说，如果银行继续以薪金鼓励员工过度投机，英国政府计划出台法规对银行高管的薪酬进行限制。

欧盟财长为应对全球危机达成多项共识。9 月 2 日，欧盟 27 国财政部长在布鲁塞尔举行为期一天的会议，协调欧盟在应对全球经济危机问题上的立场。27 国财长就增加对国际货币基金组织（IMF）的注资、限制银行高管奖金发放、出台经济刺激计划"退出"机制以及加强金融监管等议题进行了讨论，并达成多项共识。欧盟财长一致承诺再向 IMF 注资 750 亿美元。

英格兰银行宣布维持现行利率不变。9 月 10 日，英格兰银行（英国央行）宣布继续将短期利率维持在 0.5% 的历史最低水平不变。这是该央行自 3 月初以来连续第六个月决定将利率维持在这一低水平以刺激经济复苏。

法国计划从 2010 年征收二氧化碳排放税。9 月 10 日，法国总统萨科齐表示，法国将从 2010 年起征收二氧化碳排放税，每吨征税 17 欧元。萨科齐希望通过这一举措改变法国人的能源消费习惯。

巴罗佐连任欧委会主席。 9 月 16 日，正在法国斯特拉斯堡召开的欧洲议会全会选举若泽·曼努埃尔·巴罗佐为新一届欧洲委员会主席，任期五年，至 2014 年结束。

欧盟领导人特别会议统一 G20 匹兹堡峰会立场。 9 月 17 日，欧盟 27 国领导人在布鲁塞尔举行特别首脑会议，协调欧盟国家在即将召开的 20 国集团匹兹堡峰会上的立场。会后，各国首脑发表了一份名为《G20 匹兹堡峰会统一口径》的联合声明。

法国两年来首次上调经济增长预测。 9 月 17 日，法国总理菲永将今年该国国内生产总值由此前预测的萎缩 3.00% 上调为萎缩 2.25%，这是法国政府自美国次贷危机爆发两年来首次上调经济增长预测。

欧委会通过金融监管立法草案。 9 月 23 日，欧盟委员会通过了加强金融监管的立法草案，以便在欧盟层面促进金融稳定。

欧委会主席声明反对贸易保护主义。 9 月 24 日，二十国集团金融峰会 24 日、25 日两天在美国匹兹堡市举行。这是 20 国集团领导人在一年时间内举行的第三次金融峰会。欧委会主席巴罗佐发表声明说，应保持全球化，反对贸易保护主义，加强国际货币基金组织的改革，提高发展中国家的发言权。

捷克众院通过经济紧缩措施。 9 月 25 日，捷克众议院通过一揽子紧缩和节约措施，以确保经济和社会稳定，避免出现政府执政危机。

经济刺激计划令法国公共赤字剧增。 9 月 27 日，法国总理菲永称，2009 年的经济刺激计划造成公共赤字剧增，今年法国公共赤字将达 1400 亿欧元，约占其国民生产总值的 8.2%。

欧元区国家决定逐步结束经济刺激计划。 10 月 1 日，欧盟成员国财长和央行行长在轮值主席国瑞典哥德堡举行非正式会议，何时以及如何实施退出策略是本次会议的一大焦点议题。欧洲中央银行行长特里谢表示，欧元区国家最晚应于 2011 年开始实施退出策略，逐步结束大规模经济刺激计划。

欧元区失业率创欧元启动以来新高。 10 月 1 日，欧盟统计局发表的最新数据显示，欧元区 8 月的失业率达到 9.6%，为 1999 年欧元区诞生以来的最高水平。

爱尔兰公投通过《里斯本条约》。 10 月 3 日，根据当日公布的初步计票结果，爱尔兰 2 日举行的全民公投通过了《里斯本条约》，从而为该条约在欧盟通过扫清了重要障碍。

欧盟多个国家财政赤字超标。10月7日,欧盟委员会警告说,欧盟27个成员国中又有9个国家今年的财政赤字将超标。今年早些时候,欧盟已经对另外9个国家发出过相同警告。

英国计划出售政府资产来为赤字融资。10月12日,英国首相布朗宣布将在两年内出售总价值为160亿英镑的政府资产,以努力减少政府财政赤字。

希腊财政赤字率远超过3%上限。10月20日,希腊政府宣布当年财政赤字占GDP比例将超过12%,远高于欧盟设定的3%上限。2009年12月11日,希腊政府表示,希国债高达3000亿欧元,创下历史新高。

英国经济连续六个季度收缩。10月23日,英国国家统计局公布的数据显示,第三季度英国经济环比下滑0.4%。至此,英国经济已经连续6个季度下滑,创历史最长下滑时间纪录。

欧盟首脑会议讨论《里斯本条约》等议题。10月29日,为期两天的欧盟秋季首脑会议在比利时布鲁塞尔欧盟总部召开。会议主要就全球气候变化的应对措施以及未来《里斯本条约》的实施等议题展开讨论。欧盟轮值主席、瑞典首相赖因费尔特表示,出席欧盟峰会的27国领导人当天同意捷克为签署《里斯本条约》提出的条件,欧盟将"以一种令捷克及其邻国都能接受的方式",使捷克在履行《欧盟基本权利宪章》方面享有一定的豁免权。

欧洲投巨资组建世界最大规模太阳能电厂。11月1日,欧洲12家大公司正式组建联合企业,在北非的撒哈拉沙漠投资建设世界上最大规模的太阳能发电厂,通过横跨沙漠和地中海的输电路线,向欧洲供电。这项名为"沙科"的计划,预计投资为4000亿欧元。

捷克成为最后签署《里斯本条约》的欧盟国家。11月3日,捷克宪法法院作出裁定,《里斯本条约》不违背捷克法律。捷克总统克劳斯当日签署了《里斯本条约》,成为欧盟27个成员国中最后一个签署该条约的国家。欧盟理事会秘书长兼共同外交和安全政策高级代表索拉纳发表声明,对捷克总统签署《里斯本条约》表示欢迎。

德国为刺激经济增长而减税。11月9日,为缓解国际金融危机造成的经济衰退,德国新政府通过一项减税方案,估计该方案的减税额达每年85亿欧元。

范龙佩当选为欧洲理事会主席。11 月 19 日，欧盟特别峰会在布鲁塞尔召开，比利时首相范龙佩当选为首位欧洲理事会常任主席，来自英国的欧盟贸易委员阿什顿当选为欧盟外交和安全政策高级代表。

新一届欧委会组建完毕。11 月 27 日，欧盟委员会主席巴罗佐公布了新一届欧盟委员会名单，同时强调新一届欧盟委员会最重要的任务是"促进经济持续增长，为欧盟打造一个更加绿色、更加高效的市场经济"。新一届欧盟委员会将由 27 人组成，分别来自欧盟 27 个成员国。除了葡萄牙籍的欧委会主席巴罗佐，来自英国的欧盟外交和安全政策高级代表阿什顿将兼任欧委会第一副主席。25 日，欧委会公报称，新一届欧盟委员会将由 27 人组成，所有欧盟成员国均已任命了其在欧委会委员的人选。

欧盟呼吁各国推出减赤措施。11 月 30 日，欧盟委员会负责经济和货币事务的委员阿尔穆尼亚表示，欧盟各成员国应当推出明确的、可信的、协调的降低财政赤字和公共债务的策略，以使经济获得坚挺、持续的增长。

《里斯本条约》正式生效。12 月 1 日，《里斯本条约》正式生效，欧盟 27 个成员国在葡萄牙里斯本举行庆祝仪式以纪念这一历史性的时刻。2007 年 12 月 13 日，欧盟 27 个成员国首脑在葡萄牙首都里斯本，签署《里斯本条约》，以代替《欧盟宪法条约》，并交给各成员国批准。该条约又称《欧盟宪法》的简本。2009 年 10 月 2 日，爱尔兰举行的全民公投通过了《里斯本条约》，清除欧洲一体化最大障碍。11 月 3 日，捷克总统克劳斯宣布已签署了《里斯本条约》。至此，欧盟 27 个成员国已全部批准该条约。

欧元区财长为财政赤字设达标期限。12 月 1 日，欧元区 16 国财政部长在布鲁塞尔举行会议，为欧元区多数成员国财政赤字达标设定了最后期限。

英国承认经济严重衰退。12 月 9 日，英国财政大臣达林公布明年大选前工党政府最后一次财政预算。他承认今年英国经济衰退状况较原预测更为严重，并宣布将对银行业者分红征收 50% 的惩罚性额外税。

爱尔兰计划以减薪和增税来应对财政赤字。12 月 9 日，爱尔兰财政部长勒尼汉表示，受巨额财政赤字影响，爱尔兰将通过降低公务员的工资和福利，并加征环境保护税等措施削减 40 亿欧元财政预算。

波兰表示 2015 年加入欧元区。12 月 11 日，波兰总理图斯克表示，

2015年加入欧元区对波兰来说是可行的，目前波兰正在等待邀请以正式启动加入程序。

法国拟推出"大国债计划"。12月14日，法国总统萨科齐宣布，该国将于2010年推出"大国债计划"。该计划将发行350亿欧元的国债，所筹资金用于投资五大战略领域。

三大评级机构相继调降希腊主权债券信用评级。12月22日，国际信用评级机构穆迪将希腊主权信用评级由"A1"下调到"A2"，评级前景为"负面"。12月8日惠誉将希腊信贷评级由"A−"下调至"BBB+"，评级前景为"负面"。16日，另一家评级机构标普将希腊的长期主权信用评级由"A−"下调为"BBB+"。三大机构纷纷下调希腊主权信用评级，意味着希腊主权债券风险增加。

西班牙承诺将尽快落实《里斯本条约》。12月28日，西班牙首相萨帕特罗宣布了西班牙在2010年上半年担任欧盟轮值主席国期间的工作重点，承诺尽快落实《里斯本条约》，致力于改善欧盟国家的财政状况。

德法领导人将称经济形势依然严峻。12月31日，德国总理默克尔发表新年电视讲话表示，2010年德国经济形势将依然严峻，德国必须要致力于建立金融市场的新规则，以便能够避免今后可能出现的不良后果。当天，法国总统萨科齐发表新年讲话肯定了2009年法国在应对金融危机方面所作出的努力。萨科齐提出2010年的工作目标包括，减少失业人数、缩减日常公共开支、改革地方政府机构、巩固退休制度以及推进教育司法改革等。

2010年

欧盟统计局认为希腊预算数字不可靠。1月12日，欧盟统计局表示，希腊政府提供的预算数字并不可靠，可能为了掩盖政府债务危机的严重程度而在统计数据上做了手脚。

希腊总理提议弥补预算赤字。2月2日，希腊总理帕潘德里欧发表电视讲话，提议全面暂停公务员加薪、增加燃油税、提高退休年龄门槛并加速希腊税制改革，以期扩大财政收入并填补这一欧盟最大预算窟窿。一天前，欧委会表示，如果希腊在控制赤字方面不能取得进展，欧盟委员会将要求希腊采取诸如增加税项、削减开支等更严格的措施。

欧委会批准希腊经济稳定计划。2月3日，欧盟委员会对希腊提交的

"经济稳定计划"进行了评估。欧委会批准希腊提出的在三年内将财政赤字削减至占国内生产总值3%以下的方案,启动欧盟程序对希腊财政支出进行严格监控,要求希腊政府在2012年前让财政赤字重新回到可控范围之内。这是欧元区成立以来,欧盟委员会第一次启动欧盟反过高财政赤字程序,要求一个成员国限期整改其财政状况。

希腊民众罢工抗议出台紧缩政策。2月10日,希腊总理帕潘德里欧在巴黎表示,希腊政府将确保实现2010年削减预算赤字目标。当天,希腊全国范围内的航空管制人员以及政府公务员举行为期一天的大罢工,抗议政府的紧缩经济政策,所有进出希腊的航班都被耽误,各地政府部门、税务部门、公办医院、学校都受到影响。

欧盟领导人讨论希腊债务危机等问题。2月11日,鉴于希腊形势紧张,原计划讨论欧盟未来十年经济发展战略的欧盟特别峰会被迫转向讨论希腊债务危机。会上,欧元区国家领导人同意在应对希腊政府债务危机问题上采取协调行动维护整体金融稳定,但没有出台援助希腊的具体举措。此次会议是由范龙佩提议召开的,这也是范龙佩年初就任欧洲理事会常设主席后第一次主持欧盟峰会。

欧盟财长会议要求希腊政府对掩盖高赤字做出解释。2月16日,在欧盟成员国经济和财政部长月度例会上,成员国经济和财政部长重点讨论如何支持希腊等国应对主权债务危机和严重财政赤字问题。会议要求希腊政府就其涉嫌与高盛等华尔街投资银行串通、掩盖高额财政赤字的做法作出解释。

德国总理坚称德国没有援助希腊的计划。2月28日,德国总理默克尔接受采访时表示,由于希腊等国的债务危机,欧元目前正处在诞生以来最困难的时期。但她同时坚称德国目前并没有援助希腊的计划。

希腊公布一揽子经济紧缩方案。3月3日,希腊公布总值48亿欧元的一揽子紧缩方案,希望在2010年把巨额财政赤字减少4个百分点。希腊冀望借此缓解高达3000亿欧元的巨额债务压力,在2010年将财政赤字占GDP的比例从2009年的12.7%减至8.7%。此外,希腊政府宣布通过国内外多家银行发行10年期欧元主权债券,以筹措资金,帮助国家摆脱入不敷出的局面。

冰岛公投否决偿还英国、荷兰两国债务。3月6日,冰岛就是否同意向英国和荷兰储户赔偿损失举行公投。全民公决以压倒性多数否决了政府偿还英国和荷兰两国债务的议案。冰岛政府在承认赔偿议案遭到全民公决否决后表示，将继续为寻求有关各方都能接受的解决方案而努力。

法国总统支持救助希腊。3月7日，法国总统萨科齐表示，欧元区国家政府将在必要情况下向希腊伸出援手，以帮助其渡过眼下的债务危机。萨科齐当天在与到访巴黎的希腊总理帕潘德里欧会谈表示，如果希腊确实需要帮助，欧元区国家政府将会对其伸出援手，但目前希腊不需要资金援助。

欧洲经济复苏进程加快。3月12日，欧盟统计局数据显示，2010年1月欧盟27国工业生产环比增加1.6%，为上月的6倍，而欧元区工业生产环比也猛增1.7%，几乎是上月0.6%的3倍，显示出欧洲经济正在不断复苏。

欧委会对德法等国债务风险提出警告。3月17日，欧委会警告说，德国、法国和西班牙等国应该警惕不断增加的负债，并有必要采取适当政策降低赤字，防范财务风险。欧盟委员会要求英国加快削减财政赤字，并警告英国不要对其经济过分乐观。欧委会当天发表了一份对欧盟经济大国"后衰退时代"财政状况的报告。报告说，英国必须在规定期限内将其财政赤字控制在欧盟规定的范围之内，但英国目前对欧盟的要求"不顾不问"。当天，德国总理默克尔声称，拥有16个国家的欧元区必须选择剔除那些持续破坏欧元区现有财政规则的国家。

意大利通过一项新的经济刺激计划。3月19日，意大利政府通过了一项总额为4.2亿欧元的一揽子经济刺激计划，以扶持本国因金融危机而面临困境的行业。

法国民众抗议退休制度改革。3月23日，由法国总工会组织的大罢工活动在法国各地展开。据工会统计，当天有80万人走上街头，反对政府退休制度改革政策和碳排放税。罢工造成了部分高速列车、城市轻轨等公共交通的临时停运，妨碍了普通市民的出行。

欧盟出台救助希腊的具体方案。3月26日，为期两天的欧盟春季峰会落下帷幕。会议出台了世人关注已久的希腊救助机制方案，而且对欧盟未来十年经济发展规划"2020战略"进行了梳理。而在峰会开幕之际，德法就救助希腊已达成协议。会议还决定设立一个由欧洲理事会主席范龙佩领导的专门小组，为完善欧盟经济治理、防止希腊式债务危机重演提出改革建议。

欧委会主席称欧中关系与欧美关系同样重要。3月26日,欧盟委员会主席巴罗佐在布鲁塞尔论坛上说,欧盟和中国的关系与欧盟和美国的关系同样重要,他高度重视中欧关系,并表示将于4月访问中国。巴罗佐说,尽管存在一定分歧,但中欧关系总体上是很好的。中国在国际事务上的影响越来越大,与美国一同发挥的作用也越来越大。原先的八国集团显然不足以应对目前面临的挑战,应当吸收更多的国家如中国共同应对挑战。巴罗佐认为,应当充分发挥二十国集团的作用。

欧元区财长同意最多拿出300亿欧元救助希腊。4月11日,欧元区成员国财政部长商定希腊救助方案进一步细节,同意在必要情况下第一年拿出300亿欧元资金支持希腊。

欧委会将与希腊讨论"一项长期经济政策计划"。4月15日,欧盟委员会负责经济和货币事务的委员雷恩发表声明说,应希腊财政部的要求,欧盟委员会19日将派代表团前往希腊,与希腊当局就"一项长期经济政策计划"进行讨论。希腊财政部部长帕帕康斯坦季努当日早些时候致信欧盟委员会、欧洲央行和IMF,要求与这三方就该计划进行讨论,并说来自欧元区成员国和IMF的援助可以为这一计划提供财政支持。

欧元区财长支持建立长效机制应对债务危机。4月16日,欧元集团主席、卢森堡首相容克在欧元区财长会议后表示,欧元区财长们一致认为,应建立一套长效机制以应对类似当前希腊债务危机那样的成员国债务危机。但他没有说明机制的大致架构。

欧盟财长为20国集团多伦多峰会协调立场。4月17日,欧盟财长在欧盟轮值主席国西班牙首都马德里举行非正式会晤。欧盟成员国财政部长为定于6月召开的二十国集团多伦多金融峰会协调立场,提出要从三大方面发出共同的声音。欧盟的核心主张:一是要为实现可持续增长制定一份框架,确保在全球层面上为实施退出策略加强协调;二是所有主要经济体都应当为解决全球经济失衡作出努力;三是继续推进全球金融监管改革,包括讨论开征银行税。

希腊正式向欧盟和IMF申请救助。4月23日,希腊总理帕潘德里欧宣布将正式申请启动欧盟—国际货币基金组织救援机制,并责成财政部部长帕帕康斯坦季努开始必要程序。希腊向欧盟与IMF申请援助,被认为是希腊债务危机正式爆发的一个重要标志。欧委会当日表示,欧盟将按既定步骤迅速启动对希腊的救援机制,并强调这一过程不存在任何障碍。

欧央行行长称金融危机使全球治理的缺陷暴露无遗。4月26日，欧央行行长特里谢在纽约外交关系协会上发表演讲说，全球金融危机爆发后，世界各国政府、央行采取协调一致的措施应对危机，避免了世界经济陷入萧条，显示出全球治理的作用。但在这场危机中，全球治理在效率和合理性等方面的缺陷也暴露无遗。

标普将希腊国债下调至垃圾级别。4月27日，评级机构标准普尔将希腊国债下调至垃圾级别。此前，全球三大评级公司相继下调希腊主权信用评级，欧元区主权债务危机率先在希腊爆发并愈演愈烈，欧元遭遇有史以来最严峻的挑战。当日，同样存在严重债务问题的葡萄牙也遭降级。西班牙的信用评级次日也被下调。

欧盟、IMF与希腊签署一揽子救助协议。5月2日，欧盟及IMF与希腊签署一揽子救助贷款协议，承诺在未来三年内总共向希腊提供1100亿欧元的贷款，其中欧元区国家承担800亿欧元。当天，德国、法国、意大利等欧元区国家已全部完成向希腊提供贷款的程序。希腊财政部部长帕帕康斯坦季努公布希腊政府与欧盟和IMF商定的救助方案细节。根据这一方案，希腊政府需实施更加严厉的紧缩政策，包括在未来3年内削减财政预算300亿欧元，以便在2014年将财政赤字控制在占GDP的3%以内。

法国外长呼吁放弃"欧洲悲观主义"。5月2日，法国外交部部长贝尔纳·库什内呼吁放弃"欧洲悲观主义"。库什内称，在危机来临时，欧洲各国需要体现出团结，需要考虑欧洲的未来。欧洲经历了不少危机，是在解决一次又一次危机的过程中发展前进的。

欧委会主义抨击针对欧洲的金融投机行为。5月5日，欧盟委员会主席巴罗佐抨击针对欧洲国家的金融投机行为，同时表示如果这些投机者继续为所欲为，欧盟将很快出台针对性的金融监管措施。此前一天，欧盟委员会负责内部市场与服务的委员米歇尔·巴尼耶表示，考虑到信用评级机构所作评估给金融市场带来的巨大影响，应当进一步加强对评级机构的管理。

欧委会表示西班牙不会申请财政救助。5月5日，欧盟委员会表示，西班牙削减财政赤字的计划实施良好，不会像希腊那样寻求欧盟和国际货币基金组织的财政救助。

德国议会批准了对希腊的援助法案。5月7日，德国联邦议会下议院批准了对深陷债务危机的希腊的巨额资金援助计划，德国联邦参议院也批准了由政府提出的这一旨在向希腊提供224亿欧元紧急财政援助的法案。

欧央行延长再融资操作期限。5月7日,欧洲央行决定将再融资操作实施期限延长至一年,即成为长期再融资操作(LTROs)。再融资操作将通过固定利率招标程序进行全额分配。首次操作固定利率将于2009年6月23日公布,将以届时主要再融资操作利率为准。在此后的操作中,固定利率水平可能将高于主要再融资操作利率,主要取决于当时的实际情况。

欧盟与IMF共同出资建立"欧洲金融稳定机制(EFSM)"。5月10日,欧盟成员国财长达成一项总额7500亿欧元的救助机制。欧盟和IMF共同出资7500亿欧元,建立《欧洲金融稳定机制》(EFSM)。这其中,包括由各成员国出资的总额4400亿欧元的《欧洲金融稳定工具》(EFSF)和IMF出资的3100亿欧元。此前一天,欧元区特别首脑会议结束,成员国领导人承诺,将"利用一切手段确保欧元区稳定"。当日,欧盟委员会主席巴罗佐称,该机制令金融市场重拾对欧元和欧元区的信心。但巴罗佐同时表示,提供巨额救助机制并不是最终目的,成员国加大力度巩固财政才是"未来努力的方向"。他表示,欧盟成员国领导人已同意在欧盟层面实行更紧密的经济协调和更严格的财政纪律,加快建立一个"更强大、更透明"的金融监管机制。

英国诞生"二战"后首个联合政府。5月11日,英国诞生第二次世界大战结束以来第一个联合政府。保守党和自由民主党首次牵手,两党领袖戴维·卡梅伦和尼克·克莱格分别出任首相、副首相。当日,英国首相布朗宣布辞去首相职务,随后到白金汉宫向女王伊丽莎白二世正式递交辞呈。

欧委会拟强化财政纪律防范危机重演。5月12日,欧盟委员会出台改革建议,拟强化欧盟财政纪律和成员国经济政策协调,通过完善欧盟层面上的经济治理防范希腊债务危机重演。

范龙佩称欧元区必须建立共同的财政政策。5月16日,欧盟理事会常任主席范龙佩在欧盟—墨西哥首脑会议结束后表示,捍卫欧元地位和保持欧盟经济稳定不仅是欧元区16国,而且是欧盟27个成员国共同的"政治意愿"。无论欧元还是欧盟都是史无前例的伟大成就,欧元的地位目前依然稳固。在拥有了共同货币之后,欧盟,首先是欧元区,必须建立共同的财政政策。

欧元区财长决定向希腊拨付首笔救助资金。5月18日,欧盟委员会负责经济和货币事务的委员奥利·雷恩表示,欧元区成员国财政部长在17日晚举行的月度例会上决定,向希腊拨付首笔总额200亿欧元的救助资金。雷恩说,首笔200亿欧元将于18日转交希腊,其中145亿欧元来自欧元区国家,55亿欧元来自IMF。欧元区财长17日还讨论了欧盟日前出台的7500亿欧元欧洲稳定机制,并就一些原则性问题达成了一致。各国财长就加强对包括对冲基金在内的另类投资基金的监管达成了一致,接下来欧盟轮值主席国将负责与欧洲议会就这一条例草案进行磋商,并争取在议会一读中通过这一草案。

危机使英国削减伦敦奥运会支出。5月24日,英国政府官员罗伯逊向伦敦奥组委宣布,作为缩减英国政府开支的内容之一,2012年伦敦奥运会的财政预算将被削减2700万英镑(约合3900万美元)。

意大利和西班牙相继出台财政紧缩计划。5月27日,西班牙议会批准150亿欧元财政紧缩计划。本月25日,意大利政府也出台了250亿欧元的财政紧缩计划。

欧洲失业率达到1998年以来新高。6月1日,欧盟统计局公布的数据显示,4月欧元区失业率达到10.1%,创下1998年8月以来的最高水平,也远高于上年同期的9.2%。据欧盟统计局估计,截至4月,欧盟27国的失业人口达到2331万,其中欧元区约为1586万。

希腊寻求通过私有化改革来缓解危机。6月2日,希腊政府宣布,在应对严重债务危机的紧缩政策框架下,政府将对一系列国有公司进行私有化改革。希腊多位部长当天表示,在未来3年里,政府希望通过合理使用公共资产,募集30亿欧元资金。财政部部长帕帕康斯坦季努说,政府正寻求本地以及外国投资者作为战略合作伙伴,购买铁路、自来水和电力公司以及国家电信公司的股份。

欧元区多国紧缩措施招致工会强烈反对。6月4日,为了防止希腊债务危机蔓延,包括希腊、西班牙、葡萄牙、意大利在内的多个欧盟成员国都执行了严格的财政紧缩措施,但这些包括削减工资和养老金改革在内的紧缩方案招致各国工会的强烈反对。对此,欧盟委员会主席巴罗佐当日表示,这些紧缩措施是为了恢复投资者的信心,并保证欧洲的经济增长。他说,欧盟各国只有下定决心整顿公共财政状况,为实现可持续增长做出最大努力,才能重新树立市场对欧洲经济和增长的信心。

债务危机拖累欧元汇率大跌。6月4日,欧元对美元汇率自2006年3

月以来首次降至 1∶1.20 以下。

德政府计划大幅削减财政开支。6 月 7 日，德国政府宣布，未来 4 年内将计划削减财政开支 816 亿欧元，以缓解德国债务困境，预防像希腊债务危机那样的情况发生。根据这项从 2011 年到 2014 年的紧缩计划，2011 年德国财政支出约减少 112 亿欧元。2012 年至 2014 年则分别减少 191 亿欧元、247 亿欧元和 266 亿欧元。当日，受欧洲主权债务危机拖累，欧元对美元汇率一度跌破 1∶1.19，创下自 2006 年 3 月以来的最低水平。

罗马尼亚总理称要通过紧缩应对严重经济危机。6 月 7 日，罗马尼亚总理博克在议会指出，国家目前遭遇 60 年来最严重的经济危机，必须采取紧缩措施渡过难关。博克当天在议会介绍了政府具体紧缩措施。紧缩措施主要包括，削减公共部门职工工资 25%、减少全国职工退休金 15%，并降低甚至取消多种社会救助补贴。

英国财政大臣宣布控制财政赤字计划。6 月 8 日，英国财政大臣奥斯本宣布新政府控制财政赤字的计划，这项计划将仿效加拿大政府在 20 世纪 90 年代的做法，即在短时间内大幅削减财政开支。

法国计划到 2013 年将赤字率控制在 3% 以内。6 月 12 日，法国总理菲永表示，法国政府在未来 3 年内将削减 450 亿欧元公共开支，以实现到 2013 年将财政赤字占 GDP 的比例控制在 3% 范围内。

德法领导人表示要加强经济治理。6 月 14 日，德国总理默克尔和法国总统萨科齐在柏林举行工作会晤，双方在欧盟"经济政府"这一焦点问题上取得共识，并强调在希腊债务危机后，欧盟成员国应该进行更加紧密的合作，"加强欧洲的经济治理"。

英国计划改革金融监管体系。6 月 16 日，英国财政大臣奥斯本宣布，将对英国的金融监管体系进行彻底改革，其中包括分解目前的金融服务管理局并将其监管职能转交给英国中央银行——英格兰银行。

欧盟领导人通过未来 10 年经济发展战略。6 月 17 日，欧盟 27 国领导人在布鲁塞尔举行的夏季峰会，会议通过了未来 10 年经济发展战略等一系列改革方案，以期引领欧盟经济走出债务危机，增强竞争力。根据这份纲领性文件，欧盟经济将实现以知识和创新为基础的"灵巧增长"，以提高资源效应、提倡绿色、强化竞争力为内容的"可持续增长"，以扩大就业、促进社会融合的"包容性增长"。为此，欧盟领导人在创造就业、增加科研投入、减少温室气体排放、提高教育普及率和消除贫困等 5 个方面达成了量化指标，欧盟成员国将落实到各自的国家行动计划中去。峰会还吸纳爱沙尼亚成为欧元区第 17 个成员，从而为这个波罗的海国家从明年 1 月 1 日起开始使用欧元扫除了一道障碍。

英国首相称永远不会成为欧元区的一员。6 月 17 日，英国新首相卡梅伦表示，英国支持欧盟要求削减成员国财政赤字和加强经济监督的决定，因为这有助于在未来催生一个更稳健更强大的欧元区，也符合英国自身的利益。但卡梅伦表示，英国不是欧元区国家，也"永远不会"成为其中的一员。因此他坚持英国只会遵守《里斯本条约》规定的责任和义务。

英国和法国计划延长退休年龄。6 月 24 日，英国联合政府宣布从 2016 年起将男士退休年龄推迟至 66 岁，同时取消目前法定男士 65 岁必须离职退休的规定。政府将对高薪公务员退休金设限，首相卡梅伦表示会放弃离任后每年 6.6 万英镑的退休金。一周前，法国政府宣布退休改革草案，草案计划于 2018 年起将法定退休年龄从 60 岁提高到 62 岁。该计划在法国国内接连引发强烈抗议。

欧盟批准中国企业并购沃尔沃。7 月 6 日，欧盟委员会决定，批准中国浙江吉利控股集团有限公司和大庆市国有资产经营有限公司并购瑞典沃尔沃轿车公司。

欧洲议会通过限制银行高管资金的法案。7 月 7 日，欧洲议会通过一项立法草案，同意从明年起严格限制银行高管的奖金数额，并为银行设定新的资本金要求，以遏制过度冒险行为，并促进银行业的健康发展，抵御未来可能再次发生的金融危机。同日，欧盟委员会公开征求各方意见，试图推动欧盟成员国改革养老体系，通过提高退休年龄，避免财政不堪重负。

欧洲大部分银行通过压力测试。7 月 23 日，根据欧洲银行业监管委员会公布的银行业压力测试结果，即便遭遇经济二次探底和主权债务危机的双重打击，接受测试的 91 家欧洲银行中的 84 家仍可以把核心资本充足率维持在 6% 以上，有望渡过难关，但包括德国地产融资抵押银行在内的其余 7 家银行将会出现资金问题，可能需要政府救助。

比利时家庭金融资产总额占比位列欧元区之首。8 月 11 日，根据欧盟统计局当日公布的数据，比利时家庭的金融资产总额在欧元区排名第一。截至 3 月底，比利时家庭金融资产总额达到 9160 亿欧元，相当于该国 GDP 的 210%，远远高于位居第二的意大利和第三的德国。

德国经济增长势头强劲。8 月 13 日，德国联邦统计局公布的统计数据显示，受企业投资和外贸增长拉动，第二季度德国经济增长率高达 2.2%，为 1987 年以来的最快季度增速。

标普调降爱尔兰长期主权信用评级。8 月 24 日，标普宣布，由于爱尔兰政府救助金融业的成本迅速增长且超出预期，将该国的主权信用评级由"AA"下调至"AA－"，评级前景为"负面"，同时维持爱尔兰短期信用评级维持于 A1＋。

比利时外交大臣称将继续推动一体化进程。8 月 26 日，比利时外交大臣范纳克尔在塞浦路斯表示，比利时作为现任欧盟轮值主席国，将保证"欧盟扩大的列车继续前行"。他表示，不应让申请加入欧盟的国家听到所谓欧盟"扩大疲劳症"的说法；相反，必须让它们相信，只要作出努力，沿着这条路走下去，逐步向欧盟的一系列法律法规看齐，就会在欧盟拥有一席之地。

保加利亚称可用经济增长缓解财政赤字压力。9 月 4 日，保加利亚经济能源和旅游部部长特拉伊科夫表示，2011 年保加利亚经济有望实现 3.5% 的增长。伴随着经济增长提速，财政赤字也将不再是很大的问题。

巴罗佐称欧洲经济形势好于上年。9 月 7 日，欧盟委员会主席巴罗佐在欧洲议会全会上发表首份"国情咨文"。他表示，欧盟目前的经济形势比一年前有所好转，复苏步伐正在加快，预计今年经济增长率会比原先预测的有所提高。但他承认，欧盟各成员国的复苏势头差别较大，内外部的不确定性因素和风险依然存在。

欧盟财长同意引入"欧洲学期"等措施。9 月 7 日，欧盟 27 国财政部长一致同意，从明年开始引入为期 6 个月的"欧洲学期"宏观经济政策协调机制，对成员国的预算政策进行监督和指导，以防止成员国预算赤字超标和经济发展失衡。当日，欧盟财长会议还通过了泛欧金融监管改革法案。根据这套改革方案，欧盟将新设立 4 个机构，从微观和宏观两个方面入手加强整个欧盟层面上的金融监管和风险防范，打破成员国各自为政的现行监管格局，建立起一套全新的泛欧金融监管体系。

希腊总理称将努力降低债务"断供"风险。9 月 12 日，希腊总理帕潘德里欧表示，政府将继续努力降低国家债务"断供"风险；如果能够维持眼下财政状况，政府就无须出台新的财政紧缩措施。

西班牙首相称欧债危机已经结束。9月21日，西班牙首相萨帕特罗宣布，欧洲债务危机已经结束。他表示，各国政府必须加强合作，并更好地利用市场机制，来避免此类危机再次发生。

欧洲议会通过了泛欧金融监管法案。9月22日，欧洲议会通过了欧盟财长批准的泛欧金融监管法案，批准成立4家监管机构，负责监管欧洲联盟银行业、保险业、股票交易等金融领域。根据欧盟财长达到的协议，该监管法案将从2011年起实施。

法国计划从2011年起大幅缩减公共开支。9月29日，法国政府公布2011年财政预算草案，计划2011年大幅缩减公共开支、取消部分减税优惠和继续实行结构性调整，将财政赤字占GDP的比例从2010年的7.7%降至6%。

爱尔兰财政赤字率大幅上升。9月30日，爱尔兰宣布，由于救助本国五大银行最高可能耗资500亿欧元，预计2010年的财政赤字率会骤升至32%。

欧盟与韩国正式签署自由贸易协定。10月6日，第五届欧盟韩国峰会开幕，欧盟和韩国正式签署自由贸易协定。美国商工会议所声称韩欧盟率先签署自贸协定可能会使美国每年失去35万个工作岗位，他们敦促美国国会早日批准韩美自由贸易协定。

欧盟财长就强化财政纪律达成一致。10月18日，欧洲理事会常任主席范龙佩表示，欧盟成员国财政部长当天就完善欧盟经济治理的改革方案达成一致，今后违反欧盟财政纪律的成员国将"自动"面临惩罚。

英国反对通过修改《里斯本条约》来强化财政纪律。10月19日，英国官员表示，英国反对通过修改《里斯本条约》，在欧元区建立永久性的危机处理机制并强化欧元区财政纪律，以防希腊式债务危机重演。

法国延长退休年龄法案获得议会通过。10月27日，法国退休制度改革法案在国民议会最终获得通过，标志着这项备受争议的法案走完议会的立法程序。尽管面临来自工会组织的巨大压力，但法国政府坚持从2018年起，将法定退休年龄从60岁推迟到62岁。

德国议会通过了严格的财政紧缩计划。10月28日，德国议会通过了规模达数百亿欧元的财政紧缩计划，旨在削减已对该国经济发展造成沉重负担的巨额财政赤字。

欧盟领导人通过经济治理改革方案。10月28日至29日，欧盟领导人通过经济治理改革方案，决定从强化财政纪律、新建宏观经济风险监测机制、加强经济政策协调和建立永久性危机应对机制等4个方面完善欧盟尤其是欧元区经济治理，堵住债务危机所暴露出的欧元体制性漏洞，由此开启了欧元有史以来最重大的改革。由于建立永久性危机应对机制涉及修改《里斯本条约》，欧盟领导人决定到12月的峰会上再具体商定。

欧委会发布欧盟扩大事务报告。11月9日，欧盟委员会通过2010年欧盟扩大事务报告，对在过去一年中相关国家的入盟进程进行了评估和展望。本年的年度扩大报告涉及8个国家及科索沃。报告要求黑山与阿尔巴尼亚继续进行在众多领域的改革；报告说，与冰岛的入盟谈判已经开始，而与克罗地亚的入盟谈判已经进入尾声；报告承认，与土耳其的入盟谈判进展缓慢，土耳其宪法改革步伐的大小将决定入盟谈判的快慢；报告建议开始与马其顿进行入盟谈判；报告欢迎塞尔维亚为加入欧盟所作出的努力，欧盟委员会已经开始对塞尔维亚的入盟申请进行审议；科索沃目前还没有提出入盟申请，但欧盟将促进其参与欧盟的相关计划。

法国延长退休年龄制度正式成为法律。11月9日，法国宪法委员会通过退休制度改革法案，同意将法定最低退休年龄从60岁推迟到62岁。法国总统萨科齐签署了退休改革法案，使之正式成为法律。

爱尔兰出现债务危机迹象。11月10日，由于爱尔兰金融和财政形势急剧恶化，投资者当日抛售爱尔兰国债，导致爱尔兰10年期国债收益率创下自欧元1999年诞生以来的最高纪录，借贷成本已经超出可以承受的限度。

欧委会称若必要可向爱尔兰提供帮助。11月11日，欧委会发言人表示，爱尔兰尚未向欧盟提出救助请求，但如果有需要，欧盟随时准备救助爱尔兰。正在韩国首尔出席二十国集团峰会的欧盟委员会主席巴罗佐当天强调，欧盟拥有现成的机制，可在必要情况下为爱尔兰提供帮助。

希腊总理重申希腊不会违约也不会退出欧元区。11月14日，希腊总理帕潘德里欧表示，希腊已经与欧盟和、IMF就延迟还贷等问题进行了商讨，但他同时表示，希腊不会违约也不会退出欧元区。当日，希腊地方政府第二轮选举结果初步揭晓，执政党泛希腊社会主义运动（帕索克）在13个大区和221个市政选举中均获得较大胜利。

爱尔兰财政赤字率高居欧元区第二位。11月15日，欧盟统计局公布的数据显示，爱尔兰去年财政赤字占GDP的比例高达14.4%，在欧元区成员国中仅次于希腊，而欧盟《稳定与增长公约》允许的上限是3%。爱尔兰总理考恩否认爱尔兰正向欧盟申请紧急救助。他指出，到明年年中前，爱尔兰的资金非常充沛。

爱尔兰总理对提前举行大选设定前提条件。11月22日，爱尔兰执政联盟成员绿党呼吁在2011年1月提前举行大选。爱尔兰总理考恩当日表示，他愿意提前举行选举，但必须在成功推行财政"瘦身"、获取金融外援之后。当日，在爱尔兰向欧洲联盟和IMF提出财政援助请求后，葡萄牙总理若泽·苏格拉底表示，葡萄牙不需要任何援助。

希腊财长称希政府履行还贷义务。11月23日，希腊财政部长帕帕康斯坦季努表示，希腊没有考虑改变2011年重返国际市场，以满足财政需求的计划。希腊政府会信守承诺履行还贷义务。当日，正在希腊访问的欧盟—欧央行以及IMF专家组发表声明说，希腊实施的稳定增长计划目前进入了关键阶段。专家组认为希腊政府应继续进行结构性调整和改革，应对挑战，确保稳定增长计划的实施。

英国将逐步提高移民门槛。11月23日，英国内政大臣梅宣布，政府将在2015年下届议会选举到来前逐步提高移民门槛。根据新政策，英国年净移民人数将减至数万人，欧盟以外国家或地区赴英工人数量每年不得超过2.17万人。每年发放给未持有赴英工作邀请者的签证将从去年的1.3万张减至1000张，且这些名额对象仅限于科学家、学者、艺术家等具有"非凡才华"者。梅说，今后申请赴英结婚签证者需证明具有一定英语水平，临时工将无法申请永久居留签证。这些政策将从2011年4月起将正式实施。

爱尔兰宣布"国家复兴计划"。11月24日，爱尔兰政府宣布一项为期4年的"国家复兴计划"，政府将在未来4年内削减150亿欧元财政赤字，以实现到2014年将财政赤字占GDP的比例控制在欧盟要求的3%之内。

法德领导人就向爱尔兰援助达成一致。11月25日，法国总统萨科齐和德国总理默克尔通电话，双方希望爱尔兰、欧盟委员会和国际货币基金组织尽快就援助爱尔兰问题达成一致。此前一天，爱尔兰总理考恩宣布一项为期4年的"国家复兴计划"，政府将在未来4年内削减150亿欧元财政赤字，以实现到2014年将财政赤字占GDP的比例控制在欧盟要求的3%之内。

欧盟与 IMF 就救助爱尔兰达成一致。2010 年 11 月 28 日，欧盟和 IMF 就向爱尔兰提供 850 亿欧元的救援方案达成一致，以帮助这个欧元区国家应对债务危机并遏制危机蔓延。至此，爱尔兰成为第二个正式申请国际援助的欧元区国家。

欧央行决定维持 1% 的主导利率不变。12 月 2 日，欧央行在月度货币政策决策会议上宣布，继续将欧元区 16 国主导利率维持在 1%，并继续向金融机构注入流动性。这是欧洲央行连续第 20 个月将该利率维持在这一历史最低水平。此外，为了遏制爱尔兰债务危机蔓延，欧洲央行加大了购买欧元区国家国债的力度，市场恐慌情绪暂时得以缓解。

IMF 呼吁欧盟扩大稳定基金规模。12 月 5 日，为避免债务危机继续扩散，IMF 呼吁欧盟扩大 7500 亿欧元稳定基金规模，并建议欧洲央行加大购买债券力度。

欧盟财长正式批准对爱尔兰的援助方案。12 月 7 日，欧盟 27 国财政部长正式批准对爱尔兰 850 亿欧元的援助方案，并提出提供这一援助的严格条件。其中包括要求爱尔兰政府对爱尔兰银行系统进行彻底整改、采取促进经济增长的多项改革措施以及在 2015 年将财政赤字率削减到 3% 以下。当日，爱尔兰政府把 2011 年的预算案交由议会审批。在这一预算案中，爱尔兰政府承诺将在 2011 年通过削减公共开支和增加税收等多种方式削减 60 亿欧元财政赤字。

葡萄牙总理重申葡萄牙不需要 IMF 援助。12 月 11 日，葡萄牙总理苏格拉底重申，葡萄牙目前的问题是"预算问题"，不存在寻求 IMF 出手援助问题。

法国财长呼吁进一步改革国际货币体系。12 月 11 日，法国经济、财政与就业部部长拉加德在巴黎呼吁进一步推进国际货币体系改革，以建立一个储备货币多元化、能够解决经济发展失衡问题的新体系。

欧盟持续一个多月的预算危机结束。12 月 15 日，欧洲议会通过了 2011 年欧盟预算，从而结束了持续一个多月的预算危机。根据预算规定，欧盟 2011 年的预算总额为 1265 亿欧元，和 2010 年相比增长了 2.91%。

欧盟领导人就建立永久性危机应对机制达成一致。12 月 16 日，欧盟领导人冬季峰会就如何修改《里斯本条约》以建立欧元区永久性救助机制达成一致。

2011 年

爱沙尼亚加入欧元区。2011 年 1 月 1 日，爱沙尼亚正式加入欧元区，成为第 17 个加入欧元区的国家。至此，有超过 3.3 亿欧洲人使用欧元纸币和硬币。当日，匈牙利接替比利时担任为期半年的欧盟轮值主席国。这是自 2004 年入盟以来，匈牙利首次担任欧盟轮值主席国。

欧元区通胀率超过警戒线。1 月 4 日，欧盟统计局公布的初步数据显示，上年 12 月，欧元区按年率计算的通货膨胀率达到 2.2%，超出了欧洲央行为维持物价稳定设定的 2% 的警戒线。

英国政府 12 个月内再次提高增值税。1 月 4 日，为增加税收，应对财政赤字，英国政府将增值税从先前的 17.5% 提高至 20%。这是英国政府在 12 个月内第二次提高增值税。

希腊总理呼吁发行欧元区债券。1 月 6 日，希腊总理帕潘德里欧在巴黎呼吁发行欧元区债券，以帮助欧元区成员国降低融资成本和应对债务危机。

欧盟经济治理进入新阶段。1 月 12 日，欧盟委员会公布首份《年度增长调查》报告，开启了欧盟经济治理的新阶段。同日，为尽早摆脱干扰欧元区国家的高额赤字和巨额债务，欧洲联盟开启协调成员国经济和预算政策的新篇章。同日开始的"欧洲学期"项目，旨在把各成员国财政预算置于欧盟监管之下，向 27 个成员国协调经济管理的目标迈进一步。

西班牙政府就推迟退休年龄与工会达成协议。1 月 27 日，西班牙政府与工会组织达成协议，决定把大多数人的法定退休年龄推迟至 67 岁，以削减财政赤字。

英国首相呼吁欧洲应更积极地推动自由贸易。1 月 28 日，英国首相卡梅伦在瑞士表示，欧洲应当减少市场监管、更加积极地推动自由贸易。卡梅伦在出席世界经济论坛达沃斯年会时称赞欧盟—韩国自由贸易协定是一个范例，他呼吁欧盟与印度、加拿大以及拉美、中东和东盟国家签署类似的协议。关于欧盟一些国家面临的主权债务危机等问题，卡梅伦呼吁欧盟建立真正的单一市场。

欧元区财长就 ESM 规模达成初步共识。2 月 14 日，欧元区财长初步商定未来永久性救助机制的规模，同意拿出 5000 亿欧元援助未来可能陷入债务危机的欧元区国家。

英国将推动新的经济复苏政策。3月6日，英国首相卡梅伦表示政府将大力支持企业发展以努力推动经济增长。此前一天，财政大臣奥斯本也表示，英国政府将推出包括兴建企业区在内的新政策来推动经济复苏。

穆迪再度大幅调降希腊主权信用评级。3月7日，国际信用评级机构穆迪投资者服务公司将希腊主权信用评级从Ba1降至B1，前景展望为负面。希腊政府对此表示强烈批评。

英国政府计划压缩公共部门退休金支出。3月10日，英国政府公布了公共部门退休金审查报告，建议通过延长退休年龄、降低高层人员退休金水平等方式压缩公共部门退休金开支，缓解财政赤字压力。

日本核事故在德国、法国等国引起强烈反应。3月12日，日本大地震引发福岛县1号核电厂发生爆炸后，在德国南部城市斯图加特大约6万名示威者组成长达45公里的队伍，要求立即关闭德国所有核电厂。德国总理默克尔宣布，德国将全面检查核电站安全标准并将暂缓延长现有核电站使用期限。3月15日，德国政府宣布暂时关闭7座1980年之前建成使用的核电站。当日，法国也宣布将对全国58座核电机组的安全性进行检查。

穆迪下调葡萄牙主权信用评级。3月16日，国际信用评级机构穆迪将葡萄牙主权信用评级下调2级，从A1降为A3，同时将葡萄牙主权信用前景展望继续定为负面。对于调降原因，穆迪称，葡萄牙经济增长前景不明，且政府出台的紧缩政策可能会给其经济增长带来阻碍。

欧盟出台首份应对债务危机的综合性方案。3月25日，在为期两天的春季峰会上，欧盟领导人出台了首份综合性应对方案，内容包括扩大现有救助机制的规模和用途、为希腊等国接受救助减负、开展新一轮银行业压力测试等短期举措，以及深化经济治理改革、建立欧元区永久性救助机制、促进经济趋同等长效举措。

欧盟决定对欧洲核电站安全状况进行压力测试。3月25日，欧盟领导人决定，将对欧洲核电站的安全状况进行压力测试，并呼吁在全球范围内展开类似测试，以最大限度地确保核安全。欧洲理事会主席范龙佩在当天欧盟春季峰会结束后表示，确保核安全是当前首要任务，欧盟希望欧洲在核安全问题上执行最高标准，为此欧委会将负责对欧盟现有核设施的安全规定进行彻底评估，并于年底前向欧洲理事会汇报评估结果。

英国政府削减财政开支引发大规模抗议浪潮。3月26日，数十万英国民众走上伦敦街头，抗议政府大幅削减财政开支。这是自 2003 年百万民众抗议伊拉克战争以来英国规模最大的示威行动。200 多人被捕，80 多人受伤。英国商务大臣凯布尔在示威结束后发表言论说，英国政府削减财政赤字的决策"不会改变"。

标普下调葡萄牙主权信用评级。3 月 29 日，国际信用评级机构标普宣布将葡萄牙主权信用评级下调 1 级至 BBB-。这是标普继 28 日下调葡萄牙金融机构和公司的信用评级之后又一次就葡萄牙的债务危机问题作出反应。与此同时，葡萄牙国债的风险溢价 29 日继续上升，攀至 466 点的新高。

葡萄牙决定向欧盟申请金融援助。4 月 6 日，葡萄牙看守政府总理苏格拉底在举行部长理事会特别会议后宣布，葡萄牙政府决定请求欧盟提供金融援助，以缓解不断恶化的由债务问题而引发的金融危机。

欧央行在危机中加息。4 月 7 日，鉴于通货膨胀率上升，欧央行将基准利率上调 25 个基点至 1.25%。这是金融危机以来，欧央行的首次加息。7 月 7 日，欧央行再度加息，将基准利率上调 25 个基点至 1.50%。

欧盟再次否认希腊需要债务重组。5 月 2 日，欧盟负责经济和货币事务的委员雷恩再次否认希腊需要债务重组，并表示欧盟现在和将来都不会考虑采取这一举动。

欧委会称申根国家可临时启动边境管控。5 月 4 日，由于中东北非局势动荡造成大批移民涌入部分欧盟成员国，欧委会建议，在特定、必要情况下，申根国家可临时启动边境管控。欧委会表示，非常规移民涌入现象需要在欧盟层面上采取协调行动，欧盟边境的突发移民状况不应由单个成员国独自承担。

欧盟与 IMF 就救助葡萄牙达成一致。5 月 5 日，欧盟和 IMF 通过了葡萄牙救援方案。根据方案，未来三年葡萄牙将获得 780 亿欧元援助金，其中 120 亿欧元用于支持银行业。为此，葡萄牙需要在 2013 年将财政赤字占 GDP 比例减至 3%。这是债务危机正式扩散至葡萄牙的一个重要标志。

金融危机以来英国房价大幅下跌。5 月 10 日，据英国《每日邮报》报道，英国平均房价在过去 4 年下降了 20%。4 月下降幅度为 1.4 个百分点，创 18 个月以来的最大单月降幅。

波兰央行行长表示不急于加入欧元区。5 月 24 日，波兰中央银行行长贝尔卡表示，鉴于目前希腊所面临的债务危机，波兰不急于考虑加入欧元区。

欧盟称已制定出核电站压力测试的具体标准。5月25日，欧委会负责能源事务的委员奥廷格说，欧盟已经制定具体标准，将从6月1日起对欧盟范围内的143座核电站展开压力测试，以验证这些核电站的安全性。27个成员国已达成一致，同意让各自的核电站接受安全压力测试，测试结果将在12月以前公布。

希腊通过中期财政和私有化改革计划。6月9日，希腊政府通过了一项为期4年的中期财政计划和私有化改革计划。希腊总理帕潘德里欧当日就此发表电视讲话，再次呼吁各党派能就新推出的一揽子紧缩计划达成共识，齐心协力，共渡难关。

欧元区财长要求私人投资者对希腊债务承担相应责任。6月20日，欧元区国财政部长会议后发表的声明称，为避免希腊债务违约，欧元区决定再次对希腊进行救助，并要求私人投资者承担相应责任。当日，英国外交大臣重申，英国不会在出资进一步救助希腊的计划中扮演任何角色。

希腊议会以微弱优势通过新一轮紧缩计划。6月23日，希腊新任副总理兼财政部部长韦尼泽洛斯公布经过修正的经济紧缩计划，以期获得希腊度过债务危机急需的救援贷款，同时缓解国内反对经济紧缩措施的压力。28日，抗议政府经济紧缩政策的希腊民众在首都雅典与警察发生冲突，至少46人受伤。29日，希腊议会以微弱多数通过了新一轮的紧缩方案投票。30日，希腊议会连续第二天批准关键财政法案，为获得金融援助、暂时避免国家破产铺平道路。同一天，德国银行原则上同意接受希腊债务延期偿付安排，变相金援希腊。

欧盟重量级人物对国际信用评级机构提出批评。7月7日，欧洲中央银行行长特里谢指责国际信用评级机构是"寡头垄断"，并警告它们不要采取任何举动将希腊视作债务违约或部分违约。11日，面对标普、穆迪和惠誉三大国际评级机构频频下调欧元区一些国家的主权信用评级或银行信用评级，欧委会负责内部市场和服务的委员巴尼耶当天称，将来评级机构决定下调某个欧盟成员国信用评级时，将可能被强制要求公布分析数据。12日，穆迪将爱尔兰政府债券评级由Baa3下调至垃圾级Ba1，并维持评级前景为负面。

意大利议会通过财政紧缩法案。7月15日，意大利众议院通过政府提出的财政紧缩法案,至此该法案已在意大利议会两院获得通过,宣告正式生效。意大利参议院 14 日通过了这个总额超过 700 亿欧元的财政紧缩法案。

欧元区国家领导人就对希腊开展第二轮救助达成一致。7 月 21 日,欧元区国家领导人就新一轮援助希腊方案达成一致,同意再向希腊提供 1090 亿欧元贷款,以防欧元区主权债务危机继续蔓延。本次会议首提让持有希腊国债的银行等私人投资者为救助希腊出力,由此开启了希腊债务违约的大幕。当日,法国总统萨科齐与德国总理默克尔就救助希腊计划达成共同立场,法国同意德国提出的建议,允许私人投资者加入救助希腊的新一轮计划,而德国则支持法加强欧洲金融稳定工具作用、避免债务危机风险进一步外溢的主张。

欧盟总人口超过 5 亿人。7 月 28 日,欧盟统计机构发布的报告显示,截至 2011 年 1 月 1 日,欧盟 27 个成员国的总人口数约为 5.025 亿,与 2010 年同期相比,增加了 140 万,年增长率为 2.7‰。

欧央行称已通过回购意大利、西班牙两国国债缓解市场压力。8 月 9 日,欧洲中央银行行长特里谢证实,欧央行已经在二级市场上购买意大利和西班牙两国国债,以缓解市场压力,遏制债务危机蔓延。

意大利出台新一轮紧缩方案。8 月 12 日,意大利政府出台新一轮财政紧缩方案,计划两年内削减开支 455 亿欧元(约合 648 亿美元),以巩固财政,重塑市场信心,避免债务危机蔓延到本国。

法德领导人声称要在欧元区建立"真正的经济政府"。8 月 16 日,法国总统萨科齐和德国总理默克尔誓言要为欧元集团设立一个"真正的经济政府"。两国将共同提出成立欧元区经济政府、成员国实施财政平衡政策、征收金融交易税等建议,以加强欧元区经济治理,应对目前欧元区面临的债务和经济增长危机。

奥地利反对发行通过欧元债券应对危机。8 月 16 日,奥地利财政部部长费克特表示,奥地利政府反对用发行欧洲共同债券的办法来应对目前席卷欧元区的主权债务危机。

瑞士决定启动新计划减轻瑞士法郎升值影响。8 月 17 日,瑞士政府决定启动 20 亿瑞士法郎(1 美元约合 0.79 瑞士法郎)的行动计划,补贴出口企业、旅游业、创新与科研、基础设施和消费者,减轻瑞士法郎升值影响。瑞士政府当天发表公报称,政府正在研究并将迅速采取帮助出口企业、旅游业、创新与科研、基础设施领域和惠及消费者的措施。

法国政府下调经济增长预期。8月24日，法国总理菲永宣布，将2011年和2012年政府经济增长预期分别从2%和2.5%下调至1.75%，并计划加大紧缩和征税力度，以保证在经济增长放缓情况下仍能实现削减财政赤字的既定目标。

瑞士央行决定限制瑞郎兑换欧元最低比价。9月6日，为遏制瑞郎持续升值，瑞士央行决定将瑞士法郎与欧元最低比价定为1.20瑞郎对1欧元。

希腊总理强调继续执行紧缩和改革措施。9月10日，希腊总理帕潘德里欧强调，希腊政府将继续执行紧缩和改革措施，以此摆脱困扰希腊、欧洲乃至全世界的债务危机。希腊政府目前的优先任务是全面执行7月21日欧元区首脑会议作出的决定，避免出现灾难性的债务违约，并使希腊留在欧元区内。11日，面对希腊爆发的大规模示威，希腊总理再次公开声称，希腊将会偿还所有债务，希腊不会退出欧元区。当天，希腊副总理兼财政部部长韦尼泽洛斯宣布，希腊将实施包括提高房产税在内的补充性经济紧缩措施，以削减财政赤字，获得应对债务危机急需的贷款。这些新紧缩措施包括：在2011年和2012年新征每年每平方米最高4欧元的房产税，对总统、总理等所有经选举产生的官员少发一个月工资等。12日，希腊负责财政的国务秘书菲利波斯表示，希腊政府现在所持有的资金只够支付到10月的养老金和公务员工资，因此欧盟和IMF尽快向希腊支付金额为80亿欧元的第6笔援助款至关重要。

德国总理严斥有关希腊破产的言论。9月13日，德国总理默克尔对本国政府高层日前公开发表的希腊破产言论给予严厉驳斥。默克尔称，欧元和欧洲的前途绑在一起，因此必须全力以赴阻止希腊偿付能力失控，只有这样才能避免多米诺骨牌效应，避免危险向其他国家蔓延。

欧委会公布《申根协定》修改草案。9月16日，欧委会公布《申根协定》修改草案，主张建立由欧委会和成员国组成的欧盟层面决策机制，对"重开边境检查"问题共同进行裁决。欧盟内政部长马尔姆施特伦表示，今后，只有欧盟才能决定是否暂时停止执行有关公民旅行自由的申根条约。类似丹麦单方面恢复边境海关检查的做法，今后将是不允许的。

德国总理强调不能回到马克时代。9月25日，德国总理默克尔强调，德国不能回到货币马克时代，因为强势马克不利于德国出口，而希腊也不能退出欧元区。

欧委会主席提出遏制危机的多项建议。9月28日，欧盟委员会主席巴罗佐在"国情咨文"中公开提出多项建议来遏制欧债危机。巴罗佐建议进一步深化欧盟合作，给予欧委会必要权力，及时扩大"欧洲金融稳定基金"的规模，以遏制欧债危机进一步蔓延。同日，欧洲议会通过了一揽子6项立法建议，使得欧盟可以以更严厉的法律形式对违反财政纪律的国家进行纠正和惩罚，防止债务危机再度爆发。

德国议会将监督政府的危机治理政策。9月29日，德国联邦议会通过拯救欧元的系列法案。根据这些法案，德国将为欧洲金融稳定工具提供总额2110亿欧元的担保，对欧债国家进行救助。同时，议会享有更大的监督权。这两种方案都以实施财政和金融改革为前提。

欧元区领导人峰会提出解决债务危机的"一揽子"方案。10月27日，欧元区领导人特别峰会提出解决危机的综合性对策，主要内容包括：恢复希腊债务可持续性、为救助基金扩容以及银行业重组这三大措施。将EFSF扩充至1万亿欧元，向希腊提供1000亿欧元的第二轮救助资金，并向希腊提供300亿元债务掉期抵押，以便给予希腊私营部门债权人接受新的、低风险的债券以使希腊现存债务账面值减值50%。借助杠杆手段增强EFSF火力的两个方案：一是信用增级或保险方案，为主权国家政府发行的新债券提供额外的信用增级；二是设立一个特殊投资工具（SPV），结合公共与私人部门资本，发放贷款，并在一级和二级市场购入债券。欧元区银行在2012年6月之前要达到9%的核心一级资本充足率。

欧央行降息。11月3日，欧央行意外降息25个基点，至1.25%。这是欧央行新任行长德拉吉上任以来的首次政策会议，是对希腊退出欧元区的预期加剧，令意大利和西班牙借贷成本激增的背景下采取的措施。这次降息超出市场预期。12月8日，欧央行再度降息25个基点，将政策性利率下调到1.00%的历史最低点。

希腊总理以微弱优势获得信任投票。11月5日，希腊议会以微弱优势通过对帕潘德里欧领导的希腊政府的信任投票。10月31日晚，帕潘德里欧意外宣布，希腊将就欧盟最新救援方案举行全民公投，并在议会对他领导的政府举行信任投票。公投提议遭到国内外引发强烈反弹，执政党内部也出现严重分歧，反对党则要求帕潘德里欧立即辞职，此后才可能考虑支持新救援方案。在巨大压力下，帕潘德里欧表示提出公投的初衷，是迫使希腊各政党在实施欧盟救援方案上达成共识,尤其是使最大反对党新民主党在解决债务危机方面负起责任。鉴于反对党领导人表示该党将有条件支持新救援方案,因此目前没必要举行公投。

欧盟冬季峰会就债务危机达成重要成果。12月8—9日,欧盟在债务危机关键时刻举行峰会,主要成果有三:一是建立"财政协议"(Fiscal Compact)以加强财政纪律;二是提前至2012年7月启动永久性救助机制ESM,并在2013年7月前与EFSF并行运作;三是欧盟成员国通过双边向IMF提供2000亿欧元贷款,以弥补其危机救助资金不足问题。会议被认为是向着财政联盟框架迈出重要一步。在这次峰会上,欧盟与克罗地亚签署一项条约,克罗地亚将在2013年7月加入欧盟,成为欧盟第28个成员国,也将成为继斯洛文尼亚之后第二个加入欧盟的前南斯拉夫联邦共和国。

欧央行实施首轮LTRO。12月21日,ECB首次开启长期信用再融资操作(LTRO),以挽救正近乎陷入瘫痪状态的欧洲银行系统。ECB向银行业提供利率仅1%的三年期低息贷款,并放宽抵押物标准,有500多家银行获得共计4980亿欧元贷款,有效缓解了银行业主权债券市场压力。

2012年

标准普尔下调法国、意大利等国主权信用和EFSF信用评级。1月13日,标普公司下调法国等9个欧元区国家的长期信用评级,其中,法国和奥地利由最高的AAA评级被下调至AA+,意大利、西班牙和葡萄牙均被下调了两个级别。标普称欧元区所出台的政策不足以遏制债务危机进一步蔓延。标普当天还称,除德国和斯洛文尼亚外,其他14个欧元区国家的信用评级展望均为负面。1月16日,标普将欧洲金融稳定基金EFSF的评级,从AAA降至AA+。

惠誉下调欧元区五国评级。1月27日,评级机构惠誉国际下调了意大利、比利时、西班牙、塞浦路斯和斯洛文尼亚的主权债务评级,并进一步确认了对爱尔兰的评级。这次对6个国家的评级前景均为负面,未来两年其评级被下调的可能性略微超过50%。

欧盟就新财政协议及欧洲稳定机制达成共识。1月30日,在欧盟非正式首脑会议上,25个成员国加入名为"经济货币联盟稳定、协调与治理协议"的政府间协议,英国未加入,捷克暂时不加入。根据达成的协议，在得到最少 12 个欧元区成员国批准后，协议将正式生效。协议要求各国经周期调整的赤字控制在 GDP 的 0.5% 之内，政府债务控制在 60%。欧洲法院将对违反协议的欧元区国家处以罚款，最高罚款额为 GDP 的 0.1%。除新财政协议之外，欧盟领导人还就 ESM 自 2012 年 7 月起生效达成共识。此外，欧盟领导人还同意必须解决各成员国经济增长不均衡问题，并承诺在青年失业问题和信贷流动上采取行动。

穆迪下调意大利等欧元区九国主权信用评级。2 月 13 日，评级机构穆迪将意大利、葡萄牙、斯洛伐克、斯洛文尼亚、马耳他等的主要信用评级下调一个等级，将西班牙的主权信用评级下调了两个等级。此外，穆迪还将法国、英国以及奥地利的信用评级前景下调至负面，但同时维持这些国家现有 AAA 的评级不变。

欧元区财长就向希腊提供第二轮救助方案达成协议。2 月 21 日，欧元区财长会议决定，向希腊提供 1300 亿欧元援助资金，并要求希腊在 2020 年之前将债务与 GDP 之比降至 120% 左右。该协议的达成，避免了希腊近期破产的命运。

欧央行向银行体系注入 5295 亿欧元长期流动性。2 月 29 日，欧央行实施第二轮长期再融资操作（LTRO），以 1% 的固定利率向 800 家金融机构提供 5295 亿欧元三年期贷款。与第一轮 LTRO 相比，本轮 LTRO 不仅参与金融机构的对象增加，而且资金量也有所增长。

欧盟 25 国签署加强预算平衡新条约。3 月 2 日，欧盟 25 国领导人签署了名为《欧洲经济货币联盟稳定、协调与治理公约》（又称"财政契约"）的新条约，以加强预算纪律，防止债务危机恶化并最终得到解决。27 国中，只有英国和捷克没有签约。新条约要求各国最好将新的财政管理规定写入各自宪法。新条约还引入了所谓的"黄金规则"，在一定程度上强制要求各国平衡预算。如果某国没有达标，其他国家可能将未达标国告上欧洲法院，该国将遭到制裁，面临欧盟开出的相当于 GDP 0.1% 的罚单。

希腊与私人投资者的债权置换谈判达成一致。3 月 9 日，85% 的私人投资者同意削减持有的希腊债务，另有 10% 投资者则被希腊当局动用集体行动条款"被自愿"参与重组。根据协议，每 100 欧元希腊债券将被置换为由欧元区救助基金发行的价值 15 欧元的高质量短期债券，以及 31.5 欧元期限在 11 年到 30 年的希腊新债。希腊据此削减掉 1070 亿欧元债务，成为历史上规模最大的债务重组。

欧元区国家正式通过对希腊的第二轮救助计划。 3月14日，欧元集团发表声明称，欧元区国家正式通过了对希腊的第二轮救助计划，批准欧洲金融稳定基金（EFSF）向希腊发放第一批救助资金，总计394亿欧元。翌日，IMF批准向希腊提供280亿欧元贷款，以支持希腊政府经济改革。

欧元区同意构筑总额为8000亿欧元的防火墙。 3月30日，欧元区各国财长同意建立总额8000亿欧元的防火墙，以维护欧元区金融稳定。根据会后发表的声明，ESM和EFSF合并后放贷上限为7000亿欧元，加上欧洲金融稳定机制（EFSM）的490亿欧元和已经对希腊投放的530亿欧元贷款，"防火墙"总额约为8000亿欧元，超过1万亿美元。声明说，规模为5000亿欧元的ESM将自2012年7月启动，成为欧元区国家金融救助的主要工具。目前正在运行的临时救助机制EFSF将只会对2012年7月之前已经启动的项目进行放贷。但如果ESM在2013年中之前财力不足，EFSF也可以被投入使用，以确保5000亿欧元的放贷上限。声明还表示，欧元区国家承诺向国际货币基金组织注资1500亿欧元。

西班牙信用评级再遭下调。 4月26日，评级机构标准普尔宣布，因经济收缩导致政府债务占GDP比重面临上升风险（2011—2015年预算赤字比预期进一步恶化），以及政府被迫向银行业提供财政支持的可能性不断上升等因素影响，将西班牙长期主权信用评级从A下调两级至BBB+，短期主权信用评级从A-1下调至A-2，评级展望为负面。

希腊组建新政府难产。 5月11日，希腊泛希腊社会运动党（PASOK）组建希腊联合政府的计划以失败告终，步新民主党（New Democracy）及左翼联盟（Syrizaparty）的后尘，实现了三大政党组建联合政府的"三连败"。这意味着希腊再次举行议会选举的可能性大大增加。5月6日，在希腊的议会选举中，新民主党、左派政党联盟和泛希社运得票率排在前三位。根据希腊法律，这三个政党的领导人各有三天时间组建联合政府。如果组阁失败，希腊总统将召集各政党领导人，作最后一次组阁努力。如果还不能成功组阁，希腊将再次举行议会选举。

穆迪调降意大利26家银行评级。 5月14日，评级机构穆迪宣布，下调26家意大利银行的信用评级，降幅从1级到4级不等，从而使对意大利各银行的评级位于欧洲发达国家中最低之列。穆迪称，下调意大利银行业评级主要基于三点考虑：一是意大利经济重返衰退，银行业运营环境更趋负面；二是银行资产质量恶化；三是银行从市场融资的渠道受限，获取收入的风险上升。15日，意大利银行业协会ABI称穆迪的举动加剧了金融市场的不稳定性，是对意大利企业和家庭的"挑衅"，并敦促欧央行和欧盟机构不要理睬穆迪的评估。

欧盟非正式峰会无果而终。5月24日，当天结束的欧盟非正式峰会没有达成任何足有扭转市场信心的成果。此前，市场盛传欧盟着手准备希腊退出预案。希腊前总理帕帕季莫斯亦警告说，希腊退出欧元区的风险真实存在，相关准备工作也正在考虑之中。投资者对希腊退出的担忧重创全球金融市场。欧洲股市23日遭遇一个月来最大单日跌幅，国际油价和金价也大幅下跌。

瑞士备战欧元危机。5月28日，鉴于自本月初希腊大选以来，在欧洲寻找避风港的投资者对瑞士法郎需求量越来越巨大，瑞郎升值压力大增，瑞士央行表示如果希腊离开欧元区，将考虑对外国存款实施资本管制；如果瑞士法郎兑欧元汇率突破某一水平，将再次出手干预。

欧盟呼吁设立跨境"银行业联盟"。5月30日，欧委会发表年度报告，首度提出欧元区应放宽规定，容许ESM直接援助区内银行，并呼吁设立跨境"银行业联盟"，加强监管整合。

爱尔兰公投通过财政契约。6月1日，爱尔兰60.3%的选民投票支持财政契约，39.7%的选民反对。在25个签署财政契约的欧盟成员国中，爱尔兰是唯一一个需要通过公投表决的国家，其他国家只需议会投票。

G7财长举行紧急会议讨论西班牙问题。6月6日，G7财长和央行行长就如何应对欧元区债务危机举行紧急会议。西班牙银行业危机问题已经成为继希腊是否退出欧元区之后的另一个忧虑。G7财政部长和央行行长承诺合作解决希腊和西班牙问题，并表示未来将联手采取措施帮助希腊和西班牙重新走上可持续的道路。

欧盟千亿欧元救助西班牙。6月9日夜，西班牙政府正式向欧盟申请援助。随后，欧元集团发表声明称，将最多向西班牙提供1000亿欧元援助贷款，资金将来自EFSF和ESM。西班牙银行将通过银行有序重组基金（FROB）获取资金。据称，该机构是唯一有权直接接受援金的机构。6月8日，惠誉将西班牙长期本、外币违约评级由A级下调至BBB级，距垃圾级仅有两档，评级前景展望为负面，从而直接导致西班牙被融资市场拒之门外，银行业资金枯竭。

西班牙 10 年期国债收益率升至 7%。6 月 14 日,西班牙 10 年期国债收益率上升至 7%,创西班牙加入欧元区以来新高。

欧央行将向银行系统提供流动性。6 月 15 日,欧央行行长德拉吉表示,欧央行将继续通过接管合适抵押品的方式给予银行系统流动性。德拉吉指出,这符合欧央行维持物价中期稳定的职责。他同时表示,欧央行采取的两轮三年期长期再融资操作(LTROs)在改善紧张金融市场情况的同时,并没有威胁到欧元区的通胀水平。

希腊支持紧缩的政党在议会选举中获胜。6 月 17 日,在希腊议会选举中,支持紧缩政策的新民主党获胜,成为议会第一大党。按规则,支持紧缩的新民主党与泛希社运将获得 300 个议席中的 161 个。新民党党首明确表示,将尽快组阁。希腊的选举结果意味着希腊短期内不会退出欧元区,市场担忧大为缓和。

IMF 获增资提高救助能力。6 月 19 日,G20 峰会期间,中国等新兴国家承诺向 IMF 增资,使该组织的放贷和救灾能力增强了几乎一倍。IMF 表示,已获得 4560 亿美元注资承诺,较 4 月的 4300 亿美元有所提高,该组织还有 3800 亿美元资金可用于放贷。这可增强 IMF 为应对欧债危机扩散而建立防火墙的能力。尽管在多方呼吁下,美国和加拿大此次没有为 IMF 提供任何资金。

欧元区四大国同意 1300 亿欧元经济刺激计划。6 月 22 日,德国、法国、意大利和西班牙四国举行欧元区小型峰会,同意用总额达 1300 亿欧元(约占欧元区 GDP1%)的一揽子计划刺激经济增长。据媒体披露,资金来源可能有三:一是增加欧洲投资银行资本金,扩大该行借贷能力;二是发行共同的欧洲项目债券,用于基础设施领域大型项目建设;三是动用欧盟结构基金的结存资金。欧委会已着手研究相关具体措施。四国领导人还就开始征收金融交易税达到一致。

塞浦路斯正式要求欧盟救助。6 月 26 日,塞浦路斯政府申请欧洲金融稳定机构(EFSF)的救助。塞浦路斯需要在 6 月 30 日前给该国因希腊债务而蒙受巨大损失的第二大银行——大众银行进行再注资,金额为 18 亿欧元。预计塞浦路斯救助金额将高达 40 亿欧元。塞浦路斯已成为第五个要求救助的欧元区成员国。

德国批准永久性救助机制。6 月 29 日晚,德国联邦议院以超过 2/3 多数票分别批准了旨在加强财政纪律的欧盟"财政契约"和规模为 5000

亿欧元的ESM。为确保这两项议案在联邦议院和联邦参议院获得多数票支持，德国政府此前与反对党社民党和绿党达成了妥协，同意引入金融交易税以及实施推动经济增长和就业计划。

俄罗斯援助塞浦路斯银行业。7月4日，欧盟轮值主席国塞浦路斯总统赫斯托菲亚斯称，俄罗斯将提供比欧盟和IMF条件更为优越的援助，以拯救该国银行业。赫斯托菲亚斯称，俄罗斯提出的方案没有"附加任何条件"，提供"比较低的利率"。

欧央行再融资利率创历史新低。7月5日，与市场预期相一致，欧央行将再融资利率下调25个基点，至0.75%，再创历史新低。这是欧央行自2011年12月以来首次降息。为提振银行间市场，该行还将隔夜存贷款利率分别下调了0.25个百分点，使存款利率和边际贷款利率分别达到0和1.5%。同日，英国央行决定维持0.5%基本利率不变的同时，宣布未来4个月将通过量化宽松政策，向市场释放500亿英镑资金。丹麦央行则首次按照0.2%的利率向商业银行在央行的存款收费。

爱尔兰重返债券市场融资。7月5日，爱尔兰债务管理局（NTMA）宣布，爱尔兰当日拍卖了5亿欧元三个月期国债，平均收益率为1.8%，认购倍数为2.8。此次国债拍卖是爱尔兰自2010年9月来首次重返债券市场融资，该国由此成为欧元区首个重返债券市场的受援成员国。爱尔兰争取在2013年退出救助计划。

欧元继续下挫至两年新低。7月13日，欧元持续走低，盘中兑美元跌至1.22以下，创下2010年6月以来的新低。

西班牙地方政府申请救助引发股市和债市大跌。7月19日下午，瓦伦西亚地方政府向刚成立的国家救助基金（FLA）申请20亿欧元救助，占整个FLA项目的1/9，是该国首个求助的地方政府，另外6个地方政府也将提出类似申请。受此影响，西班牙股市和主权债务市场经历黑色星期五：IBEX 35指数大跌近6%，创一年来之最；10年期国债收益率上升，收盘时达7.267%。

欧元集团批准救助西班牙银行业计划。7月20日，在欧元集团会议上，各国财长批准了帮助西班牙银行业实施资本重组的最高可达1000亿欧元的救助计划，贷款规模或将到9月才能决定。按该计划，所有救助资金将在2013年年底之前全部支付。在决定具体资金需求之前，西班牙必须等待对本国银行业的深度审计结果。

西班牙、意大利股市大幅下挫。7月24日,投资者继续抛售西班牙、意大利两国股票和国债,致使两国股市损失惨重,双双回到9年前。西班牙 IBEX35 指数创 4 月以来新低。意大利富时 MIB 指数收盘价创有史以来新低。与此同时,西班牙 10 年期国债收益率已连续 4 天高于 7%,当日更高达 7.63%,明显超过 7% 的"心理分界线",市场担心西班牙坚持不了多久就需要接受援助。

西班牙财务形势进一步恶化。7月31日,西班牙官方数据显示,该国财务状况进一步恶化,撤离该国的资金规模显著上升。上半年,受税收持续疲软和施援地区及地方政府的影响,西班牙中央政府预算赤字率从上年同期的 2.2% 大幅跃升至 4.04%。受投资者信心减弱影响,净流出资金 5 月份达到 413 亿欧元(上年同期 96 亿欧元),其中证券投资净流出 92 亿欧元,企业和家庭存款净流出 12 亿欧元。

欧洲央行维持再融资利率不变。8月2日,与市场预期一致,欧央行维持 0.75% 的再融资利率不变。行长德拉吉暗示,该行准备在二级市场再次启动购买欧元区国债计划(SMP),但不会立即执行。受新政策缓期执行影响,西班牙 10 年期国债重返 7% 上方,意大利基准债券收益率上涨 40 个基点,至 6.33%。西班牙股市下跌 5.2%,意大利股市下跌 4.6%。

15 家意大利银行评级被下调。8月3日,评级机构标准普尔下调了 15 家意大利银行评级,理由是该国经济衰退的程度和持续时间将高于该机构最初预期。该机构称,若意大利经济严重衰退,可能导致意大利银行业今明两年的问题资产规模高于此前预期水平,并高于欧洲其他国家银行业。受经济衰退影响,2011 年年底意大利银行业问题资产规模为 1660 亿欧元,较 2008 年时的 750 亿欧元增加逾一倍。标普预计,到 2013 年年底将升至 2180 亿欧元。

穆迪将欧盟评级前景降至负面。9月3日,受盟内四个 AAA 级成员国德国、法国、英国和荷兰评级展望均为"负面"影响,穆迪将欧盟的 AAA 信用评级的前景展望从"稳定"下调至"负面"。穆迪警告称,如果欧债危机不能得到有效缓解,欧盟当前的 AAA 评级未来可能调降。时隔一日,穆迪将葡萄牙国家评级上限从之前的 Aaa 连降 9 级到 Baa3,离垃圾级只有一步之遥。同时,穆迪将爱尔兰的国际评级上限从之前的 Aaa 调降 6 级到 A3。

欧央行决定实施直接货币交易计划（OMT）。9月6日，欧央行管理委员会会议决定实施"货币直接交易（OMT）"，以取代现有的证券市场计划（SMP）。欧央行在SMP项下已经购买了大约2090亿欧元的政府债券。与SMP相比，OMT救助力度更大、条件更加宽松。根据OMT计划，一旦相关政府债券的发行国申请救助计划，欧央行将无限量地购买其剩余期限在一年至三年的政府债券。同时，欧央行将放弃所购债券的优先债权人地位，并将再次接受所有由欧元区成员国政府发行或担保的债券作为抵押品。当天早些时候，欧央行宣布维持0.75%的政策性利率不变，并将2012年欧元区的经济预期下调至-0.4%的狭窄区间，将2013年的经济增幅预期下调至-0.4%—1.4%。同日，英国央行货币政策委员会（MPC）决定，在维持0.5%基准利率不变的同时，维持总额为3750亿英镑的国债购买计划不变。

欧盟委员会公布建立欧洲银行业联盟的提案。9月12日，欧盟委员会公布建立银行联盟的一系列提案。根据提案，欧洲银行业联盟的建立将分为三步：首先，赋予欧央行对欧元区所有银行的监管权，欧盟其他国家的银行自主选择是否加入该监管体系；其次，由银行自己出资设立一个基金，以应对可能出现的银行破产清算；最后，建立一个健全的存款保险机制，在银行破产或重组时保护欧元区储户利益。欧委会主席要求，欧洲银行业的单一监管机制必须在2013年年初之前设立，从而使欧元区救助基金能够直接向问题银行注资。

中欧领导人承诺深化双边经贸关系。9月20日，在中欧工商峰会上，中国国务院总理温家宝承诺，中国将继续支持欧元区应对债务危机，包括投资欧元区国家债券和欧洲金融稳定基金（EFSF）债券，并与欧洲稳定机制（ESM）积极商谈合作事宜。温家宝对欧盟方面没有给予中国市场经济地位"深表遗憾"。欧委会主席巴罗佐敦促双方加快建立投资联盟，整合中国同欧盟各成员国分别签订的贸易协定，并尽早展开双方投资协议谈判。按双方签署的一项协议，欧洲将帮助中国制定碳排放市场试行方案。

欧元区永久援助机制（ESM）正式启动。10月8日，欧元区各国财长宣布正式启动永久性援助机制（ESM），用以增强欧元区应对主权债务危机及未来可能发生危机的防卫能力。ESM拥有7000亿欧元的实收和可调用资本，放贷能力5000亿欧元。欧元区各国将在未来两年内向ESM提供 800 亿欧元资金，剩余 6200 亿欧元将在有需要时予以提供。ESM 可向欧洲政府提供贷款，在一级或者二级市场购买主权债务。在欧元区统一银行监管机制建立后，ESM 还可以直接向欧元区内的银行提供资金。根据计划，2014 年前，ESM 将和临时性援助机制 EFSF 共同运行，2014 年后将独立运作。

欧盟 11 国支持开征金融交易税。 10 月 9 日，在德国、法国力推下，欧盟金融交易税获得 11 国支持。欧委会负责税收的委员塞梅塔说，继希腊、奥地利、比利时、葡萄牙、斯洛文尼亚致函欧委会后，意大利、西班牙、斯洛伐克和爱沙尼亚在当日举行的财长会期间表示支持开征金融交易税，超过了"加强合作"程序所要求的 9 国门槛。据测算，这项对股票债券交易征收 0.1%、对其他交易征收 0.01% 的交易税，每年可为欧盟增收 570 亿欧元。

西班牙主权信用评级被连降两级。 10 月 10 日，标准普尔将西班牙的长期信用评级从"BBB+"下调两级至"BBB-"，距"垃圾级"仅一级之遥，评级展望为"负面"。标准普尔预计，该国 GDP 2012 年将下滑 1.7%，2013 年再次下滑 1.4%。另据 10 月 9 日发布的 IMF《财政监测报告》指出，西班牙财政赤字率 2012 年预计为 7%，2013 年为 5.7%，恐无法完成欧盟设定的 6.3% 和 4.5% 的相应目标；公共债务与 GDP 比率在 2013 年将超过 90%。

欧盟获得 2012 年诺贝尔和平奖。 10 月 12 日，为了表彰欧盟在过去 60 年中推动和平、和解、民主、人权方面的贡献，使欧洲大陆从"战争大陆转为和平大陆"，诺贝尔奖评委会将 2012 年和平奖授予欧盟。欧盟机构和成员国领导人纷纷对此表示欢迎，认为这不仅是对欧洲领导人和欧盟机构，而且是对所有欧盟公民和前几代欧洲人的褒奖。但奖项也受到反欧、疑欧人士和部分反紧缩民众的质疑。

西班牙借贷成本进一步回落。 10 月 18 日，西班牙政府成功拍卖国债 46.14 亿欧元，中标平均收益率均低于国债上次拍卖时的水平。该国财政部计划 2012 年发行总计 860 亿欧元债券，已完成 93% 以上。越来越多的迹象显示，一些投资者正重返西班牙和意大利债券市场，开始少量买入两国国债。

欧盟举行秋季峰会达成一些共识。 10 月 18—19 日，欧盟秋季峰会达成以下共识：一是 2013 年 1 月 1 日前就建立单一银行业监管机制（SSM）

完成立法程序，2013年投入运行。二是欧盟机构与成员国签订结构改革契约，加强重大经济政策协调。三是推动落实夏季峰会出台的"增长与就业一揽子计划"。此外，峰会还决定，欧洲投资银行未来数周内须完成增资100亿欧元，使总借贷能力达到6000亿欧元；深化单一市场建设，到2014年建成内部能源市场，2015年建成数字化单一市场；促进研发投入，2014年年底前建成欧洲研发区域；落实"欧洲学期"，促进实施"欧洲2020战略"；加快双边自贸区建设。

穆迪下调西班牙五个地方政府债务信用评级。 10月22日，评级机构穆迪下调加泰罗尼亚、安达卢西亚、埃斯特雷马杜拉、卡斯蒂利亚拉曼恰和穆尔西亚5个地区的债务信用评级各1—2档，调降原因是其财政流动性状况不断恶化。

欧元区10国金融交易税获批。 10月23日，欧委会主席巴罗佐宣布，批准法国、德国、奥地利、比利时、希腊、意大利、葡萄牙、斯洛伐克、斯洛文尼亚和西班牙等10个欧元区国家征收金融交易税的提议。根据规定，征税计划的启动，还需其他欧盟国家和欧洲议会批准。

欧元区失业率再创新高。 10月31日，欧盟统计局公布的数据显示，9月欧元区失业率攀升至11.6%，环比提升0.1个百分点，再创有记录以来的新高。据研究机构Eurofond测算，欧洲有1400万年轻人失业，每年造成大约1530亿欧元的经济损失，包括108亿欧元公共财政成本和1421亿欧元产出损失，相当于欧盟GDP的1.2%。

希腊议会以微弱优势通过新一轮紧缩计划。 11月7日，尽管受到来自国内政界和民众的激烈抗议，希腊议会仍以微弱优势通过了新一轮紧缩计划，为国际债权人发放下一笔援助资金铺平了道路。该计划包括将退休年龄提高至67岁以及削减福利待遇和最低工资。11月11日，以该紧缩计划为基础的2013年财政预算案在议会上获得通过。

欧盟年度预算遇阻。 11月9日，因欧洲议会与欧洲理事会未能就解决2012年剩余经费缺口问题达成一致，2013年欧盟预算被搁置未决。由于两个机构间意见分歧较大，已商定将13日晚设定为解决问题的最终期限。据报道，欧盟预算缺口90亿欧元，欧委会申请追加资金以偿还应缴款项的提案尽管得到欧洲议会的同意，但欧洲理事会中德国、法国、英国、荷兰等8国代表对此予以反对。

欧盟同意宽限希腊两年完成赤字目标。 11月12日，欧元区财长会议同意宽限希腊到 2016 年实现把赤字降低到占 GDP 的 2%，比原来的时间推迟了两年。

穆迪调降法国 AAA 信用评级。11 月 19 日，国际信用评级机构穆迪将法国主权信用评级从最高级的 AAA 下调了一个等级至 Aa1。穆迪称，法国长期经济前景将受到多种结构性的挑战，比如竞争力逐步、持续地丧失，劳工、产品与服务市场长期缺少活力。法国的评级前景依然为负面。穆迪还表示，随着法国评级下调，将重新评估"欧洲金融稳定基金"和"欧洲稳定基金"的评级。

西班牙不良贷款率再创新高。11 月 19 日，西班牙中央银行数据显示，9 月西班牙金融机构的不良贷款达到 1822 亿欧元，不良贷款率从 8 月的 10.52% 升至 10.7%，创 1962 年以来最高纪录。该比率已经连续 15 个月上升，近三个月均超过 10%。

波兰表示暂不考虑加入欧元区。11 月 20 日，波兰政府通过欧盟财政新约。预计该国 2013 年将达到加入欧元区规定的所有宏观经济指标，但该国总理表示，要等到欧债危机稳定后才考虑加入问题。

欧盟中期预算谈判未达成协议。11 月 23 日，欧盟领导人结束了为期两天的特别峰会，峰会未能就 2014—2020 年欧盟中期预算方案达成协议。这个 7 年预算总额将近 1 万亿欧元，相当于欧盟 GDP 的 1.01%。欧盟承认，谈判困难且存在分歧，他们对 2013 年年初第二轮谈判取得进展持谨慎乐观态度。

欧元区与 IMF 同意向希腊提供更多援助。11 月 27 日，欧元区各国财长、欧央行与 IMF 就向希腊提供新一轮援助问题达成一致意见，将希腊的债务削减 400 亿欧元，债务总额/GDP 到 2020 年降至 124%，为希腊获得急需的救助贷款扫清障碍。协议的核心内容是降低希腊援款的利率。此外，欧央行将向希腊归还约 70 亿欧元希腊国债收益。

穆迪下调欧洲稳定机制（ESM）评级。11 月 30 日，穆迪宣布下调 ESM 评级，将其从此前的最高 AAA 评级下调一级至 Aa1，并维持信用评级展望为负面。穆迪同时也将欧洲金融稳定基金（EFSF）的临时评级从 AAA 下调一级至 Aa1。穆迪表示，此次降级主要受前不久法国主权信用遭降级的拖累。

欧盟理事会通过 2013 年预算案。12 月 6 日，在首轮谈判失败之后，欧盟理事会批准与欧洲议会达成一致的 2013 年财政预算案。2013 年预算支出总额为1328.4亿欧元，相当于欧盟国民总收入（GNI）的0.99%，比2012年预算增长2.4%（比上年增加38亿欧元，比相关机构的要求减少了50亿欧元）。这标志着欧盟陷入预算危机正式结束，欧盟多个项目开始启动。

欧央行和英国央行下调经济增长预期。12月6日，欧央行和英国央行分别维持政策利率不变，但下调2013年的经济增长前景。按欧央行最新预测，欧元区经济2013年将从此前预计的0.5%转为-0.3%；德国经济第四季度将现萎缩，2013年第一季度将衰退；英国经济2012年将收缩0.1%。

意大利政局危机引发市场动荡。12月8日，意大利总统府发表公报称，蒙蒂总理表示，其领导的政府将在议会通过2013年预算案后，正式向总统提出辞呈。这将使意的大选时间提前一个月左右，即在2013年2月份举行选举。次日，前总理贝鲁斯科尼宣布将竞选总理之职。贝鲁斯科尼所在的自由人民党对现政府明确表示了不信任，称意大利经济低迷应归咎于蒙蒂推行的紧缩政策。

欧盟将起诉数家涉嫌操控Euribor利率的银行。12月10日，《华尔街日报》报道，欧盟可能很快对企图串通操控欧元区银行间拆放利率（Euribor）的数家银行提起诉讼。该报称，巴克莱已承认企图操纵Euribor。该报援引银行和监管机构披露的消息称，至少有十几家银行正在接受调查，其中至少有4家银行涉嫌与巴克莱共谋。这4家银行可能包括法国农业信贷银行、法国兴业银行、英国汇丰控股和德国德意志银行。

欧洲议会同意欧盟11国设立金融交易税。12月12日，欧洲议会通过决议，同意欧盟11个成员国加强金融合作，设立金融交易税。参加这一合作程序的国家有法国、德国、西班牙、意大利、葡萄牙、希腊、比利时、斯洛文尼亚、奥地利、斯洛伐克和爱沙尼亚。

西班牙正式获得400亿欧元银行援助资金。12月11日，西班牙经济部发言人确认，作为2012年早些时候提出的银行业援助申请的后续，西班牙已经获得来自欧盟的约400亿欧元援助资金，用于被国有化的部分银行援助贷款。这些银行包括Bankia、加泰罗尼亚银行、瓦伦西亚银行和Novagalicia银行等，约占该国银行系统1/5的规模。作为援助项目的一部分，这些银行被要求大幅削减其资产负债表、进行裁员以及要求其债权人承担部分损失。

欧盟达成欧盟银行业单一监管协议。12月13日凌晨，欧盟财长会议同意赋予欧央行欧洲银行业监管者的权力。会议决定，自2014年3月1日起，统一监管欧元区银行业。根据该协议，至少150家银行将被纳入到统一监管体系中，欧央行还将监管资产不少于300亿欧元或占参与国GDP 20%以上的银行。单一银行监管体系对非欧元区国家开放。这意味着欧元区向具备更强的危机抵御能力迈出了重要的一步，同时也是迈向银行联盟的第一步。

欧盟通过建立经济和货币联盟路线图。12月14日，欧盟冬季峰会决定将建立经货联盟的工作分为三个阶段：在近期（未来6—18个月），欧盟各国将优先执行经济治理改革，努力在2012年年底前建立欧洲银行业单一监管机制；在中期（在未来18个月之后5年），各国将进一步加强预算和经济政策的"集体行动"，包括税收与就业政策；在长期（随后5年），相关国家将致力于建立一个独立运行的"欧元区预算"，为经济与货币联盟提供财力支持，并支持处于经济困境中的成员国。

希腊主权债务评级连升六级。12月18日，评级机构标准普尔将希腊主权债务评级从"选择性违约"直接上调6级至"B-"，为2011年6月以来该国最高主权债务信用评级，且未来望为"稳定"。标普的理由是，希腊政府近半年以来一直坚持实施各项财政及经济结构改革措施，近期更完成折价债券回购操作，债务负担得到明显改观，其他成员国坚决支持希腊留在欧元区。受此消息提振，欧元兑美元汇率最终突破1.32关口。

欧盟"财政契约"达到法定实施条件。12月21日，爱尔兰批准欧盟《经货联盟稳定、协调和治理条约》（即"财政契约"），使已批准该条约的欧元区国家达到12个，从而为该条约在2013年1月1日实施提供了必要条件。

意大利通过2013年预算案。12月21日，意大利议会正式批准2013年政府预算案，从而为蒙蒂辞出总理职务扫清了道路。当晚，总理马里奥·蒙蒂正式向总统纳波利塔诺提交辞呈。

2013 年

欧央行决定维持政策性利率不变。1月10日，欧央行决定维持关键的再融资利率不变，同时也没有宣布新的刺激措施。这表明，虽然欧元区经济还在萎缩，失业率也位于纪录高点，但欧央行已不太可能降息。

德国政府对 2013 年德国经济增长持积极态度。1 月 16 日,德国政府发布了题为《竞争力:德国和欧洲促进经济、就业增长的关键因素》的年度经济报告。该报告称,2013 年德国的经济增长预期只能达到 0.4%,但预计到 2014 年将增长 1.6%,德国经济又将恢复强劲的增长势头。该报告同时称,2013 年德国就业人口将增加 15000 人,人均家庭可支配收入将增长 2.3%,而物价涨幅也将比较适中,涨幅大约在 1.8% 左右。

欧元集团诞生新主席。1 月 21 日,欧元集团在 2013 年的首次会议上,任命荷兰财政大臣杰伦·戴塞尔布卢姆接替容克成为该集团新任主席。

欧元区和欧盟金融机构数量减少。1 月 21 日,欧央行报告显示,截至 2013 年 1 月 1 日,欧元区和欧盟的货币金融机构的数量分别为 7059 家和 9076 家,比一年前分别减少 5% 和 6%。从降幅看,斯洛伐克、卢森堡、法国、西班牙和芬兰降幅最大,分别为 30%、22%、9%、8% 和 8%;从减少的绝对数量来看,卢森堡、法国和意大利位于前列,分别减少 124 家、105 家和 55 家。

西班牙经济积极信号难掩大幅衰退。2 月 12 日,欧央行行长德拉吉称,西班牙经济今年释放出一系列积极信号,这说明该国已经走上一条正确的改革道路,经济改革已初见成效。但西班牙统计局公布的数据却显示,2012 年第四季度,西班牙 GDP 环比收缩 0.7%,为过去 3 年多来最大收缩幅度。

欧美正式启动自贸协定谈判。2 月 13 日,欧洲理事会主席范龙佩、欧盟委员会主席巴罗佐和美国总统奥巴马分别在布鲁塞尔和华盛顿发表联合声明,宣布欧盟和美国将启动各自内部的必要程序,以正式展开"跨大西洋贸易与投资伙伴关系(TTIP)"谈判。

欧元区经济前景仍不乐观。2 月 22 日,欧盟委员会发布的经济预测报告显示,欧元区经济在未来一年可能会收缩 0.3%。经济预测数据后,法国财长表示,法国将推迟至 2014 年年底实现欧盟设定的削减公共财政赤字目标。2 月 23 日,法国总统奥朗德称,在经济不景气的情况下,法国 2013 年不打算出台新的紧缩计划,但承诺到 2017 年实现财政平衡的目标不变。

欧洲债务危机已经经历了转折点。2 月 25 日,欧洲理事会主席范龙佩表示,2012 年是欧洲债务危机的转折点,希望"我们已经渡过了难关",但欧盟成员国需要继续推进经济改革。范称,尽管欧盟的危机应对措施取得成效,但不能放松,而是要向建立真正的经济联盟的方向继续前进。

欧洲失业率再创新高。3月1日,欧盟统计局公布的数据显示,1月欧元区失业率为11.9%,比上月高0.1个百分点,是欧盟统计局1995年发布这一数据以来的最高值。希腊、西班牙和葡萄牙的失业状况最严重,失业率分别高达27%、26.2%和17.6%。失业率最低的是奥地利,仅为4.9%。

近2/3的法国民众对奥朗德感到失望。3月2日,《巴黎人报》刊载的民调机构BVA一项调查结果显示,大多数法国民众认为奥朗德无论是在2013年还是其5年任期内都无法兑现其竞选承诺。这些承诺包括将公共财政赤字占GDP比重降至3%、降低失业率和不再对中低收入阶层增税。调查还显示,68%的受访者感到失望。

"三驾马车"同意再次延长葡萄牙的减赤目标。3月11日,葡萄牙国家统计局数据显示,2012年葡经济萎缩3.2%,为1975年以来最严重的经济衰退。葡萄牙政府预计,2013年该国经济还将继续萎缩1.9%。鉴于葡萄牙严峻的经济形势,欧盟委员会、欧央行和IMF组成的"三驾马车"已同意将葡萄牙减赤目标期限再延长一年。

德国政府计划从2015年起实现财政预算零借贷目标。3月13日,德国联邦政府通过的财政预算计划显示,德国将从2015年起实现财政预算零借贷的目标。德国财长表示,德国政府希望通过以身作则的行为向欧洲各国传递一个强烈的信号,即一国政府持续削减财政赤字的做法与刺激经济增长的努力不仅不会矛盾,反而还会起到互相促进的积极作用。欧债危机的教训也提醒人们,市场对于政府财政长期信用持有信心是一国经济可持续发展的重要前提。

欧元区财长会议通过对塞浦路斯的纾困方案。3月15日,欧元区财长会议通过批准对塞浦路斯提供100亿欧元的援助承诺。作为一个交换条件,要求塞浦路斯银行向储户征收最高达9.9%的一次性"存款税"。17日,塞浦路斯总统阿纳斯塔夏季斯提议,修改向储户征收一次性税方案,降低议会通过这一方案阻力,以满足从欧元集团和IMF获取救助的条件。

欧盟和法德领导人为欧洲经济"打气"。3月18日,在由德国政府召集的欧洲顶尖企业家"圆桌会议"上,德国总理默克尔肯定了欧盟对塞浦路斯援助计划的正确性，表示欧元仍旧十分安全。她认为在全球化之后，欧洲内需市场应保持开放，以增加相互出口的机会来保障工作岗位。法国总统奥朗德强调要实现劳工市场的灵活性，增强欧洲经济竞争力。欧委会主席巴罗佐认为，欧盟成员国进行的结构改革以及债务整顿一定会见效。只有经济增长才能提高竞争力，而不是新增债务。

塞浦路斯危机救助前景面临不确定性。3月19日，塞浦路斯议会以绝对优势否决存款税议案，使政府获取欧元集团和IMF救助的前景蒙上阴影。20日，塞浦路斯政府和央行商议"B方案"，以取代遭议会否决的征存款税方案，以期筹措资金、降低与欧元集团协议中规定的筹款金额。同时，塞浦路斯财长向俄罗斯求助，希望延长2011年从俄罗斯所借25亿欧元贷款的还款期限，并降低贷款利率。

欧央行对塞浦路斯援助"峰回路转"。3月21日，欧央行向塞浦路斯发出最后通牒，要求塞浦路斯必须在25日前按照救助协议要求筹集资金，否则将切断对塞浦路斯的"紧急流动性援助"。同日，国际信用评级机构惠誉发布公告称，塞浦路斯危机表明欧元区成员国之间缺乏共同、有效的危机解决机制。惠誉同时认为，征收存款税会对受援银行评级造成长远影响。25日，欧央行宣布，由于塞浦路斯已与国际债权人达成救援协议，欧央行将继续为该国提供紧急流动性支持。

日欧启动EPA谈判。3月25日，日本与欧盟宣布启动"经济伙伴关系协定"（EPA）谈判。

塞浦路斯第二大银行被兼并。3月30日，塞浦路斯央行发布命令，将第二大银行大众银行正式移交给第一大银行塞浦路斯银行。大众银行10万欧元以下的存款和10万欧元以上的债务，包括欠央银的92亿欧元债务，全部转移至塞浦路斯银行；大众银行10万欧元以上的存款，将被冻结在一个"坏银行"里，并在约7年之后清算。当日，塞浦路斯政府宣布，塞浦路斯银行存款人超过10万欧元的存款最终承受的损失最高达60%，大大高于原先估计。另外40%的存款虽然不会根据欧元集团批准的救助协议被"剃头"，但要到银行重新注资完成后储户才能动用。

塞浦路斯放松移民限制。4月12日，塞浦路斯允许在该国银行危机中损失300万欧元以上的外国投资者申请该国国籍，这对在该国投资的俄罗斯商人影响较大。塞浦路斯总统表示，这项新规定将在4月15日举行的内阁会议上获得批准。

希腊与"三驾马车"达成新的协议。4月15日,希腊与欧盟委员会、欧洲央行和IMF组成的"三驾马车"达成协议,将采取包括裁减万余公务员在内的进一步财政紧缩措施,从而扫清了继续获得经济救助的主要障碍。三家机构同时发表声明表示,28亿欧元的救助款有望在近期得到批准并拨发。

惠誉下调英国主权信用评级。4月19日,国际信用评级机构惠誉宣布将英国主权信用评级由AAA下降一档至AA+,评级展望为"稳定"。该评级机构认为,经济增长前景疲软和财政赤字居高不下是导致该国主权信用评级被下调的主要原因。目前,只有标普仍保持英国的AAA评级,而穆迪早在2月就将该国评级下调至AA+。

欧元区大部分成员国赤字率和债务率仍然超标。4月22日,欧盟统计局发布的数据显示,2012年欧元区17国的财政赤字率和债务率平均为3.7%和90.6%。欧盟27个成员国中,21个国家的债务状况比上年恶化。欧元区四个接受主权救助的国家中,只有希腊债务率下降,从2011年的170%下降到去年的157%。

欧央行降息25个基点。5月2日,欧央行宣布将欧元区主导利率下调25个基点,降至0.5%的历史最低水平。

欧委会预计2013年欧盟经济将逐渐趋稳。5月3日,欧委会发布"春季经济预测"报告预计,欧盟经济在2012年经历萎缩后将于2013年逐渐趋于稳定,并在下半年恢复增长。欧委会预计,2013年欧盟与欧元区经济将分别出现0.1%与0.4%的萎缩,2014年恢复增长,增速分别为1.4%和1.2%。欧委会经济与货币事务委员表示,为应对持续衰退,欧盟的政策重点也将转向促进增长与就业。同时,鉴于经济严重下滑,欧盟准予法国和西班牙将缩减债务的计划推后两年实现。

德国自民党领袖对欧委会同意法国推迟减赤计划提出疑义。5月4日,针对欧委会同意法国将缩减财政赤字的计划推迟两年实现一事,德国联合政府中共同执政的自民党领袖布吕德勒称,欧委会的决定将拖延法国政府的改革举动。这位领袖强调,奥朗德领导下的法国政府正在破坏该国经济。按照现有经济发展水平,法国已无法和德国平起平坐,这威胁到欧元区的前途,因为只有一个强大的德法联盟才能解决目前的欧债危机。

欧洲稳定机制向塞浦路斯交付了首笔救助资金。5月13日,欧洲稳定机制发布公告称,根据欧元集团与塞浦路斯达成的救助协议以及其他协议，ESM 已于当日向塞浦路斯交付了 20 亿欧元的救助资金，用于填补塞浦路斯财政上的"窟窿"，包括预算融资、偿还中期与长期债务，以及金融机构的重组工作。

欧盟贸易委会提议对从中国进口的太阳能电池板征收高关税。5 月 27 日，欧盟贸易委员卡洛·德古赫特提议对从中国进口的太阳能电池板征收平均税率为 47% 的惩罚性高关税。当日公布的调查显示，包括英国和德国在内的至少 14 个欧盟成员国反对德古赫特的这一提议。

意大利经济连续萎缩。5 月 28 日，意大利审计法院报告称，意大利在 2009—2013 年名义 GDP 萎缩幅度超过 2300 亿欧元。

奥朗德称欧债危机已经结束。6 月 8 日，正在日本进行访问的法国总统奥朗德对日本商业人士表示，欧洲债务危机已经结束，但是仍然需要进一步采取措施，以促进地区的经济增长和竞争力。

欧盟成员国间人均 GDP 相差悬殊。6 月 19 日，欧洲统计局初步数据显示，2012 年，欧盟成员国之间人均 GDP 相差悬殊。最富的卢森堡人均 GDP 为欧盟平均水平的 271%，最穷的保加利亚则只有欧盟平均水平的 47%，前者是后者的近 6 倍。

中英签署双边本币互换协议。6 月 22 日，中国人民银行与英格兰银行签署了规模为 2000 亿元人民币/200 亿英镑的中英双边本币互换协议，旨在为双边经贸往来提供支持，并有利于维护金融稳定。互换协议有效期三年，经双方同意可展期。

塞浦路斯总统称"三驾马车"对塞浦路斯救援条件不公。6 月 25 日，塞浦路斯总统阿纳斯塔夏季斯表示，IMF、欧委会和欧央行这"三驾马车"对塞浦路斯进行救援的条件"不公平"，导致塞浦路斯"经济窒息"。

欧盟夏季峰会就欧盟预算案达成一致。6 月 27 日，为期两天的欧盟夏季峰会在布鲁塞尔举行，会议重点讨论银行业联盟和青年失业两大议题。会议同意推出包含至少 80 亿欧元专项基金的一系列刺激和保障方案，力求以更快的速度和更大的力度妥善安排 560 万失业青年，防止当前的经济与社会危机继续蔓延。欧盟委员会、欧洲议会已就欧盟 2014—2020 年预算案达成一致。欧盟成员国当日还就受困银行重组及清算规定达成一致。报道称，成员国政府必须确保银行破产的第一批损失由银行债权人及储户承担，而非纳税人。会议正式批准开启塞尔维亚加入欧盟的谈判。此外，峰会期间，源自巴黎的"倒巴罗佐"浪潮在此时高涨起来。法国社会党议员在采访中"援引"德国总理默克尔的话指出，当初选择葡萄牙人巴罗佐出任欧盟委员会主席是个"错误"。

债务危机致使希腊大多数家庭收入下降。6月27日，希腊市场研究咨询公司Focus Bari调查报告显示，自2009年希腊爆发债务危机至今，约63.5%的希腊家庭月收入下降了30%，约30%的家庭月收入降幅超过50%。

拉脱维亚将成为欧元区第18个成员国。7月9日，欧盟财政经济理事会正式批准波罗的海国家拉脱维亚加入欧元区，拉脱维亚将于2014年1月1日成为欧元区第18个成员国。

德国财长表示愿提高对希腊援助。7月18日，正在希腊访问的德国财政部部长朔伊布勒赞扬希腊实施紧缩和改革措施取得进展，表示如有必要，德国愿在明年进一步向希腊提高援助。朔伊布勒当天出席了设立"希腊增长机构"协议的签字仪式。根据这份协议，德国和希腊将共同出资5亿欧元，在2014年之前设立一个投资基金，用于资助受债务危机影响的希腊中心企业，促进就业和经济增长。德国为这一基金将最高出资1亿欧元。

欧委会批准了中欧光伏贸易争端的"价格承诺"协议正式实施。8月6日，欧委会批准的中欧光伏贸易争端的"价格承诺"协议将正式开始实施，这意味着中欧通过谈判成功解决了因光伏产品而起的贸易摩擦，欧盟将不再对来自中国的光伏产品征收高额反倾销关税。

德国总理称其领导的政府是两德统一以来最成功的。8月14日，德国总理默克尔表示，自1990年德国重新统一以来，其所领导的政府是德国历届政府中最成功的。默克尔强调了她的核心目标"巩固公共财政"。她承诺将通过更多减支和结构改革措施，在下一个任期力图将政府债务占GDP的比重由当前的82%降到60%以下。面对反对党提出的贫富差距过大问题，默克尔表示，将不会对富人采取任何新的增税措施。同时，政府仍会把最低工资的制定权留给企业界。

法国提出未来十年的五个目标。8月19日，法国总统奥朗德提出制订一项名为"法国2025"的十年计划。奥朗德提出未来10年法国要实现5个目标：一是发挥人力资源优势，提倡青年就业和老有所养并重；二是发挥传统优势，提高经济竞争力；三是鼓励向绿色能源转型，为环境和未来投资；四是改革行政区划管理，降低行政成本；五是让所有公民融入社会，促进社会各阶层的平等。

欧盟通过了银行业单一监管机制。10月15日，欧盟28国财长一致通过了建立银行业单一监管机制的议案。该议案的通过标志着欧盟28国向稳定其金融系统的方向又迈出了坚实的一步。当日，英国政府公布的一份报告显示，欧盟的监管制度抑制了经济成长，并耗费了数以十亿计欧元资金。

欧央行年内再度降息。11月7日，为支持经济复苏，欧央行降息至0.25%。

标普再度下调法国长期主权信用评级。11月8日，国际信用评级机构标准普尔公司宣布，将法国长期主权信用级别从AA+降至AA，理由是法国失去了财政行动空间，无法实施改革，失业率居高不下。

乌克兰暂停与欧盟签署联系国协定。11月22日，乌克兰总理称，乌克兰暂停与欧盟签署联系国协定是目前情况下唯一可行的决定，不能为这份"欧盟准成员国"协定而放弃与俄罗斯的贸易。但他强调，这一决定是"战术性"的，乌克兰的战略仍是与欧盟实现一体化。29日，在当日结束的欧盟峰会上，乌克兰拒绝与欧盟签署加强双边政治及经贸合作的联系国协议。

英国政府公布基础设施建设投资计划。12月4日，英国政府公布了未来20年基础设施建设投资的详细计划。根据该计划，未来20年中，英国政府将在能源、交通、通信和水利项目上投资3750亿英镑。传统上不是主要基础设施项目投资商的保险业，也计划在今后5年中投资250亿英镑。

德国总理呼吁成员国向欧盟让渡部门主权。12月18日，德国总理默克尔在其第三个任期的首次演讲中敦促欧洲合作伙伴，通过让渡经济政策制定权以及对欧元区条约进行具有政治敏锐性的修改，来解决欧元区存在的缺陷。默克尔表示，爱尔兰和西班牙等国所取得的进展表明，欧洲正在克服曾几乎导致欧元区四分五裂的金融危机影响。

欧盟领导人声援乌克兰。12月19日，欧盟领导人在声援支持乌克兰基辅支持入欧示威民众的同时表示，乌克兰是"欧洲大家庭"的一员，只要准备好随时可以与欧盟签署联系国协定。

法国批准向富人征收高额税收。12月28日，法国最高法院批准政府提出的向高收入的个人征收75%收入税的法案。这一课税将持续两年，那些在2013年和2014年中年薪超过100万欧元的人们将受到影响。

后　记

　　这本书是我的第一本专著，书中绝大部分内容写于2012年。

　　从2008年春开始，到2013年初，我受国家发展和改革委员会派遣，到中国驻欧盟使团从事经济调研工作。记得在准备行程时，想到要去工业革命的发源地去工作，要与全球最发达的经济一体化组织打交道，内心多少有些兴奋，甚至忘记了把妻儿父母留在国内、一个人去闯荡世界的伤感。当时，我怀着这种心情跑遍了北京的几家大书店，想从历史到文化，再到政治、经济，买几本欧洲的书籍好好读一读，但结果不免令人失望，除了一张欧洲地图和一本单薄的欧洲旅游介绍外，我一无所获。看来，国内研究欧洲、懂欧洲、关心欧洲的人不多，不仅远逊于对美国的研究，甚至也比不上对日本、韩国的研究。当时，我就萌生了在几年任期之内，写一本关于欧洲经济专著的想法。

　　来到布鲁塞尔后，刚刚开始进入角色，"次贷危机"就已经在大西洋彼岸发生了。当时，由于对欧洲经济内在的体制机制了解不深，虽然报回了一些有关世界经济危机的材料，但有些隔岸观火的味道，对脚下那片土地正在孕育的危机，知之甚少，也像欧洲人一样乐观。直到当年9月15日，当总部设在纽约的雷曼兄弟公司宣布破产后，其引发的金融海啸迅速波及欧洲，我才感觉到这场突如其来的危机来势汹汹。紧接着，比利时、荷兰、卢森堡三国联合救助富通银行，以及法国、比利时和卢森堡三国联合救助德克夏银行，让我意识到这场危机正在向身边扩散。这才促使我开始认认真真地研究欧洲经济、欧洲一体化问题，补过去欠下的课，也在工作中逐渐掌握了主动。2009年10月，希腊债务危机爆发后，我把对金融危机的分析、对欧洲一体化内在机制的分析，开始运用到对希腊危机的分析上。我始终坚信，债务危机与金融危机是一场危机的不同阶段，希腊危机也是欧洲一体化的危机。正是持有这种观点，我对欧洲危机的解决一直持偏悲观的态度，此后危机不断扩散、时隐时现也多少验证了我的观点。

危机对欧洲人民带来了巨大的不幸，但对我个人来说，能够亲身经历、观察和研究这场危机，则是不幸中的幸运。同时，正是债务危机，欧洲也吸引了国人投来更多关注的目光，危机后对欧洲投资方兴未艾，也使对欧洲经济的研究上升为一个热点领域。这两方面，都是我作为本书作者的幸运之处。

五年的外交官经历让我难忘。难忘五年间与我朝夕相处的领导和同事，与我远隔万里的亲人，还有国内的领导师长、亲朋好友。本书的出版既是对这段经历的缅怀，也是对这些人的感谢。值此机会，首先要感谢宋哲大使、吴海龙大使、王亚军公使、张立荣公使、王红坚公参、李松公参、吕录华参赞、叶辅靖参赞、林大建参赞、樊为民参赞、王晰宁参赞、李建参赞等驻欧盟使团的领导，以及李卫东、黄华波、莫万贵、陈广龙、张征、叶莉苹、陈宏生、孙景生、侯宏刚、姚怡昕等兄弟姐妹。他们对我工作、生活给予了巨大的关心和支持，使我保持了最佳的工作状态。值此机会，还要感谢国家发改委外事司马欣司长，国家信息中心范剑平、祝宝良两位老领导，他们对我充分信任，使我有了这次驻外的机会。同时，还要感谢欧盟委员会一些总司的同事、欧洲智库的一些学者，他们对我们提出的问题，无论大小，总是给予耐心细致的解答，使我感受到一种高规格的礼遇。我还要感谢本书的责任编辑任明老师、特约编辑芮信老师和责任校对王佳玉老师，他们的宽容使本书有了更多修改时间，他们的辛勤劳动使本书能够早日与读者见面。我还要特别感谢江苏省省委党校的范金教授，他从我们共同课题研究中拨出专门经费支持本书出版。此时此刻，我更应该感谢和感激我的夫人侯丽颖女士、儿子伞擎杨同学，以及我的父母大人。我的夫人全力支持我的工作，一人承担起家庭重担，五年间学会了很多本来应该由男人干的活。儿子五年间在身体快速成长的同时，学会了独立思考，也有了更大的抱负。父母双亲把我工作的点滴进步，都视为莫大的精神支柱，他们从内心里期盼着能早日读到儿子写的书。

相比从前，现在出书容易了，算不上什么大事。但看到这厚厚的书稿，想起了自己曾经付出的劳动，想起了几年前的往事，在此不能免俗，把这些话写在后面，既是对过往的纪念，也是对生活的感谢和感激。同时，对书中的一些观点，愿与读者深入交流，对书中的一些错误，恳请读者批评指正。